U0720474

由南开大学中外文明交叉科学中心资助出版
南开大学中外文明交叉科学中心文明互鉴系列

辜燮高世界史论文集

Gu Xiegao's Selected Essays on World History

辜燮高 著译

江苏人民出版社

图书在版编目(CIP)数据

辜燮高世界史论文集 / 辜燮高著译. --南京:江苏人民出版社, 2023.11

(南开大学世界古史论丛)

ISBN 978-7-214-28407-5

Ⅰ. ①辜… Ⅱ. ①辜… Ⅲ. ①世界史—文集 Ⅳ. ①K107-53

中国版本图书馆 CIP 数据核字(2023)第 222485 号

书　　名	辜燮高世界史论文集
著　　译	辜燮高
责任编辑	于　辉
特约编辑	赵辰璐
责任监制	王　娟
装帧设计	刘　俊
出版发行	江苏人民出版社
地　　址	南京市湖南路 1 号 A 楼,邮编:210009
照　　排	江苏凤凰制版有限公司
印　　刷	南京新洲印刷有限公司
开　　本	652 毫米×960 毫米　1/16
印　　张	28.25　插页 4
字　　数	380 千字
版　　次	2023 年 11 月第 1 版
印　　次	2023 年 11 月第 1 次印刷
标准书号	ISBN 978-7-214-28407-5
定　　价	118.00 元

“南开大学世界古史论丛”总序

南开大学历史学科即将迎来建立百年的日子，为纪念这一重要时刻，特推出“南开大学世界古史论丛”。作为南开大学世界史学科发展的重要学科领域，世界上古中古史学科方向经几代学者的不懈努力，不仅培养了大批学有专长的后备人才，而且取得了显著的科研成果。在世界上古中古史学科发展的历史上，涌现出蒋廷黻（曾开设欧洲文艺复兴史）、雷海宗、黎国彬、辜燮高、陈楠、王敦书、于可、李景云等蜚声国内外的老一辈学者群体，他们的弟子遍及海内外，也为其后以陈志强、杨巨平和王以欣等学者为代表的学科中坚力量的发展打下了坚实的学术基础。

改革开放以来，本学科优势持续发扬光大，呈现出令人可喜的局面，形成了西方古典史、拜占庭史、希腊化史、古代中西交流史、古埃及学等诸多国内领先的研究领域，在国内外学界的影响力持续增强。作为南开大学世界史学科重要的组成部分。世界上古中古史学科方向建立了南开大学希腊研究中心（教育部国别和区域研究备案中心）、西方古典文明研究中心、东欧拜占庭研究中心、丝路古代文明研究中心等学术机构，承担国家社科基金重大项目及以下各级别研究课题多项，培养了数以百计的硕士和博士生，他们已经成为国内各高校和科研机构的骨干力量。

为了继承和发扬传统、回顾和总结经验和成果、激励后学，在学院和学校各级领导大力支持下，我们决定共同努力，收集整理南开大学世界史老中青三代教师们的相关成果，编辑和出版“南开大学世界古史论丛”。该论丛以马克思主义历史唯物论为指导，突出学术性，展现南开大学世界上古中古史研究的实力，并向南开大学历史学科百年生日献上一束花，祝愿学科发展再上层楼。

目　录

第一编　问答、论文、译文与书评

第二编　1689—1815 年的英国(上)

第三编　1689—1815 年的英国(下)

第一编

问答、论文、译文与书评

本编所选辜燮高教授论文、译文中，部分篇目完成于20世纪50年代至80年代，因时代条件的限制，部分参考文献信息不完整，因作者已经故去，编辑仅做规范性处理，特此说明。

傅立叶法郎吉

问:什么是傅立叶的法郎吉和法伦斯泰尔?

答:"法郎吉"是法国空想社会主义者傅立叶所要建立的社会的基层单位名称,法伦斯泰尔是法郎吉全体成员住的公共大厦的名称。傅立叶的法郎吉,是从他的社会发展理论来的。他把人类社会的发展分为四个阶段32个时期。前7个时期是不和谐时期,构成第一阶段;第8至第25的18个时期是和谐时期,构成第二、三阶段;第26到第32时期,人类又重新进入了不和谐的阶段。

他认为人类有各种各样的欲望。建立正常的社会制度的任务就是要建立应有的条件,使欲望得到充分的满足,以保证所有的人得到和谐的结合。每个人的幸福在于其欲望得到满足和充分发展。

他把欲望分为三类:(一)物质的或感性的欲望,共有五种,相当于五种感官;(二)爱慕的或感情的欲望,有友谊、爱情,爱虚荣和爱家庭四种;(三)发挥的欲望,有竞赛或争雄的欲望,爱多样化的欲望,创造的欲望或热忱三种。这三类欲望共同作用,就能得到和谐,即和谐欲或统一欲。这些欲望是一个人使自己的幸福与周围整个世界、整个人类的幸福统一起来的欲望。

为了使和谐制度在人类社会中占统治地位,应当建立既符合物质的和爱慕的欲望,也符合发挥的欲望的社会组织。物质的欲望要有一定的物质福利和舒适水平才能得到满足,他总称之为"奢侈欲"。为了满足爱慕的欲望,人们应当在劳动过程中根据所好自由组成小组,所以这四种欲望总称为"结合欲"。最后,为了满足发挥的欲望,必须建立劳动过程应符合人的天然欲望,使劳动者得到肉体上和精神上的满足,引起他们的热忱的制度。在这种制度下,人能在工作时间内从一种劳动转入另一种劳动,而且各种类型的劳动者还能进行竞赛,互争高下。他认为要满足发挥的欲望,社会组织应划分为专业劳动单位,即联组。他总称这类欲望为"分类欲"。

三类欲望都起作用,就能得到和谐欲,而和谐社会即能建立。这种社会的基层单位名为"法郎吉"。法郎吉是生产和消费的协作组织。他认为人们对农业和工业的爱好是 3∶1,因此工业只需占全部劳动的 1/4,按照他的计划,1 个法郎吉需土地 1 平方英里,资本 400 万法郎。那么,资本从哪里来呢?他指望吸收资本家加入法郎吉当股东来解决。资本家因入股便成为法郎吉成员,并可分享法郎吉的收入,作为投资的利息。

要满足三类欲望,就要把劳动者划分为各种联组,再分为不少于 7 人的小组。联组按生产部门分,如园艺联组、牧畜联组等。法郎吉成员参加哪个联组和小组由其爱好和"欲望"决定,故称之为"欲望的联组"。但每个人都可以参加另外的联组。在一个工作日内,人们可以在所参加的联组里劳动。因为人们是按照爱好进行劳动的,而且小组还是互有感情的人结合而成的,所以都能在体力上和精神上得到满足,因之这种劳动能激发最高的欲望——热忱。

傅立叶是坚决反对平等的人,他认为其他社会改革方案的根本缺点正是在于追求平等,他在拟订标准劳动日程时就提出了穷人和富人的两种方案。在前者中有管马厩、刈草、养畜等工作,在后者中则是狩猎、去花房、去珍奇植物小组等工作,还能去图书馆和交易所,就是吃饭次数也不同,穷人一日三餐,富人一日四餐,还加上一次户外小吃。但他认为在法郎吉里,贫富不会形成对抗,因为富人将不再厌恶劳动和轻视劳动者,他将感到自己同他一起工作的穷人的利益是一致的,而穷人的状况则将大大改善。"他将不比我们现在的资产者生活得差。"值得注意的是他拟订的两种劳动日程中,都没有种粮食的工作,因为在他看来,粮食作为主食是历史造成的,但绝不能永远这样,粮食本不是人们爱吃的东西,人们宁愿吃肉,蔬菜和水果,这些工作在农业中占首要地位，而粮食的种植面积则将降到最小限度。

法郎吉中社会劳动分配，反映了保存阶级的划分，每年利润的5/12归劳动者，4/12归资本，3/12归有才能者。成员根据预计的收入开立户头，登记其全部收入，在业务年度之末分配收入后进行结算。一个法郎吉内的成员间无商业关系，但股票买卖除外，各法郎吉之间有交易，其争端由仲裁法庭解决。

法郎吉的全体成员居住在此单位中央的一座称为"法伦斯泰尔"的公共大厦中。大厦的中央部分是公共场所，如食堂、交易所、图书馆、电报局等，一侧是声音嘈杂的工场，另一侧是会议大厅和住宅。住宅和食堂都分高级和低级，分别归富人和穷人住用，但他说："代表下层人民的第三等级的食品，将比我们现在讲究口味的人所享受的食品还要精美可口得多。"

他坚信和谐制度一经为广大群众所知，便会很快实现，各地的法郎吉很快会联合起来，而以君士坦丁堡为其首都；但实际上在1837年傅立叶逝世前，连一个法郎吉也未建立起来，而其后在法国和美国建立的又全以失败告终。恩格斯在评论这种组织时说得好："原来在关于协作和自由劳动的一切漂亮理论的后面，在慷慨激昂地反对经商、反对自私和反对竞争的连篇累牍的长篇言论后面，实际上还是旧的经过改良的竞争制度，比较开明的囚禁穷人的巴士底狱！"①但恩格斯对于他对资本主义的批判，予以高度评价："我们在傅立叶那里就看到了他对现存制度所作的具有真正法国人的风趣，但并不因此显得不深刻的批判。"②(关于这个问题，读者可参看中国出版的《论空想社会主义者》一书。)

(原文载于《历史教学》1980年第3期)

① 恩格斯：《大陆上社会改革运动的进展》，《马克思恩格斯全集》第1卷，人民出版社，1956年，第579页。
② 恩格斯：《反杜林论》，人民出版社，1970年，第257页。

现代英国刊物中对废除谷物法意义的研究

一、研究概况

第一次世界大战后到20世纪60年代中叶①,英国杂志上刊登过研究废除谷物法的文章近20篇,而出诸剑桥经济史学派之手的,几占一半②。从研究情况看,大致可分为互相交叉的三个阶段:

第一阶段,一战后到20世纪20年代之末。这个阶段仍循传统的研究方法,即以《议会辩论记录》和《英国议会文件》为主要依据,分析下院代表各种利益的议员在投票时的态度。J. A. 托马斯的《1846年谷物法的废除》③可说是代表作。

从1926年,尤其是从20世纪30年代初到60年代,剑桥经济史学派几乎独霸了这个问题的研究,这构成为第二阶段。J. H. 克拉潘是该学派的开创人。他在1926年出版的《现代英国经济史》上卷里,大量利用政府和议会历次调查委员会和审查委员会听取意见的证词及地方志,对1820—1850年的农业进行了逐郡研究。这种作

① 无1967年以后材料,暂缺。

② 剑桥经济史学派兴起于第一次世界大战后,在短短20年间,便发展成为研究英国史的一大学派。

③ 托马斯(J. A. Thomas):《1846年谷物法的废除》("The Repeal of the Corn Laws 1846"),载《经济学刊》(*Economica*)第9卷,第25期,1929年5月。

法影响颇大。G. E. 富塞尔和 M. 康普顿亦步亦趋,写出了《拿破仑战争后的农业调整》[1]。J. T. 沃德作了更大的发展,挑选英国的毛织业中心——在谷物法上争论激烈的约克郡西莱定进行研究,写出了《西莱定的地主与谷物法》一文[2]。他不仅大量利用了地方志,还利用了当地地主的账册,分析其财产构成和各类收入,与 1873 年的《新土地调查册》作比较,还访问了当时有关人物的后代。在这个基础上,他作出了与上一阶段研究的不同结论。

剑桥经济史学派的另一些人没有走克拉潘的路子,而是比较着重从政治上研究了废除谷物法的问题。尽管 C. R. 费伊的《谷物法在英国历史上的重要性》一文[3],只是含糊其词地指出废除谷物法是消费者战胜生产者的结果,但受他影响的人却越来越从政治上探讨这个问题了。这方面的重要文章有 G. L. 摩斯的《1844—1846 年的"反同盟"》[4],G. R. S. 基特森-克拉克的《谷物法的废除与四十年代

① 富塞尔和康普顿(G. E. Fussell and M. Compton):《拿破仑战争后的农业调整》("Agricultural Adjustments after the Napoleonic Wars"),载《经济史》(*Economic History*)第 3 卷,第 14 期,1939 年 2 月。此文时间下限虽未写到谷物法的废除,但因对拿破仑战争后英国农业作了系统的研究,因此对了解废除谷物法很重要。

② 沃德(J. T. Ward):《西莱定的地主与谷物法》("West Riding Landowners and the Corn Laws"),载《英国历史评论》(*English Historical Review*)第 81 卷,第 319 期,1966 年 4 月。

③ 费伊(C. R. Fay):《谷物法在英国历史上的重要性》("The Significance of the Corn Laws in English History"),载《经济史评论》(*Economic History Review*)第 1 卷,第 2 期,1928 年 1 月。此文后作为著者的《谷物法与社会的英国》(*The Corn Laws and Social England*),剑桥,1932 年。第一章前半部收入该书。

④ 摩斯(G. L. Mosse):《1844—1846 的"反同盟"》("The Anti-League 1844 - 1846"),载《经济史评论》(*Economic History Review*)第 17 卷,第 2 期,1947 年。"反同盟"是"中央农业保护联合会"(Central Agricultural Protection Association)的俗称。它是直接反对"反谷物法同盟"的,成立于 1844 年。不能与 1835 年成立的"中央农业联合会"(Central Agricultural Association)相混淆;但二者又有密切关系。就主张而言,都是反对修改和废除谷物法的;就领导人而言,如罗伯特·贝克(Robert Baker)在二者中都重要。

的政治》①、《选民与谷物法的废除》②，N. 麦科德的《1838—1846 年的"反谷物法同盟"》③和 B. 肯普的《废除谷物法回顾》④。这些人特别注意研究与谷物法有关的政治组织，如过去研究得较少的"反同盟"。还在沃德之前，他们就得出了自己的结论。

第三阶段始于 20 世纪 60 年代初，玛丽·劳森-坦克雷德的《"反同盟"与 1846 年的谷物法危机》一文⑤，可说是第二阶段到第三阶段的过渡。她本人属于剑桥经济史学派，研究的侧重点还是在政治上，而且写本篇文章时还同基特森-克拉克讨论过，但她的结论反而同托马斯相近。5 年后，D. C. 摩尔在《谷物法与精耕》⑥中，运用当时农业杂志及其他材料，对反对和赞成修改谷物法的"中央农业联合会"(成立于 1835 年)和"英格兰农业协会"(后改称"皇家英格兰农业协会"，成立于 1838 年)作了对比的研究。S. 费尔利在《十九世纪谷物法重议》⑦一文中，研究了废除谷物法前后几十年的英国和国际

① 基特森-克拉克(G. S. R. Kitson-Clark)：《谷物法的废除与四十年代的政治》("The Repeal of the Corn Laws and the Politics of the Forties")，载《经济史评论》(*Economic History Review*)第 2 集，第 4 卷，1951 年。

② 基特森-克拉克(G. S. R. Kitson-Clark)，《选民与谷物法的废除》("The Electorate and the Repeal of the Corn Laws")，载《皇家历史学会会报》(*Transactions of the Royal Historical Society*)第 5 集，第 1 卷，1951 年。他还有另一篇题为《1842 年的饥馑与政治》("Hunger and Politics in 1842")，发表在美国的《近代史杂志》(*Journal of Modern History*)，1953 年 3 月号上。

③ 麦科德(N. McCord)：《1838—1844 年的"反谷物法同盟"》("The Anti-Corn Law League 1838 - 1846")，载《经济史评论》(*Economic History Review*)第 2 集，第 11 卷，1958 年。

④ 肯普(B. Kemp)：《废除谷物法回顾》("Reflections on the Repeal of the Corn Laws")，载《维多利亚研究》(*Victorian Studies*)第 5 卷，1962 年 3 月。

⑤ 玛丽·劳森-坦克雷德(Mary Lawson-Tancred)：《"反同盟"与 1846 年的谷物法危机》("The Anti-League and the Corn Law Crisis of 1846")，载《历史杂志》(*Historical Journal*)第 3 卷，第 2 期，1960 年。

⑥ 摩尔(D. C. Moore)：《谷物法与精耕》("The Corn Law and High Farming")，载《经济史评论》(*Economic History Review*)第 2 集，第 18 卷，第 3 期，1965 年 12 月。

⑦ 费尔利(S. Fairlie)：《十九世纪谷物法被重议》("The Nineteenth-Century Corn Law Reconsidered")，载《经济史评论》(*Economic History Review*)第 2 集，第 18 卷，第 3 期。另有希利和琼斯的《1815—1859 年英格兰的小麦产量》(M. J. R. Healy and E. L. Jones, "Wheat Yields in England 1815 - 1859")，载《皇家统计学会杂志》(*Journal of the Royal Statistical Society*)A 集第 5 卷第 4 部分，未见。它比费尔利文还早三年，从他文引用知与费尔利文结论相似。

谷物的价格，使用英国领事的大量报告和外国著作来支持其论点。二人的结论既彼此不同，也与其前的作者相异。

二、各种意见

现代英国刊物中，对废除谷物法意义的研究，按出现先后可大致分为五种意见。

（一）废除谷物法是工商业资产阶级对地主阶级的胜利

托马斯持此看法。他认为："只要他（指下院议员——引者）被固着在一个经济集团上，则该集团在下院就不会没有一个拥护者。"[①]即投票的态度，是以议员属于哪个经济集团决定的。托马斯没有直接讲出他的结论，但从其研究来看，可以明白无误地看出废除谷物法是工商业资产阶级对地主阶级的胜利。其研究成果如下表[②]：

	赞成者		反对者		总投票数	
	二读 302	三读 327	二读 214	三读 229	二读 516	三读 556
经济的重要性						
土地占有者	176	203	184	197	360	400
海军	12	13	8	9	20	22
陆军	37	40	29	30	66	70
律师	44	51	19	16	63	67
棉纺织业和其他纺织业	12	12	1	1	13	13
煤矿主	1	1	—	—	1	1

① 《经济学刊》(*Economica*)第 9 卷，第 25 期，第 60 页。
② 《经济学刊》(*Economica*)第 9 卷，第 25 期，第 58 页前半。

续表

	赞成者		反对者		总投票数	
	二读 302	三读 327	二读 214	三读 229	二读 516	三读 556
银行	43	43	15	13	58	56
航运	5	5	1	1	6	6
运输	3	3	1	1	4	4
冶金工业	8	5	4	4	12	9
商人	40	41	12	13	52	54
造船业	1	1	—	—	1	1
新闻业主	4	4	—	—	4	4
东西印度业主	18	20	10	12	28	32
东印度公司董事	5	6	1	1	6	7
酿酒业	1	2	2	2	3	4
其他制造业	10	12	—	1	10	13
文官	2	2	—	—	2	2
医生	1	1	—	—	1	1
外交官	2	2	—	—	2	2
学者	10	6	2	3	12	9
大臣	—	—	1	—	1	—
铁路	36	32	19	26	55	58

注:① 各栏的总数大大超过总投票数,因为一些议员代表两种或两种以上的利益。

② 在 1847 年以前,没有“铁路”的确切统计。——原注

必须看懂这个表,才能了解托马斯的结论。表中二读、三读一列(横看),是下院二读、三读实际参加投票的人数,并无费解之处。费解的有两点:一是“土地占有者”项下赞成和反对废除谷物法的数字极为接近(二读赞成者 176 票,反对者 184 票;三读赞成者 203 票,反对者 197 票),似乎表明这场斗争是地主阶级的内讧。二是如果

有地产，又有工商业投资，是重复计算的，这样一来就难以算出纯因地产利益而反对废除谷物法的人数了。看来这些似乎是此表的缺点，而实际正是它的优点。因为第一，列在“土地占有者”项下的赞成和反对者，正是英国改良农业和墨守成规的两类地主的反映，而英国有这两类地主是所有研究者公认的；第二，当时英国地主兼工商业资本家，或者倒过来，工商业资本家兼地主，确是所在多有。所以这个表正是根据其时英国的实际情况作出的。

这个表能说明许多问题，我们这里只需弄清楚它能得出什么样的结论就够了。通过二读①看出赞成比反对多 88 票(302－214)，三读②结果则是赞成比反对的多 98 票(327－229)。后者自然较前者重要，因为三读通过便可送上院了；但用二读作比较，可知反对废除者不管如何竭力阻挠，一直是居于劣势的。要明了赞成和反对者所代表的经济利益集团，就只有分析表的各栏(纵看)才能得出来(下面赞成和反对的总数指各类数字相加的总和)：

第一栏：二读 471(赞成总数)－176(土地占有者票数)＝295；

第三栏：二读 309(反对总数)－184(土地占有者票数)＝125；

第二栏：三读 505(赞成总数)－203(土地占有者票数)＝302；

第四栏：三读 330(反对总数)－197(土地占有者票数)＝133。

这里“等于”后面的数字就是代表“土地占有者”以外的经济集团和有两种、两种以上收益的人物的。在赞成废除上是比“土地占有者”高得多，即 295∶176、302∶203；在反对废除上则比“土地占有者”为低，即 125∶184、133∶197。查表可知，其他经济集团和有两种、两种以上收益的人大部分是工商业资产阶级和有工商业利益的人。让我们再用最严格的算法来计算，把海军、陆军、律师、文官、医生、外交官、学者和大臣等八种“专业”人物剔除，剩下的就更会是工

① 1846 年 3 月 27 日，见摩莱(J. M. Morley)：《理查・科布登生平》(*The Life of Richard Cobden*)，伦敦，1883 年，第 234 页(1903 年版内容相同，页数不同)。

② 5 月 16 日晨 4 点，一般书作 15 日。页同上。

商业资产阶级及有工商业利益的人了。其比例为：

二读赞成者，176（土地占有者）∶187（资产阶级及有工商业利益者 290－108）；

二读反对者，184（土地占有者）∶66（资产阶级及有工商业利益者 125－59）；

三读赞成者，203（土地占有者）∶187（资产阶级及有工商业利益者 302－115）；

三读反对者，197（土地占有者）∶75（资产阶级及有工商业利益者 133－58）。

这样做的结果，赞成者中在二读时前者仍比后者略低，只是在三读时才略高，而在反对者中则前者比后者高多了。

但这样做是过于严格了的，因为“专业”人员中除海陆军人、文官、外交官等几项中地主阶级的人较多外，其他几项都不会是这样的。例如，托马斯说这届下院有律师 77 人，二读投票者为 63 人，赞成和反对之比为 44∶19，三读投票者为 67 人，赞成和反对之比为51∶16。律师同资产阶级的关系，当然比同地主阶级的关系密切。再者，“专业”人员比工商业资产阶级及有工商业利益者少，他们中赞成的比反对的多，固然增加了一点赞成者中对“土地占有者”的比重，但并不能改变基本的情况。所以，我们只要看懂这张表，其结论是明确的。

（二）废除谷物法是一场无谓争吵

持此见的是从政治上研究废除谷物法的那些人。他们认为谷物法废除后，谷价与废除前差别不大，所以当时的人对了解他们自己事情的能力不足凭信。关于废除谷物法的整个争吵，是没有意义的“无事空忙”。谷物法无非是地主和工业家的斗争中的一个象征物，可以用举行仪式的办法放弃它，以标志后者对前者的胜利①。他

①《经济史评论》(*Economic History Review*)第 2 集，第 18 卷，第 3 期，第 562 页。

们认为废除它无非是为埋葬这个象征物举行的葬礼而已。

(三) 废除谷物法是地主阶级保持其特权地位的措施

摩尔明确提出了这个意见。他是各文中少见的联系到当时英国社会运动的作者之一。他认为诸如宪章运动之类的新型社会运动,已使城乡的高贵人物有必要重新强调不同阶级的财产利益正是构成相同利益的依据。① 换言之,他们看到了宪章运动之类的社会运动的发展,危及有产阶级的财产了。在这种情况下,城乡各有产者集团的对立不应凌驾于他们的结合之上。所以他认为废除谷物法是城市经济集团对农村经济集团的胜利的传统看法不正确。

摩尔承认当时英国农业遇到危机,但如何摆脱呢?不少地主的实践已作出了回答。只要能做到排干水、多施肥(包括使用新类型肥料)、多饲养牛羊(需要更多的肥料本身可促进多养牛羊),把单纯依靠农业转到农业与畜牧业并重上去,就不但仍能在谷价下降的情况下获利,而且还可以提高地租。地主阶级要保持其特权地位,只能走这条路。他对不愿进行改良农业、亦即反对修改谷物法的"中央农业联合会"和主张改良农业、亦即赞成修改谷物法的"英格兰农业协会"进行了对比研究,认为"科学种地"是摆脱危机的出路。

摩尔说皮尔是"英格兰农业协会"的"特约会员"。他之所以提出废除谷物法,并不是如有些学者主张的②、受了"反谷物法同盟"的影响,反而是用以堵该"同盟"之口的。皮尔鼓励那些仍不愿采用科学技术的农业家③尽快实行集约耕作,对这些人使用了胡萝卜加大棒的政策。胡萝卜是制定改良农业的措施,大棒则是废除谷物法。但是因为他的大棒的形状与"反谷物法同盟"希望用以打击他们的

---

①《经济史评论》(*Economic History Review*)第2集,第18卷,第3期,第544页。

② 如玛丽·劳森-坦克雷德。

③ 原文作 agriculturists,当时人用以泛指地主和农场主。但摩尔此文主要讲改良农业的地主。

“农村反对者”的大棒形状一样，因此他的政策的胡萝卜的一面完全被忽略了，而大棒的一面又被严重曲解，认为是受“同盟”的影响而提出来的。事实上，皮尔支持废除谷物法的态度，是并未受“同盟”的威胁或影响的。

摩尔认为要弄清这个问题，就只有正确理解 1846 年 1 月 27 日皮尔向下院提出的“总计划”。“总计划”是把三年逐步废除谷物法和立即实施的条款分开提出来的。后者包括：(1) 立即降低牧草及三叶草种的进口税，因为三叶草种只在英国少数郡有培植，而“农业最进步的地方”需要它们，所以要降低其关税；(2) 把玉米和荞麦的进口税固定在正常税率上，因为它们是养肥牛羊的饲料；(3) 降低亚麻籽饼和油饼的进口税，因为它们可以增加肥料，提高生产；(4) 由政府拨出排水工程基金以供贷放；(5) 改革道路管理，以减轻农村负担；(6) 修改济贫法管理办法，使出生农村而受雇于城市的人，在城市遭受经济萧条的打击时，不再像从前那样容易地被遣回出生地去。①

很显然，这些应立即实施的条款里，前三项都是从改良农业着眼的。第四项在“总计划”中虽未提出数目，但后在 1846 年 8 月通过的《公款排水法》中规定为 200 万镑。钱数虽少，但能起促进改良农业的作用。五、六两项则是从另一个方面提出的有利于地主的措施。所有条款的总的目的便是在逐步废除谷物法的同时，让那些不愿进行改良的地主们有时间改弦易辙跟上来。作者的结论是废除谷物法不是用一个社会集团代替另一个社会集团的手段，而是在新的耕作技术基础上使地主阶级能保持其特权地位的手段。②

(四) 废除谷物法是解决英国粮食不足的唯一办法

费尔利把拿破仑战争后英国与外国关于谷物贸易关系的发展

---

①《经济史评论》(*Economic History Review*)第 2 集，第 18 卷，第 3 期，第 553—555 页。

②《经济史评论》(*Economic History Review*)第 2 集，第 18 卷，第 3 期，第 561 页。

分为两个阶段。在1837年以前,英国保持谷物法对农业利益集团来说,是必要的。以后则因英国粮食的传统来源出了问题,所以必须废除它们了。1837年以前的基本情况是:(1) 大陆多数国家的谷价比英国还低,所以它们奖励输出、限制输入,如法国在1814年和1819年先后采取了这两种措施,荷兰在1825年制定高额粮食进口税,等等。这样,英国继续实施1815年的谷物法是完全必要的。(2) 大陆与英国的丰歉倾向于同时出现,谷物法便规定了调节制(Sliding Scale)来对付。(3) 法、荷等国既关闭了市场,如英国开放,则粮食出口国的谷物必然涌向英国,也就更要加深英国农业的萧条了。既然谷物法对农业利益集团有利,所以这段时期资产阶级同他们确有矛盾。①

作者指出,1837年以前英国进口谷物主要来自波兰、德国沿海,在较小程度上则由丹麦、荷兰(多为转口)及法国的大西洋沿岸提供。一般说来,来源是充裕的,平常年份,英国进口的数量也不大。②但是,还在1836年,找进口来源就已感到困难了。1837年,全欧饥馑(波兰的饥荒从1836年延续到1841年),法国和北德关税同盟诸邦都转而需要进口谷物。到了1843—1845年,法国和德国西部又缺粮,甚至愿付补助金设法从英国进口粮食。另外的原因是法、德、波兰一部分地区的工业化,粮食需要量增加;再加上那些地方谷物

① 《经济史评论》(*Economic History Review*)第2集,第18卷,第3期,第567—568页。

② 1854年以前英国进出口贸易无精确统计,有时数据悬殊甚大。例如作者在《经济史评论》(*Economic History Review*)第2集第18卷第3期第570页的表中列出1839年进口的小麦和面粉总数为287.6万夸特。据其说明是根据《英国议会文件》1842年第39卷统计的1839年数字计算出来的。但据戴维·道格拉斯(David C. Douglas)主编的《英国历史文献·第12卷·第1部分,1833—1874年》(*English Historical Documents* Vol. XⅡ Part I, 1833-1874)第217页的"谷物和面粉进口量表",引《英国议会文件》1878—1879年第65卷1839年小麦和面粉进口总计13 259 476英担(1英担=4夸特),折合53 037 904夸特,比费尔利的计算数字高出近17倍半,而根据则是不同年份的《英国议会文件》,这里不采用高数字。作者在同一说明中称1839年是1815年以后第六个进口小麦和面粉超出80万夸特的年份。另据富塞尔和康普顿文,1838年以前只有一个年份的进口近160万夸特,平常年份则在50万—100万夸特之间,1838年第一次超过200万夸特。

播种的土地因改种甜菜、亚麻、烟草等经济作物而使粮食收获减少，所以大约在1838年以后，英国便面临着无法再从传统来源地进口谷物的危机，必须另觅来源了。先是找到南欧，进而找到俄国黑海沿岸，美国作为新的来源地也渐重要起来。这些地方的谷物价格固然低于英国，但加上来英的远程运费，也就不会使英国国内的谷价受到多大影响了；况且就保证粮源而言，是重要的。所以作者认为皮尔的政策与其前任辉格党的墨尔本勋爵的政策是连贯的，即必须保证取得新的谷物来源：而其后任罗塞尔勋爵的政策也与他的政策是连贯的，罗塞尔上台后不久就逐步取消《航海条例》以利船运，保证日益增长的需要。费尔利的结论是，拿破仑战争后英国用谷物法保护其农业家免受大陆冲销损害的情况，在1838年以后，已变为若再继续执行谷物法，就将使英国受到饥馑的威胁了。这时的问题已不复是资产阶级和农业集团之间的利益矛盾，而是整个英国挨饿与否的问题了。认识不到这种变化，把对后期有效的自由贸易套在前期用，正是某些历史家犯的错误。①

与某些研究者不同，他不但批评了从政治上看谷物法的错误，主张着重从经济上去看；而且还认为拿破仑战争后，不管英国的谷物产量怎样，每年总得多少进口点粮食才行。他批评了有的史家认为进口在某些年份只具心理影响的看法，而认为进口一直很重要。他指出，早在1819年，卡斯尔雷就向各地领事发出通告信，要求他们对驻在地的谷物价格作出定期详细报告；1822年起，更要求月报表，按规定的英国计量单位填报，并须附驻地的存粮水平、仓栈租金、气候、收成、运英船费的说明，甚至有领事因未按更改后的计量

---

① 费尔利批评克拉潘在《现代英国经济史》上卷里的1847年英国粮食来源反常之说，认为他有意不指出这在以后正是正常的来源（见《经济史评论》（*Economic History Review*）第2集，第18卷，第3期，第570页）。费尔利指的是该书的一句话“在贸易已经完全开放的1847年，不正常的粮食进口的来源是值得注意的”（见原书1926年版第500页）。但姚曾廙在译这句话时笔误为1848年（见中译本第614页），应据原书更正。

单位填报而受到惩处的事。[①] 这说明皮尔以前的几届政府已很注意国际谷物情况,所以皮尔在提出废除谷物法之前,不应只考虑到1845年爱尔兰的马铃薯歉收,英国本土收成不佳,而且也已从各地领事的报告中得悉该年国外谷物歉收的严重情况(法国、德国西北部均缺粮)。这一切都表明在研究谷物法的废除上外部原因之重要。

(五) 废除谷物法虽有经济上的原因,但不如党派、人事和家族之间的关系重要

这种意见不直接讲废除谷物法的意义,但对之有一定的看法。沃德把西莱定的辉格党和托利党、自由贸易主义和保护主义的重要人物逐个进行了收入来源的分析,再与其政治行动相联系,认为当地辉格党地主——政治家的态度,说明经济与政治活动并无必然联系;托利党人也是这样的。当地辉格党的领袖、赞成修改后又赞成废除谷物法的菲茨威廉伯爵和托利党的领袖、反对修改及反对废除谷物法的哈伍德伯爵,这两家是世仇,因之,一个是辉格党人,另一个就是托利党人;一个赞成自由贸易政策,另一个就得主张保护政策;一个赞成废除谷物法,另一个就得反对。但是从经济上来说,菲茨威廉伯爵是个大地主,其地产上虽有煤铁矿,能收取一些开采租金,但自采的部分则是赔本的,他的主要收入来源还是地租;而哈伍德伯爵则是农业改革家。在托利党人中,拥护皮尔的未必就是改良农业的地主,例如E.布鲁斯勋爵是因挥霍而负债累累的艾尔里斯伯里侯爵[②]之子,其本人也无改良农业的行动。反对皮尔的托利党人中也有大资本家,如G.赫德森是当时英国的铁路大王。反之,辉格

---

① 《经济史评论》(*Economic History Review*)第2集,第18卷,第3期,第571页之注⑤。

② 艾尔里斯伯里因花钱大治府第,负债累累,只得由地产公司代管其产业。见汤普森(F. M. L. Thompson):《英国地主制:1832—1856年的艾尔里斯伯里地产的代管公司》("English Landownership: The Airlesbury Trust 1832 - 1856"),载《经济史评论》(*Economic History Review*)第2集,第9卷,第1期,1958年8月。

党人也有反对废除谷物法的，如 H. 汤普森既是著名的农业改革家，又是铁路大资本家，却一直站在保护主义立场①，如此等等。所以沃德声称，这些人在进行政治活动时，经济的考虑“不如传统的忠诚、感情、个人和家族的联系、保护主义者的愤懑、辉格式的、合理主义(rationalism)的影响更为重要”②。

上述五种意见中，第三和第五都是剑桥经济史学派的主张。它们表面上有所不同，实际上无大出入。前者形式上也承认地主和工业家有斗争，但又认为他们在废除谷物法上是无谓之争；后者承认有经济原因，但又不如党派、人事、家族等关系重要。既然是无谓之争，经济原因也是次要的，剩下就无非是些意气等的争执了。

三、分析与解释

几十年来英国刊物中研究废除谷物法的文章的共同缺点，是没有抓住农业工人这个本质的问题。宪章运动还有人作为重要的社会运动附带提到，但对于农业工人，连这样做的也没有。而要真正理解废除谷物法的意义，就只有了解农业工人所起的作用才行。其实马克思和恩格斯早就注意到这段时期的农业工人了。《英国工人阶级状况》是恩格斯作了 21 个月的调查写出的，其成书只在皮尔提出废除谷物法之前 10 个月，内列有“农业无产阶级”的专节，讲到废除谷物法前的农业工人情况。《资本论》第一卷第二十三章“资本主义积累的一般规律”中有“不列颠的农业无产阶级”一节，则讲到废除谷物法后 20 年的农业工人情况。在研究这个问题上，两者都具有指导意义。

① 沃德(J. T. Ward)：《西莱定的地主与谷物法》(“West Riding Landowners and the Corn Laws”)，载《英国历史评论》(*English Historical Review*)第 81 卷，第 319 期，第 266 页。
② 沃德(J. T. Ward)：《西莱定的地主与谷物法》(“West Riding Landowners and the Corn Laws”)，载《英国历史评论》(*English Historical Review*)第 81 卷，第 319 期，第 271 页。

对19世纪三四十年代英国的阶级斗争状况，许多史家由于把注意力集中在宪章运动上，因而忽视了农业工人的斗争。他们认为自1830年底到1831年初的“斯温暴动”遭到辉格党政府的镇压后，农业工人便不足以构成对统治阶级的威胁了。事实不是如此。农业工人运动的暂时沉寂，仅是由公开转向了秘密，而统治阶级则始终没有放松注意。1834年，西部巡回法庭在多尔彻斯特发现名为“农业工人友谊会”的秘密组织。其会章规定，如有会员被削减工资，便可通知通讯书记，然后由该会负责人设法对付。法庭把该秘密组织的6个负责人定了罪。[①] 农业工人还在活动一事，引起了统治阶级的惊恐，所以当第二年有人在下院动议赦免这些人时，托利党和辉格党的议员都投票反对，直到1837年这些人才获释。[②] 但是过不了几年，农业工人又以“斯温暴动”中焚烧庄园农场的形式，公开活动起来。对于这些情况，皮尔是清楚的。

恩格斯在讲到废除谷物法前农业工人的情况时写道：“农业区的贫困每年都在加剧。人们过着极端贫困的生活，整家整户的人每星期就靠六七个或七八个先令过活，有时候连一点钱也没有。”[③] “1844年6月，《泰晤士报》派了一个记者到这些地方（指英格兰农业区——引者）调查这类人（指农业短工——引者）的情况，……某些地区每星期的工资不超过六先令，即不比德国许多地区的工资高，然而英国的食品价格却至少比德国高一倍。这些人过着什么样的生活，那是不难想象的。他们的食物又坏又少，衣服破破烂烂，住所狭窄简陋，只是一间没有任何设备的可怜的小茅屋；……一个月中只要有几天没有工作，这些人就会陷到贫穷的深渊里去。”[④]“每年一

---

① 布兰德等编（A. E. Bland et al ed.）：《英国经济史资料选》（*English Economic History Selected Documents*），伦敦，1915年，第638—641页。

② 卡利斯·戴维斯（H. C. Carless Davis）：《格雷与皮尔的时代》（*The Age of Grey and Peel*），伦敦，1929年，第319页。

③ 恩格斯：《英国工人阶级状况》，《马克思恩格斯全集》第2卷，第551页。

④ 恩格斯：《英国工人阶级状况》，《马克思恩格斯全集》第2卷，第553页。

到冬天,即短工失业的季节,都一再发生纵火事件。1843—1844 年的冬天,纵火事件异常频繁。我手头有几号这个时期的《北极星报》,每一号都报道了好几起纵火事件,并说明了消息的来源。……1843 年 11 月 25 日,《北极星报》报道了两起纵火事件。……12 月 26 日,《北极星报》报道:在培德福德郡,两星期来每夜都发生几起纵火事件,……在最近几天有两处大农场被烧毁,在剑桥郡有四处大农场被烧毁,在哈特福郡有一处大农场被烧毁;此外,在几个地方还发生了十五起纵火事件。12 月 30 日,诺福克发生一起纵火事件,萨福克发生二起,艾塞克斯发生二起,哈特福郡发生三起,柴郡发生一起,朗卡郡发生一起,在得比、林肯和南部共发生十二起。1844 年 1 月 6 日一共发生纵火事件十起,1 月 13 日发生七起,1 月 20 日发生四起。从这以后,该报每周平均报道三四起纵火事件,而且这些事件并不像往年那样只继续到春天,而是一直继续到七八月。……1844—1845 年的冬天来临时,这种犯罪行为更加普遍起来了。"①

这表明农业工人因无法生活下去,在 1843 年冬以后又积极公开活动起来了。仅恩格斯提到郡名的地方,就包括亨伯河以南至泰晤士河的大片东部地区和北部西半一大块地区,再加上没有提到郡名的南部,共占英格兰面积的一半以上,除朗卡郡外,大部分是农业区,小部分是农牧区。

很显然,农业工人在农村正起着宪章运动者在城市起的作用,②地主阶级的统治受到了威胁。这才是废除谷物法的根本原因。以下从几个方面加以分析:

(一) 皮尔的历次演说

废除谷物法的那次下院的开会日期是 1846 年 1 月 22 日。当天

① 恩格斯:《英国工人阶级状况》,《马克思恩格斯全集》第 2 卷,第 555 页。
② 1842 年宪章运动第二次请愿书遭到拒绝后,进入低潮阶段,但工人并未停止斗争,而是在蓄积力量,准备新的斗争,所以统治阶级仍在密切注视他们的动向。到了 1846 年,运动重新高涨起来。

皮尔在演说中讲到他甘冒废除谷物法的风险，承担废除谷物法的责任。并说："根据近三年的经验，我不相信工资率因粮价不同而异。我不相信粮价上涨工资必然按比例提高。我不相信低粮价必定就意示低工资率。我也不能维护'保护本国的工业一定就是好事'这样的主张。"①27 日，他便在下院提出"总计划"。以后下院进行辩论时，他又发表了长篇演说，②这次谈到废除谷物法的迫切性，由于爱尔兰的马铃薯歉收，废除应是迫在眉睫之举了。最后在 3 月 27 日二读投票时他又发表演说③。这次对废除谷物法的根本原因，他讲得非常清楚，证明了他在 1 月 22 日提到的粮价和工资的关系、工资的购买力等问题，主要是关于农业工人的。皮尔引用 1837—1844 年间有关农业工人的材料来说明这些问题。在格罗斯特郡是：

年份	小麦价格		周工资
	先令	便士	先令
1837	53	10	10
1838	64	7	11
1839	70	8	11
1840	66	4	11
1841	64	4	11
1842	57	3	11
1843	50	1	10
1844	51	2	10

注：皮尔未说明以这些价格购买的小麦的重量或容量。——本文作者

① 利费爵士(Sir Tresham Lever)：《罗伯特・皮尔爵士的生平与时代》(*The Life and Times of Sir Robert Peel*)，伦敦，1942 年，第 270—271 页；《英国经济史资料选》，第 705—708 页。引文见后书第 708 页。

② 全文见道格拉斯主编，扬等编(G. M. Young et al ed.)：《英国历史文献・第 12 卷・第 1 部分，1833—1874 年》(*English Historical Documents* Vol. XII Part I, 1833 - 1874)，伦敦，1964 年重版，第 451—465 页。

③ 全文见《谷物法与社会的英国》，第 182—212 页，附录 II。

这表明在小麦价格涨落近1/3(1镑7便士)的情况下,工资的升降只约1/10(1先令)。这个地区的工资还算高的。他举出的多尔塞特郡的布兰德福德,1837年的周工资仅7先令,1838—1844年都仅为8先令。至于工资的购买力,皮尔举出:例如在康沃尔,周工资为8先令,但每周花在购买小麦上即需6先令8便士,即使购买大麦也得3先令4便士。东萨福克农业工人周工资在1835年后都是8—10先令,但买1英石(stone,用于小麦、面粉的称重时等于14磅)的面粉就需付1先令3便士—2先令10便士。西萨福克的周工资是9—10先令,收获时可加1—2先令,在小麦每库姆(coomb,等于4蒲式耳)的价格为20先令时是这个工资,每库姆涨到35先令时,还是这点工资。皮尔引用的这些材料证明:工资并不按粮价比例上升,甚至粮价剧涨时,工资仍无增加;即使在粮价较低时,工资能买到的粮食也少得可怜。

皮尔的讲话完全证实了恩格斯“整家整户的人每星期就靠六七个或七八个先令过活”的记载。再用皮尔提到的地区和恩格斯所引发生纵火事件的地区相对照,便更能说明问题了。两人都提到萨福克,恩格斯引到的培德福德、剑桥、哈特福、诺福克和艾塞克斯等郡,就在萨福克的北西南三面,林肯郡则隔瓦什湾和诺福克郡相望;皮尔提到的多尔塞特和康沃尔两郡,则在恩格斯没有指出名称的南部诸郡之内;皮尔提到的格罗斯特郡是英格兰的西南地区,与威尔士毗邻,不在恩格斯所讲的范围之内。所以把两人提到的地区合并起来看,范围是更大的。皮尔是英国统治阶级的当权首脑。他能大谈特谈1845—1846年爱尔兰农民骚动情况,并在下院讨论废除谷物法时,提出“镇压爱尔兰骚动法案”,因为爱尔兰是被当作殖民地看待的。但对于英格兰,他明知问题严重,却不能无顾虑地讲出来。他只能提到1845年英格兰多雨,收成不好;只能讲到农业工人工资低微,购买粮食即占去工资的大部分,就是绝口不谈农业工人的反抗。但在这次演说中,他竟用了近1/7的篇幅来谈农业工人,证明他是认识到问题的严重性的。

正是农业工人显示出来的力量,迫使议会废除谷物法的。

(二)“反谷物法同盟”的活动

农业工人还通过“反谷物法同盟”(简称“同盟”)表现出他们的影响。“同盟”正式成立于1839年3月,正在第一次请愿前夕的宪章运动并未受到它的欺骗;①直到1841年9月,科布登还说“同盟”受到宪章主义者的敌视;②1844年夏,双方领袖还在一次群众大会上进行过辩论。③ 这些情况表明“同盟”在工业工人中没有力量。但在农业工人中就不同了,“同盟”的宣传一开始就是受到欢迎的。他们调查农业工人生活悲惨情况的活动,使农业工人从一开始就对他们抱有好感。1841年科布登当选议员,同年与布赖特的长期合作开始。从此二人密切配合,用“同盟”取得的农业工人状况的材料,在议会内外攻击地主。1843年,“同盟”在商人和工业家中取得成就后,更把重点转向农业工人和佃户,于是“同盟”得到大发展。④ 如果只把“同盟”的力量局限在城市里,而看不到它在农村中、在农业工人中的力量是片面的。尽管“同盟”是资产阶级的组织,但在争取废除谷物法的斗争中,不得不也以代表农业工人的面目出现,所以农业工人通过它表现出了影响力。

(三)下院投票

在议会内,谷物法之所以能废除,皮尔派⑤起了关键作用。在

① 1846年3月27日,见摩莱(J. M. Morley):《理查·科布登生平》(*The Life of Richard Cobden*),第101页。

② 1846年3月27日,见摩莱(J. M. Morley):《理查·科布登生平》(*The Life of Richard Cobden*),第159—160页。

③ 甘米奇(R. G. Gammage):《宪章运动史》(*History of the Chartist Movement 1837–1854*),纽卡斯尔,1894年,第254页;见苏公隽中译本第275—276页,1979年。

④ 1846年3月27日,见摩莱(J. M. Morley):《理查·科布登生平》(*The Life of Richard Cobden*),第173页。

⑤ 这次投票拥护皮尔废除谷物法的托利党人,后来被称为皮尔派。

1841年的那届下院[1]的658席中，托利党占有368席[2]，其余辉格党、急进派(内有宪章派)和废除谷物法派总共只有290席。在下院三读投票时，弃权的102人，而在投票的556人中，赞成比反对的多98票。在赞成的327票中，托利党拥护皮尔而投票赞成的是112票[3]，只要这112人弃权，则赞成者就只有215票，那就比反对者少了14票(229∶215)，所以如果没有他们的赞成票，废除谷物法是不可能的。其余200名左右的托利党人则在本廷克勋爵和迪斯雷利的领导下构成投反对票者的主干。这112名议员是些什么人呢？大部分是主张和实行改良农业的地主，而他们之所以投赞成票的根本原因是感受到农业工人的威胁。

恩格斯说过：英格兰有"大土地所有制下的人数众多的无产阶级"。[4] 当时无论改良还是不改良农业的地主土地上的基本劳动力都已是农业工人了。但比较而言，前者感受到的农业工人威胁比后者要大，因为前者地产上的佃户的比重比后者还要低，因此对农业工人的依赖比后者还要高。怎样才能减少依赖呢？最重要的是减少田间工人，而要减少田间工人，就只有更大规模地实行耕作改革、排水、增加畜牧业比重、使用农业机械等。一句话，就是加速改良农业。它可用政府贷款(如排水工程贷款)解决一部分，地主也可自筹一部分，但还需要资产阶级的贷款。这是对资产阶级有利的事。就凭这一点，他们也会赞成废除谷物法。皮尔派同他们一起投了赞成票，表明这类地主借了此举同他们接近。但是不是因此就造成了这类地主对资本家的依赖了呢？这要看具体情况了。那些改良农业的大地主自筹资金的潜力相当大，如果还兼有工商业更是如此。所

---

① 废除谷物法的那届下院是1841年召集的。

② 库克等编(Christ Cook et al ed.)：《英国历史事实1830—1900》(*Eritish Historical Facts 1830 -1900*)，伦敦，1975年，第95页。

③ 库克等编(Christ Cook et al ed.)：《英国历史事实1830—1900》(*Eritish Historical Facts 1830 -1900*)，第139页。

④ 恩格斯：《英国工人阶级状况》，《马克思恩格斯全集》第2卷，第558页。

以不能不适当地夸大为屈从了资产阶级，毋宁说是互利下的有限的让步，以换取他们对这类地主直接改良农业、间接减少对农业工人依赖的支持。这类地主作为地主，当然是考虑了废除谷物法的影响的。但许多这类地主的实践已表明谷物价格即使有所下降，仍有利可图；而且还可能看到费尔利讲到的输入来源问题，也不致使谷物价格大幅度下降。废除谷物法在经济上对这些人并无害处。

对不愿改良农业的地主怎么办呢？采取措施争取他们，如排水工程贷款除对改良农业的地主给以方便外，也具有争取不愿改良农业的地主的作用；还给予优待，让他们有时间跟上，即规定不是立即，而是三年为期逐步地废除谷物法。后来的事实表明，这些措施发挥了作用，争取到他们。两类地主联合了，先后改良农业了，就不仅做到减少对农业工人的依赖，而且还转向对农业工人进攻，再加上同资产阶级的接近，在皮尔看来是可以对付工农业工人的了。

抑有进者，皮尔（当然也是皮尔派）在废除谷物法问题上还掌握了主动权和领导权，尽管 112 人比下院内辉格党是少的，更不用说加上废除谷物法派及激进派中少数赞成废除的人了。皮尔做到了迫使他们跟着他走。1845 年 10 月底到 11 月的一段时间里，皮尔内阁在废除谷物法问题上意见分歧，无法作出决定，反对党领袖罗塞尔勋爵趁机在 11 月 22 日发表了“爱丁堡信件”。这封从爱丁堡致他的伦敦城选民的信件，宣布了辉格党主张立即废除谷物法。① 这件事导致 12 月 5 日皮尔内阁垮台。罗塞尔奉命组阁。但辉格党在那届下院是少数党，组阁失败；于是皮尔在 12 月 20 日再度组阁。这次他不顾阁员本廷克和党内多数的反对，在次年 1 月 27 日提出了包括废除谷物法在内的一揽子“总计划”。在全国看来，这是由内阁主动

① 1846 年 3 月 27 日，见摩莱（J. M. Morley）：《理查・科布登生平》（*The Life of Richard Cobden*），第 217—218 页。

提出来的，一下子就把废除谷物法的主动权从辉格党手里夺过来。皮尔玩弄这样的手腕，不是第一次了，1828 年在解放天主教徒问题上已干过。① "总计划"在下院讨论时，所有修正和反对的动议，通通被否决了；转到上院，也未经修正即获通过。一桩政府提案能按原样通过确是罕见的。

皮尔不但在议会斗争上取得全胜，而且还在全国也取得了废除谷物法的领导权，因为"反谷物法同盟"只好默认政府的行动，不再继续坚持立即废除了。

"总计划"按原样通过，表明皮尔只作了他认为可以向资产阶级作的让步，资产阶级反而不得不根据他的条件同他合作。正如摩尔讲的，这一计划是站在主张改良农业的地主的立场的，其中如修改济贫法的管理办法，还有些不利于资产阶级，因为肯定要增加他们的济贫税负担。这能说皮尔是站在资产阶级立场吗？退一步讲，能说他屈从资产阶级吗？那么，资产阶级为什么不得不同他合作呢？因为工业工人早已通过宪章运动反对资产阶级了。而今面临工农业工人都反对统治者的形势，使得两大统治阶级合作了，但合作是按皮尔的条件进行的。

再从废除谷物法后 20 年的情况看，皮尔是达到了打击农业工人的目的的。资产阶级从地主改良农业的活动中得到不少的好处。以排水工程为例，政府最初提供基金 200 万镑，继又增加 200 万镑，供贷放之用。但区区 400 万镑当然是不够用的，但确是起到倡导作用。资本家见有利可图，纷纷组织排水工程公司，承接大地主土地上的排水工程。这表明资本家积极支持了地主们改良农业的行动，

① 1828 年，当皮尔在惠灵顿公爵内阁中任内政大臣时，反对党的罗塞尔提出废除"宣誓条例"的议案，在下院得到通过。这是与解除对天主教徒的限制有关系的问题，因为废除这个条例，就可使担任公职的人无须再宣誓是英国国教徒了。当反对党提出此议案时，惠灵顿内阁是反对的。孰知一个月以后，皮尔却代表内阁提出"解放天主教徒法案"，把主动权从反对党手里夺了过来，见史密斯(G. B. Smith)：《罗伯特·皮尔爵士》(*Sir Robert Peel*)，伦敦，1881 年，第 57—65 页。

加快了改良农业的步伐。其结果是如马克思指出的:“从1846年到1865年耕地面积扩大了四十六万四千一百一十九英亩”[①],农业工人人数“从1851年的一百二十四万一千二百六十九人减到1861年的一百一十六万三千二百一十七人”[②],只有其中的“牧羊人总数从一万二千五百一十七人增加到二万五千五百五十九人。”[③]耕地扩大而农业工人减少,说明了地主阶级依赖农业工人的程度降低了,其中唯有牧羊人增加,说明畜牧业比重有所增加,就更减少对农业工人的依赖。但这些还不是全部事实,大地主还向农业工人发动了进攻。“决定不准在他们的领地上建筑工人住宅”,“像对待异邦人那样对待土地耕种者并把他们从自己的庄园上赶出去”[④],把农业工人撵到开放村庄[⑤]去住。这样一来,农业工人每天往返五六英里,不能住在地主庄园上,也就难于组织纵火及其他反抗活动了。后来地主们更通过“帮伙制度”在农忙时奴役妇女儿童[⑥]。60年代农业工人的生活比40年代还要惨,就是地主阶级向他们进攻的结果。地主阶级通过废除谷物法及相应措施,的确巩固了在农村中的统治地位。

用以上分析来衡量对废除谷物法意义的五种意见、剑桥经济史学派的两种看法,似无多大价值(因反映第三种意见的文章一篇也未看到,暂不作定评);第四种意见因系从国际谷物来源立论的[⑦],涉及国内阶级关系较少,可略去不论。还剩下两种意见:一种是认为废除谷物法是工商业资产阶级战胜地主阶级。这是多年来在英国占优势的看法,也与我国流行的工业资产阶级战胜地主阶级的看法相近似。另一种是认为废除谷物法乃是借改良农业来巩固地主特

---

① 《资本论》第一卷,第743页。
② 《资本论》第一卷,第743页。
③ 《资本论》第一卷,脚注(149)。
④ 《资本论》第一卷,第748页。
⑤ 《资本论》第一卷,脚注(163)。
⑥ 《资本论》第一卷,第760—764页。
⑦ 从皮尔1842年以后的演说来看,费尔利主张的1837年以前和以后英国进口粮食的来源是可信的。

权地位的。

现在让我们来比较这两种看法。从长远来说,两种意见并不矛盾,因为只要改良农业,就会使得农业愈来愈资本主义化。

但是,第一,能不能说废除谷物法的法案一通过,"总计划"的措施一实行,马上就会使农业完全资本主义化。恐怕不能这样说。有的地主是废除谷物法后才开始改良农业的,不能这样说;即使以前就开始,也未必就完成了这种改良。

第二,如果承认农业工人的反抗构成了对地主阶级的威胁,那么,摩尔的看法有些道理,缺点是没有明确指出农业工人来;但这篇文章毕竟看出了当时英国国内形势已构成对有产者的威胁。从上面分析,可知通过废除谷物法是使地主和资产阶级这两个统治阶级接近,共同对付工农业工人的。这样,两个统治阶级之间的关系,能说是谁战胜谁的关系吗?即使说资产阶级后来战胜了地主阶级,但在废除谷物法后相当长的一段时间里还不能这样讲。

第三,马克思说过:"谷物法的废除大大推动了英格兰的农业。"①19 世纪五六十年代是英国农业的繁荣时代。我们可以说,皮尔的措施使不愿改良农业的地主改变了态度。实际情况是此后英国农业经受住了进口谷物的竞争,虽然进口量增加,但地主农场主们的国内市场还在扩大,谷物价格并未大跌②,地主不但没有受到损失,经济上还在发展,农业工人的威胁已被排除,地主在农村的统治地位得到巩固。这是不是地主阶级在资产阶级卵翼下发展的情况呢?更是不是资产阶级战胜地主阶级的情况呢?当然不是的。

第四,从政治上讲,1852—1855 年的阿伯丁内阁是由皮尔派和辉格党组成的,阿伯丁本人是皮尔派,1859—1865 年的帕默斯顿内

① 《资本论》第一卷,第 742 页。

② 《谷物法与社会的英国》,第 118 页。废除谷物法以前的 5 年、1841—1845 年,小麦每夸特平均价格为 2 镑 14 先令,1846—1850 年不过降到 2 镑 11 先令 10 便士,而 1851—1855 年则为 2 镑 16 先令,比废除前的 5 年还略高。

阁有皮尔派参加，皮尔派作为政治力量，在废除谷物法后存在了近20年。这就表明，它所代表的那部分地主与资产阶级达到完全合流，是要经过而且确实经过一段较长时间的。原来由本廷克和迪斯雷利领导的那类地主改良农业起步较晚，后来便成了得比和迪斯雷利的新保守党的阶级基础。如果以1867年议会第二次改革法案作为资产阶级和地主阶级力量升降的分界线，可能比用废除谷物法来画线更为适合。1867年的法案是在得比和迪斯雷利的保守党执政时通过的，它表明20多年前不愿改良农业的地主经过改良，正像皮尔派所代表的那类地主一样，与资产阶级的关系日益接近了；但又还没有达到像皮尔派所代表的那类地主与资产阶级完全合流的地步。只有到了这个时候，英国地主阶级才可以说“化”入资产阶级（皮尔派）或“趋于化入”资产阶级（保守党）。这样的接近，就是从70年代起保守党和自由党对内对外政策接近的经济基础。

看来，在资产阶级史学家都有其局限性的情况下，以摩尔为代表的意见，还较接近实际情况。

至于本文作者的意见，是认为应抓住农业工人这个本质问题，用当时英国的阶级斗争形势来指导研究，才能正确认识废除谷物法的意义及其影响。

几十年的研究当然也有进展，主要表现在下列几个方面：

(1) 废除谷物法是一个复杂的问题，这几十年的研究把问题看得复杂些了。托马斯在这个问题上有贡献。他看出“铁路”是“土地”和“新”阶级的连接线，表现在这个利益集团在废除谷物法上的态度既不很一贯，也不很固定。① 据他列出的数字，在三读通过上赞成废除的为32，反对的为26（两个数字都不是真正的投票数，按照他的计算法，是指有铁路利益的人，铁路资本家和像他们这类有铁路

① 托马斯（J. A. Thomas）：《1846年谷物法的废除》（“The Repeal of the Corn Laws 1846”），载《经济学刊》(*Economica*)第9卷，第25期，第60页。

利益的人都包括在内），二者很接近，这里“保护主义”的色彩非常浓。他的见解很正确，铁路正是地主阶级和资产阶级的连接线。铁路是资本主义性质的，这没有问题，但具体到英国，则和地主阶级的关系非常密切。英国地主在铁路通过他们的土地上收取巨额租金，因为地产权是属于他们的，所以铁路是英国地主喜欢投资的一个部门；而因大宗谷物日益通过铁路运输（运河的重要性日减），所以地主投资铁路的更多了。这种地主和铁路关系特别密切的看法，为沃德的研究所证实，几个铁路资本家（包括当时的铁路大王）都投票反对废除谷物法。可惜沃德把这种现象看作家族、人事之类的关系，在研究上倒退了；不过他也举有不改良农业的地主赞成废除的例子，使人对这个问题的认识不致简单化。

(2) 后人发展了前人的研究。研究既有批判前人的一面，也有继承和发展前人研究的一面。费伊在 1928 年指出谷物法和航海条例在英国历史上有同等重要性，费尔利则在 1965 年的文章中对此作出结论，认为废除航海条例是废除谷物法后的又一重大行动，从英国粮食进口情况看，这在政策上是一贯的；而且皮尔在废除航海条例上支持罗塞尔内阁，也证明了这点。费尔利通过对这个具体问题的研究，把二者的关系讲得更清楚了。

(3) 填补了过去研究的空白。劳森-坦克雷德、摩尔等人研究的“反同盟”“中央农业联合会”“英格兰农业协会”等组织，都是过去研究得比较少的。他们在研究中填补了空白，劳森-坦克雷德对“反同盟”于 1845 年冬在关于谷物法斗争高潮中发展成为一个政党的雏形的研究，即其中一例。

总的说来，几十年来英国学术刊物对这个问题的研究，都未抓住本质问题。但在某些方面还是有进展的，个别人的意见也是值得重视的。

（原文载于中国英国史研究会编：《英国史论文集》，
生活·读书·新知三联书店，1982 年）

胡斯战争

问:胡斯战争是15世纪发生在波西米亚的宗教战争,其详细情形怎样?(陕西咸阳渭河南二中张宗岳)

答:波西米亚当时属于神圣罗马帝国,该地有丰富的银矿,经济相当发达。有了本土的初期的商业资产阶级的兴起,胡斯(Jan Hus,约1369—1415)的宗教改革运动,在某一方面,是代表此种商业资产阶级利益、反对封建束缚的。要反对封建束缚,不可避免地要反对教会,因教会是封建制度的一大支柱,要反对教会,便要实行宗教改革,加以当时高级僧侣(如大主教、主教)的腐化,托钵僧的横行,也使人感觉有宗教改革的必要。在政治上,胡斯运动代表波西米亚人的民族解放斗争,因波西米亚系西斯拉夫人的一支,长久受着德意志人统治者的统治,希望求得民族解放,不过这种民族解放运动,是以宗教改革运动的形式表现出来罢了。以上三种中,尤以民族解放运动为首要。

在波西米亚宣传宗教改革的,并不自胡斯始。在胡斯以前,已有康拉德·瓦尔德豪塞(Konrad Waldhauser)及米勒兹(Milecz)等人宣传宗教改革,不过要到胡斯出来,才最后发展成为一个大的运动,才具有政治的、宗教的重要性。

胡斯本是布拉格大学的教授,他深受英国宗教改革家威克里夫(John Wycliffe)的影响,在大学中讲授威克里夫的学说,并斥责教会所主张的化体说(此说谓圣餐的面包和酒可转化为耶稣的血与肉)。

威克里夫的学说，在英国的伦敦宗教会议上，已被控为异论，所以布拉格大学也有人指责胡斯宣传异端邪说，此人系一德意志人的教授，结果此事在大学中引起正式的讨论，到最后表决时，民族的斗争反映出来了，波西米亚人的教师，都支持胡斯，而德意志人教师则反对胡斯，可是按照大学的表决办法，德意志人与波西米亚人的表决权系三比一，所以胡斯和波西米亚人教师失败了，胡斯被指责为异端。当时波西米亚王文彩尔(Wenzel)，虽系德意志的卢森堡皇室中人，但因与教皇有冲突，与其弟罗马人国王西吉士蒙德(Sigismund)也不协(罗马人国王系神圣罗马帝国皇帝未加冕前成为太子时的特有称呼)。所以利用此事来反对教皇及其弟，于是在1409年1月，命令布拉格大学将波西米亚人表决权改为三，德意志人改为一，这样，引起了德意志人师生的不满，大部分离去，可是胡斯胜利了，代表波西米亚人的方面胜利了，于是胡斯运动很快地在波西米亚境内传播开来。

可是波西米亚的统治阶级中，仍有不少反对此改革运动的，高级僧侣更不用说了，结果在波西米亚境内展开宗教改革与反对宗教改革的斗争。

有了这样的情况，故在1414年召开的康士坦斯(Constance)宗教会议时，决定讨论胡斯问题，并要求胡斯出席，在得到西吉士蒙德保证其生命安全后，胡斯出席了此会，但结果判定其宣传异端邪说，胡斯在1415年7月6日被焚死。胡斯是为了与反对进步的教会斗争而死的，是为反对德意志人的统治而死的，是捷克的民族英雄。(波西米亚是外人的称呼，捷克人一向称自己的国家为捷克。)

胡斯之死，激怒了波西米亚人民，他们痛恨德意志人，集中于痛恨西吉士蒙德身上，因他保证了胡斯生命安全，胡斯才出席此会。于是波西米亚人民在尼古拉斯(Nicholas)(小贵族)及约翰·惹士卡(John Ziska)(平民)的领导下，掀起了一个为胡斯复仇、反对教会、反对西吉士蒙德以及反对德意志人的压迫的大运动。到了1419

年，因文彩尔之死，西吉士蒙德应继承波西米亚王位，他正是波西米亚人民之敌，而他更决定在波西米亚境内采取镇压的政策，教皇自然欢迎，加以支持，于是马尔丁五世（Martin V）在1420年3月宣布组织“十字军”，“讨伐”胡斯派，亦即“讨伐”波西米亚人民，西吉士蒙德响应此号召，组织了“十字军”。

在胡斯运动的阵营里，分为两派：小贵族领导的一派，主张渐进的改良，于1420年敌人已经发动十字军后，还发表了“布拉格四点改革方案”，把运动局限于宗教改革方面，他们得到了商业资产阶级的支持，以布拉格为中心，尼古拉斯为领导，称为卡里克丁派（Calixtines）；可是与这种改良派对立的是，激进的民主的塔波莱派（Taborites），他们主张不以宗教改革为限，而推进到社会的改革，约翰·惹士卡为其首领。两派本有很大的分歧，但当敌人侵略波西米亚时，联合起来一致对外，在1420—1422的三年中，先后击败了德意志人组织的十字军，在击败十字军中，约翰·惹士卡表现了卓越的指挥才能，这样使得胡斯派获得了胜利，波西米亚完成了独立。

胜利后，两派斗争日益激烈，在尼古拉斯及约翰·惹士卡先后死去后，两派争执竟演变成内战，塔波莱派在新首领蒲罗柯蒲（Prokop）领导下，一般情况，仍占上风。

1427—1431年，西吉士蒙德又组织了第四次及第五次的两次十字军进行“讨伐”，两派又团结在蒲罗柯蒲领导下，打退了侵略的敌人。

在第五次十字军快要出发时，巴塞尔（Basel）宗教会议召开。随着此次十字军的失败，该会议决定派代表与波西米亚方面谈判，在革命政府派出的代表中，虽也有蒲罗柯蒲，但以卡里克丁派人占多数，结果以“布拉格四点改革方案”作基础，签订了草约。教会方面仍然取得了“必须服从主教权威”的条文，小贵族与资产阶级已经觉得革命走得太远了，要与反动势力妥协了，但塔波莱派不满意此约，于是在蒲罗柯蒲领导下，1434年与卡里克丁派进行战争，但蒲罗柯蒲被杀，塔波莱派失败了，于是在卡里克丁派掌握下的波西米亚，在1436年承认西吉士蒙德为波西米亚国王，投降了他。

革命的胡斯派，在波西米亚人民中仍很有势力，甚至对16世纪初德国的宗教改革也有影响，但波西米亚的人反抗，胡斯派的改革，失去其作为整个中欧问题的重要性了。

这些反对外族压迫和侵略的解放战争，虽然失败，但是永留在人民的心目中，成为捷克民族解放的先驱。

（原文载于《历史教学》1954年第1期）

简述英国威克菲尔德对华贸易构想

爱德华·吉本·威克菲尔德(Edward Gibbon Wakefield, 1796-1862)既是英国殖民的理论家,也是殖民活动家。[①] 其在殖民地建立责任制政府的主张,通过《达勒姆报告》[②]成为英国自治领的来源。他的"系统殖民"理论在澳大利亚和新西兰得到实施。[③]

威克菲尔德没有到过中国,但很注意中国,也很注意华侨和华工。早在1829年出版的《悉尼来信》的"后记"里便选录了19世纪初在远东的英国官员(主要是殖民官员)记载的爪哇、暹罗(泰国)和交趾支那(今越南南部)的华侨状况。1833年出版的《英国与美国》的第7章和第8章[④]全与中国有关,尤其是第8章大量引用议会调查委员会《关于东印度公司事务报告》的证词,包括有公司商馆负责人、走私贩子、船长等,其中重要人物(如商馆负责人)还有不同日期的证词。这一章除重引了《悉尼来信》中4人的全部记载(内一人还引得更长)外,还有大量的对华贸易(主要是走私贸易)及华侨状况的记载。全章共33次引用了20人,其中有一人居住广州达17年之

---

① 本文材料根据 M. F. 劳埃德·普雷查德编(M. F. Lloyd Prichard, ed.):《爱德华·吉本·威克菲尔德全集》(*The Collected Works of Edward Gibbon Wakefield*),格拉斯哥和伦敦,1968年。

② 正式名称为《英属北美事务报告》。

③《资本论》的《当代殖民理论》整章对"系统殖民"理论专门作了批判。

④ "章"用 note 而不用 chapter。第7章标题为《英国国外贸易与对华贸易的密切关系》,第8章标题为《扩大自由贸易至全中国海岸的办法》。

久。还有两个当时已是相当重要的人物。一是下院议员,一是伦敦的银行家。证词中涵盖中国的年代长达28年(1800年至1828年)。

关于威克菲尔德谈到的华侨和华工问题将另文论及,本文专谈对华贸易问题。《英国与美国》出版于1833年,正好是英国取消东印度公司对华贸易独占权的那一年,所以起到引导和扩大对华走私贸易的作用。威克菲尔德对此亦直言不讳。

对华走私贸易与威克菲尔德在中国沿海建立商站的意图

威克菲尔德讲到的对华自由贸易实际上是走私贸易的代名词。当时走私入中国的货物以鸦片为最大宗。充当公司广州商馆职员达17年之久的查理·梅杰里班克斯(Charles Majoribanks)对下院调查委员会称:"走私到中国的鸦片是公司在印度种植、出售给那些走私入中国的人的。在出售时便完全知道送往的目的地。他们由公司发给许可证。没有许可证,外国走私者进不了中国海。"①这说明在1833年取消公司对华贸易独占权以前,没有公司的许可证,进行不了这项贸易。

走私鸦片在澳门和黄埔集中,每年近4 000箱,用30—40人摇桨的武装船只往来于澳门、广州间。由于中国低级官吏和庇护走私贩子的高级官吏的卷入,走私贸易不但与合法贸易同样容易,而且还能在公司发行的《广州纪事报》(Canton Register)上登载鸦片的价格。一个走私贩子描写19世纪20年代中叶的情况是:他在伶仃有一艘趸船专供转运鸦片和出口走私货物之用。另一个走私贩子则在黄埔附近的岛屿上,按事先约定出售鸦片。至于停泊在澳门的趸船,一时便有20艘之多,除英国船之外,还有欧洲其他国家和美国的船只。

---

① M. F. 劳埃德·普雷查德编:《爱德华·吉本·威克菲尔德全集》,第434页。

鸦片不仅走私进广州，还北上到厦门、泉州(Chingchoo)[①]、台湾[②]、浙江舟山(Chusen)。这些地方售价比广州高，更有利可图。如提到苏州(Souchon)[③]，每年可卖200箱，价格比广州高出50%，更北到山东青州(Chinchoo)，还北到北纬37°。由此可见，沿海重要港口都已成了走私渠道。至于广州、厦门间，即使次要港口亦然。此外走私贩子还把鸦片卖给到广州的中国大小帆船，由之偷运入境。

走私硝石也较常见，有些随鸦片船装载，由购买者走私入境，广州以北各港口、台湾、泉州、舟山均有这种走私活动。棉织品是走私者竭力用来打击中国家庭纺织业的，他们认为只要价格不太贵，在中国便有销路。他们还要打开毛织品的市场，称长肘尺的宽幅呢绒、毛毯、驼毛布在中国都有销路。中国北方天气寒冷，是毛织品的好市场。甚至大酒杯和大玻璃杯也成了走私物品，用以供中国人祭祀盛油之用。一个走私贩子讲到他在伯明翰定制的一种适合中国人祭祀用的玻璃杯在中国很有销路。

至于走私出口的货物则首推白银，这主要是用来购买鸦片的。

---

① 关于走私进入地点的拼音问题，当时尚无威妥玛法，无拼音规则可循，且走私者的拼法也不一致。只有他们常去和熟知的地方广州(Canton)和厦门(Amoy)才统一。Chingchoo就很难对出是何处，因已明谓在福建，当是泉州。泉州又称晋江，Ching近“晋”的音，但Choo却不近似“江”的音，而勉强可对为“州”。Chusen可对出为舟山。苏州不作Souchou，而作Souchon，只因明言是江南省的一个重要城市，才得以确定。[按：江南省系清顺治二年(1645年)改明南直隶置……康熙六年(1667年)分置江苏、安徽二省，但以后习惯上仍合称二省为“江南”——《辞海》1979年版，第2034页“江南”条]。又Chinchoo，因已明言在山东，当是青州，但是不是青岛，便未敢确定了。有些地方，如Sianghai是不是上海，但明言在Chokian，kian不成问题是“江”，但Cho只可勉强定为“浙”，所以也不好定下来。如宁波既有拼为Nimpo，但有拼为Ningpo者。

② 有一个走私者到台湾，还看见荷兰人以前留下的商馆。

③ 当指苏南沿海一带。

公司广州商馆的两个职员分别提到每年出口银元[①]达 1 000 万到 2 000万两。一个职员提到中国不禁止银元出口，但严禁银锭(sy-cee)出口，不得用以购买任何进口货物，以防外流。但事实上银锭亦被用来大量购买鸦片；而且有个走私贩子还直接提到走私银锭出口。除白银外，白铜、肉桂、丝、糖、龟板和南京布也见于走私出口的货物中，甚至当时付税后即允出口的茶叶，英国走私贩子也想通过产茶区附近的港口偷运出去。

怎样实现大规模走私？威克菲尔德和许多走私贩子一样，力主在中国沿海建立商站作为走私货物转运的处所。“中国人想同外国人做生意，但他们不善于航海，使之不能在中国以外的地方通商。因此在中国，他们的对外贸易只有依赖于外国商人和外国船只的来临。这一点必须牢记：同中国人贸易不曾是，而且以后多年也不会是在没有外国商人和外国船只到中国海岸的情况下进行。”[②]威克菲尔德引用调查委员会里到过中国七次的委员的话，谓可以在广州附近的任何岛屿上进行贸易。“茶叶可送到那里中国沿海的岛屿，从那里走私出去；也可用中国船只运到东方群岛(Islands of The Eastern Archipelago)去。”[③]鸦片战争后英国强迫中国割让香港，正是实现了这一意图。

威克菲尔德进而引用到过世界许多港口的艾金(Aken)船长的话。此人具体谈到应建立商站的地方。“由于中国人不是优秀的航

① 当时中国尚未铸银元(重库平 7 钱 2 分。只有 1821—1850 年台湾铸造过银饼，其寿星银饼便重库平 7 钱 2 分，但只是地方性的，流通不广)。本文提到的走私活动只到 1828 年，墨西哥鹰洋始铸于 1823 年，因此尚未在远东流行，这里提到的银元是西班牙元[我国音译为“日斯巴尼亚”元(据西班牙所在半岛 Hispania 音译)](按：1821 年墨西哥独立，停铸西班牙本洋，1823 年开始铸造鹰洋。——《辞海》1979 年版，第 1972 页“鹰洋”条)。这从《爱德华 · 吉本 · 威克菲尔德全集》也可得到证明。第 599 页提到中国人从广东去新加坡只带 6 西班牙元，从福建到新加坡只带 9 西班牙元。从这些记载可知当时西班牙元在中国流通相当广。

② W. F. 劳埃德 · 普雷查德编：《爱德华 · 吉本 · 威克菲尔德全集》，第 432 页。

③ M. F. 劳埃德 · 普雷查德编：《爱德华 · 吉本 · 威克菲尔德全集》，第 447 页。“东方群岛”当即我国称为“南洋群岛”的群岛。

海者,最好能有几个商站与大部分海岸进行贸易……我想从一个叫昆仑岛(Pulo Condore)的大约在北纬8°的岛屿开始。它几乎在柬埔寨的视线之内①……第二个建立在大勒德朗群岛(Great Ladrones)或海盗群岛的一个岛屿上②……另一个建立有贸易前景的地方、北纬24°厦门附近群岛中的一个岛……最重要的一个站要建在更北靠近大江口③之处。"④这里除第一个远离中国外,其他三个的位置正是《南京条约》五口中的广州、厦门和宁波、上海附近。所以该条约不仅实现了这个船长和威克菲尔德等人的愿望,而且超过了,因已从沿海登上了海岸。

① 昆仑岛在湄公河口外,谓几乎在柬埔寨视线之内,不甚准确。

② 关于大勒德朗群岛或海盗群岛,见莫里斯·科利斯(Maurice Collis):《洋土——英中鸦片战争》(*Foreign Mud Anglo-Chinese Opium War*)(见释义),伦敦费布尔公司,1948年,第28页之《广州湾》地图上;乔纳森·戈尔茨坦(Jonathan Goldstein):《费城与中国贸易1682—1686年》(*Philadelphia and the Chinese Trade 1682 - 1686 Commercial, Cultural and Attitudinal Bffects*),宾夕法尼亚大学出版社,1978年,第29页之《广州—澳门—香港》地图上,均有Ladrones Is;《中国历史地图集第8册——清时期》,中国地图学社,1975年,第42—43页之《广东》地图相对照,此《广东》图系按嘉庆二十五年(1820年)的情况绘制。Ladrones Is当是老万山,现在地图已不单列出老万山,而是总称(包括其他一些岛屿)万山群岛。此处当时确系海盗出没之所。M. F.劳埃德·普雷查德编:《爱德华·吉本·威克菲尔德全集》,第453—455页注解中提到这里一个海盗大头目与清廷对抗的事情。

释义:mud原意为湿泥土,这里指鸦片。中国人俗称鸦片为烟土,Foreign mud原意为"外国烟土"。"烟土"也称"土",所以Foreign Mud当译"洋土"(这里是借用中国人对鸦片的俗称作为书的标题的)。

又,戈尔茨坦的书中记有当时从海路进入广州的途径。船只从南方(按:即从欧洲、印度等处)驶来,常经"大西航道"[按:有的书称"大西海峡"(Great Western Channel)]驶往有很好避风港的澳门。这一航道在"大勒德朗"(Great Ladrone)之西。"大勒德朗"是珠江口最外侧的一个岛屿,且为南来船只最先着陆地。

这里正文引用艾金的证词为大勒德朗群岛,而注中之科利斯的书与戈尔茨坦的书均作勒德朗群岛,其大勒德朗在戈书只是该群岛中的一个岛。看似不同,实则艾金为英人,戈书所及为美人,且时代相差一个世纪多(19世纪早期与17世纪晚期),用法可能略异。但按二人叙述,肯定为同一群岛。

本文引用之科利斯的书与戈尔茨坦的书及《中国历史地图集第8册》,均系南开大学美国史研究中心易廷镇教授提供,谨此致谢!

③ 原文为mouths of the Gt. Rivers,因为mouths和rivers均为复数,当不单指长江。对应我国东南沿海,这里的大江当指长江和钱塘江。该船长称未到过这一带只知有许多岛屿,这些群岛当指舟山群岛。

④ M. F.劳埃德·普雷查德编:《爱德华·吉本·威克菲尔德全集》,第459页。

威克菲尔德还鼓励美国人建立商站。他说："美国人不能反对英国人在中国沿海建站，英国人也不能反对美国人这样做，条件是市场（market-place）自由，即在完全平等的条件下对所有国家开放。"[①]他也进一步鼓励别国在中国沿海建立商站，因为"（1）这种站如果多些，便更易做到完全镇压中国沿海的海盗。（2）如果只有一个站在广州河口以外，即使贸易完全转到这一新市场，也扩大不到迤北的沿海省份，而正是在那里存在着对外国贸易的巨大需要，且中国的主要出口也在那里"。[②]

威克菲尔德的这些主张和他不厌其烦地引用的材料，表明了他与当时英国政府的态度是一致的，甚至在某种程度上起到引导和扩大走私贸易的作用，其做法是用鸦片毒害中国人民，加速掠夺白银；扩大走私贸易，在中国沿海寻找立足点；用其工业品，尤其是纺织品打开中国市场，击溃中国家庭纺织业。

威克菲尔德的四边贸易构想

威克菲尔德作为一个有远见的殖民者，并不以一般走私贩子的扩大走私贸易为满足，而是想得更远，需要得更多。英国人应该实行的、从殖民地取得便宜面包的贸易有直接的和间接的两种办法：假定加拿大生产的谷物很贱，英国人可用里兹、曼彻斯特和伯明翰生产的产品去购买此等谷物，这会是一种直接的贸易。但很可能发生下述情况：加拿大人生产的谷物可能不比英国人应能购买的为多，但比英国人能用产品购买的要多。换言之，加拿大人对英国的产品的需要可能远比英国人对加拿大谷物的需要为少。但加拿大人在英国产品之外会需要许多东西，而这些东西在加拿大并不能生产，例如他们会需要茶叶和白银。那么，英国人便可首先用产品去

① M. F. 劳埃德·普雷查德编：《爱德华·吉本·威克菲尔德全集》，第455页。
② M. F. 劳埃德·普雷查德编：《爱德华·吉本·威克菲尔德全集》，第455—456页。

购买中国的茶叶和白银,而后用茶叶和白银去购买加拿大的谷物。但是,再者,按这个做法,中国人对英国产品的需要可能不足供应英国人对加拿大谷物的需要,却有一种东西是中国人急切需要,且需要的量是无限的,他们需要各种粮食(food in every shape)作为生存手段。这样一来,这里便有世界上最广泛的贸易基础存在了。假定便宜的粮食系英国在澳大利亚的诸殖民地生产,那里虽然远离英国,但距中国近。英国人可用产品购买此等粮食;用此等粮食购买中国人的茶叶和白银;用这些茶叶和白银购买加拿大的便宜谷物。在此情况下,四个不同国家(different nations)中的资本和劳动为了使用的分工得以结合起来,而对它们全体来说,都会是最大的服务,无论对澳大利亚的殖民者、中国人、加拿大殖民者和英国人莫不皆然。①

这一四边贸易的流程可简示如下:澳大利亚粮食(可购得英国工业产品);英工业产品[(1) 可购得澳大利亚粮食,(2) 用得到的澳大利亚粮食购买中国的茶叶和白银];中国茶叶和白银(英国可用得到的澳大利亚粮食购买);加拿大的谷物(英国可用得到的中国茶叶和白银购买,以输往英国)。茶叶和白银成了英国取得加拿大谷物的资金,这比用工业品与中国进行贸易复杂多了。威克菲尔德出版《英国与美国》的1833年,即使澳大利亚发展最早的地区,也只有羊毛约略能称得上大宗出口,可是他却在筹计若干年后的事了。尽管日后情况的发展未如其所愿,但是不能不说他看得不远;而在这一四边贸易的模式中,已把中国摆在澳大利亚、加拿大两个殖民地的同等地位,成为四边中的一边。

鸦片战争前为对华贸易出谋划策者不少,但其四边贸易的构想,显然有其特点,因述评如上。

(原文载于《世界历史》2004年第2期)

① M. F. 劳埃德・普雷查德编:《爱德华・吉本・威克菲尔德全集》,第511—512页。

两田制与三田制

问:何谓两田制、三田制?哪一种比较进步?它们的发展情形怎样?(读者:何易)

答:一、两田制和三田制都是农业上的耕种方式。

两田制是将一定面积的耕地,分为两田区,两年完成轮耕一次,每年仅以一田区栽种谷物,另一田区开放(休息)。以英国为例,这种谷物多为小麦,其情形如下表:

	第一年	第二年
甲田区	小麦	开放
乙田区	开放	小麦

这样,每轮耕一次,耕地面积的利用率为50%(详述见后文)。

同样,三田制是将一定面积的耕地,分为三田区,三年完成轮耕一次,每年以两田区栽种不同种类的谷物,一田区开放。英国的情形如下表:

	第一年	第二年	第三年
甲田区	小麦	开放	大麦或燕麦
乙田区	大麦或燕麦	小麦	开放
丙田区	开放	大麦或燕麦	小麦

每轮耕一次,耕地面积的利用率为三分之二,即66.7%(详述见后文)。

二、两田制和三田制比较起来,后者较为进步,因为从农业生产力的发展上来看，三田制较两田制为高。这可从两方面来说明：

(一) 耕地面积的利用率，三田制高于两田制。一为66.7%，一则仅50%。这在两田区面积相等及三田区面积互等时，自不成问题；即在各田区面积不等时，也会一样的。为易明白起见，特举下例说明之。

设两田区总面积为120亩，三田区的总面积亦为120亩，而各田区面积的不等，在6年中来比较其耕地面积的百分比。(取6年者，以2、3之最小公倍数为6。)

1. 两田制：(1、2、3……表年数)

	1	2	3	4	5	6
甲田区45亩	谷物	闲放	谷物	闲放	谷物	闲放
乙田区75亩	闲放	谷物	闲放	谷物	闲放	谷物
利用率	37.5%	62.5%	37.5%	62.5%	37.5%	62.5%

注：利用率即种谷物之土地占全土地面积的百分比。

以每年全面积为100%，6年为600%，利用率总和为300%，故为总可利用率的一半，即50%。

以实耕亩数相加，6年为360亩，亦为总数720亩之50%。

以两年轮耕一次完毕时，利用率(与现实亩数)为50%。

2. 三田制：(1、2、3……表年数)

	1	2	3	4	5	6
甲田区45亩	小麦 37.5%	闲放	大麦或燕麦 37.5%	小麦 37.5%	闲放	大麦或燕麦 37.5%
乙田区39亩	大麦或燕麦 32.5%	小麦 32.5%	闲放	大麦或燕麦 32.5%	小麦 32.5%	闲放
丙田区36亩	闲放	大麦或燕麦 30%	小麦 30%	闲放	大麦或燕麦 30%	小麦 30%
利用率	70%	62.5%	67.5%	70%	62.5%	70%

注：6年总可利用率为600%，利用率为400%，即三分之二，亦即66.7%。

6年耕地面积为720亩，实耕面积480亩，故为全面积的66.7%。三年轮耕完一次时，亦得66.7%。

由上例可知，即耕地划区不等时，比率仍系一定的，但这种情况很少见，因每年生产额的总数，要大致相等，不让一年太多，一年太少，收获既易受天时影响，而生产额又相差太大时，更易制造危机。所以无论两田制或三田制，各田区的面积，总是大致相等的。

（二）在土地的利用上，三田制比两田制进步，三田制是两田制的自然发展。在同一耕地上，连续种植不同谷物两年，而又无足够及适合的肥料的情形下，其必要条件是发现不同的谷物，由土中吸取的主要养料不同，因之，在头年种了一种谷物，次年另一种谷物，仍能生长，小麦和大麦即因取于土壤中的养料各异，而能轮种，两田制则并未利用到这种的不同。

三、两田制与三田制都是欧洲中古的主要农耕方式，在欧洲延续了一千年之久。

三田制发展后，两田制并未绝迹。在山地及土壤贫瘠的地方，两田制仍然继续存在着，因它没有具备发展为三田制的条件。相反的，在平原和土壤较肥沃的地方，十二三世纪后，都已发展为三田制了。

两田制和三田制都很浪费。因为没有发现适当的施肥方法，使得不同时期栽种及收获的谷物，能在一年中在同一田区生长；而同种的谷物，又不能连续栽种两年；且即使栽种不同种类的谷物，土地利用两年后，地力已尽，不得不休息一年，这样总是有一部分土地没有利用来耕种。在严寒的冬天，草也难于生长，不但迫使中古的农民，因没有足够的饲料，必须在冬天杀死大批牛羊，且不能利用草的生长来肥沃土壤。这种不进步的耕种方式，直到18世纪人工草和耐寒草介绍到欧洲后，才改变了。人工草，如翘摇、滨蒜等，主要是从空气中吸收养料，可利用来肥沃土壤，在一种谷物收获后，即用人工培植在土壤里，在一定时间后，即可犁入土中，对土壤做了施肥的工作，便能再种谷物了，也不需要两年或一年必须休耕一次了。耐寒草，如芜菁、恭菜，也用人工撒在土中，能耐寒生长，解决了牛羊冬日的饲料，亦尽了肥沃土壤的功能。因此，18 世纪人工草和耐寒草盛行后，这种中古式的两田制和三田制便消灭了。

参考资料：

① A. Birnie, "An Economic History of Britisl", Isies. J. W. Clapham d Eileen Power, *The Cambridge Economic History of Europe Vol. I.*

②《大英百科全书》中 Rotation 条。

（原文载于《历史教学》1951 年第 12 期）

从继承制看马克白斯在苏格兰历史上的地位

马克白斯在1040年杀死邓肯一世的事件，是苏格兰历史上的一场公案，围绕这一事件的斗争，在苏格兰历史上有重要意义；而且由于莎士比亚写有悲剧《马克白斯》，这个人物就更受人们注意了。本文拟通过探讨事件表现在继承制上的情况，以说明他在苏格兰历史上的地位。

一、历史概况

苏格兰在不列颠群岛北部。苏格特人原居日后称为爱尔兰的东北部，于501年渡过北海峡，跨海建立达雷阿达(Dalriada)王国，苏格兰之名即得自苏格特人。843年，肯尼思·马克阿尔平(Kenneth MacAlpin)建立阿尔巴(Alba)王国后，在马尔康二世(Malcolm Ⅱ，1005－1034)时，改称苏格兰王国。苏格特人是凯尔特人的一支，到来后与原住民匹克特人融合，凯尔特人的风俗习惯盛行于苏格兰。

苏格兰王国在11世纪初的领土并不全同于现在的苏格兰。其最西北部的奥克尼和外赫布里底两群岛和凯斯莱斯在属于诺曼人的挪威人之手，统治者称为亚尔(jarl，相当于日后的伯爵)。北部和西部则分为七个摩尔马尔区，由摩尔马尔(mormaer，相当于日后的伯爵)统治,他们其实是传袭酋长,不过对国王称臣纳贡而已,其中摩雷(Moray)和罗斯(Ross)的摩尔马尔历来就宣称有继承阿尔巴(后为苏格兰)王位之权①,而马克白斯正是这两个地方的摩尔马尔。至于在南部,则苏格兰国王控制的肯勃兰(Cumberland)伸到了苏格兰,但在其他地区,其统治尚未达到日后苏格兰与英格兰的边界退德河(Tweed R.)。当时王国的中心尚在较北的圣安德鲁斯(St. Andrews)和阿伯丁(Aberdeen)一带,较南的洛西安(Lothian,福尔斯河与克莱德河地区)还不是中心。1016 年,丹麦王卡纽特建立了据有挪威、丹麦、英格兰的海上大国,苏格兰国王不得不对他称臣。

苏格兰没有经过奴隶社会,所以地方统治者实即传袭酋长。10 世纪时开始封建化,但进展缓慢。11 世纪初由于国王向卡纽特称臣,王室同南面的关系密切了,有不少诺曼人来到苏格兰,成了封建主。马克白斯与邓肯一世的冲突,正是在这样的背景下发生的。它反映了长期以来反对封建化和推进封建化的矛盾、较落后地区与较发达地区的矛盾,而这场冲突则通过争夺王位表现出来。

二、原有的继承制

要明了这场冲突为什么以争夺王位的形式表现出来,必须弄清楚苏格兰的王位继承制及其变化。

苏格兰原有的王位继承制称为“平行制”(collateral system),即凡属马克阿尔平的后代,都有继承权,而且不分主支与旁支,地位完全平等,交替继承。

但是,第一,国王仍须由选举产生。当时既然已过了氏族社会阶段,进入阶级社会,建立了国家,一般说来,王位已由男性继承(女

① 里奇(R. L. Graeme Riicbic):《诺曼人在苏格兰》(*The Normans in Scotland*),爱丁堡,1954 年,引言第 31 页。

性未丧失继承权,见后文)。不过凯尔特人的“酋长选举法”(Law of Tanistry)仍然保存。过去在氏族社会时,酋长、氏族长当然由选举产生。后来建立了国家,国王也是选举的。自马克阿尔平以后,除一个人例外,其他国王都是他的后代,然而形式上仍须经贵族选举。到10世纪时,成了由国王召开选举会议,通过其指定的继承人的情况,但选举会议还是非举行不可的。

第二,继承仍从母系数而不从父系数。由于母系氏族社会因素的影响很强,所以即使在马克阿尔平以后,继承仍是从母系数而不是从父系数的,国王指定的继承人可以是兄弟、从兄弟、再从兄弟,或者叔父、侄儿等,但就不能是自己的儿子,因为按照当时的观念,母子是最亲的(这是由于原来在母系氏族社会时,母子在同一氏族,而父子不在同一氏族之故),因王死时,须将王位还给最亲的人——母亲(在世与否无关),而由母亲传给最亲的人——另一个儿子(因母子在同一氏族,不得外传之故)。贵族的传袭也是这样。这个原则在选举时大家都不能违背。其结果是只要有男性,这种从母系数而不从父系数的继承制,必然表现为兄终弟及制。

现将苏格兰王系列表如下:

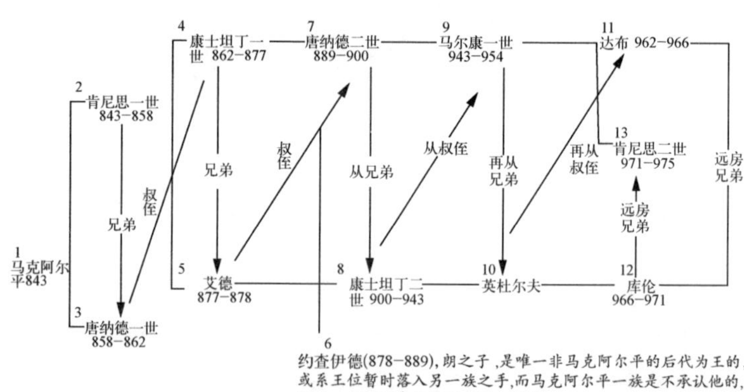

注:此表据马凯(Robert L. Mackie):《苏格兰简史》(*A Short History of Scotland*),伦敦,1947年,第57页。

这里我们看到的是马克阿尔平的两个儿子先后继承，成为兄终弟及的状况。唐纳德一世无后，这一系绝，他传了侄儿康士坦丁一世；而康士坦丁一世由其弟艾德继承，又是兄终弟及的状况。但艾德传侄唐纳德二世而不传子，其子康士坦丁二世的王位则是从兄唐纳德二世传给的。同样，康士坦丁二世也不传子，而传了从侄马尔康一世；他也不传子，而传了再从兄弟英杜尔夫。英杜尔夫死，传了马尔康一世之子、再从侄达布。达布死，传了远房兄弟库伦；库伦死，传了远房兄弟肯尼思二世（见后文）。

这样的兄终弟及制，比我国商朝更为典型。①

---

① 比商朝更为典型，表现在两点上：

第一，苏格兰的王位继承不分主支、旁支，而商朝则分。从康士坦丁一世至库伦（不包括约查伊德）构成为 ACEG 的交替继承的典型形式。而商王系是：BDFH

```
1         2          5     6
大乙(汤) ┌(大丁)─大甲  ┌沃丁
         │3           │7
         ├外丙         └大庚   8
         │4                 ┌小甲
         └中壬              │9
                            ├雍己
                            │10       11
                            └大戊    ┌中丁
                                     │12
                                     ├外壬
                                     │13         14      15     17
                                     └河亶甲─祖乙──┬祖辛─祖丁(接下)
                                                   │16     18
                                                   └沃甲─南庚

             19
(接上祖丁)  ┌(阳甲)
            │20
            ├盘庚
            │21
            ├小辛
            │22    23       24
            └小乙─武丁──┬祖庚
                        │25        26
                        └祖甲──┬康辛
                               │27
                               └庚丁(以下父死子继，略)
```

注：据南开大学历史系编：《中国古代史上》，人民出版社，1977 年，第 59 页。

这里叔传侄的只有中壬传大甲（4—5），沃甲传祖丁（16—17），从兄弟相传的只有祖丁传南庚（17—18），再从兄弟以远的传袭根本没有；其余都表现为亲兄弟相传。

```
成为父 ┌A的有大乙 ┌大丁  大庚 ┌小甲和大戊 ┌中丁  及父 ┌A的有祖丁 ┌阳甲
       ├B          ├外丙       ├雍己       ├外壬       ├B         ├盘庚
       └C          └中壬       └大戊       └河亶甲     ├C         ├小辛
                                                       └D         └小乙
```

这种形式是主支相传，很少传旁支的。

两相比较，显然苏格兰的处于纯粹的状态，因还不表现出任何父死子继的因素，而有了主支、旁支，就必然杂有父死子继在内，因此，苏格兰的更为典型。

第二，在苏格兰，如男统绝，女性可继承（见后文），而商朝则不可。这表明妇女的地位仍然相当高，因而更接近母系氏族社会的原型。

三、事件的史实

（一）表现在继承制上的冲突（参附表）

随着社会的发展，10世纪时已开始封建化，这样，旧的平行制的继承制度出现了问题，因为封建化是要求父死子继的。马尔康一世（943—954）、达布（962—966）和库伦（966—971）都为仇敌所杀，很可能是因他们要改变继承制而为反对者加害的。马尔康一世可能是为拥护其再从兄弟英杜尔夫的人杀的，达布可能是为拥护其远房兄弟库伦的人杀的，而库伦则可能是为拥护其远房兄弟肯尼思二世的人杀的。所以表面上继承制没有变，但事实上从马尔康一世起的两代五个国王中，有三个是被杀的（另肯尼思二世之死见下文）。这表明因封建化的开始，导源于母系氏族社会的继承制不能适应了。

到了肯尼思二世（971—995），就正式提出改变继承制度的问题。据福尔顿记载："肯尼思王希望他的国家自古以来的王位继承法予以废除，因该法已使前此诸王的统治陷于混乱状态；还希望在每个国王之后，其合法的后裔（offspring）较之其余的人有优先继承权。他自己有个赫赫有名的儿子名叫马尔康；他竭尽各种努力以期能选定其子继承王位。因此，除少数拥护旧继承法者之外，他取得了所有首领（chiefs）的赞同，并发布命令：自兹以降，每个国王驾崩时，应由其子或女、其侄或侄女[①]继承；或其亲兄弟或亲姐妹继承；或者，简言之，由故王身后尚存的与他血统最近的人继承，即使只是出生一日的婴儿；因为人皆云：不论国王如何幼小，臣民都须对之忠

① 因女性有继承权，所以侄儿包括外甥，侄女包括外甥女（这里外甥、外甥女是借用父系氏族社会以来的名称，其实母系氏族社会正好相反，外甥、外甥女当时在本氏族内，所以是内而不是外）。

诚;而此后遂不复有与此相反的继承法再付诸实施了。”①

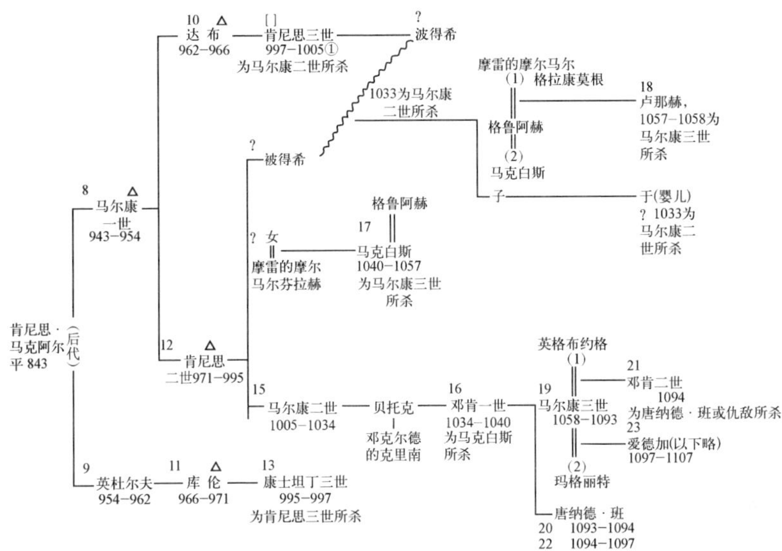

注:① 据狄金逊等编(William C, Dickinson et al. ed.):《苏格兰史史料卷一》(*A Source Book of Scottish History, Vol. 1*),爱丁堡,1952年,第30页。

② 图例△为仇敌所杀,可能即为拥护其继承者所杀。‖表结婚。

③ 马凯书中作格里克(997—1005),系达布之孙,与此不同。

④ 本表次序数较前表少1,系因摒约查伊德不计之故。

这段记载有几点值得注意:(1) 肯尼思二世指出旧的继承制出了问题。这是事实。(2) 他说的新平行制的继承制就到亲兄弟姐妹,而把从兄弟、从叔侄以远的亲属全排除于继承之外。换言之,他把他所属的马尔康一世的一支作为主支,唯有这支有继承权,而把英杜尔夫一支作为旁支,不再有继承权了。这样除女性能继承的一点以外,便与我国商朝的继承制相似了。(3) 改变旧平行制不过是手段,因为一下子要改为父死子继办不到。所以才以改变继承制为手段,把过去不能继承的儿子提到继承的首位,为父死子继开辟道

① 斯肯校订(William F. Skenc cd.),福尔顿(Fordun):《苏格兰族志》(*Chrouica Gentis Scotorum*)IV XXIX,转引自《苏格兰史史料卷一》,第31页。

路,也就是为他的儿子马尔康开辟道路。这才是目的。(4) 即使作这样的改变,也遭到少数拥护旧继承制度者的反对。

至于福尔顿讲的"此后遂不复有与此相反的继承法再付诸实施"的情况,显然不符史实,而拥护旧继承制的人也不是少数。肯尼思二世在选举会议上强行通过新平行制后不久,便突然死去,很可能是被杀的。他的儿子马尔康也没有被选为王,被选的还是另一支的库伦之子、肯尼思二世的远房侄康士坦丁三世(995—997)。两年后,他为达布之子、肯尼思二世之侄肯尼思三世(997—1005)所杀,王位才又回到马尔康一世的那一支。这些在表现上还是旧的继承制,由两支交替继承,但实际是通过残杀实现的。1005 年,肯尼思二世之子杀掉从兄肯尼思三世,称马尔康二世(1005—1034)。只是到了这时,他才当上国王。从这些情况可以看出维护旧平行制与肯尼思二世的通过新平行制争取开辟父死子继的道路的斗争,多么激烈、残酷!而更激烈、残酷的还在后面呢!

(二) 马克白斯和邓肯一世事件始末(参附表)

要弄清这次事件,只有分析有关当事人的继承关系。尽管有些细节不清楚,但大的轮廓还是清楚的。

1. 邓肯一世

马尔康二世无子,女儿贝托克出嫁后,死在父前。当马尔康二世死时,把王位传给了贝托克之子,称邓肯一世(1034—1040)。这种传位给外孙的做法,只能用封建的继承制来解释,因为根据西欧封建继承制,在无子时可通过女儿血统传给外孙。但这显然不符合苏格兰的平行继承制。

2. 马克白斯

其母可能是马尔康二世的姐妹,因而他是马尔康二世的外甥。按照肯尼思二世的新平行制,继承顺序为子、女、侄、侄女、亲兄弟、亲姐妹。马尔康二世无子,女早故,马克白斯应是最有继承权的(外甥相当于侄），何况他是摩雷和罗斯的摩尔马尔，而这里的摩尔马尔，是历来就宣称有继承苏格兰王位之权的。

3. 格鲁阿赫

她的第二个丈夫是马克白斯。关于她有两种说法。一说其母波得希可能是马尔康二世的姐妹。这样，按新平行制，格鲁阿赫的继承权只应排在马克白斯之后，因是马尔康二世的外甥女（相当于侄女）。她的第一个丈夫是摩雷和罗斯的另一个摩尔马尔，也是历来就宣称有继承王位之权的。

另一说是其母波得希是肯尼思三世之女，马尔康二世的从侄女。这样其母在新平行制中无继承权，当然更轮不到格鲁阿赫，因为她已是马尔康二世的从外孙女（相当于从孙女）了。但按照旧平行制，波得希是达布的孙女，达布这一支与肯尼思二世一支，甚至还有库伦一支，都有继承权，因不分主支、旁支。库伦一支在康士坦丁三世于 997 年被杀已绝；马尔康二世无子，女早故，则应看成已绝，王位便应落到波得希身上，因其他两支都绝了。她可能有个儿子早死了，弄得清楚的是有格鲁阿赫这个女儿，所以只能传给她了。

这里有个问题，如把波得希当作肯尼思三世之女，则格鲁阿赫是其外孙女。1005 年肯尼思三世被杀时，有的书还提到其子格里克（Giric）也被杀[①]，则格鲁阿赫的外祖父和舅父都是马尔康二世杀的；而在马尔康二世死的前一年，即 1033 年，又把其母波得希杀掉，同时其侄儿（波得希的婴孙）也可能被杀了。看来马尔康二世是要把肯尼思三世这一支斩尽杀绝的，格鲁阿赫仅因是有势力的摩尔马尔（其前后丈夫都是摩雷和罗斯的摩尔马尔）的妻子才得幸免于难。如把波得希当作马尔康二世的姐妹，则格鲁阿赫也有母亲和侄儿被杀。所以无论哪种情况，格鲁阿赫与马尔康二世是有杀亲之仇的。

---

① 斯肯校订（William F. Skenc cd.），福尔顿（Fordun）：《苏格兰族志》（*Chrouica Gentis Scotorum*）IV XXIX，转引自《苏格兰史史料卷一》，第 31 页。

而现在仇人又违反平行制，将王位传给了外孙邓肯一世。格鲁阿赫恨透了马尔康二世一支，这点在莎士比亚的《马克白斯》中有反映，剧中的马克白斯夫人比马克白斯更坚决地要杀掉邓肯一世，是符合历史真实的。

4. 卢那赫

他是格鲁阿赫和她第一个丈夫的儿子。按新平行制，继承权排在紧接其母之后；按旧平行制，他这一支也有继承权，而邓肯一世则因母死于他的外祖父之前，在新旧平行制中都没有继承权。

从上面分析，可知格鲁阿赫与马克白斯（他早已是摩雷和罗斯的摩尔马尔）结合的重要意义。这一结合成为反对邓肯一世的基本力量。如二人为同辈表亲（表兄妹或表姐弟，这是在二人之母为姐妹的情况），则是新平行制的第一位继承人和第二位继承人团结起来对付邓肯一世的情况。如二人为异辈表亲（表叔和表侄女，这是波得希为肯尼思三世之女的情况），则是把新旧平行制的拥护者都团结在一起了。总之，是代表氏族势力反对封建化，而以拥护平行制继承制来反对推进封建继承制的形式表现出来的。

至于这场斗争的经过是，邓肯一世于 1040 年率领马克白斯、班柯和马克达夫等贵族首领往征统治奥克尼和外赫布里底两群岛及凯斯莱斯的挪威亚尔。由于马克白斯与敌人暗通款曲，邓肯一世被击败。马克白斯和班柯在离战场九英里处杀死邓肯。随后马克白斯在没有任何反对的情况下被选为国王。他立即杀死班柯，后者的儿子弗里恩斯却逃脱了。

邓肯一世被杀时，其子马尔康年仅 9 岁，但早已被册封为肯勃兰亲王，作为王太子了。事变后，他逃到其舅父（一说为姨父）西华德处。西华德是属于诺曼人的丹麦人，其时是英格兰北部颇有势力的诺森伯兰伯爵。不久他即把马尔康送到英王守教者爱德华的宫廷中。马尔康在那里住得相当久，教育是在那里受的。至于肯勃兰，似乎始终未受到马克白斯的统治，继续承认马尔康为王，由西华德代为管理。

1045年,马尔康的祖父,邓克尔德修道院院长(是俗人而非僧侣)克里南曾举兵反对马克白斯,但未成功。直到1054年,爱德华才命令西华德率海陆军送马尔康回苏格兰去。他们在邓西嫩击败马克白斯,但马克白斯仍能固守阿伯丁一带。又过三年,马尔康才率领一批诺曼人冒险者和前已逃回英格兰的马克达夫等最后击败马克白斯,后者为马克达夫所杀。但摩雷地区立了卢那赫为王。第二年卢那赫战死。[①] 马尔康才立为国王,称马尔康三世(1058—1093)。[②]

四、意义

马克白斯的失败,标志着苏格兰历史上一个时代的结束。在其前,氏族因素很强,苏格兰高地和西部那些以氏族为中心的地区的统治者,能在苏格兰政治上起决定作用,这不利于封建制度的发展。自马尔康三世起,氏族因素固然还是强的(一直要延续到18世纪中叶),但它在政治上起不到经常的决定作用了。马尔康三世的母亲是来自诺森伯兰的丹麦人;他在夺取王位过程中,得到英格兰国王的帮助;在最后战胜马克白斯时,有许多诺曼人参加,马尔康三世登位后也重用这些人;他的第二个妻子是守教者爱德华之女玛格丽特。这一切决定其政策是受南面的英格兰的影响的。正是在马尔康三世在位的时代,由征服者威廉颁布的《土地调查册》(1086)标志着英格兰已完全进入封建时代。南面来的影响增大,肯定有利于苏格兰封建制度的发展,而氏族因素在政治上作用的减弱,又减少了封建制发展的障碍。

① 马凯(Robert L. Mackie):《苏格兰简史》(*A Short History of Scotland*),第61页。

② 这里讲的是史实,莎翁的《马克白斯》中有许多是不符合史实的,例如把征伐挪亚尔的失败写成胜利,把在郊外杀死邓肯一世处理成在马克白斯的城堡中杀死的,把班柯这个与马克白斯杀死邓肯一世的同谋犯写成一个无辜受害者等。莎翁本来是在写剧本,而不是写历史,我们切不可把剧中情节都看成历史的真实。

五、余论

本文提到的继承制问题，不是一个小问题。兄终弟及或类似兄终弟及的继承制，可溯源于母系氏族社会，但其延续的时间颇长，存在于阶级社会之中颇久。它不仅在摩尔根和恩格斯提到的易洛魁人中有，在大洋洲的土著民族中有，即使在早已建立国家的地方，如中国、苏格兰、日本等处也有。商朝是奴隶社会，有。苏格兰直到12世纪上半期还有，这里没有经过奴隶社会，而这时封建制已占优势了。日本有没有经过奴隶社会还有争论，但从景行天皇传成务天皇到皇极、孝德天皇时也有，时间是2世纪中叶至7世纪中叶，已到大化革新的时候了。

再从发展趋势上看，代替兄终弟及制的都是父死子继制。而从这一继承制过渡到那一继承制，都有维护旧继承制与推进新继承制的冲突，酿成争夺王位和互相残杀。

我们可以说，从母系氏族社会遗留下来的兄终弟及制，在相当长的时期，在世界许多地区都还存在，它并不只是如《辞海》解释的，是“商代的一种王位继承制度”①。如果认为在建立国家后，只有商朝才有此制，那就很可能把一种普遍现象看成特殊现象，把一种带规律性的事物看成偶然性的事物了。

（原文载于《世界历史》1981年第6期）

①《辞海》，中国辞书出版社，1979年，第1661页。

《美国共产党和1924年的拉·福莱特运动》(译文)

译者按 本文所译的是美国共产党主席威廉·福斯特最近出版的《美国共产党史》一书中的第15章,现译仅据《政治评论》1952年2月号所载该章原文。该刊编者对本文曾作了如下的评价:"本章内容包括美国较早期的左翼、进步和工农诸党派建立政治联合的努力情形,对我们今天形成一个广泛的,有力的反垄断、反法西斯、反战争的人民第一战线的奋斗,提供了很有价值的教训。"

在第一次世界大战后的几年中,工人对资本家进攻的普遍反抗,集中于一个大的农工运动;以1924年提出参议员罗伯特·拉·福莱特(Robert La Follette)为独立的美国总统候选人而达到高潮。这是觉悟了的美国工人阶级及其同盟者所做的空前的努力,威廉反对公开的欺骗,他们建立了一个独立的政治组织,工人党(Workers Party)——其时的共产党——在这次很有意义的运动中,担任了极其重要的角色。

过去的一个半世纪中,美国资本家最有力的控制工人群众的手段之一便是:使工人加入资本家的政党里去,或者在这些政党的支配之下。自内战以来[①],资本主义统治者们的策略,已表现于所谓两

① 内战系指1861—1865的美国南北战争,在战争后的几十年中,是美国资本主义蓬勃发展的时期。

党制度中了。在整个的这些年代里，进步的工人群众，曾一再地以组织工人政党来反抗这种丑恶的政治控制，但这些企图都没有成功。不同的原因结合起来，使得他们失败了。最根本的一些原因是：(1) 工人阶级在思想意识和组织方面的政治上的不成熟；(2) 主要由于广大的工人群众有着不用的语言、宗教，以及文化的落后，致使缺乏一致性；(3) 在工人群众中，小资产阶级幻想的长期存在；(4) 自美国劳动同盟(A. F. of L.)得势后的工人贵族的顽强反对①；(5) 最后，但也是最重要的，是缺乏马克思主义者的正确领导，他们之所以未能正确领导，主要是由于他们中间的宗派主义者在作祟。

正如我们已经看到的，早期美国的马克思主义者，在内战以后的几十年中，在马克思的直接劝告下，虽然也犯过了许多宗派主义和机会主义的错误，但一般而论，还确是遵循着聪明的政策走的，他们参加到这些刚有雏形的工人阶级党派内，并与和这些党派密切关联着的农民政治组织合作。列宁说："马克思恩格斯教训社会主义者无论如何要打破狭隘的宗派主义，而和劳工运动相结合，从政治上提高无产阶级，因为在19世纪最后的30年中，不管在英国或在美国，无产阶级都几乎未表现出政治上的独立。"②可是，1890年以后，宗派主义者第·里昂(De Leon)使这个本来正确的群众政策完结了，他认为工、农党派都根本是反动的，而只有社会劳工党(Socialist Labor Party)才配称工人阶级的政党。③ 其时的社会党(Socialist Party)④，也继续这样的狭隘政策，迟至1921年才开始改变了对自发的劳工党派的单纯敌视态度。工人党从社会党继承了对劳工党

---

① 美国劳动同盟成立于1881年，1914年大战爆发前有会员202万人。自1882—1924年的42年当中，都是甘贝斯(Samuel Gompers)担任主席。以甘贝斯为领导，形成了甘贝斯派(Gompersites)，这是一个工人贵族集团，美国最大的工贼集团，主张阶级合作，是资本主义制度的拥护者。

② V. I. Lenin, *Marx-Engels Marxism*, International Publishers, 1933, p. 108.

③ 1876年成立劳动者党(Workingmen's Party)，次年更名为社会劳工党，第·里昂为领导人。

④ 社会党成立于1900—1901年，由赫尔奎及德布斯(Eugene V. Debs)两人领导。

派的长期敌视态度。①

不过在1922年,工人党与有30年历史的上述两党的反劳工党派政策决裂了,投身到为建立一个劳工政党的日益壮大的斗争最前线去。工人党开始了解到:在美国,工人阶级政治的发展,并不与欧洲大陆采取同一范型。在欧洲,职工会的组织,是在党以后或与之同时成立,党是独立发展的,具有一种固有的党员,一种社会民主方案和一种为工人阶级所承认的政治上的领导。可是,另一方面,在有些国家里,由于工人阶级政治发展的特别的阻碍因素,职工会产生在工人阶级组织发展之前,为了进行政治上的和在工业中的斗争,结果建立了一种最初以职工会为基础的工人政党。在英国及其自治领澳大利亚、加拿大、新西兰、南非,以及美国,便是这样的。在这儿一般的发展方式是倾向于一个以职工会作基础的大党,但其成长的速度则远较前一种范型为慢,因为在这儿有妨碍的政治因素远比前一种范型的大。关于这点,将在第37章详论之。② 美国的马克思主义者多年来未能认识到上述的工人阶级政治发展的一般范型,是他们的一大错误,最后经斯大林同志指示出来。

到1921年,工人党认识到支持劳工党派的非常重要性,把它看成工人摆脱两党制度和资产阶级政治支配的一大步骤:这是放弃了宗派主义进入广大群众工作的大踏步。因此,工人党在1922年10月,在纽约举行的第二次代表大会,批准了党的中执会是年5月对此问题所作决定,大会发布宣言:③"工人党赞成组织一个劳工党——一个工人阶级的政党,独立于所有资本家政党之外,并反对它们。工人党愿竭全力促进这样一个政党的组成,并将加入该党,成为该党的自治的部分。"宣言又谓:"一个真正的劳工党没有劳工

① 1919年共产党从社会党分裂出来。1921年共产党和共产劳工党(Communist Labor Party)合并,1921年再加入其他左翼马克思主义集团改称工人党。自1919年起共产党即转入地下活动。

② 第37章名称为"美国工人阶级与社会主义。"

③ C. E. Ruthenberg, *The Liberator*, Feb, 1923.

组织参加，是不可能组成的，而且被剥削的农民、佃农和农业劳动者，也必须包括在内。”①

这时的政治情势有利于一个劳工党的组成。美国的工人群众，反抗了大资本的最残酷的打击，经历过了一系列的猛烈的罢工。它们已大大消除了威尔逊“自由主义”的幻想，自然，哈定的反动的压迫也无用处。甘贝斯派(Gompersites)领袖们在战后年代的斗争中，已经不被信任了，他们没有力量来阻挡工人阶级政治行动的澎湃潮流。况且，在35年之后，工人党和职工会教育同盟(T. U. E. L.)中的马克思主义者，破天荒第一次为建立一个劳工党而在真正奋斗了。其结果是工人群众很快地转向独立的政治行动上去。②

一、发展中的拉·福莱特运动

在群众的政治组织中，有四个主流，最后，在支持1924年的拉·福莱特的总统竞选运动中，达到了高潮。这四个主流即：(1) 1918—1919年出现于芝加哥、纽约、桥港(Bridgeport)等城市的地方劳工党群，以及伊利诺斯、康里克梯卡、密西根、犹他、印第安那、宾西尔伐尼亚诸州的州劳工党群。在这次运动中的芝加哥劳动同盟(Chicago Federation of Labor)是公认的领导者。(2) 1918年建立为共产党左翼的非党同盟(Nonpartisan League)③，由汤莱(A. P. Townley)领导，从前他是一个社会党的组织者。非党同盟在1918年宣称有188 365个会员，而松懈地围绕其周围的是中西部及西北部诸州的州农民党派。(3) 1918年成立、由荷普金斯(T. A. H.

---

① C. E. Ruthenberg, *The Liberator*, Feb, 1923.

② 职工会教育同盟成立于1920年，是辛迪加主义同盟(Syndicalist I. ague)(1912)的左翼和国际职工会教育同盟(I. T. U. E. L.)(1916)二者的继承者。

③ 非党同盟，1915年成立于北达哥他州，目的在改革农业诸州之市售农产物制度，欲将公共必需品归诸公有。自1917年以来，在美国中西部，特别是在北达哥他州，政治上及经济立法上都很活跃。

Hopkins)所领导的四十八人会(Committee of Forty-eight),是一个广大的小资产阶级的自由主义者的组织。(4) 1918年组织的普拉谟计划(Plumb Plan)运动[①],领导人为机关车工程师会领袖司东(Warren S. Stone)和机械工人工会的领袖司登(Wm. H. Johnstone),这个运动以16个铁路职工会为基础,主张铁路"国有及民主管理"。最后,有色人种协进会全国联合会(N. A. A. C. P)也赞成了拉·福莱特。[②]

1919年11月,各州和各地方的劳工党群,在芝加哥开会,联合组织了全国劳工党(National Labor Party)。芝加哥原来的职工会教育同盟集团是这个运动中最积极的,而全国劳工党的总书记布朗(T. G. Brown),以后也成为这个同盟的一员。第二年,全国劳工党复在芝加哥开会,与四十八人会及一群州的农民党合并成为农民劳工党(Farmer Labor Party),布朗仍为总书记。芝加哥左翼分子,在这次会议中很活跃,当两个主要集团的领袖们动摇的时候,由于他们的积极的努力,倒真使这次的合并成功了。(译者按:两个主要集团系指四十八人会及各州农民党。)农民劳工党在1920年的选举中,曾征求拉·福莱特充当他们的候选人;然而党的竞选纲领对他来说,是"太急进"了,而"左翼"则反对他的白色沙文主义。结果,一个较不知名的巴尔莱·派克·克里斯吞生(Parley Parker

① 普拉谟计划是1918年1月由民主党人铁路律师爱德华·普拉谟(Glenn Edward Plumb, 1868-1922)所提出的。按照该计划,铁路所有权应归政府,由政府成立指导局,由5个政府代表、5个铁路行政人员代表和5个工人代表组成之。利润之半归政府,其余一半由铁路行政人员与工人平分之。

② 1908年黑人领袖杜·波也(W. E. B. Du Bois)博士领导尼亚加拉运动(Niagara Movement),争取黑人的自由和平等。至1910年,与白人的自由主义者和改良主义者如瓦林(Wm. English Walling)和维拉德(Oswald Garrison Villard)等,共同组织有色人种协进会全国联合会(National association for the Advancement of Colored people)。在5位领袖中,只有杜·波也为黑人。杜·波也是无畏的黑人斗士,1910年发行月刊《危机》(*Crisis*),到1920年时,每月已经销到10万份以上,成为首屈一指的黑人杂志。但就整个组织而言,小资产阶级为其主要构成分子。这个组织并未真正地接触到美国社会制度的本质。他们只想在现存制度下,以合法的活动和请求,来改善有色人种的待遇而已,所以是一个小资产阶级的改良主义集团。

Christensen)被宣布为候选人,获得了 30 万张选票。

发展中的拉·福莱特运动的次一大进步,便是在 1922 年 2 月普拉谟计划运动的本身,转变为争取进步政治活动会议(Conference of Progressive Political Action)。在这个组织的芝加哥成立大会上,除了 16 个铁路职工会的代表以外,还有矿工工会、针工工会,以及 9 个州的劳动同盟以及其他许多职工会团体的代表出席,全国农民劳工党、社会党、非党同盟、全国天主教福利会(National Catholic Welfare Council)、美以美会社会服务联盟(Methodist Federation for Social Service)等也派了代表出席,所代表入教的约计 250 万。大会赞成组织劳工党的主张,决意每州在认为合适时,应采用这个有组织的行动计划,或者留在旧的党派中作为少数集团,或者成为独立的政治团体,来进行工作。在这次会议中,布朗及摩里斯·赫尔奎(Morris Hillquit)被选为全国组织委员会的委员。

1922 年 12 月,争取进步政治活动会议,在克利夫兰举行另一次大会。虽然在会上组织一个独立劳工党的问题被迫切地提出了,并成为注意的中心,但投票的结果,64 票反对,52 票赞成,所以组织独立劳工党的提案被否决了。农民劳工党,因为这个提案被否决,宣布推出争取进步政治的活动会议,共产党人向它提出忠告,反对这种行动,①但没有结果。工人党遣派卢森伯尔(Ruthenberr)及福斯特两位同志去出席这次大会。② 社会党与反动分子联合发表谈话,要求大会拒绝工人党参加。但全芝加哥农民劳工集团,则坚持卢森伯尔和福斯特应被接受为全权与会代表。因为大会为保守的职工会领袖们所控制,所以投票否决了工人党代表出席。③

---

① *Proceedings of the third National Convention of the Workers party*, Dec. 1923, p. 15.

② 卢森伯尔在 1921 年初被处以监禁,1922 年 7 月被释放。

③ N. Fine, *Labor and Farmer parties in the U. S.*, p. 405.

二、工人党和农民劳工党

同时,工人党和职工会教育同盟积极地进行争取建立一个劳工党的宣传鼓励工作。后者所提出的,为争取建立一个劳工党的全国总投票,证明是很大的成功。各地职工会赞成同盟的立即建成一个劳工党的提议。根据《劳工先驱报》(*Labor Haraid*)(职工会教育同盟的机关报)的报道:"遵照提议举行了投票的已有30个州和47个国际性的职工会。在投票的许多地方,不赞成成立一个劳工党的,据我们所知,还不及一打之数。"①芝加哥劳动同盟的领袖们也赞成这个提议。

就在这个时候,1923年4月,共产党在一个特别会议中决定结束地下状态。自此以后,工人党虽然不能在名称上,但在实际上,已经是共产党了。② 7月,工人党总部迁到芝加哥。同年12月第三次代表大会时,党宣布已有党员2.5万人。

同时,确定的工作关系,在工人党和菲兹巴却克—诺克尔斯—布朗集团(Fitzpatrick-Nockels-Brown group)之间,正在全国性地发展起来。后者的领袖们和职工会教育同盟的十年的长期合作,已经共同进行了许多有组织的全国性的活动,现在,正像是必然的结果一样,发展成为工人党和农民劳工党的联合战线。

根据两党的协议,由农民劳工党发出通知,提议在芝加哥召集一次大会,时间定为1923年的7月3日,号召"所有赞成组织唯一的农民劳工党的经济的和政治的团体"参加大会;并商定了代表的基础、将来的党的领导机构的组织和人数,以及应提到大会讨论的初步决议,其中特别以争取承认苏联为最重要。两党并同意如有代表

① *The Labor Herald*, June, 1923.

② 共产党虽然结束了地下状态,但并未用共产党名义进行活动,仍用工人党名义来活动。

50 万工人数目的代表参加大会时,新党应即组成。召集大会所发通知的费用,由两党平均负担。在上列同意基础上,除邀请两个发起党的组织外,并向所有的职工会、地方的和州的工农党派、社会党、社会劳工党和无产者党(Proletarian Party)等发出了邀请书。① 社会党拒绝了邀请,但一般的反应良好。这个运动是在各方面都发展了。

然而在 7 月 3 日的大会快到临时,已看得出菲兹巴却克集团对此会很冷淡。美国劳动同盟停止了对芝加哥劳动同盟的补助费,而许多倾向于拉·福莱特的团体,都劝诱菲兹巴却克集团与快到临的大会断绝关系。菲兹巴却克集团在这些压力下削弱了。虽然如此,他们仍然参加了大会,没有公开地撕毁他们和工人党的协议。

三、联合农民劳工党会议

1923 年 7 月 3 日的大会,出席代表 650 人,共代表 60 万工农群众。其中,共产党人仅占少数。在集会中,充满了对前述建议的统一政党的热望,这个会议的组成分子,绝大多数是有阶级觉悟的人。可是从会议开幕起,菲兹巴却克集团便策划反对会议上建立统一政党。首先,他们意图否决工人党代表的授权状(译者按:即出席大会的全权证明书),但这个动议几乎没有得到任何人的赞成。以后,他们又通过一个农民代表,提议把大会变为单纯的协议会。这个提案遭受到了满莱(Joseph Manley)的修正案还击,满莱是工人党的党员,代表结构铁公会第四十区出席会议;他的修正案为卢森伯尔所支持,主张成立新的政党。

只有当大会进行到第三晚和最后一天时,菲兹巴却克集团才提

---

① *Proceedings of the third National Convention of the Worker Party*, Dec. 1923, Chicago.

出其真正目的的提议。他们当时建议:所有这次出席会议的组织,应当作为自治单位加入农民劳工党,但革命的元素除外,意即指工人党应被排除。他们的提案说:“把拥护合法以外手段来造成政治变化的任何组织,放到这样的联合体内,……必然是这个联合体的自杀。”——奇怪的攻击,倒真来自急进的菲兹巴却克集团,它曾邀请工人党参加此会,而且在几个月以前,曾投票赞成卢森伯尔和福斯特出席争取进步政治活动会议。大会在充满愤怒情形下否决了他们的提案,并以大约500票对40票的多数,通过组织联合农民劳工党(Federated Farmer Party),决议立即执行了。[①] 正如范氏(Fins)所说,菲兹巴却克集团需要拴着这个会议。“但他们没有足够的跟随者来做那些事。”[②]一个代表工农党群众的团体被选出来,作为执行委员会。满莱被选为书记兼财务,而党的总部,则设于芝加哥。

联合农民劳工党的纲领提出:“把农业和工业的工人,从现在统治这个国家的那些人的贪婪地剥削中解放出来,并给予工人们以生活、自由和追求快乐的权利,这些都是剥削者拒绝了他们的。”新的党要求:“所有公共事业和交通运输的全部社会手段的公有化。”这些事业,由工农群众的经济机构实行民主的、最后的管理。在劳动方面,要求实行8小时工作日,禁止童工和取消联邦最低工资规定。在军士方面,要求额外偿金。代表城乡劳动者,要求设立联邦社会保险制度,把疾病和其他丧失工作能力者包括在此制度内。代表农民,要求耕者有其田,货币的发行和控制全归政府,以征收过分利得税来偿付战债,以及所有的农业方面欠债的延期偿付。这个纲领没有为黑人提出特别的要求。[③]

---

① 参看 *Proceedings of the third National Convention of the Worker Party*, p. 10,及 *the Labor Herald*, Aug., 1928。

② N. Fine, *Labor and Farmer Parties in the U. S.*, p. 431.

③ *The American Labor Year book*, *1923 -1924*, p. 153.

7月3日举行的大会里，表决赞成组织联合农民劳工党的各组织，代表约60万人的会员，计矿工5万，机械工人10万，制针工人10万，木工7 000，金属工人1万，西维吉尼亚劳动同盟会员8.7万，以及底特律、巴伐罗（Buffalo）、明尼波里（Minneapolis）和布特（Butte）等地的美国劳动同盟的中心组织各14万、4万、2万和1万人。更加上华盛顿州、俄亥俄、加利福尼亚、伊利诺斯、威斯康星等地的农民劳工党派的许多会员。但不久之后，当真正合并为联合农民劳工党时，只有15.5万人这样做，其中大多数是较“左”的组织。[①] 总之，联合农民劳工党吸引广大群众是失败了。争取进步政治活动会议的吸引力，再加上菲兹巴却克集团的分离，二者依靠遍布全国、激怒了的资本家报纸的帮助，成功地组织了在这次大会里的比较保守的职工会参加联合农民劳工党。这个党的力量是渐渐地缩小了。

四、农民劳工党

不管怎样，对劳工党这样的一个党的情绪，是在继续的高涨，而工人党的新企图，是要把这样的一个党建立在宽广的基础上。工人党在这方面的努力，是和基础很健全的明尼苏达农民劳工党合作的，由于工人党已知他们建立了友善的关系。1924年6月17日，二者在明尼苏达州的圣保罗城，召集了一个大会（译者按：此处原文为7月，但按后文当为6月），目的在于建立一个全国性的农民劳工党。出席大会的，有29个州的542位代表，大部分是代表农民的。在通过了类似联合农民党纲领的新纲领之后，选出了哈撒威（C. A. Hathaway）为执行书记，一个在明尼苏达很有影响的共产党员、机械工人。大会选出了将要到临的全国选举的总统候选人当肯·麦克唐纳（Duncan Mc Donald），他从前是伊利诺斯统一矿工联合会（U.

---

① *Proceedings of the third National Convention of the Worker Party*, p. 27.

M. -W. A.)的领袖;副总统候选人是威廉·鲍克(Wm. Boack),当时系华盛顿州西部进步农民同盟(Western Progressive Farmers League of Washington)的主席。

在圣保罗大会中,尽管绝大多数人决定成立一个新的农民劳工党,但很有一些倾向拉·福莱特的情绪,与争取进步政治活动会协商关于联合支持拉·福莱特的提议被通过了。工人党怀疑拉·福莱特是一个小资产阶级的改良主义者,因此向会议宣称:“工人党接受拉·福莱特为候选人的唯一基础是:拉·福莱特同意充当农民劳工党的候选人,接受这个党的纲领,以及党中央对选举活动和活动费用的支配权。”①拉·福莱特拒绝了这些条件。

7月3日在克利夫兰大会中,争取进步政治活动会议决定拉·福莱特及惠勒(Burton K. Whealer)为正副总统候选人。这个大会至少代表400万有组织的工人、农民和小资产阶级分子。美国劳动同盟破天荒第一次同意了独立的总统候选人,给了这个运动以公开的鼓励。这是因为极端反动的柯立芝(Calvin Coolidge)和大卫(John W. David)是这次共和、民主两党的候选人,美国劳动同盟没有能力抑止它的觉悟了的会员群众不感受到拉·福莱特运动的压力。而且,甘贝斯派(Gompersites)很清楚地了解支持争取进步政治运动会各铁路工会的力量。1920年,在蒙特里奥(Montreal)美国劳动同盟的大会上,关于普拉谟计划的问题,各铁路工会曾使甘贝斯派遭受到从来没有过的那样严重的打击。但是,同盟的执行局,在同意拉·福莱特的同时,宣布这种行动并不意味着,“确认有了一个独立政党、运动或一个第三党”。②

赞成拉·福莱特的强烈的群众情绪,对刚在圣保罗组成的农民劳工党,是致命的打击。这次大会的许多参加者,后来都坐在争取

---

① *The Liberator*, July, 1924.
② Lewisand L. Larwin, *The American Federation of Labor*, p. 225.

进步政治活动会议的竞选车上去了。结果,农民劳工党的执行委员会决定最好撤回其候选人麦克唐纳与鲍克,这样,农民劳工党等于解散了。于是,工人党决定单独提出福斯特为总统候选人,这是第一次全国共产党人的候选者,在美国工人阶级史中,是头等重要的事件。工人党加紧在十三州的投票活动,发动了一个强有力的竞选运动,在全国的得票数,根据完全不可信的官方数字,共获33 316票。

在这次选举中,拉·福莱特的进步独立者(progressive Independents)获得了4 826 382票,约相当于总票数的16.5%。无疑的,还有大量的选票,从拉·福莱特的选举柜中偷走了。这次有名的选举表现出:拉·福莱特和站在正确进步政治活动会议后面的巨大的群众性组织,显然地给一个有力的、全国性的工农政党准备了一个足够基础;但是美国劳动同盟和铁路工会的领袖们,以他们和两个资本家政党的密切关系,选举便是他们要做的最后一件事,他们并不想组织一个新的政党。结果,在1925年2月21日,他们在芝加哥开会时,在否决组织一个劳工党的提案后,非正式地解散了争取进步政治活动会议,而回到"酬报你们的朋友和惩治你们的敌人"的旧的甘贝斯政策上去了。刚在拉·福莱特竞选运动后不久,1924年12月13日,甘贝斯死了。但他的反工人阶级的政策,仍然很好地被继承下来。

虽然有利的政治情况,在1923—1924年的定局时期,工人阶级仍未能完全和两个资本家政党决裂,而建立起一个独立的、群众的政党。这是因为上面已经提到的工人们普遍地在思想意识方面和组织方面的脆弱,职工会领袖们和赫尔奎的社会党领导下的非常大的欺骗,以及1923年经济情况好转的事实。随着"财富"的涌到,助长了群众中重新创立小资产阶级政党的幻想,而劳工党的死敌,反动的领袖们,也加强了对职工会的控制。左翼所犯的错误,也是组织一个劳工党失败了的一种因素。

五、工人党的策略错误

很清楚的,在为建立一个劳工党的复杂斗争中,年轻的工人党,在热忱帮助工人阶级、跳出两党的死的陷阱和建立一个劳工党的时候,犯了一些严重的错误。错误中最根本的是,容许自己与聚集在拉·福莱特背后的广大工农运动分离开来。甚至于虽然工人党正式的被拒绝参加争取进步政治活动会议这个组织,然而通过群众组织,它仍可以尽到拉·福莱特运动中左翼的作用,甚至可以在有条件的赞成拉·福莱特为候选人的代价下这样做。[①] 工人党不支持拉·福莱特的根本理由——害怕我们的小党被这个广大的小资产阶级领导的运动所吞食了——不是一个正确的结论。在这个大的工农运动中,工人党最后被迫提出自己的候选人,证明错误已经铸成了。

自然,是有一些危险的,在思想意识上,工人党可能被拉·福莱特所抑制,这一点,工人党自己是看得到的。从这种观点出发,执行委员会委员约翰·丕丕(John Pepper)发表了对于拉·福莱特运动的很具机会主义色彩的估价。他称这次运动为"第三次美国革命。"他说:"这儿的革命,世界历史所出现的大转变之一——美国面临第三次革命了……到来的第三次革命,将不是无产阶级的革命。……它将包含法国大革命和俄国克伦斯基革命的元素。[②] 在革命的思想意识中,将有哲斐孙主义(Geffersonianism)、丹麦合作主义、三 K 党和布尔什维克主义的诸元素。"[③]

很自然的,在广大的群众运动中,是会有不同的思想意识的,有些甚至是反动的;但如果像丕丕所说,劳工—拉·福莱特运动代表一种"第三次革命",是不仅高估了它的社会性质和它的力量,而且也给将来美国遇到的社会变化的本质以一种谬误的远景。拉·福莱特运

① 意即不应单独提出工人党的候选人,应该仍然支持拉·福莱特竞选。
② 即 1917 年俄国二月革命。
③ *The Liberator*, Sept, 1923.

动所代表的是工人、小资产阶级和农民，在反抗垄断资本的斗争中的联合战线，但是为小资产阶级和劳工领袖们所控制了。时间、经验和共产党人的工作必然会转变其领导权。但如果共产党人像上面的做法，从运动中撤退出来，便是一个政治上的错误。工人党应该参加这个运动，批判地支持这个运动。这样，不但在鼓动群众中，他们能进行有效的工作，而且也避免了以后许多工人党处于相对孤立的情形。

另一个属于相同性质的错误，便是在 1923 年 7 月 3 日，在组织联合农民劳工党的问题上和菲兹巴却克集团的决裂。当时已经看得出，群众有一种强烈的倾向，接近于争取进步政治活动会议和倾向投拉·福莱特的票，而且再考虑到菲兹巴却克集团的动摇态度，共产党人的坚持建立联合农民劳工党是不聪明的，即使这样做，是形式上符合于工人党和菲兹巴却克—农民劳工党集团在会前的协议的话。工人党应该能够认识到，在这些情况下，是不会给予新的劳工党以坚固基础的。这个错误的后果是死产的联合农民劳工党。后来 1924 年 6 月 17 日，圣保罗大会所成立的农民劳工党，仅仅是重蹈覆辙的另一个死产的党，出现后几乎立刻被放弃了。

1923 年 7 月 3 日，工人党—菲兹巴却克集团间的分裂，危害特别大，因为影响到了整个的职工会运动。结果大大地使共产党人和职工会的中间集团的同盟者隔开了，破坏了通过广大的、全国性的合并，以及劳工党运动的两件事所建立起来的二者之间的政治联合，更不用说，在这两件事以前营救摩尼(Mooney)运动、包装肉业和煤铁钢业中的有组织的行动，以及不同的其他进步运动等的合作，都完结了。① 7 月 3 日的左翼与中间集团的分裂，是为什么在几个

① 当美国准备参加第一次世界大战时，资产阶级、三 K 党和工贼匪帮反对罢工工人，反对和平运动。诬告摩尼(Mooney)和别令斯(Ballings)二人向 1916 年的旧金山军国主义者示威游行投掷炸弹，将二人监禁起来。后来判处别令斯无期徒刑、摩尼死刑，左派社会党人(美国共产党前身)与菲兹巴却克集团(时隶属世界产业工人联合会)发动营救摩尼运动，1918 年 7 月 4 日—8 日发动了 100 万工人的 4 天总罢工，摩尼得以由死刑改为无期徒刑。

月后,在美国劳动同盟的会议里,甘贝斯官僚们能够如此得对左翼作威作福的根本原因之一。

从政策上看这样做发生了什么影响。工人党从正确的理论出发,即劳工党必须被放在广大的职工会运动基础上。然而当工人党加入争取进步政治活动会议被否决时,竟错误地得出结论,以为工人党和菲兹巴却克集团的联合,即左翼和中间集团的联合,足以建立这样一个劳工党。而最后呢?当菲兹巴却克集团的愚蠢的分裂到来时,工人党与完全正确的建立劳工党的政策离得更远,竟集合了自己和最亲密的同盟者组织了这个劳工党。这样狭隘的基础,完全是无用的,已经为 1923 年 7 月 3 日和 1924 年 6 月 17 日两次大会所证明,已经为工人党的相对的孤立这件事所表现出来。

评爱德华·吉本·威克菲尔德的“系统殖民”理论[①]

爱德华·吉本·威克菲尔德(Edward Gibbon Wakefield, 1796 - 1862)是英国殖民史上的重要人物。他指导过在澳大利亚和新西兰的殖民活动;两次赴加拿大,第一次调查土地制度及移民,第二次支持法裔加拿大人参政的斗争。他的“系统殖民”理论,长期成为官方政策的依据;其在殖民地建立责任制政府的主张,通过《达勒姆报告》[②]成为自治领的来源。

美国独立后,英国在建立第二殖民帝国时,仍沿用给予移民土地、定居数年后始行纳税的做法,甚至在拿破仑战争后,英国国内矛盾尖锐时,基本上仍是如此。1821—1828 年任殖民部次官的 R. J. 威尔莫特—霍顿(Robert John Wilmot-Horton)主张资助自愿移去加拿大的贫民,每人给 100 英亩土地,第一年由政府负担其生活并给予农具,5 年后每英亩纳税 2 便士。按此办法,1823 年和 1825 年曾有小规模移民去加拿大和好望角。1829 年,根据同样办法,在西澳大利亚建立斯旺河(Swan River)[③]殖民地。

威克菲尔德反对这种“铲出贫民”(Shovelling-out the paupers)

---

① 本文材料主要根据 M. F. 劳埃德·普雷查德编(M. F. Lloyd Prichard ed.):《爱德华·吉本·威克菲尔德全集》(*The Collected Works of Edward Gibbon Wakefield*),格拉斯哥和伦敦,1968 年。

② 正式名称为《英属北美事务报告》。

③ 意译为天鹅河。

的做法,认为不能解决国内矛盾。免费赠送土地,开发不了殖民地,不会给母国带来好处,必须用“系统殖民”才能解决问题。为此,他写出一系列著作阐述其理论,主要有《悉尼来信》(1829 年,简称《来信》)、《一个以在南澳建立殖民地为目的而成立公司的计划》(1832 年,简称《计划》)、《英国与美国》(1833 年)、《达勒姆报告附录 B》(1839 年,简称《附录 B》)和《殖民做法考察》(1849 年,简称《考察》)等①。

一、系统殖民理论

(一) 出售荒地

早在 1829 年,威克菲尔德便提出“殖民将被作为系统的行动”②的思想。要殖民自然离不开土地,但“这种土地要成为殖民的要素,不仅必须是未耕种的,而是必须是能够变为私人财产的公共财产”③。进一步言,“殖民地的荒地,不仅是殖民地的也是帝国的财产,应该不仅为了殖民地的目的,还要为了帝国的目的加以管理”④。系统殖民正是在这样的大原则下展开的。

威克菲尔德不仅反对免费给移民荒地,也反对低价出售荒地,认为这与免费的结果正相同。低价使购买者获得大量荒地,有利于投机者。他们待地价上涨后转卖,自己并不进行开垦;即使真的在荒地上建立农场,也因各个相距遥远,不利交往,于开发不利。

① 威克菲尔德因诱拐少女于 1827 年被判处徒刑三年,自知无法在国内政治上谋发展,遂转而关注殖民地问题。基于同样原因,其著作多匿名发表,仅《考察》用了真名。

②《爱德华·吉本·威克菲尔德全集》,《来信》,第 169 页。

③《爱德华·吉本·威克菲尔德全集》,《英国与美国》,第 527 页。译文据《资本论》中译本人民出版社 1975 年版,第一卷下,第 837 页,注(262)。

④《爱德华·吉本·威克菲尔德全集》,《附录 B》,第 644 页。

威克菲尔德主张购买"公有地"[①],必须一次[②]"付现款"[③],因为分期付款,无异于降低售价,除出现上述弊端外,还使工人能更快地变为土地所有者。一经付款,须尽快颁给产权证;而且即使只取得临时产权证,如转卖也应予以确认[④]。至于那些为了放牧而占有的、不能耕种的土地,则不需要购买[⑤],因放牧不致造成劳动力的缺乏[⑥]。但能开垦而不开垦者应缴土地税。凡出租土地者应付出租税[⑦]。卖地者应纳卖地税。卖地所得(数目最大)、土地税、出租税、卖地税等都用作移民基金。由于他反对用罪犯殖民,因此特称为"自由移民基金"(Free-migration Fund)。这点在《来信》中已提出[⑧]。

殖民,如非由政府而由私人机构取得特许状进行,则土地在实际出售前如开支不敷,还允许以将来出售土地所得作担保,取得"移民借款"(Emigration Loan)[⑨]。南澳殖民协会正是这样做的。

出售土地前先派人测量,绘出地图;只要地域不大,便应绘出整个地域的土地图。目的在于供买主选择,不致在有上等土地时去购买次等土地[⑩]。售卖时可分成块(如 80 英亩)[⑪],有能力买多少块便可买多少块。卖地时只按量,不按质,也不管位置,一律是统一的、

① 公有地不仅包括未处置的荒地,也包括过去处理荒地时保留作特殊用途的土地,如给学校、教士的土地。
②《爱德华·吉本·威克菲尔德全集》,《附录 B》,第 688 页。
③《爱德华·吉本·威克菲尔德全集》,《考察》,第 781 页。只有 1853—1854 年在新西兰时才提出工人殖民者可免费取得土地,继又提出可用最低价购地,并分期付款。
④《爱德华·吉本·威克菲尔德全集》,《附录 B》,第 697—698 页。
⑤《爱德华·吉本·威克菲尔德全集》,《计划》,第 291 页;《考察》,第 950 页。
⑥《爱德华·吉本·威克菲尔德全集》,《考察》,第 975 页。
⑦《爱德华·吉本·威克菲尔德全集》,《考察》,第 963 页。
⑧《爱德华·吉本·威克菲尔德全集》,第 168 页。
⑨《爱德华·吉本·威克菲尔德全集》,《考察》,第 958、962 页。
⑩《爱德华·吉本·威克菲尔德全集》,《附录 B》,第 698 页。
⑪《爱德华·吉本·威克菲尔德全集》,《计划》,第 277 页。

固定的价格①;但售地须视需要而定②。

(二) 充分的价格(Sufficient Price)

充分的价格是系统殖民理论的核心,是威克菲尔德最不同于前人的主张。什么是“充分的价格”? 只有由经验决定,低了不行,高了也不行。③ 标准有三条:(1) 由劳工转变到土地所有者的合适时间来决定,太长不行,太短也不行。太长则经过多年劳动仍无力购买土地,便没有劳工愿去殖民地了;太短则资本家的土地尚未开垦到适当程度,劳工便离开了。(2) 合适的时间依据殖民地的工资和生活费用的比例决定。(3) 劳工购买多少土地才能成为土地所有者,因地而异。④ 其中,最重要的是第一条。

这种充分的价格比当时定的售价都高。⑤ 他认为这样反而会使殖民地人口加快增长。如英国和爱尔兰劳工去加拿大,不久便去了美国,可是美国的土地价比加拿大高。他们去那里的原因是能经常得到高价雇用。他认为:人们在一定程度上生活在一起,要比散居好得多。他很强调结合劳动(combinable labour)的好处。英国移民在斯旺河殖民地举步维艰,正是由于人口太分散。

充分的价格也有利于移贫民到殖民地。他认为:充分的价格既然能阻止劳工过快变为土地所有者,资本家便认为出钱送贫穷工人去殖民地值得,因为劳工身份的保留有一定年限,资本家可在他们去前与其订好协议,固定其契约劳工的身份,又因他们到殖民地能得到相当高的工资,所以能使他们稳定下来,这样,资本家付出的旅

---

① “不按质”,见《爱德华·吉本·威克菲尔德全集》,《附录 B》,第 704 页。“不管位置”,见同书《考察》,第 985—986 页。

②《爱德华·吉本·威克菲尔德全集》,《来信》,第 159 页;《考察》,第 935—936 页。

③ 最初 1829 年对新南威尔士提过每英亩 2 镑,以后只在 1835 年说过 2 镑是南澳最低的充分价格。

④《爱德华·吉本·威克菲尔德全集》,《考察》,第 939—940 页。

⑤ 如南澳殖民协会委员会在 1835 年定出出售荒地每亩 12 先令的价格,遭到威克菲尔德反对,认为不应低于 2 镑。

费,只占总费用的极小部分。[①] 殖民地因有了劳动力,便不愁资本不能发挥作用了。[②]

而且,他坚决反对定出开拍价格,公开拍卖土地。[③]

(三) 资本家与劳工

殖民地开发需要劳动力和资本。在母国是资本支配劳动力,资本家支配工人,而在殖民地则相反。有资本而无劳动力,很难谈得上开发;资本家如无工人供支配,不但资本增殖很难,甚至有毁掉之虞。"在那个由英国人最近建立的殖民地——斯旺河殖民地的情况"便是如此,"在那里,大量资本,即种子、工具和牲畜,由于缺乏工人使用毁掉了,同时每个移民拥有的资本并不比他能亲手使用的多多少"。[④]

设置"移民基金"的目的,便是要使移民得以按照需要不断进行。先去的工人如变为土地所有者,凭借移民基金,便可再运去工人填补。"劳工的供应要尽可能与每个殖民地的劳工需求成比例"[⑤],正是指此。

需要什么样的劳动力?他一开始便强调要品德好的年轻人,最好是年轻夫妇,使两性相等[⑥]。《考察》第 63 封信集中阐述了他的观点:(1) 移民基金必须能送出最大量的人口和劳工;[⑦](2) 按男女同等数目迁去,可各司其事;(3) 不要老年人,因劳动力甚弱,而年轻人可成为最强的劳动力;(4) 不要儿童,因尚未成年,不耐旅途之苦,且

---

① 《爱德华·吉本·威克菲尔德全集》,《考察》,第 952 页。
② 《爱德华·吉本·威克菲尔德全集》,《考察》,第 953 页。
③ 《爱德华·吉本·威克菲尔德全集》,《考察》,第 947 页。在新西兰时不再反对,特别对市镇份地(town allotment),认为有些情况拍卖还有好处。
④ 《爱德华·吉本·威克菲尔德全集》,《英国与美国》,第 472 页。《资本论》中译本第一卷下的第 836—837 页有这两段话,但与英文本有出入,现按英文本译出。
⑤ 《爱德华·吉本·威克菲尔德全集》,《来信》,第 180 页。
⑥ 《爱德华·吉本·威克菲尔德全集》,《来信》,第 164—165 页。
⑦ 这是符合需要的最大量的人口和劳工。

到殖民地后还需人照顾;(5) 刚结婚的人愿意出外,向往新的地方;(6) 去殖民地的最优惠待遇给予那些最接近婚龄的人;(7) 年轻夫妇可使殖民地人口较快增长;(8) 运送夫妇与运送别类的两人的费用完全相等,但效果好得多,不仅在短期内殖民地能得到最充足的劳动力,而且由于劳动者的增加,较短期的雇佣已足以使生产力得到充分的发展,其结果使得当雇工的时间缩短,最终可减少充分的价格,有益于劳工;(9) 年轻夫妇同去,妻子可得到保护,生的孩子有人照顾①。另外,妇女在宗教上比男子虔诚,有助于提高殖民地的道德水准。②

(四) 乡绅

殖民地还得有乡绅。要“有一个你们称之为‘乡绅’的阶级。他们可在殖民地变为土地所有者,或成为用资本收取利息的资本家,或有自己土地的农场主、商人、教士、律师、医生……(这是一些)最值得尊敬的移民,尤其是那些拥有相当财产,且与这个国家③有密切联系的人。(他们是)领导和管理其他阶级的移民。他们出现于殖民地,对殖民地的道德和习俗水准最具有利影响,而且会供给殖民地政府有益的成分。如果你们能劝使这个阶级的许多人定居于一个殖民地,无论资本家或劳工肯定会群往定居。因为具有荣誉、道德、才智和财产的人,肯定会受到未有这种结合者的尊重;而移民中如确有具有此种结合的人物,则他们的例子在引导其他人移居上具有巨大的影响,没有这种结合,或虽有而只达较低程度的人是唯他们马首是瞻的。因此,他们是这样的阶级,最有思想的政治家会热切希望扫除他们移出的障碍,同时他会更进一步竭尽全力地吸引他们到殖民地去。我将经常称他们为上等阶级及移民中最有价值的

① 综合《爱德华·吉本·威克菲尔德全集》,《考察》,第968—973页。
②《爱德华·吉本·威克菲尔德全集》,《考察》,第840页。
③ 指英国。

阶级”[①]。在威克菲尔德的心目中,乡绅才是殖民地的领导阶级。

威克菲尔德还认为,移民至少须包括下列人员:“农场主的管家、测量员、建筑工人、建筑师和工程师、矿物学家、采矿工人、植物学家和化学家、印刷工、男女教师、书商、作家、出版商、评论家、运送英国货物和运出殖民地剩余产物的商人、银行家、保险商、人寿保险员、为数众多的办事员、演员、内外科医生、律师、教士、歌唱家、音乐和舞蹈教师、女制帽商和其他女能人。”[②]1850 年派出的 4 艘去新西兰的船所载的 792 人中,便有牧师、外科医生、教师、手工业工人、农业工人、制奶品人、牧人等[③]。这正是威克菲尔德所说的:“殖民类似移栽成树,而非移栽幼树;类似移去社会,而非移去人们。”[④]

二、评论

荒地只能购买,不再赠予,以及用售地所得充作移民基金,是威克菲尔德主张中最早为政府采纳的,1831 年的《里彭条例》便作出这样的规定[⑤]。

荒地是未耕种的土地,但不见得都是无主的土地。在进行殖民时,英国政府有时也假惺惺地表示要保护有主的土地。以南澳为例,殖民部大臣要求“管理南澳荒地委员会”只占有证明为(土著)未

---

① 《爱德华·吉本·威克菲尔德全集》,《考察》,第 830 页。

② 理查·查理·米尔斯(Richard Charles Mills):《澳大利亚殖民(1829—1842),威克菲尔德在建立帝国上的试验》(*The Colonization of Australia* [*1829 - 1842*] *The Wakefield Experiment in Empire Building*),伦敦,1968 年,第 117—118 页。

③ 保罗·布卢姆菲尔德(Paul Bloomfield):《英联邦的缔造者爱德华·吉本·威克菲尔德》(*Edward Gibbon Wakefield Builder of the British Commonwealth*),伦敦,1961 年,第 318 页。

④ 《澳大利亚殖民(1829—1842)》,第 120 页。

⑤ 殖民部大臣戈德里奇子爵(Viscount Godrich)于 1831 年 1 月 9 日宣布取消新南威尔士和范·第门地的土地赠予,以后以拍卖价格出售,最低价格为一英亩 5 先令,部分所得用作移民基金。戈德里奇在 1807—1827 年间一直是里彭(Rippon)选区的代表(1833 年受封为里彭伯爵),所以这一条例以里彭为名。

占的土地;委员会则约许保护土著对"那些现在真正占有或享有"①的土地权利。实则不但不把约许保护当一回事,且还抢夺土著的土地。1839 年就任"土著保护官"(Protector of Aborigines)的马修·摩尔豪斯(Matthew Morhouse)描述的土著与殖民者的关系具有普遍性:"开始时土著对白人友好。在接近白人时,为表示友好,从不携带武器;而后,随着他们的土地、粮食和妇女为白人抢走,他们对白人的哨所进行报复和攻击;不久,他们便发现长矛不如步枪,而在有时进行经年的战争之后,才接受失败,一切归于平静。"②

新西兰毛利人的斗争更激烈。1840 年他们被骗订立《韦坦基(Waitangi)条约》,使新西兰沦为英国的殖民地后,1842—1846 年起义不断。威克菲尔德在 1844—1846 年主持新西兰土地公司时,在还未迫使毛利人让出产权以前,便在伦敦出售毛利人的土地了。1853 年他到新西兰不久,便在名为《在殖民地垄断荒地的原因和后果》的讲演中,强调缺乏土地的原因是没有消灭土著的产权,主张尽快加以消灭③。10 月,在他当议员的惠灵顿省的省议会开会时,省督便把消灭土著土地所有权以供出售土地和殖民作为一项措施提出来④。这显然是接受了威克菲尔德的意见。而这些并非无主的土地,却按照荒地处理了。

作为系统殖民理论核心的"充分的价格"的目的,是在殖民地发展资本主义,他的"移去社会"便是指把资本主义社会移过去。既然资本家离不开劳工,而在殖民地的劳工很容易变成土地所有者,资本家无法长期加以控制,必须有一种办法制止这种情况发生,"充分的价格"正是为此目的而设计出来的。它用"人为的价格,迫使移民

① K. A. 富兰克林(K. A. Franklin):《黑白澳大利亚人 1788—1975 年种族际史》(*Black and White Australians On Inter-Racial History 1788 - 1975*),南雅拉,1976 年,第 46 页。

② K. A. 富兰克林:《黑白澳大利亚人 1788—1975 年种族际史》,第 47 页。

③《爱德华·吉本·威克菲尔德全集》,《绪言》,第 69 页。

④《爱德华·吉本·威克菲尔德全集》,《绪言》,第 71 页。

在赚到足够的钱购买土地成为独立农民以前，必须从事较长时期的雇佣劳动”①。而且提高土地的价格，还能起到“阻止劳工在另外的人代替他们以前变成独立的土地所有者”②。马克思揭露了这样做的本质。“这种‘充分的土地价格’，无非是工人为了能从雇佣劳动的市场回到土地上而付给资本家的赎金的一种婉转的说法。他先是必须为资本家老爷创造‘资本’，使资本家老爷能够剥削更多的工人，然后又必须牺牲自己，使政府能为他原来的资本家老爷从海外把他的‘替身’送到劳动力市场上来”③。有了“充分的价格”，政府和资本家不支出费用便可取得需要的劳动力了。退一步讲，即使提供贫穷工人的旅费，也只占总费用的极小部分。

用强制工人劳动一段时间来发展殖民地经济的做法，是“原始积累”的一种形式。马克思指出：“威克菲尔德先生制定的这个专门用于殖民地的‘原始积累’方法，英国政府采用了好多年。”④大致说来，在1851年澳大利亚发现金矿以前，他的主张成为英国官方的政策。

吸引资本去殖民地并不难，拿破仑战争后利率低于5%，有时甚至只有2%⑤。如果殖民地利率高，资本便会流向那里。在这方面，殖民地政府采取了措施。以澳大利亚发展较早的新南威尔士为例，1834年的《福布斯法令》⑥使利率不受英国1713年《高利贷法》的5%的限制，提高到8%。这一放宽措施，果然吸引来大量资本，1834年悉尼只有两家银行，到1840年已有6家了⑦。至于新西兰，则威

①《资本论》，第841页。

②《爱德华·吉本·威克菲尔德全集》，《英国与美国》，第489—90页。

③《资本论》，第842页。

④《资本论》，第842页。

⑤《爱德华·吉本·威克菲尔德全集》，《英国与美国》，第359页。

⑥ F. 福布斯(Francis Forbes)是新南威尔士首席法官，受任为调查利率的特别委员会主席，1834年他提出的《利率法案》，经立法会议通过公布，遂称为《福布斯法令》。

⑦《澳大利亚百科全书》(*The Australian Encyclopedia*)第二版，第4卷，悉尼，1958年，第152页。

克菲尔德在伦敦售地时，已有资本投向那里了。

资本容易被吸引到殖民地去，问题在于有无足够的劳动力供资本家剥削。由于当时的澳大利亚没有移民年龄组的材料，无法直接作出判断，但从间接材料可作些推断。正式的调查为：1828 年新南威尔士有欧洲人 36 565 人，1841 年维多利亚有 11 738 人，同年塔斯马尼亚（原范·第门地）有 50 216 人，1844 年南澳大利亚有 17 366 人，1848 年西澳大利亚有 11 926 人①（四处亦均为欧洲人）。其中南澳无罪犯，其余地区在 19 世纪 30 年代中叶以后，罪犯移民减少，只有西澳例外。从总人数看，1830 年为 70 039 人，1840 年为 190 428 人，增长 270%，1850 年为 405 356 人，又增 220%②。以 1848—1850 年资助移民占总移民的比例为例，新南威尔士和南澳在 1848 年分别为 86.6%和 48.1%，1849 年各为 81.5%和 43.6%，1850 年各为 70.4%和 23.3%③。资助移民是指无力自费移出、主要是出卖劳动力的人。这些间接材料反映出移民增加很快，资助移民多，证明有足够劳动力可供剥削。但澳大利亚暂时还未达到男女数目平衡，1840 年以前，移民中男性为女性的一倍多④。

新西兰的情况与澳大利亚不同。一方面威克菲尔德长期掌握土地公司，而该公司在北岛南部和南岛北部占有大面积的地域，因而他的主张得到更大程度的贯彻；尤其在 1852 年离开英国去新西兰的前几年，他帮助一个苏格兰教会在新西兰殖民，更严格按照他的做法行事。对资助去新西兰的劳工在品德、年龄等方面进行严格

---

①《澳大利亚百科全书》第三版改订版，第 5 卷，悉尼，1979 年，第 63 页。

②《澳大利亚百科全书》第二版，第 7 卷，第 189 页。

③《澳大利亚联邦人口正式统计》（*Official Statistics, Common wealth of Australia Demography*）1948 年公报第 66 号，1959 年，第 159 页。转引自南开大学李泽林未发表硕士论文《论 1830—1870 年英国往澳大利亚的移民运动》，第 30 页（打印稿）。

④ 另据米尔斯前引书（第 322—323 页），（欧洲人）1828 年新南威尔士人口普查为 36 598 人，其中罪犯移民 15 668 人，资助移民 20 930 人；1841 年人口普查为 128 726 人，其中罪犯移民 26 977 人，自由移民（包括资助的与非资助的）101 749 人。1828 年，新南威尔士，男 28 000 人，女 9 000 人；范·第门地，男女各为 13 000 人和 4 000 人。

挑选，再配上其他各类人，然后视需要、按计划派船运往新西兰。这个教会的殖民者，建立了坎特伯雷，日后为新西兰六省之一。待到他 1853 年到达新西兰后，结合当地情况在主张上作了些改变，如不再提充分的价格，建议免费给工人殖民者 100 英亩土地等，目的是吸引更多的劳工去。

但另一方面，19 世纪 40 年代毛利人不断起义，拒不承认英国人处理他们的土地，最后英国还直接派兵镇压。这些情况，使得殖民者除在沿海形成的几个大据点（如坎特伯雷、纳尔逊）附近活动外，较难深入内地，因之殖民发展受到很大限制。1836 年有殖民者 1 000 人①，1838 年有 2 000 人②，但直到 1860 年才达 4 万人（1861 年奥塔戈省发现金矿，才有淘金者及其他人大量涌入），而这时澳大利亚已达百万人口。1860 年的 4 万人中，有一半以上居住在五个大移民据点附近；而这些人中，又有 1.5 万人是威克菲尔德的公司或他所影响的公司运过去的。这些人构成移民的核心③。可以说，威克菲尔德在新西兰的成功，表现在质上，而非量上。

他主张在殖民地必须有乡绅还有更深一层意义。这是他的系统殖民理论和责任制政府的结合点。这个阶级在殖民地经济中起稳定作用，在政治上则是领导阶级。这点在新西兰表现得很突出，19 世纪新西兰的政治领导人多为送去的乡绅及其后人。威克菲尔德的目的是要在殖民地建立英国模式的社会。

早在 1848 年 9 月，“劳动同盟”（Labour League）已提到：“‘系统殖民者’的最高理想（beau ideal）是英国宪法；他们的最高目标是在殖民地生产出他们拥护的英国社会的复制品，具有地主、教区牧师、

①《英联邦的缔造者爱德华・吉本・威克菲尔德》，第 152 页。
②《美国百科全书》第 20 卷，1980 年，第 249 页。
③《英联邦的缔造者爱德华・吉本・威克菲尔德》，第 337 页。

医生、资本家和劳工的划分。”[1]换言之,系统殖民者是要把英国的资本主义模式,移植到殖民地去。正如马克思讲的:“把英国的生产关系输出到斯旺河去。”[2]

威克菲尔德、达勒姆勋爵和查理·巴勒等人构成英国殖民史上一个颇有影响的集团,而威克菲尔德则是这个集团的理论家和策划人。他比同时代的许多自由主义者的眼界开阔,能把英国和殖民地作为一个整体来考虑,甚至还能从殖民地角度来看问题(如责任制政府)。19 世纪上半叶大量移民去美洲、大洋洲,以及英国之成为世界工厂,[3]的确暂时缓和了国内阶级矛盾;而实施系统殖民和责任制政府,也确实使加拿大、澳大利亚、新西兰等移民殖民地得到较快的发展。

---

① 《爱德华·吉本·威克菲尔德全集》,《绪言》,第 25 页,转引自 S. 麦科比(S. Mccoby):《1832—1852 年的英国激进主义》(*English Radicalism 1832 - 1852*),1935 年,第 349 页。

② 《资本论》,第 835 页。

③ 1833 年他已提到英国用蒸汽机生产,是世界工厂。见《爱德华·吉本·威克菲尔德全集》,《英国与美国》,第 411 页。

谢苗诺夫著《世界中世纪史》史实上的一些问题

谢苗诺夫教授（Проф，В. Ф. Семенов）著的《世界中世纪史》（История Средних Веков）一书，本系苏联师范专科学校教本，以仅400多页的篇幅，论述中世纪1000多年的历史，内容简单扼要，论断明确，不失为一本好的教科书。

在我国高等学校的世界史参考书很缺乏的情况下，东北师大历史系世界史教研组同志们，把它译出，并由高教部教材处出版，两年多以来，对全国大中学校教世界史的教师和历史系学生，在教与学方面，都起了很大作用。可惜原书在史实方面，有些小错误，而取材也还有可商榷之处，这些在翻译时，都没有加以校正和说明，致以讹传讹，把一些基本史实弄错了。因此，我觉得有必要提出原书错误和存疑之处，供读者参考，并请指正。

本文所用原著，是1949年莫斯科出版的，东北师大译本（文中简称译本）中，曾采用41章，并以1951年新版校对过，其余的14章，是完全用新版的。从整体看来，旧版和新版出入不大。

1. 原书13页1—2行(译本10页21—22行) “君士坦丁以巩固奴隶制度为目的的改革之一是承认基督教为国教。”

按君士坦丁大帝在313年的米兰敕令里，只承认基督教是帝国内合法宗教，只有到狄奥多西一世时，在392年，才明定基督教为国教。

2. 原书58页2—3行(译本60页11—12行) “新帝国的正式称号是‘神圣罗马帝国’。”

按鄂图一世(Otto Ⅰ,936—973年在位)所建帝国的正式称号是罗马帝国,而称为神圣罗马帝国,已是12世纪中叶的事,虽然有学者主张在康拉德二世(Konrad Ⅱ,1024—1039年在位)时,便在罗马帝国前加上“神圣”一词,但没有史料可以证明此说。最早的这方面史料,是腓德烈一世(Friedrich Ⅰ,1152—1190年在位)的一个文件,1157年,他给德国诸侯的一封公开信,号召帮助他远征意大利,对付反对他的伦巴底诸城市,信上在“罗马帝国”之前,加了“神圣”一词。在此以后的其他文件也用过,例如他给东罗马皇帝伊沙克·安吉鲁(Issac Angelus)的一封信中,也这样用。亨利六世(Henry Ⅵ,1190—1197年在位)和腓德烈二世(Friedrich Ⅱ,1212—1250年在位),也偶尔这样用。对立国王威廉(1246—1247)和大空位时代的理查,以及哈布斯堡家的第一个皇帝茹朵尔夫(Rudolf,1273—1292年在位)时,更常用了。到了查理四世(Charles Ⅳ,1347—1378年在位)以后,在“罗马帝国”之前冠以“神圣”,才成为习惯。因此,把俄国成立的新帝国,便叫作神圣罗马帝国,是不正确的,鄂图根本没有这样用过。退一步说,即使在康德拉二世时已开始采用,他和鄂图的中间也还隔了三个皇帝,因此,原书在这点上错了。

3. 原书52页39行(译本66页12行) “教皇卡里斯脱三世。”

按1122年窝姆斯宗教协定的教皇是卡里斯脱二世(Callixtus Ⅱ,1119—1121年在任),而不是三世。以卡里斯脱三世为名的教皇有两个:其一是反对对教皇亚历山大三世的对立教皇卡里斯脱三世(1166—1178),而这是一般史家都不算作教皇的;另一是在1455—1458年当教皇的卡里斯脱三世,他曾想发动十字军攻打土耳其人,但未成功。这两个卡里斯脱三世,均不是窝姆斯宗教协定的缔结者。原书的卡里斯脱三世乃卡里斯脱二世之误。

4. 原书 97 页 2—4 行(译本 101 页 16 行) “652 年在谋夫城附近被他所杀。”

按“他”在原书系指某一突厥王公,谓耶兹德格尔是被一个突厥王公杀死的,但这种讲法,不知根据何种史料,其正确性可能有问题。耶兹德格尔即旧唐书的伊嗣侯,《旧唐书》卷一百九十八载:“伊嗣侯懦弱,为大首领所逐,途奔吐火罗。未至,亦为大食兵所杀。”在《新唐书》中,此人作伊嗣俟,卷二百二十一下载:“伊嗣俟不君,为大酋所逐,奔吐火罗。半道,大食击杀之。”故我国史书认为萨珊朝最后的皇帝是被阿拉伯人杀的。阿拉伯和西方的阿拉伯史专家多主张耶兹德格尔带着王冠和珠宝,到了谋夫城附近,当其停留在一个磨坊主的茅屋里的时候,为其自己人之一所杀(如希提的《阿拉伯通史》英文本 1953 年版 158 页即有其例)。

我国史书对这件事的记载很简略,但阿拉伯和西方的阿拉伯史专家几乎都说他是被自己人之一杀掉的,而中国史书和前面说的专家都没有提到他是为一个突厥王公杀死的。

5. 原书 131 页 41 行(译本 127 页 4 行) “诺曼底伯爵罗伯特。”

按伯爵应作公爵才对。(原文的 Граф 应改为 Герцог)

6. 原书 143 页 12—14 行(译本 138 页 13—14 行) “1227 年蒙古国家由成吉思汗划分给他四个儿子。”

按 1227 年之说,不知根据何书,这个年代可能过晚了。在《蒙古秘史》(策·达木丁苏隆编译,谢再善译)里,没有提到分封的事,只有在 254、255 两节,提到推举斡歌歹(即窝阔台)继承汗位的事,大概与分封有关,然而这还是 1219 年以前的事,距 1227 年还有 8 年以上。《元史·太祖本纪》没有提到分封的话。《多桑蒙古史》卷二第一章,虽然提到分封,但没有标出年代。《元史译文证补》卷四载:(太祖)“十七年壬午”(1222),“西域悉定,太祖北归。术赤自以与弟不睦,已所封地,远在异域,恒鞅鞅不乐。……”则 1222 年以前,即已分封了。而《新元史》则明确提到了分封的年代,卷三:(太祖)“二十年乙酉”(1225)“春”,“帝至和林行宫,分封诸子。”(卷二百五十四外国西域传还列出了封地)则还较 1227 年早 2 年。1227 年是成吉思汗死的年代,史家多主张分封不是在他临死的一年,由上列有明确的分封年代的记载来看,都是比 1227 年早的。

7. 原书 166 页 34—36 行(译本 159 页 14—15 行) “他自认为教皇的附庸并答应向教皇缴纳一千英镑的贡税。”

按英王约翰向教皇缴纳的年贡,是一千马克,而不是一千英镑。每马克合 2/3 镑,因此一千马克只合 666 镑 13 先令 4 便士。

8. 原书 219 页 17—18 行(译本 258 页 8—9 行) “在十六世纪初整个北非沿岸,从埃及到西班牙,都包括在它的版图之内……”

按这里讲的是奥斯曼帝国版图。西班牙不在北非,想系摩洛哥之误,但这样又有问题,摩洛哥从未属于奥斯曼土耳其,这个帝国最西部的领土,只到阿尔及利亚。原书既把地名弄错,又未弄清史实。

9. 原书 258 页 23—24 行 译文当为“在(日本)国内有许多居住几万人口的港口——堺、兵库、博多、长崎。”译本曾以 1951 年新版校改,在 277 页 9 行港口之后作“堺(大阪)”。

按 1949 年旧版是对的,如照 1951 年译本新版译作“堺(大阪)”反而是错的,堺在大阪之南,丰臣秀吉发展大阪以前,堺是日本最大的对外贸易港口,就是大阪发展起来后,二者始终是两个城市,正如横滨和东京,虽然隔得近,仍是两个城市,因之不能作“堺(大阪)。”

10. 原书 327 页 4—5 行(译本 333 页 15 行) “从此以后,西班牙完全失去了海上的霸权。”

按无敌舰队的失败,只意味着西班牙海上霸权丧失的开始,至于其完全丧失海上霸权,还是几十年以后的事。

※ ※ ※

附:东北师大译《世界中世纪史》译文的几个问题

东北师大世界史教研组同志们,在译此书时,态度是郑重的,这表现在为数众多的俄文以外的人名、地名等,都不惮其烦地查考了原文,基本上能按照原音译出。但原书分量不轻,译时仓促,故难免有疏忽之处,这里想提出几个较重要的地方,在翻译上可能有问题的,以资商讨。

1. 原书26页最后一行至27页第3行 В 476 Г. низложил последнего римского императора малолетнего Ромула Августула и отослал знаки императорского достоинства к восточному императору в Константинополь.

译本25页23—25行译为:“在476年废罗马帝国最后一个年轻的皇帝罗穆勒·奥古斯都。并向君士坦丁堡的东帝申请皇帝的名义,于是西罗马帝国寿终正寝了。”

“并向”之后的译文很难令人读通,好像是把罗穆勒·奥古斯都废后,废他的人去向东帝申请委任自己当皇帝的意思,所以显然是译错了。正确的译法是“并把代表皇权的标志送交在君士坦丁堡的东帝。”意思是西方不再要皇帝,东帝是罗马帝国唯一的皇帝。也只能这样译,才与历史事实相符合。

2. 原书167页首段讲到英国大宪章时,2行至6行,有下列文字 Им был предоставлен《суд равных》(суд пэров). В статье 39 Великой хартии вольностей король торжественно обещал, что ни один свободный человек в Англии ни будет арестован, заключён в тюрьму, лишён имущества или изгнан из страны иначе, как по законному приговору《пэров》и по законам страны.

译本159页25—29行译为:“赋予他们享用‘同侪法庭’(贵族法庭)的权利。国王在《大宪章》第三十九条郑重约许,除非依照‘贵族’的合法判决与国家的法律,对英国任何自由民不得加以逮捕、拘禁、剥夺财产或驱逐出境。”

这段译文，表面看来，没有错误，但因不了解 пэров 一字的意义，译文和原意大不相同了。

译文“同侪法庭”自然是按俄文 суд равных 译的，而在其后面的 суд пэров，是注出 суд равных 的专用名词，中文根本不用译出。

同样，对第三十九条的翻译，也因对 Пэров 一字，不懂原意，致译文和原意完全相反。这条的拉丁原文为：“Nullus liber homo capiatur, vel imprisonetur, aut dissaisiatur, aut utlagetur, aut exuletur, aut aliquo modo destruatur, nec super eum ibimus, nec super eum mittemus, nisi per legale judicium parium suarum vel per legem terrae。”最通用的英文译法是：“No freeman shall be arrested, or detained in prison, or deprived of his freehold, or outlawed, or banished, or in any way molested; and we will not set forth against him, nor send against him, unless by the lawful judgement of his peers or/and by the law of the land.”中文应译为“无一自由人将被定罪、监禁、剥夺其自由保有不动产、宣布为法外之人、驱逐出境，或诸如此类的妨害；而且除非根据其同侪的合法裁判或(和)依据国家的法律，朕决不审讯他，也不判他的罪。”

很显然 Пэров 一字，即拉丁文的 parium，这个字的意思是同侪，parium 也就是英文的 peers，而 peers 当初的意思，也是同侪；何况所有治英宪及英宪史的学者们，对这条的 peers，都是解作同侪的呢？(如麦肯尼、汤姆生等人莫不皆然)

如再以《大宪章》第二十一条作比较，更证明把 Пэров 译为贵族，在这里是很大的错误。这条的英文作：“Earls and barons shall not be amerced except through their peers, and only in accordance with the degree of the offence.”(伯爵和男爵的罚金将只能通过他们的同侪的决定来处罚，而此处罚须视过失的程度而定。)如果把 their peers 译为他们的贵族，将不可解了，因为伯爵和男爵本身便是贵族,那么“他们的贵族”又是什么呢?他们的主上是英王,假定把peers解作指的英王,那么peers作单数的peer,还勉强能解释,可是这样又与原文不对了。peers在这里只有译为“同侪”才对,其他的译法是错的,不能拿这个字日后通用的意义,来看作《大宪章》里的意义。

从上面说明,这条正确意义,是保障自由人权利的,是重新肯定由贵族审判贵族、自由人审判自由人的习惯的,因之,刚好和现译的意思相反。

3. 译本虽对译名原音,花了很多时间去核对,可是有的译名却由于未仔细推敲原意,以及不明了历史事实,因而译错了。例如,把英王约翰(John Lackland)译为“失土约翰”,这个译法,虽然现在很通行,可却是一个很错误的译法,应该改正。无论英文的lack,俄文的без,都没有失去的意思,只是缺乏的意思,正确的译法是“缺土约翰”;而且只要查一下英国史,便知不应译“失土”,因为约翰的这个绰号,并不是由于在大陆上战争失败失去了土地而取得的,早在其前即已有之。其父亨利二世在1172年指定了长子亨利为诺曼底和安茹将来的统治者,次子为亚奎丹统治者,1181年,又使其第三子乔夫利和不列他尼女继承人结婚,以便取得该地统治权,唯独其时尚未成年的约翰没有受到封地,所以当时的人便称之为“缺土约翰”。这样,译为“失土”,显然不符合历史事实了。

(附记:本文付排后,见到《读书月报》本年一月份有介绍谢苗诺夫此书新译本的文章,因尚未见到这个新译本,无法据以核对,故本文仍以东北师大译本作根据。)

(原文载于《历史教学》1957年第2期)

苏格兰、日本、英格兰和中国的兄终弟及制

编者按　本文系本刊1981年第6期发表的《从继承制看马克白斯在苏格兰历史上的地位》的续篇。作者运用比较史学的方法探讨苏格兰、日本、英格兰和中国形成国家后的兄终弟及的继承制问题，找出了某些带规律性的东西，诸如兄终弟及制的类型及其存在的长期性、由这种继承制到父死子继的转变及其与各自的社会发展的关系等。

一、题解及标准

兄终弟及或类似兄终弟及的继承制，可溯源于母系氏族社会。这在恩格斯的《家庭、私有制和国家的起源》中已讲得很多。但这本书只写到国家的起源，没有讲到建立国家后的情况，而这样的继承制在建立了国家的地方，还存在了很久。本文拟就其在苏格兰、日本、英格兰和中国的情况加以探讨。至于涉及的时限，在苏格兰为阿尔巴王国成立(843年)到1290年马克阿尔平王系断绝；在日本为3世纪初到奈良时代(710—784年)末；在英格兰为七王国时代(5—9世纪)到诺曼人入侵(1066年)；在中国为商代。

这四个地区的兄终弟及制，大致可分为较典型的和较不典型的两类。划分的标准是女性能否继承王位及在王位继承上是否分主

支、旁支。

不分主支、旁支，弟及就较易实现。但为什么兄终弟及竟要用女性能否继承王位作为一条标准呢？这是因为这个制度既然导源于母系氏族社会，当然与女性有关。妇女可以继承，正表明女性的地位还相当高，因而更接近母权制原型。苏格兰和日本具备这两个条件，因而比较典型；英格兰和中国不具这两个条件，因而较不典型。

二、苏格兰与日本

(一) 苏格兰①

恩格斯说："至于从前在苏格兰盛行过的母权制，这从下述事实中可以得到证明，据贝达说，皮克特人的王室是按照女系继承的。"②这里所指的皮克特人王室，不过是一个松散的部落联盟的首领。《盎格鲁-撒克逊编年史》在讲到这一按照女系继承的来源时说，当时居住在日后称为苏格兰的皮克特人，向居住在爱尔兰的苏格特人"要求妻子，苏格特人把妻子给了他们，条件是他们须一贯从女系选择他们的王室，而皮克特人在以后长期内都遵守了这个条件"③。这显然是恩格斯所分析的"对偶家庭"的情况。501年，苏格特人到了苏格兰，跨北海峡建立达雷阿特王国。843年，肯尼思·马克阿尔平在苏格兰建立阿尔巴王国，才算是一个真正的国家。1000年，改称

---

① 关于马克阿尔平王朝建立后的继承制，可参见拙文《从继承制看马克白斯在苏格兰历史上的地位》，《世界历史》1981年第6期。

②《马克思恩格斯选集》第4卷，第130页。贝达(现多译为比德)为盎格鲁-撒克逊僧侣学者、神学家和历史学家，此语出自其《盎格鲁人教会史》(也译为《英吉利人教会史》)第1册第1章。

③《盎格鲁-撒克逊编年史》抄本E(Laud Chronicle)第一段。见加蒙斯韦译(G. N. Garmonsway translated and edited)：《盎格鲁-撒克逊编年史》(*Anglo-Saxon Chronicle*)，伦敦，1956年再版，第3页。以下简称《编年史》。

苏格兰王国。

这个国家的王位实际上虽由男性继承，但女性并未丧失继承权；而由于对偶婚习惯的影响还存在，所以即使在马克阿尔平以后，继承仍是从母系（女系）而不是从父系（男系）计算的。形式上经由贵族会议选举，而实际上由国王指定的继承人，可以是兄弟、从兄弟、再从兄弟，甚至舅父，但就不能是自己的儿子。因为按照当时的观念，母亲是最亲的，国王死时须将王位还给最亲的人—母亲，而不管她在世与否，再由母亲传给最亲的人——另一个儿子。这正是恩格斯讲的："男性死者的子女并不属于死者的氏族，而是属于他们的母亲的氏族；最初他们是同母亲的其他血缘亲属共同继承母亲的，后来，可能就首先由他们来继承了；不过，他们不能继承自己的父亲，因为他们不属于父亲的氏族，而父亲的财产应该留在父亲自己的氏族内"①的情况。母子在同一氏族，而父子不在同一氏族，为了把王位保持在马克阿尔平一家（实即该氏族）手中而不外传，所以由母亲交给她另一个儿子。

这样一来，就成了只要有男性继承人，必然就是兄终弟及，而且也必然排除父死子继的可能性。

历史事实证明了这点。马克阿尔平后代所实行的继承制称为平行制，即他的后代的两支，不分主、旁，地位完全平等，交替继承，甚至其间有一个非马克阿尔平后代的人得位，也未能破坏这一规则。从 843 年马克阿尔平之子肯尼思一世到第十三个国王肯尼思二世（971—995）为止的 152 年中，都是按兄弟—叔侄—从兄弟—从叔侄—再从兄弟—再从叔侄—远房兄弟的规则传袭的②。有几个人想破坏这一规则，也未得逞。

但是，随着财富和权力的增加以及封建化的影响，肯尼思二世

① 《马克思恩格斯选集》第 4 卷，人民出版社，1972 年，第 50—51 页。
② 世系表见拙文《从继承制看马克白斯在苏格兰历史上的地位》，《世界历史》1981 年第 6 期，第 57 页。

便在贵族会议上强行通过新平行制的继承制。它规定一个国王死后，"应由子或女、侄或侄女[①]继承；或其亲兄弟或亲姐妹继承。"[②]这个新平行制仍然承认女性有继承权，但把原来没有继承权的儿子提到了首位。他想用此来改变旧的继承制，使其子能在他死后当上国王。但在他死后，贵族会议并未选其子为王，仍按旧制选了该继承的人。这样又经过两个国王，直到1005年，由于其子杀掉在位者而登上王位，才破坏了平行制。

从843年到1005年，共经历15个国王，162年。在这样长的时间内，这样有规则的兄终弟及而不掺入父死子继，就笔者所知，在世界上是唯一的。

(二) 日本[③]

研究日本古代到奈良末期的重要史籍是《日本书纪》和《续日本纪》。尽管前书把日本历史拉得很长，其神武纪元竟相当于公元前660年，但实际要到3世纪时，才出现大体上可以叫作国家的组织。[④]

我们要了解这段时期的继承制，必须先了解日本皇室的婚姻制。

1. 皇室的婚姻制

从3世纪初的仲衷到8世纪末的桓武，共有28个男天皇和6个女天皇(其中两个两次在位，即皇极—齐明、孝谦—称德)，另有一个

---

① 因女性有继承权，故侄儿包括外甥，侄女包括外甥女。

② 出处见拙文《从继承制看马克白斯在苏格兰历史上的地位》，《世界历史》1981年第6期，第59页。

③ 文中提到的重要史籍系由朝日新闻社于1929年出版。

④ 井上清：《天皇制》，商务印书馆，1975年，第8页。

皇后摄政，即仲哀后神功①。

这些男天皇的主要婚姻关系是：

(1) 与异母妹结婚者四人：仁德(之后皇后)、履中、敏达(之后皇后，即推古)和用明。

(2) 与从妹结婚者四人：仲哀(之前皇后)、安康、敏达(之前皇后)和孝德。

(3) 与再从妹结婚者一人：允恭(之后及一妃)。

(4) 与远房妹结婚者四人：仲哀(之后皇后，即神功)，应神(之后及一妃)、仁贤和继体。

(5) 与侄女结婚者四人：钦明(之后及两妃)、舒明(之后，即皇极—齐明)、天智、天武(之后及三妃，后即持统)。

(6) 与远房侄女结婚者一人：显宗。

(7) 与远房侄孙女结婚者一人：光仁。

(8) 与姑母结婚者一人：雄略。

(9) 与远房姑母结婚者二人：安闲和宣化。

(10) 与非皇族结婚者六人：仁德(之前皇后)、反正、崇峻和文武(之夫人，三人均未立皇后，只立夫人)、圣武和桓武。

(11) 未详后身份者二人：武烈(之后父未详)、淳仁(后的身份不详)。

另有清宁无皇后。

至于摄政和女天皇的情况是：神功、推古、皇极—齐明、持统四人已见上。元明系天智第四女，与其夫草壁皇子是叔伯姑母与侄儿的关系；元正为二人女，未结婚，但父曾是太子，母当了天皇；只有孝谦—称德母姓藤原，她是本时期中非皇族而确知得立为皇后的第一

---

①《日本书纪》说她摄政 69 年，活了一百岁，这当然不可信，但当时有个最高的女首领，应没有问题。《日本书纪》谓其告群臣，她要“暂假男貌，强起雄略”。传说中的神武西征，当与扩大大和势力有关。《三国志·魏志·倭人传》载“(明帝)景初二年六月，倭女王遣大夫难升米等诣郡，求诣天子朝献”的事，也可能与之有关。

人,当时已是藤原氏专权。这样,除孝谦—称德而外,所有摄政和女天皇的父母或丈夫,不是天皇便是皇太子。

从上可知绝大部分天皇,皇后为族内婚,所以在藤原氏专权,女得以嫁天皇以前,从未出现外戚一词。不仅天皇如此,皇子、皇女间也盛行族内婚,因此不能用中国的辈分关系来了解日本皇室的婚姻。如安康后中蒂姬原是大草香皇子妻,为安康的婶母,但中蒂姬是履中天皇之女,应为大草香的侄女,与安康则是从兄妹关系;孝德后间人皇女,是舒明与皇极之女,从父看,应是孝德从妹,但从母看,则是孝德的外甥女,因皇极为孝德之姐;又如持统与元明两个女天皇,都是天智之女,持统为天武后,但其子草壁皇子娶了元明,因之本是姐妹又成了婆媳。

在皇室中盛行的这种族内婚,带有“普那路亚家庭”的色彩,有些像恩格斯讲的情况,“如果说家庭组织上的第一个进步在于排除了父母和子女之间相互的性交关系,那么,第二个进步就在于对于姊妹和兄弟也排除了这种关系。这一进步,由于当事者的年龄比较接近,所以比第一个进步重要得多,但也困难得多。这一进步是逐渐实现的,大概先从排除同胞的(即母方的)兄弟和姊妹之间的性交关系开始,起初是在个别场合,以后逐渐形成惯例,最后甚至禁止旁系兄弟和姊妹之间的结婚”①。从日本皇室关系看,约略相当于恩格斯讲的第二个进步,而这一进步确困难得多,是逐步实现的。迟至允恭天皇(412—453)时,太子木梨轻皇子还与同母妹轻大娘皇女发生性关系②。至于“最后甚至禁止旁系兄弟和姊妹之间的结婚”则一直到光仁天皇(770—780)都未办到。

普那路亚家庭在发展上低于对偶家庭,母权要强得多。这就能说明为什么日本真能有妇女当天皇;而在苏格兰,妇女虽未丧失继

---

①《马克思恩格斯选集》第4卷,第33页。

②《日本书纪》卷第十三允恭之廿三、廿四年。另《古事记》卷下三允恭天皇之三也提到此事。

承权，但实际上并无人当国王[①]。

2. 继承制的特点

从婚姻关系看，日本还处在这样低的水平，但国家已形成，君主早已不是恩格斯讲的军事首长（巴赛勒斯），而是统治者了。这是一个矛盾。它会反映到天皇继承上。从表面看，《日本书纪》和《续日本纪》都很强调后妃、嫡庶之分。那么是否也像中国“立嫡以长不以贵、立子以贵不以长”呢？不完全像。因为立嫡的比例小，立嫡长子的比例还要小。28 个男天皇中，嫡长子继父位的只有应神、仁德、履中、武烈、钦明、敏达和天智七人。仔细分析起来，真正的嫡长子只有仁德、履中和天智三人，应神、武烈和钦明因是天皇唯一嫡子而继承，这六个人完全符合中国的嫡长子观念。敏达因兄死，以嫡次子资格继父位，也还符合中国无嫡长孙时的特殊情况。扩大为嫡子，也只能加上安康以嫡次子继允恭之位。所以在 28 个男天皇中，嫡子继位的仅八人而已。

这些情况表明皇后的地位只能说比妃嫔略高。实际上妃嫔中有不少皇族，有些还是皇后的亲姐妹，因此真正的皇后地位，更难确立，即使非皇族妃嫔，多数也出自有势力的贵族，如藤原氏得势后，这家当妃嫔者的势力就不会较出自皇室的皇后为小。

既然皇后的地位比妃嫔高不出多少，因此嫡子的地位也比庶子高不出多少，随之而来的是庶子在继承上的地位并不比嫡子低多少，所以嫡庶争立、互相残杀就不会少。

在这种情况下，怎样才能使皇位继承稳定下来？采取了两种办法：

（1）在继承实践上，不太强调嫡庶之分，而多以长幼为序。如继体本已立嫡为太子，但在他死后，仍由庶长子、次子先立，再轮到嫡

---

① 马克阿尔平王系的最后一人称挪威幼女玛格丽特（Margaret，Maid of Norway，1286－1290），是因王系男嗣绝，通过其母（嫁挪威王）而继承的。这是西欧的封建继承制，而非母权制的影响。

子，这就是安闲、宣化和钦明。仁德的三个嫡子也是按长幼次序立的，是为履中、反正和允恭。钦明的三子本为嫡长庶幼，也按长幼顺序即位，是为敏达、用明和崇峻。此外，兄弟继立的还有安康和雄略。所以在继承实践上，兄终弟及表现得比父死子继多。

(2) 广泛利用普那路亚家庭制。上一种办法有时还不能解决矛盾，在位的一支和不在位的一支或数支是有可能发生冲突的，特别是前者要排除后者的继承权时更是如此。于是从婚姻制中找出路。最初本是母权制遗风的普那路亚家庭制，越来越被利用来作为竞争的手段，日本天皇之与异母妹、侄女、从妹、再从妹等结婚，在政治上都有减少支数、吞并另一支或与另一支合流的作用。敏达与异母妹(即推古)结婚，具有防止推古与另一皇子结婚形成新的一支的作用。舒明娶侄女三人(皇后即皇极—齐明)，具有把其弟茅渟王一支减到只剩孝德的作用。最明显的莫过于天武与其兄天智子女的关系：天武杀兄子大友皇子而娶兄女四人为后妃，又为草壁皇子娶天智另一女为妻，一下就减少天智后代形成好几个新支的机会。这具有吞并作用。天武死，天智之女、天武后当了天皇(持统)，就好像皇位又归了天智一支；祖母持统传孙文武，则似天智、天武两大支合流了，因为文武的祖父母、父母是分属两支的。

第二种办法实际是本系族内婚造成的矛盾，又用族内婚的办法去解决。尽管暂时能缓和矛盾，但从根本上看是治丝益棼，问题越来越多的；后来又加上藤原氏的专权(甚至想夺位)，使矛盾更复杂化。孝谦到淳仁及孝谦再当天皇(称德)的 22 年(748—770)，这些矛盾都激化了。但孝谦—称德以后，日本再无女天皇，表明母权制影响已大大减弱。

综观日本这段时期的继承制，兄终弟及是占优势的。从世系表看，继承虽甚杂乱，但如从婚姻制加以研究，也大致能找出其特点。这里不是苏格兰的两支，而是多支林立，都可继承，但哪支也成不了主支。于是竞争者须用减少支数、吞并别支等办法来使发展趋势有利于己支，与异母妹、侄女、从妹、再从妹等结婚得特别多，正说明这个问题。直到本时期末，光仁(770—780)以远房侄孙女为后，表明仍未放弃以普那路亚家庭制为手段的做法。有意识地运用它作为竞争的手段，便是国家形成已数百年，还未达到“最后甚至禁止旁系兄弟和姊妹之间的结婚”的原因。

日本和苏格兰比较，虽然没有两支交替继承，但无论哪支都有继承权，在不分主、旁支上一样。另一方面，苏格兰虽实际无女王，但女性从未丧失继承权，所以上述两个条件都是具备的。

三、英格兰与中国

(一) 英格兰

这段时期的重要史料是贝达的《盎格鲁人教会史》和《盎格鲁-撒克逊编年史》(下面简称《编年史》)，但前者只写到 731 年，而后者的抄本中有到 1154 年的，所以更重要。

裘特人在 449 年登陆不列颠，接着来了撒克逊人和盎格鲁人。他们把不列吞人赶到西部，最后形成七个王国(其中诺桑布利亚是由代拉和伯尼西亚合并而成)。在存有的八个王系中，东撒克斯和南撒克斯缺漏太多，看不出问题；东盎格里亚的也有许多缺漏，难于据以分析；剩下的五个王系中，最有连续性的是诺桑布利亚(包括代拉和伯尼西亚两王系)和西撒克斯。但即使这两个王系，有时年代也有出入。事实上，连年代也靠得住的只有 802 年艾克伯特即位后的西撒克斯王系。

这三种人虽然不一定都是日耳曼人，但显然以日耳曼人为主。对于他们早期的婚姻状况，恩格斯根据塔西佗的著作讲到了三点：“第一，尽管婚姻十分神圣——‘他们以一个妻子为满足，妇女生活在被贞操防卫起来的环境中’——但是在他们的显贵和部落首长中间仍然盛行多妻制……第二，从母权制向父权制的过渡，在他们那里只是在前此不久的时候才得以完成，因为母亲的兄弟——按照母权制是最近的男性的同氏族亲属——在他们那里仍然被认为是比自己的生身父亲更亲近的亲属……第三，在德意志人中间，妇女享有很大的尊敬并且对公共事务也有很大的影响，这是同一夫一妻制所特有的男子的统治直接矛盾的。”①

过了四五百年，日耳曼人已在不列颠建立了国家，对照恩格斯总结的三点，情况是：

(1) 在婚姻上肯定是“一夫一妻家庭”制。部落首长现在成了国王，显贵成了他下面的贵族。从《编年史》中看到的情况，国王除偶尔娶本国大贵族家女为妻外，大部分是娶其他国王的姐妹和女儿。如书中提到，718 年诺桑布利亚国王阿尔德夫雷斯的妻子是西撒克斯的公主卡斯伯尔；787 年西撒克斯王波尔特雷克娶墨西亚国王阿发妹为妻。这当然不是族内婚，而且已越过了对偶婚的阶段了。

这样的婚娶与当时诸国间频繁的战争也有关系。通过结婚，两国往往结成联盟反对第三国，偶尔也有通过结婚使敌对状态停止的。这些国王和显贵也实行多妻制，《编年史》中提到不合法的儿子，即是证明。

但也有例外。肯特王阿塞尔伯尔特娶法兰克国王女伯尔塔为后。她把罗马基督教带到英格兰。597 年，圣奥古斯丁到肯特。后来阿塞尔伯尔特也皈依罗马基督教。但他在 616 年死后，《编年史》提到其子爱德博尔德放弃基督教，并按异教习俗以其父遗孀为妻。这个遗孀是否即伯尔塔不得而知，因阿塞尔伯尔特不一定就只有她一个妻子，但也不排除就是伯尔塔。所谓异教习俗，自然是从基督教的观点来看的。但它是不列吞人的习俗，还是日耳曼人的习俗，

① 《马克思恩格斯选集》第 4 卷，第 64 页。

已不得而知。这还是恩格斯讲的血缘家庭阶段的婚姻制，虽然发生在进入不列颠后的较早时期，而且以后也再未见到，但以其表现了家庭制第一阶段的痕迹，仍值得注意。

(2) 这时已无例外是父亲比母亲的兄弟为亲的。这里不像苏格兰维持对偶婚遗留下来的习俗那样久。

(3) 妇女地位肯定比塔西佗时代低多了，但也未降到对公共事务毫无影响的地位。672 年，西撒克斯王孙瓦尔死，其妻塞克斯伯尔统治一年；阿弗烈德的女儿阿塞尔夫莱德，是墨西亚伯爵阿塞尔雷德的妻子（当时墨西亚已为西撒克斯所并），他在其父与其从叔争夺王位时，曾助其父，夫死后还单独管理墨西亚八年；其他如几个王后主持修建教堂，这在当时也是重要的公共事务。但妇女大概已丧失继承权了。阿塞尔夫莱德死的后一年，她和阿塞尔雷德所生之女阿尔夫温被取消墨西亚主上的资格，并被召回西撒克斯，有可能阿尔夫温犯有错误，但也可能是妇女已没有继承权了。

据此可知，在英格兰母权制的影响比苏格兰、日本为小，那么兄终弟及出现的次数也应比二者为少；但现存几个较完全的王系表中，兄终弟及出现的次数仍然相当多，笔者认为这与当时战争频仍有关。父死子继不利于战斗，以子比弟小，而且一场大战往往父子同亡，这时也只得弟及了。这一点在西撒克斯艾克伯特的后代中尤为突出，因须与丹麦人作殊死斗争。就各王系言，墨西亚有两次兄终弟及，一次 3 人，一次 2 人；东盎格里亚有两次，每次 3 人；肯特一次 3 人；诺桑布利亚较多，两次 2 人，一次 3 人，一次 4 人，西撒克斯在阿塞尔沃尔夫(839—857)以前可能没有，以后 160 余年间，一次 4 人，一次 3 人，两次 1 人。

兄终弟及在盎格鲁-撒克逊人（包括裘特人）中还表现为父王死时，把土地分给诸子，再由其中最后存者加以统一。如肯特王韦特雷德(690—725)死时，把王国分给三子，其中一人不久即死，三人中最后活着的又使王国复归统一①。西撒克斯王阿塞尔沃尔夫死时也这样。他把西撒克斯分给长子阿塞尔博尔德，把肯特、东撒克斯、南撒克斯（均已臣服西撒克斯王）和沙利分给次子阿塞尔伯尔特。三年后兄死，始由弟统辖全部地区。这样的分治，是根据什么古老习惯或与军事情况有关，就不得而知了。

（二）中国

商代的继承制，我们很熟悉。“从汤到纣，共十七代，但继位为王者却有当十一人，在十七代中兄终弟及位的共九代，计二十三王。”②所以王国维说：“特如商之继统法，以弟及为主而以子继辅之，无弟然后传子。”③商统治者是一夫多妻制，妇女根本无继承权，所以只符合本文提出的较不典型的一类。在继承上，起初虽未分主支、旁支，后来则分了，成为幼弟传子而不复传兄子的情况，所以也只能归入较不典型的一类。

上列四个地区，尽管在表现上有较典型与较不典型之分，但仍有共同点，即恩格斯讲的希腊人的氏族的议事会那样的组织还都存在，甚至还可能有他讲的人民大会存在。议事会的组织是氏族内的组织，当时已由贵族占优势，现在则已是贵族会议了。

国有大事，由贵族会议作出决定，各地区都是如此。在苏格兰，凯尔特人的酋长选举法仍然保存，新国王必须由选举产生，即使是指定继承人，走形式也得经过贵族会议选举。肯尼思二世要改变旧继承制，也必须取得贵族会议同意，但他死后，贵族会议并未按他的意图办。在日本，贵族会议为大臣会议，仲哀死，神功皇后召集大臣举行会议，决定秘不发丧，暗地运走仲哀尸体，而由神功摄政；女天

---

① 《英国百科全书》第14版，1956年，肯特王国条。

② 赵锡元：《论商代的继承制》，《中国史研究》1980年第4期，第25页。

③ 王国维：《观堂集林》卷十《殷周制度论》。对于商代继承制，以后又有幼子继承制及长子继承制的主张，最近主张前者的即上文，主张后者的是杨升南：《是幼子继承制，还是长子继承制？》，《中国史研究》1982年第1期。

皇推古死未立嗣，由权臣苏我虾夷在家里召开大臣会议，在立谁为嗣上，苏我提出的人选遭到部分出席者的反对，最后苏我取得胜利；女天皇孝谦议立太子时，也召集了大臣会议，出席者提出几个人选，虽然仍是孝谦定调子。这些都表明大臣会议有其重要性。英格兰则有贤人会议。《编年史》提到 755 年，西撒克斯的基内沃尔夫废国王西格伯尔特时，与贤人会议商量过。迟至 1066 年，守教者爱德华由大贵族戈德温之子哈罗德继位时，《编年史》在讲了爱德华把王国赐给他后，又说："再者，他还被选为国王。"中国商代就盘庚迁都事进行讨论时，参加者有同姓贵族、异姓贵族，还有老百姓，这表明人民大会可能还存在。《尚书·盘庚》的上、下篇是分别对同姓贵族、异姓贵族讲的，中篇则是对老百姓讲的。①

四、由兄终弟及到父死子继的转变

恩格斯讲到由母权制过渡到父权制时曾说："随着财富的增加，它便一方面使丈夫在家庭中占据比妻子更重要的地位；另一方面，又产生了利用这个增强了的地位来改变传统的继承制度使之有利于子女的意图。但是，当世系还是按母权制来确定的时候，这是不可能的。因此，必须废除母权制，而它也就被废除了。"②国家的形成已当父系氏族社会之末，此后父死子继应是当然的继承制，按理导源于母权制的兄终弟及制会很快消失，但却延续了很久，在本文列举的地区内，它都不是自动消失的，从它转变到父死子继时，都有维护前者和推进后者的冲突，酿成争夺王位和互相残杀，而在有的地区，到列举时期之末，子继制仍未取得胜利。

苏格兰完成这个转变，经过两次大的斗争。1040 年马克白斯维

---

① 参看赵锡元：《论商代的继承制》。
②《马克思恩格斯选集》第 4 卷，第 51 页。

护平行制和邓肯一世推进封建继承制的斗争，延续了 18 年，以马尔康三世于 1058 年得位，父死子继制暂时胜利告终[①]。但马尔康三世和子爱德华于 1093 年战死于英格兰时，贵族会议没有选马尔康的其他儿子，而选其弟唐纳德为王；当时在征服者威廉宫廷当人质的马尔康子邓肯，借兵回国，赶走唐纳德，是为邓肯二世，但因其重用同来的英格兰人和法兰西人，所以在 1094 年被部分贵族杀死，唐纳德又当王；三年后马尔康另一子埃德加在舅父埃德加（即 1066 年被选为英王而投降征服者威廉的人，后来他与妹去苏格兰，其妹成为马尔康三世的王后）帮助下，赶走唐纳德[②]。直至此时，兄终弟及制才可说完结[③]。

日本弟及与子继之争的大爆发在 672 年，史称壬申之乱。天智本已立胞弟大海人皇子为大皇弟（皇太弟），但在 671 年正月时，以大友皇子为太政大臣，这是准备改为立子的先声。十月，天智疾甚时，假意要传位给大海人，大海人表示愿意出家，于是改立大友为皇太子，达到了子继目的。大海人出居吉野，十二月，天智死，大友[④]即位。但第二年（672，壬申）五月，大海人起兵反对大友，经过激战，消灭大友势力，大友自缢死。所以这场斗争是以兄终弟及制取得胜利而结束的。后来孝谦—称德（分别为 748—757，764—770）杀死和流放皇子十多人，客观上有利于父死子继制，所以光仁、桓武、平城能三代父子相继，但日本一直未能建立稳固的传子制。

这一转变在英格兰虽不甚清楚，但 901—905 年的争位，看来与

① 参看拙文《从继承制看马克白斯在苏格兰历史上的地位》。

②《编年史》，第 228—234 页。

③ 苏格兰何时才确立父死子继制，史学家还有不同意见。以马凯为代表的研究者，认为埃德加无子传弟亚历山大一世，他亦无子而传弟大卫一世的情况仍是兄终弟及，只有大卫一世传孙马尔康四世，才能说父死子继制确立了。以狄金逊为代表的研究者，认为埃德加是因无子才传弟的，应于此时即算父死子继制确立。因为主张不同，他们对埃德加以后王系表的画法也不同。本文据后说。

④ 即现在一般世系表中的弘文天皇，弘文是明治三年的追谥。这里的月份都是阴历。

此有关。阿弗烈德传子爱德华后，爱德华的一个从弟阿塞尔乌尔德[①]举兵反抗，原诺桑布利亚地区且承认他为王。这件事闹得很大。阿塞尔乌尔德逃到海外，与丹麦人一起来侵英格兰。《编年史》的一个抄本还说丹麦人也承认他为王。905年，双方展开一场大战，阿塞尔乌尔德战死，爱德华也未取胜，不过既然主角已死，事情算完结，爱德华以子继而得的王位，没有再受到威胁。可是爱德华的三个儿子仍是兄终弟及，以后其次子的两个儿子爱德威格和埃德加也是兄终弟及，埃德加的两个儿子亦然。以后丹麦王卡纽特统治英格兰，其子亦兄终弟及。这里直到1066年也未能确立父死子继制。

至于中国商代，则有"九世之乱"。《史记·殷本纪》称："祖乙崩，子帝祖辛立。帝祖辛崩，帝沃甲立，是为帝沃甲。帝沃甲崩，立沃甲兄祖辛之子祖丁，是为帝祖丁。帝祖丁崩，立(祖辛)弟沃甲之子南庚，是为帝南庚。帝南庚崩，立帝祖甲之子阳甲。帝阳甲之时，殷衰。自中丁以来，废嫡而更立诸弟子，弟子或争相立代，比九世乱，于是诸侯莫朝。"

这里所谓废嫡是误以周以后的观念来看商的继承制的。至于九世之乱的情况是[②]：

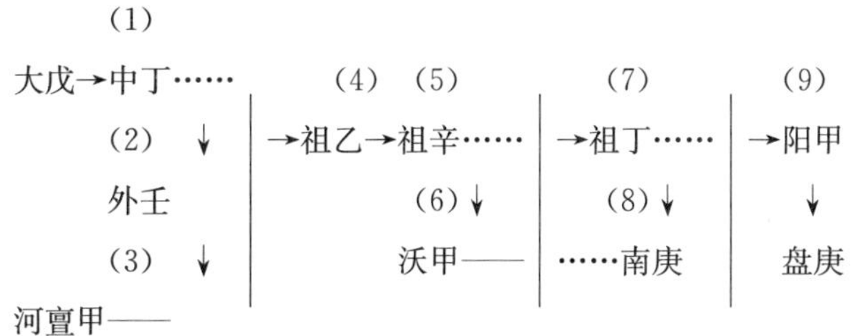

九世之乱的真相，由于材料缺乏，无法弄清楚，这点早经王国维

① 据所有世系表，阿塞尔沃尔夫的四个儿子是兄终弟及，阿弗烈德是最小的，但他可能还有弟兄，《编年史》在这里写作"Aethelwold, Son of his(指爱德华的——作者)Paternal uncle"，如系阿弗烈德三兄长中任一个的儿子，当会明白写出来，但这里没有，按文字理解，阿弗烈德应还有另外的弟兄。

② 据赵锡元：《论商代的继承制》。

指出，而现在对商代继承制有不同意见者，对此往往提出不同解释。笔者参照其他地区的情况，也试图作一解释，以供参考。

商初的继承制是汤的三子大丁、外丙、中壬兄弟相传后，中壬传给长兄大丁子大甲，这表明不分主、旁支，地位相等，都有继承权，与苏格兰的情况有类似之处。如大甲传外丙子，外丙子传中壬子，则会成为苏格兰那样的纯粹兄终弟及的状况。但大甲传了子沃丁，这就出现了子继，有了主支，使外丙和中壬的两支丧失了继承权。沃丁传弟大庚，则又是兄终弟及。大庚也未传兄子而传己子小甲，摒沃丁一支于不顾。大庚三子小甲、雍己和大戊又是兄终弟及。大戊传己子中丁，又使小甲、雍己两支丧失继承权。大戊的三子中丁、外壬、河亶甲又是兄终弟及的。这样，在世系表上便表现为父死子继和兄终弟及（或者倒过来说兄终弟及和父死子继）相间出现的情况。很显然，这样的继承办法是不能长期维持的。

再往下，如果照大庚和大戊的做法，应是河亶甲传己子，所以祖乙之得位，正是为中丁的一支取得继承权，从而恢复到商初不分主、旁支的情况。祖辛继父祖乙，自然是根据父死子继原则的。但当祖辛要传子祖丁时，却为弟沃甲根据兄终弟及夺取了继承权。祖丁之继沃甲，则既根据子继制本应由他继父祖辛之位，而针对沃甲，则可使用不分主、旁支都有继承权的旧制夺得王位。接着是沃甲子南庚既根据父死子继应继沃甲位，也根据上述旧制取得王位。而后阳甲又根据子继父位原则，针对南庚，也使用按旧制的原则得位。他传弟盘庚，结束了九世之乱。九世中的祖辛、沃甲、祖丁、南庚的继承情况，竟与苏格兰的两支交替，不分主、旁的情况相同，实际上也和肯尼思二世后的两次斗争一样，这里是有兄终弟及和父死子继两种继承制的冲突的。这种冲突正表明兄终弟及制虽已过时，但仍不会自动消失，还要经过斗争。只有在盘庚以后，它才成了强弩之末，但一直要到庚丁以后，父死子继制才得到确立。

苏格兰、日本和英格兰之向父死子继制过渡，都与各自的社会走向封建化有关，即使是中国商代，也与较低级的奴隶社会发展到较高级的奴隶社会有关。我们不能脱离社会发展来看待继承制的转变问题，形成国家前如此，形成国家后也是如此。

（原文载于《世界历史》1983 年第 1 期）

一个制订美国外交政策的智囊团

——评介《特等智囊团:对外关系协会和美国外交政策》①

"对外关系协会"(Council on Foreign Relations)对美国外交政策的巨大影响是尽人皆知的,有的美国书刊说它是"一个极有影响的私人团体,有时被称为真正的国务院",有的称它的领导是"美国外交政策的权势集团"。奇怪的是美国对这样一个重要组织的研究却不多,有关它的专著尤少。对此,劳伦斯·肖普和威廉·明托合著的《特等智囊团:对外关系协会和美国外交政策》一书正好弥补了这个缺陷。

一

本书主要内容分为两篇:

Ⅰ 一个"对外关系协会"的画像,内分:(1) 协会简史;(2) 协会联系网;(3) 协会和纽约金融寡头政治集团。

Ⅱ "对外关系协会"和美国外交政策(1939—1975),内分:(4) 设计一个新的世界秩序:协会争取全球霸权的蓝图(1939—

---

① 劳伦斯·肖普和威廉·明托(Laurence H·Shoup & William Minter):《特等智囊团:对外关系协会和美国外交政策》(*Imperial Brain Trust: The Council on Foreign Relations and United States Foreign Policy*),纽约,每月评论出版社(Monthly Review Press),1977 年。

1944)；(5) 着手实现协会的世界图谋：关于美国外交政策的实例研究；(6) 协会和美国在东南亚的政策(1940—1975)；(7) 向 20 世纪 80 年代前进：协会争取一个新的世界秩序的规划。

本书有三个附录：(1) 协会的核心领导人物名单(1921—1972)；(2) "三边委员会"成员名单(1975)；(3) 协会理事名单(1921—1975)①。

"协会简史"一章是全书的纲。它讲到协会有三个来源：远源是英国老牌殖民分子阿弗烈德·米尔勒等人 1908—1911 年在各自治领和美国组织的半秘密团体"圆桌小组"(Round Table Group)；近源是 1919 年巴黎和会期间美国和英国的一些代表，于 6 月成立的联合的"国际事务研究所"(Institute of International Affairs)；旁源是 1918 年在纽约成立的午餐俱乐郎"对外关系协会"。它于 1921 年 8 月与美国的"国际事务研究所"合并。新组织采用了其旁源的名称。1922 年 9 月创办机关刊物《外交》季刊。

协会具有下列特点：(1) 会员多为大资本家、退职高级官吏、著名律师、御用学者文人。这在领导机构中尤为明显。成立时的名誉会长伊莱休·鲁特曾任国务卿和陆军部长，会长约翰·戴维斯曾任驻英大使，都曾是律师；副会长保罗·克拉瓦斯是华尔街著名律师；秘书兼司库埃德温·盖伊原是《纽约晚邮报》主编。理事 15 人中，有纽约银行家、公司高级人员，退职的部长、副国务卿、大使、局长，学会会长、教授、大报高级编辑，有些人还兼具几种身份。(2) 代表纽约金融寡头集团利益。摩根、库恩—罗比和洛克菲勒三大财团在理事会内都有人，以代表摩根财团的理事最多，受它间接控制的卡内基基金会在协会成立时便向协会提供经费。洛克菲勒财团当时虽比库恩—罗比财团势力为小，但在协会内势力比它大，协会会址是由非会员小约翰·洛克菲勒提供的，洛克菲勒基金会也在协会成立时就提供经费。

① 本书材料迄至 1975 年。

协会还在较小程度上代表东北部其他垄断集团的利益,如波士顿财团在会内也有相当势力。另外,从会员要求纽约市内外各占一半的规定看,也反映了这一特点,纽约以外的会员亦以东北部(包括首都华盛顿)为多。(3) 协会是美国两大党中主张对外扩张的人的结合。这一特点使协会一开始就提倡两党一致的外交政策。协会还规定对外必须保持意见一致,会员不得在会外批评协会。这一规定直到1970—1971年协会危机时才无法维持。(4) 强调保密,并对会员泄密有严厉处分。(5) 只吸收男性会员,1970年始修改。(6) 协会中有颇多从长远和战略观点考虑美国的霸权利益、善于作长期计划的人。他们很受美国政府器重。协会对美国外交政策的最大影响也在这方面。

著者把协会的发展分为三个时期:1921—1939年的第一时期是打基础和与政府发生密切关系的时期;从第二次世界大战开始至1952年的第二时期是取得制订美国外交政策的优势地位的时期;1953—1975年的第三时期是越来越着眼于长远问题,妄图稳住美国霸权的时期。

协会内垄断集团势力的消长情况是这样的:1952年戴维·洛克菲勒任副会长和1953年代表摩根财团的拉塞尔·勒芬维尔离开理事长职位两件事,标志着洛克菲勒财团的势力超过了摩根财团,1969年戴维更当上了会长。由于美国和其他帝国主义国家跨国公司的发展引起了许多问题,戴维感到"对外关系协会"的会员仅限于美国公民,仅由协会讨论和研究这些问题有困难,于是在1973年出资成立"三边委员会"(Trilateral Commission)①,兹比格纽夫·布热津斯基被选为会长(1972年已当选协会理事)。1974年协会提出的"一九八〇年代计划"的基本思想,就是以三边为中心统治世界。

① 三边指的是北美、西欧和日本三个资本主义发达地区,但北美只包括美国和加拿大。三边委员会是以1954年在荷兰成立的秘密团体"比尔德贝赫集团"(Bildberg Group, Bildberg是一家旅馆的名称)为基础扩大而成立的。这个"集团"的领导人是荷兰的拜恩哈德亲王和协会的戴维,成员为美国、加拿大和西欧的政治、经济、文化界著名人物,协会中不少人是其成员。三边委员会成立后,它并未能解散,现已公开。

1970—1971年的协会危机：协会领导积极策划和支持约翰逊在越南推行侵略战争升级。侵越战争的失败造成美国的危机，也使协会发生了危机。1970—1971年，在协会内部爆发了一场越南问题的大辩论，发展到一个会员在纽约报纸上公开批评协会的地步，这就破坏了它维持了约50年的对外意见一致的规定。这次危机不但迫使协会领导在选举理事上让步，允许妇女入会，还导致部分理事和会员另办《外交政策》季刊与协会机关刊物《外交》季刊对抗。

二

“设计一个新的世界秩序：协会争取全球霸权的蓝图（1933—1944）”一章，用具体事实揭露协会如何提出计划、国务院如何接受的经过，这是协会对美国外交政策发生巨大影响的最生动例子。

1939年9月初，第二次世界大战爆发，协会见美国称霸世界的机会已到，立即紧张行动起来。12日，《外交》季刊主编汉密尔顿·菲什·阿姆斯特朗和协会一名执行理事疾赴华盛顿，向助理国务卿、协会会员乔治·梅塞史密斯陈述了拟立即与国务院合作的“战争与和平研究计划”（War and peace studies project）。主要做法是由协会组织几个专家研究小组集中研究战争的长远问题和制订日后和平的计划，其成果则作为密件提交国务院和总统。梅塞史密斯同意，并于当天面见国务卿考德尔·赫尔和副国务卿、协会会员萨姆·威尔斯。两人对此也感兴趣。接着，当时任巡回大使的协会会长诺曼·戴维斯又取得赫尔对“计划”的口头同意，并应允派国务院“代表人物”定期与协会领导会晤。俟由梅塞史密斯出面请洛克菲勒基金会拨款支持。这是要令人看起来不是协会去找国务院，而是国务院请协会做的。该基金会为“计划”前后拨款30余万美元。

1939年12月中，双方最后商定“计划”的组织、目的、范围和程序。由协会设“指导委员会”司其事，戴维斯任主席。下设经济—财政、政治、军备、领土和战争目的共五个小组，每组设给薪的专职研究秘书，小组正式计划的“节略”须呈交国务院和总统，所以包括小组计划在内的整个计划，都是得到美国总统批准的。在“计划”存在的6年间，开过362次会，为国务院准备过682个文件，每个文件印25份，送国务院有关部门，并呈交美国总统2份。

美国参战后，国务院在1941年12月下旬成立“战后外交政策顾问委员会”，作为外交决策机构。在其最初的9名政府官员、5名“民间人士”委员中，有协会会员8人，在“民间人士”中竟有4人。委员会后来虽经扩大，但协会的影响丝毫未削弱，因在委员会6人核心中，除赫尔外，全是协会会员。这个核心不但负责委员会的全部议题、规划和指导，而且决定许多外交上的重大问题。

顾问委员会后来成立6个组，其中“协作组”的作用是“与积极讨论战后的私人组织接触”，组长是戴维斯。这证明协会在“私人组织”中的重要性。不久，他又被推为政治问题组组长。因此，这位会长既是“计划”的“指导委员会”主席，又是顾问委员会两个组的组长。“计划”的领土和战争目的小组组长，也被推为委员会的领土问题组组长。

但协会不以进入顾问委员会，取得组一级的领导权为满足，还要进入组内，早在酝酿建组时，阿姆斯特朗便致函戴维斯，建议把“计划”小组的研究秘书每周“借给”委员会用几天，以便在研究上互相配合。1942年2月，当他在一次会议上正式提出这个建议时，立即得到主持会议的威尔斯副国务卿的同意。本来委员会各组已有自己的研究秘书，但“计划”的小组研究秘书以“顾问”名义到对口组去工作。根据这项安排，“计划”的经济—财政小组研究秘书成了委员会经济问题组顾问，“计划”的政治、军备小组研究秘书分别到委员会的政治问题和安全问题两个组当顾问。

这些事实具体地揭露了国务院与协会的关系，这些组都是高度保密机构，而协会竟可操纵它们，从协会向国务院谈及它的“计划”

时起，它便对协会言听计从。协会真不愧为“真正的国务院”。

在“计划”为国务院准备的 682 个文件中，包括有大量的备忘录，它们涉及“援华”、对日政策、“大西洋宪章”指导方针、成立“国际货币基金组织”和“世界银行”的建议等方面，但最重要的是提出美国称霸世界的根据和理论的 E-B19 号备忘录。

1940 年 6 月，法国崩溃，使“计划”紧急研究对付德国及不测事件。这些研究提出了美国称霸世界的根据和理论。主持研究的经济—财政小组把世界分为西半球、英帝国、欧洲大陆和太平洋四大集团(Blocs)，就各自的地理位置、生产、重要产品和工业品的贸易进行了广泛研究，研究的中心问题是各个集团的自给率，分析的方法是集团内部的国家互通有无，看能满足本集团多少，全部满足便算完全自给。结果发现，德国控制下的欧洲大陆比西半球的自给率高，因此西半球必须与别的集团联合。

首先与太平洋集团联合起来研究，结论是能提高自给率，但有不易解决的矛盾。两集团联合在一起，美国得益最大，因太平洋地区是美国的重要市场和原料的重要来源，但对南美洲南部国家不利，因那里的农产品与澳大利亚和新西兰的相同。这个不易解决的矛盾如再联合英国就易解决，因为它是最重要的农产品输入国。联合英国也就把英帝国联进去了。于是构成为“西半球—英帝国—远东”集团①。三大地区之间的贸易自给率进口为 79%，出口为 86%，而德国控制下的欧洲大陆分别为 69%和 79%。

以这些研究作根据，得出美国的“国家利益”最低限度应包括美国自由进入英帝国、远东和西半球的市场，并取得那些地方的原料的结论。按照这一新建立的“理论”，远东应当成为美国的殖民地，英国不过是大集团里的一小块地方，美国理应在英帝国内取得优势。

---

① 从 1941 年起改称为大区(Grand Area)。

在E-B19号备忘录10月的定稿中，申述其目的是向美国总统和国务院“举出美国在包括英国、西半球和远东在内的非德世界的潜在领导权中，它的政治、军事、经济和领土的各种要求”。它认为除德国控制的地区外，美国都须攫取，“一大片剩下的地区正是我们可能得到的地方，美国可以在此基础上设计其外交政策”。实现的办法是“增加军费和冒险”。至于必定要遇到的日本扩张问题，则是“如有可能，通过和平手段。否则，通过武力手段加以消除。”它强调，上述这些政策是“在非德世界里，达到美国军事和经济优势的一个完整政策的组成部分。”备忘录的结论是三大集团联合起来，足能同德国控制的世界讨价还价。

这是为美国称霸世界制作的第一张蓝图，经出席讨论的国务院官员同意后，送交国务院并转给了美国总统。

尽管战后形势发生了很大的变化，E-B19号备忘录的主要精神和主张，一直成为战后美国扩张的准绳。但这样一个重要文件，在美国论述第二次世界大战的书籍中，迄未见提及。“战争与和平研究计划”在为美国称霸世界上起到了巨大作用。大战结束后，协会不再采取这种与美国政府全面、正式合作的露骨的形式，而改为非正式的合作；由于协会会员大量进入政府机构和很多现任高级官吏加入协会，此后它更着重通过这些人来影响美国政府的政策。本书第五、六两章主要就是讲协会如何在战后各个外交问题上影响政府的。最后一章讲到协会在1974年提出的“一九八〇年代计划”。这是又一个想按照美国愿望建立“新的世界秩序”的计划。但是时代已完全不同了，无论什么计划也阻挡不住反对帝国主义、反对殖民主义、反对霸权主义的洪流。

三

本书的缺点是未反映出各垄断集团之间争夺外交政策控制权

的斗争。我们知道,美国各垄断集团在这个协会内都有自己的势力和代表。但书中却全然不提协会内部代表不同垄断集团的势力之间的矛盾和斗争,令人得到的印象是它们在协会内合作得很好。当然它们是互相勾结的,但又是互相争夺的。由于著者忽略争夺的一面,因此,在应该反映它们斗争的地方,也未进行分析,例如在讲到摩根和洛克菲勒两财团在协会内势力的消长时,仅把戴维·洛克菲勒任副会长和勒芬维尔离开理事长职两件事,作为二者消长的标志,在另一处也仅提到原是摩根的人后来转到了洛克菲勒方面。为什么会当上副会长?为什么要离开理事长职?为什么要投到另一财团去?从大的方面说,当然是美国两个最大垄断集团力量的消长问题,也就是二者之间激烈争夺的结果,然则在协会内怎样斗争的呢?书中看不到,著者也根本没有打算去分析。又如协会危机时,有部分理事和会员另出版《外交政策》与《外交》季刊对抗,而出款支持前者的则是由摩根财团控制的“卡内基国际和平基金会”。这里只要分析一下办《外交政策》的人的财团背景,就又可以看出各垄断集团之间的尖锐矛盾。但著者却不从这方面去分析,所以关于摩根势力在协会内对洛克菲勒势力的一次反击,全然看不见了。

既然著者只从现象看问题,所以在论及协会危机时,对美国侵越战争失败引起协会危机这一根本原因谈得不多,却大谈特谈在选举理事、吸收会员等问题上的矛盾。其实这些不过是导火线,因为正是协会当权人物参与策划和支持了约翰逊的战争升级做法,弄得声名狼藉,部分会员才想改组领导机构,以保住协会“声誉”的。这从另一导火线也得到证明。戴维·洛克菲勒任命参与过策划侵越战争、曾任助理国务卿的威廉·邦迪继阿姆斯特朗任《外交》季刊主编一事,引起部分会员反对,导致另办刊物,这不正说明协会危机的根本原因在于侵越战争的失败吗?危机出现的时刻在 1969 年戴维当上会长后不久,显然不是偶然的。没有摩根势力在幕后策动,协会危机不会这样快得爆发出来。

本书虽有上述缺点，但对研究“对外关系协会”和美国外交政策的关系，还是很有用的。附录中“三边委员会”成员名单，列举出了他们的职务身份，也有参考价值。

（原文载于《世界历史》1978年第1期）

11—17 世纪初英国的钱币问题

8—14 世纪中叶，在英国通行最广的是银便士。1257 年，亨利三世始铸金便士，其重量为当时银便士之二倍，而以 20 银便士之值行使；但这是早熟的，没有流通起来。到了 1344 年，爱德华三世始重铸金币，得到较广泛的流通，可以说是英国金铸币的真正开始。

综观 11—17 世纪初，英国的钱币，约可归纳为三个问题。

一、钱币的统一铸造和发行问题

在诺曼人入英之前，英国没有强有力的中央政府，还谈不上解决统一铸造和发行的问题，1066 年以后，英国王权较西欧其他国家为强，除了史蒂芬(1135—1154)时期以外，国王有铸造和发行钱币的特权，是被承认了的。但问题在于英王是否能够或是否愿意彻底主张此种权力。当大诸侯和大主教已有造币所并且已经在发行钱币，英王力量还不能完全束缚他们时，只好给予他们以铸造和发行的特许状；而王族和国王亲信，又每因得国王宠信，被给予铸造和发行之权。

既然钱币铸造和发行之权，事实上不专属国王，必然会产生它的质量、式样的不一致，也必然会出现赝币、劣币和磨损钱币，这对全国人民是极大的不便，对国王的收入，也有妨害。对于后三种情况，主要从妨害国王收入的观点来考虑，亚斯莱德(978—1016 年在位)、亨利一世(1100—1135 年在位)和以后的君主们,都采取严厉办法对付,造赝币者要被处死,对造劣币及磨损钱币犯者的处理,也愈来愈重。早在 1248 年,为了打击劣币的流通,便有公开检验钱币的质的规定。可是直到 17 世纪初,这三种钱币,都没有能根本禁绝。但对钱币的标准化工作,是完全成功的。

远在坎努特(1016—1035 年在位)时,便曾发行一种新的银便士,重 12 金衡喱①,作为标准钱币。1180 年,亨利二世又发行一种银便士,重 22½金衡喱,同时把钱币简化为两种式样。但英国第一次大规模使钱币标准化的工作,是在"缺土约翰"的时候进行的。1209 年,他召集所有造币者、试金官和印模保管者,开会于温切斯特(Winchester),命令交出旧印模,另给划一的新印模。这种使钱币标准化的工作,似没有因诸侯等反抗约翰而受到影响,因为 1215 年的《大宪章》中,并没有关于这方面的规定。到了 13 世纪末,爱德华一世(1272—1307 年在位)时,把钱币的式样简化为一。14 世纪时,各地方大诸侯和大主教的造币所,在相当范围内,逐渐置于中央控制之下。爱德华三世(1327—1377 年在位)时,银便士仅铸于伦敦、约克、道兰(Durham),或者还有坎特布里,而金币则仅铸于伦敦了,至 15 世纪末,英王铸造及发行钱币的专有权,已完全实现。但钱币之完全铸于伦敦,则已是 17 世纪末叶的事。

钱币标准化的另一办法是:收购已通行的旧币和流通于英国的外币而重铸、改铸之。都铎王朝(1485—1603)以前,屡有收外币来改铸为英国钱币之举,到都铎王朝时,因外币流行于英国的已很少,所以没有再见到这方面记载,但却屡有收购旧币重铸的事情发生。之所以历代的君主都这样做,不仅因钱币的需要量,随着货币经济的发展,日益增大,且贵金属日感不足;同时,还是有意识地运用这种办法来剥削人民及解决国王和国家的财政困难。就是到都铎王

① 1 金衡磅=12 金衡唡,1 金衡唡=20 英钱,1 英钱=24 金衡喱。

朝那样晚的时候，君主必须依赖王家收入来应付国家开支的观念仍然存在，征税还不是常行办法，且必须得到议会的允许，而这种允许，通常又是短期的，再加上君主们的贪财，自然想到运用这种办法来开辟财源了。1560—1561 年，伊丽莎白一世（1558—1603 年在位）借重铸钱币来进行剥削，并从中牟利，不过是许多同样行动中最突出的一个例子而已。

这次收购旧的银币来重铸，仅以 3 法寻收购旧币 1 便士，1.5 便士收购 0.5 格罗特（half groat）（2 便士），4.5 便士收购 1 特斯顿（teston）（6 便士），而某些特别低劣的特斯顿，则仅以 2 便士 1 法寻的价格收购。其实这些旧币的真实的价值，都远比收购价格为高，因此，收购过程的本身，便是剥削人民的，而把收购的旧币用来重铸新币时，又赚了一笔相当多的钱。根据康益·利德（Conyers Read）的估计：①收购旧币用去 638 113 镑 15 先令 6 便士，实铸新币 733 248镑，除铸币工本费外，实赚 45 000 镑。这个数目，等于伊丽莎白一世在位时期的常年支出的 1/10，也等于其平均的年度战费的 1/2，可见用这种办法，在解决财政困难上，所发挥的重要作用了。

二、钱币的重量和成色问题

在诺曼人征服后，英国与西欧和南欧的关系，较之前密切了，约翰在法国的失败，并未使英国和大陆的关系疏远起来。而外国商人来英国，英国商业日益发展，十字军运动、教廷征收人的长期驻英，等等，都密切了英国和欧洲大陆的关系；英国羊毛的大量出口到法兰德，使得两地关系尤为密切。这样，英国的钱币问题，便和西欧、南欧各国的钱币问题有密切关系。贵金属的需要，在各国都是一天

① 见康益·利德：《1560—1561 年重铸之获益》（"Profits on the Recoinage of 1560 - 1561"），载《经济史评论》（*Economic Historical Review*），1936 年 4 月号，第 186—193 页。

天的增长，而供应贵金属的状况，基本上没有发生变化，当时的整个欧洲，因而每个国家，能提供的贵金属非常少，如果以美洲发现后情况和以前作比较的话，从 9 世纪到 15 世纪，在欧洲的流通总额，仅及 16 世纪末的 1/10。因为贵金属的缺乏，所以在 16 世纪中叶以前，欧洲各国，没有例外的，都在减轻钱币重量和降低钱币成色。英国自然也是这样。它在 13 世纪下半叶以前，钱币重量的减轻还不剧烈，但自理查二世（1377—1399 年在位）以后，一方面钱币需要量大增，另一方面，国王都好货聚财，遂致重量减轻得很多，到了 16 世纪上半叶，成色剧烈下降了。只有在 16 世纪中叶以后，由于美洲贵金属大量流入西欧的影响，英国钱币的成色才恢复了，但重量却在继续下降，这是因为此时英国钱币的需要量，又已大增之故。

和欧洲大陆交通的频繁，使得外币大量流入英国。在 13 世纪末，已经引发了英国政府的烦恼。14 世纪初，外币如蒲拉德（Pollards）、克罗卡（Crocards），司卡尔丁（Scalding）、布拉板（Brabants）和鹰币（Eagle）等，都为商人带入英国。稍后，有称为卢森堡（Luxem-burg）者的外币，在英国流行极广。这些钱币是既轻且劣，可是英国钱币是比它们好的，结果是英币不停地被熔化或以较高价格偷运到外国去了。

为了应付这种情况，早在 1299 年，议会通过《勘钱律》（Statutum de Falsa Moneta），规定每个港口的人，必须选举两个监视官，来执行此法律；携赝币入英的，如被发现，即送郡监狱；商人必须将钱币送指定处所检验分析。而禁止外币流入英国的法律，据说在 14 世纪初爱德华二世（1307—1327 年在位）时即已有之。但当时英国政府政策的重点，并不是放在禁止外币流入上，而是放在禁止英币流出上，1335 年即禁止英国钱币出国，1343 年，更规定在任何情况下，金银块不能输出国外去。不仅这样，还积极鼓励商人输入贵金属，早在 1339 年，即规定商人每输出一包羊毛，必须保证能带回 40 先令的银条（次年减为 13 先令 4 便士）。

可是尽管政府有这些措施，收效却不大，外币流通于英国的，虽然屡次收购改铸，再加上禁止流进英国的规定，但直到15世纪之末，在英国的外币仍未能完全禁绝。硬性地禁止英币外流，可是事实上却仍然在外流，而且后来发现这样做对英国商业不见得有利，所以商人如果得到国王许可，也可以输出钱币了。至于想借羊毛出口带回金银块的办法，简直完全失败了，因为法兰德禁止了金银块输出，他们也感到缺乏，而法兰德则是英国羊毛的最大主顾，所以如果坚持要用羊毛换回银条的办法，只有使英国的羊毛出口商业遭到大的打击。

在钱币重量方面表现出来的情况，是自1180年以后，直到17世纪之初，尽管金、银币有些不同，可是总的趋势是减轻的，而以理查二世以后更明显。其原因除了钱币需要日增，而制造钱币的原料贵金属基本上没有增加，所以只好减轻重量之外，还应该着重指出国王的聚敛所产生的影响。理查二世以后诸王，都尽量聚集贵金属，都铎王朝继续这种办法，以亨利七世（1485—1509年在位）为例子，在24年中聚集了600万达卡（Ducats）的金块①，几乎是每年以50万达卡的速度进行的。这样做所产生的影响，是国王聚敛愈多，能供铸造钱币原料的金银块便愈少，因而使钱币的重量减轻得愈快。

就银币方面来看，1180年，亨利二世的银便士，每个重22½金衡喱，到1351年，爱德华三世的银便士，便只重18金衡喱了，减轻了20%。理查二世聚敛开始以后，重量减轻得更多，1464年爱德华四世的银便士，只重12金衡喱，仅及1180年的53%，而1601年，伊丽莎白一世所铸银便士，仅重7¾金衡喱，只及1180年的30%而已（参附表）。

十五六世纪，因为银币的重量愈来愈轻，所以钱币的体积也缩小了。举例来说：

① 达卡是威尼斯钱币的名称，当时亦用作金银块的计数单位。

1412年	1金衡磅银(11金衡哂和2英钱纯银,加18英钱合金)铸银币	1镑17先令
1551年	同上	2镑5先令
1551年	同上	3镑12先令

金币方面,也同样在减轻。例如,1344年的诺布尔,重138 6/13金衡喱,但1414年的仅重108金衡喱,只及前者的79%,可是都是作为6先令8便士使用的。不过金币方面,不像银币有降无升,而是有降有升的,但总的趋势,仍然是在减轻。其所以不像银币那样,是因为金币需要量不及银币大,因此这方面原料(金块)供应不足的情况,较银币为轻,但自15世纪中叶以后,金币减轻也很多,亨利七世和亨利八世时更是如此(参附表)。

英国钱币成色的降低和大陆上比较起来,还算好的。11金衡哂和2英钱的纯银加上18英钱的合金的标准,维持了几个世纪,合金约占7.5%。亨利八世(1509—1547年在位)的时候,钱币成色剧烈得下降,其初年还维持了上述标准,但经过历次降低成色的结果,1545年,合金占到了50%。爱德华六世(1547—1553年在位)在1551年所铸的新银便士,合金竟占了75%。两位国王在短短几十年中,屡次降低钱币含银比例,致使面值相等而含银量大不相同的银币都存在,造成钱币的极度混乱和物价飞涨,1541年至1551年的十年中,物价上涨一倍,受到打击最厉害的是农民,圈地再加上这种钱币混乱和物价上涨所造成的掠夺,是无法以数计的。为了缓和人民的不满,于是有伊丽莎白一世在1560—1561年的重铸,把钱币成色恢到旧的11金衡哂和2英钱的纯银加18英钱的合金的标准,但重量并没有恢复旧样,这样根绝了钱币的混乱情形,暂时使物价不再剧烈上涨,但是正如上面所讲到的,即使是在缓和人民不满而重铸银币的时候,伊丽莎白一世也没有忘记从中还可以牟利啊!

由于重量减轻和成色下降,物价在不同速度上都在上涨(当然不完全是这种原因)，就是伊丽莎白一世的重铸银币，也不过使物价上涨暂时慢一点，可是不久之后，又很快上涨了。不过 16 世纪下半叶物价的上涨，与从前的原因不相同，是因为西班牙由美洲掠夺来的白银大量流入欧洲，使得白银的交换价值减低了；而金银比率又有官方规定率和市场交易率之差，使得调剂上发生了困难。

三、钱币的单位和计法问题

在诺曼人征服以前，镑、马克和先令是计算的标准，①但 1 先令值 12 便士，则或者是诺曼人介绍来的。马克在大陆上会实际铸造为钱币，但在英国，始终只是作为计算单位，没有实际铸币使用，先令和镑的铸造，是在亨利七世的时代开始，此前，在银币方面，便士是唯一实际铸造使用的。

关于计法问题，在诺曼人征服的时候，英国以重量计算钱币来付款的情形，是非常普遍的，这自然是由于钱币的式样和质量都没有统一的缘故，计重是为了便利；但即使在那个时候，也已经有了计数付款了。到了钱币的成色和重量都逐渐为政府所控制，某一时期只有一种成色及一个最通行的重量的时候，计数付款的办法便占了优势，它自然是远比计重付款为进步的；可是计重付款的办法，并没有完全消灭，特别是以小额钱币支付大款的时候，为了避免麻烦，仍常常采用。

政府的收款，是始终坚持了检验制度的，在几百年中，钱币成色方面，都是以 11 金衡唡和 2 英钱纯银，加 18 英钱合金作为标准，重量方面，则以当时官方规定的钱币重量为准。如果不够，交纳的人要补偿，例如，为此政府会规定出补偿额，通常是 1 镑之外，另交纳 6

① 1 马克等于 13 先令 4 便士，即 2/3 镑。

便士,作为补偿额。当成色及重量都已基本统一,而补偿额还维持了一段时期的时候,所谓补偿额,便成为加征了。

1949 年 11 月初稿

1956 年 4 月修改

参考资料:

① W. A. Shaw, *The History of Currency 1252 - 1894*, Chps. I & II, 1895.

② W. J. Asbley, *Economic History*, *vol. I*, 1931.

③ W. Cuningham, *The Grouth of English Industry and Commerce*, Part I, 1915.

④ E. Lipson, *The Economic History of England vol. I*, 1937.

⑤ A. Birnie, *An Economic History of the British Isles*, Chaps. VⅡ, VⅢ, &XI, 1948.

附表见后

附表:11—17世纪初钱币状况表(主要表重量)

银币　1180年　100%　　　　金币　1344年　100%

年代	银币		金币					比率
	银便士重量(金衡喱)	%	币名	重量(金衡喱)	%	面值 先令/便士	每面值便士重量(金衡喱)	银：金
坎努特便士	12	53(+)						
1180	22%	100						
1257			金便士	64(?)		1/8		
1300	22	98(—)						
1344	20%	90	佛罗棱(Flroin)	108	100	6/8	1·3500	12·59：1
			诺布尔(Noble)	$138\frac{6}{13}$		6/8	1·7313	11·04：1
1346	20	89(—)	诺布尔	$128\frac{4}{7}$	93	6/8	1·6003	11·57：1
1351	18	80						
1353			诺布尔	120	87(—)	6/8	1·5000	11·15：1
1412	15	97(—)						

续表

年代	银币		金币					比率 银：金
	银便士重量 （金衡喱）	%	币名	重量 （金衡喱）	%	面值 先令/便士	每面值便士重量 （金衡喱）	
1414			诺布尔	108	79(—)	6/8	1•3500	11•33：1
1460			诺布尔	120	87(—)	8/4	1•2000	
1464	12	53(+)						
1470			安格尔 （Angel）	80		6/8	1•0000	
1504	12	53(+)	沙威棱 （Sovereign） 1504(?)			20/—		
1527		47(—)						
1544	10—	44	克朗 （Crown） 1544(?)			5/—		
1552	8	36(+)						
1601	7¼	30						

有关巴黎公社的一些问题

——社员数目、选举情形、组成党派及公社组织

一、社员数目与选举情形

1871年3月26日选出的公社社员数目系85名(杜克展译《近代史教程》第三分册的数目是正确的),4月10日以前,先后有21名推出,4月16日,曾举行一次正式的补选,共选出21名。应该注意的是:这次补选的21名,并非全系补退出21名之缺的。因在社员先后退出时,公社曾先后非正式补选了一部分,所以16日补选的21名中,只有部分系填补退出后未补选的,其余则系补死亡社员之缺的。从4月16日至5月22日公社最后一次集会的期间内,还有若干次补选,都不是正式的。这样,要问公社社员的数目,应该问那个时期多少,因为各个时期人数不同。历次选举(正式的、非正式的)所选出的社员能查得出而且能确定的,有107名,加上不能确定及不详的数名,曾被选为公社社员的人数,当在110名以上,115名以下。

至于补选的原因,有下列数种:(1) 宣布退出者如上所举的21名;(2) 死亡者,包括为敌人(凡尔赛政府)所俘杀者,如4月4日佛鲁朗(Flourans)为敌人俘杀;(3) 因故不能执行任务者,如杜瓦尔(Duval)在4月3日为敌人所俘。(4) 拒绝受职者,如4月16日选出代表中布里昂(Brione)及罗哲雅(Rogeard)均拒绝任职。以上情

形，均需补选。

但应当注意也有留缺始终未补选的，如勃郎基本人，在 3 月 26 日即被选为公社社员，但为凡尔赛政府所逮捕，始终未能到巴黎来，其缺始终留着未补。

二、组成党派

3 月 26 日选举的社员的党派关系如下：(1) 正式的勃郎基主义者，包括勃郎基本人在内共 9 人，非正式的一人，即雷杰尔(Regere)，接近勃郎基主义者一人——佛鲁朗；(2) 第一国际法国支部会员 18 名，很复杂，其中绝大部分为蒲鲁东主义者——集产主义者，如瓦尔兰(Varlin)、贝斯顿(Beslay)等人，极少数勃郎基主义者如瓦阳(Valliant)，以及少数新雅各宾主义者；(3) 温和共和主义者 15 名，绝大部分系前市府的官吏，在选后数日，先后退出，大部分逃到凡尔赛去了；(4) 激进共和主义者 6 名，甘必大(Gambetta)的拥护者，在 4 月 10 日以前全部退出；(5) 新雅各宾主义者，确数不详，领导人为庇亚(Pyat)及德累克吕斯(Delescluze)；最后还有独立不属任何党派者若干。

就阶级成分而论，温和及激进共和主义者，都是资产阶级代表，自他们退出后，公社基本上成为劳动群众的组织，其中包括工人 30 名(据杜克展所译书)，能查出的有 19 名，其中属于勃郎基主义者 2 人；第一国际会员 10 人(绝大部分为蒲鲁东主义者——集产主义者)；其他 7 人，还有工人出身的知识分子 1 人，即毕尤赖(Billeoray)。

4 月 16 日正式补选的 21 名代表中，能查出党派关系的有：画家库尔贝(Courbet)系蒲鲁东主义者——集产主义者(但非第一国际法国支部会员)，此外属第一国际法国支部的 9 人(大部分为蒲鲁东主义者——集产主义者)，其中 2 人系工人。

总括，3 月 26 日及 4 月 16 日和其他次补选的社员中，能确定党派关系者为：勃郎基主义者 12 名（绝大多数系 3 月 26 日选出）；新雅各宾主义者 36 人（据杜克展所译书）；蒲鲁东主义者——集产主义者 20 余人（确数不详），20 余人中属于第一国际者在 15 人以上；巴枯宁主义者 1 人，即雷克吕（Reclus）；马克思主义者 1 人，即赛赖叶（Serrailler）。

勃郎基主义者与新雅各宾主义者构成多数集团，蒲鲁东主义者——集产主义者为少数集团，两集团的最后形成，虽已在 4 月底，但其开始形成，则早在 4 月初，3 月 26 日的选举结果，蒲鲁东主义者——集产主义者已系少数方面，4 月 16 日的补选，虽大大加强了他们，仍然系少数方面，但因少数集团力量的加强，导致了 4 月底两集团的完全形成。

应该注意的，多数集团并不包括所有勃郎基主义者，例如特里当（Tridon）便是勃郎基主义者而隶属于少数集团的；相反亦然，例如蒲鲁东主义者——集产主义者查理·哲拉丹（Charles Gerardin）便隶属多数集团，马克思主义者赛赖叶系隶少数集团；此外，无党派关系的社员，也因政治见解的接近或其他原因而分附于两集团。（雷克吕隶何集团不详）

公社百余名社员中，属第一国际法国支部的在 30 人以上，但支部未能以组织名义参加公社，这是因支部内部关系太杂之故。

如上所述，公社人数虽多，真正的马克思主义者仅赛赖叶一人，他是第一国际总委会派到巴黎与法国支部联络的，但在公社中，未起大的作用。但唯一的巴枯宁主义者雷克吕也未能起破坏作用。

公社中党派复杂是巴黎无产阶级尚未充分成熟的结果。

三、公社组织

公社成立后，组织各种委员会：

(1) 执行委员会权力甚大,能管辖其他委员会,委员 7 人如下:

伯格雷(Bergeret)(党派关系不详)

厄得(Budes)(勃郎基主义者、革命家)

杜瓦尔(DuVal)(同上)

勒佛郎赛(Let. ancais)(蒲鲁东主义者——集产主义者)

庇亚(Pyat)(新雅各宾派主义者,投机分子,公社的失败,他应负极大责任)

特里当(Tridon)(勃郎基主义者)

瓦阳(Valliant)(第一国际法国支部内的勃郎基主义者,革命家)

(2) 财政委员会

主持人(前)瓦尔兰(蒲鲁东主义者——集产主义者、第一国际法国支部会员、革命家);(后)茹尔德(Jourde)(同上,但不是第一国际会员)

(3) 司法委员会

主持人蒲娄斗(Protot)(勃郎基主义者、革命家)

(4) 公安委员会

主持人(前)里构(Rigault)(后)费垒(Ferre)(同上)

(5) 供给委员会

主持人不详

(6) 劳工——工业——贸易委员会

主持人福稜克尔(Frankel)(奥地利或者普鲁士人,第一国际会员,本身虽系蒲鲁东主义者——集产主义者,但在公社中是多少接近于马克思主义的唯一人物、革命家)

(7) 对外委员会

主持人不详

(8) 公用委员会

(同上)

(9) 训令委员会

(同上)(注:活动不详,此名词据字义暂译)

(10) 教育委员会

主持人瓦阳

(11) 军事委员会

为后因军事需要而成立的,主持人瓦尔兰(辞财政方面职务就任此职)

(12) 社会治安委员会

因应付内外紧迫情况而成立,有极广泛权力。正式成立日期为5月1日,成立时委员5人如下:

阿尔诺(Arnaud)(第一国际法支部内蒲鲁东主义者——集产主义者)

梅叶(Meillet)(党派关系不详)

郎飞(RanVier)(属多数集团,可能为新雅各宾主义者)

庇亚(见前)

查理·哲拉丹(见前)

5月9日,曾更换其中3位(哪三位不详),新的3位委员为:

刚邦(Gtambon)(可能为新雅各宾主义者)、厄得(见前)及德累克吕斯(新雅各宾主义者、革命家)。

各种委员会之下,设许多机构,如属公用委员会的邮局,由泰斯(Theisz)领导;属财政委员会的造币厂,由加莫林纳(Camelinat)领导,这些机构的领导人物,工人出身的革命家占绝大多数。

此外,公社选有其公报(Journal Officiel)郎规(Longuet),即曾主编此报。公社及各委员,如认为有需要时,可派出代表,如公社派贝斯赖(Beslay)为驻法兰西银行代表,(他是蒲鲁东主义者——集产主义者,对法兰西银行的宽容,因而招致公社的失败,他应负很大责任。)外委会亦曾派格鲁赛(Groisset)为赴外省联络的代表。

总之,公社这个新型政府组织,其选举是真正民主的,大权在握的执行委员会,集立法、司法、行政于一身,打破了资产阶级学者的三权分立学说,在一定程度上,公社政府是民主集中的。这个新型的国家,是苏维埃政权的雏形。

《有关巴黎公社的一些问题》的补正

前在《历史教学》本年10月号所写的《有关巴黎公社的一些问题》一文中，有些遗漏和错误，今特加以补正，并向读者致歉。

原文之“三、公社组织”一节，应作如下补正：公社在3月26日成立后，组织，(1) 执行委员会，共委员7人(即原文所举7人)，其下辖之各种委员会为：(2) 财政　委员共5人；(3) 司法　委员共6人；(4) 警务　委员共7人(警务，原译公安，未妥)；(5) 供给　委员共7人；(6) 劳工—工业—贸易委员共8人(其中一人不久辞职)；(7) 对外　委员共7人；(8) 公用　委员共6人；(9) 教育　委员共8人(原文中第九的训令委员会，应取消)；(10) 军事　委员共7人(原文谓后因军事需要而成立系误，其成立亦在3月26日)。

以上10个委员共计委员会67人(一人辞职未计入)，但身兼执行及军事二职的计3人，公用及供应二职的计2人，对外及司法二职的计1人，警务及对外二职的计1人，故67人中有7人重复，因此3月26日选出的公社委员实际人数为60人。

当时各委员会内，似无专责制。待4月16日，因执行委员会效能不高，故取消，而由原属的9个委员会，各推一代表，每晚集会一次，此次选举，有的委员会人选略有更动，其所推出的代表如下：财政茹尔德，司法蒲娄斗，警务里构，供给维亚(Viard)，劳工—工业—贸易福稜克尔，对外格鲁赛，公用昂德略(Andrieu)，教育瓦阳，军事克吕色雷(Cluseret)。这些代表亦即一般历史书中称为负责人的。

又原文的“(12)社会治安委员会”的译名不甚妥当，因其性质与法国大革命时代的公安委员会相同，故应译公安委员会。

最后，关于公社社员人数之所以很难计算的原因，是因为补选时，并不注明谁补选。

(原文载于《历史教学》1953年第10期)

第二编

1689—1815年的英国

（上）

辜燮高、林鲁卿、吴世民、陈玮　辑译

本编是辜燮高教授与其学生选择部分英国文献资料辑译的资料汇编，主要反映了1688年光荣革命后至18世纪中叶英国工业革命时期的政治、经济和社会状况。本编选用的资料具有原始文献价值，虽然翻译工作完成于20世纪末，相应的人名、地名等专有名词，以及文字表达方式具有明显的时代特征和个人色彩，但对提高今天的世界史研究与教学仍然具有重要的参考价值。为尊重译者，编辑仅做规范性处理，特此说明。

土地贵族和商业金融大资产阶级的联合统治

一、议会制度的确立

(一) 权利法案(1689年)

此法确立君主立宪政体，开始土地贵族和金融大资产阶级的联合统治。

……灵俗两界贵族与众议员等……宣告：

(1) 凡未经议会同意，以国王权威停止法律或停止法律实施[①]之僭越权力，为非法权力。

(2) 近来以国王权威擅自废除法律或法律实施之僭越权力，为非法权力。

(3) 设立审理宗教事务之钦差法庭之指令，以及一切其他同类指令与法庭，[②]皆为非法而有害。

(4) 凡未经议会准许，借口国王特权，为国王而征收，或供国王

① 指1687年4月4日发布的“容忍直言”和1688年4月27日发布的第二次“容忍宣言”。

② 指1686年詹姆士二世非法设立的宗教事务钦差法庭，实质上是恢复英国资产阶级革命开始时已废除了的“高级法院”。

使用而征收金钱，超出议会准许之时限或方式者，皆为非法。①

(5) 向国王请愿，乃臣民之权利，一切对此项请愿之判罪或控告，皆为非法。

(6) 除经议会同意外，平时在本王国内征募或维持常备军，皆属违法。②

(7) 凡臣民系新教徒者，为防卫起见，得酌量情形，并在法律许可范围内，置备武器。

(8) 议会议员之选举应是自由的。

(9) 议会内之演说自由、辩论或议事之自由，不应在议会以外之任何法院或任何地方，受到弹劾或讯问。

(10) 不应要求过多之保释金，亦不应强课过分之罚款，更不应滥施残酷非常之刑罚。

(11) 陪审官应予正式记名列表并陈报之，凡审理叛国犯案件之陪审官应为自由世袭地领有人。

(12) 定罪前，特定人的一切让与及对罚金与没收财产所作的一切承诺，皆属非法而无效。

(13) 为申雪一切诉冤，并为修正、加强与维护法律起见，议会应时常集会。

彼等(即灵俗两界贵族与众议员等)并主张、要求与坚持上开各条为彼等无可置疑之权利与自由；凡上开各条中有损人民之任何宣告、判决、行为或诉讼程序，今后断不应据之以为结论或先例。

(录自蒋相泽主编《世界通史资料选辑》近代部分上册，商务印书馆，1964 年，第 28—29 页)

---

① 指 1685 年詹姆士二世即位发布宣告，继续征收议会通过给故王查理二世的王室经费。
② 指詹姆士二世擅自将常备军由 6 000 人增至 2 万人。

(二)嗣位法[①](1700年制定,1701年公布)

此法排斥罗马天主教徒的王位继承权。

本法为更加限制皇位之继承并确保臣民之权利与自由者。

伏查陛下与先女皇玛丽共同御宇之第一年,议会曾制定“宣布臣民权利与自由并确定皇位继承之法令”,其中规定如左:

英格兰、法兰西[②]与爱尔兰各皇国及所属领土之皇位与皇政,当两陛下在日,应归于两陛下,陛下一人独存时则由陛下一人承统之。两陛下千秋万岁后,此项皇位与皇政应归于先女王血统之嗣子。若无此项继嗣,则归于丹麦女君安[③]殿下及女君血统之嗣子,若又无之,然后归于陛下血统之嗣子继承之。

不论何人,凡现在或此后与罗马教廷或教会和好或相交通者,信奉教皇之宗教或与天主教徒结婚者,皆当摈斥,并依本法永远不得继承或享有本国与爱尔兰及所属领土或其任何部分之皇位与皇政,亦不得具有使用或行使该国土内之皇权威权或权限。苟遇此事,全国人民皆应因之解除其忠顺之义务。凡上述与罗马教会和好、交通,信奉罗马教且与其教徒结婚者,一旦自然死亡时,该项皇位与皇政应随时传与信奉新教而应继承并享有皇位与皇政之人。

前项法令及其中所载规定颁布后。陛下之良民皆蒙天佑,复能完全自由享有其原来之宗教、权利与自由,是固陛下之嘉谟宏猷[④]及殚精竭虑有以致之也。臣民于感戴之余,别无奢望,但喜见陛下与

---

① 通译“王位继承法”,因英国为王国,称国王,而非帝国,不称皇帝,但此译文既作“皇位继承法”,因之文中“皇”字,均不作改动。——译者

② 1337年英法百年战争开始,英王爱德华三世于1340年宣称自己是合法的法兰西国王,此后多数英国国王都带法兰西国王称号。——译者

③ 安,亦译安妮、安娜(Anne),玛丽女王胞妹,詹姆士二世幼女。1683年与丹麦国王腓特烈(Frederick)二世次子乔治(George)结婚,夫妻二人长期居英。此处Princess本应译为公主,但据此法,安已具嗣君资格,故译女君亦可。——译者

④ 有的译文改“猷”为“犹”,反而错误。——译者

先女皇诞生皇裔，为国储贰。不图昊天不吊，忽降鞠凶。先女皇中道崩殂①，亲王格罗斯特公威廉②（丹麦女君安殿下之唯一哲嗣）继捐馆舍。陛下与臣民，同深悲悼。臣民惨遭大故，益愿陛下与安殿下受天眷注，享寿③无穷，并毓诞皇胤，使能依上述法令之规定，入承大统。用是朝夕祷告上苍，降锡诸福。臣民等平日深体陛下轸念皇国目前与将来安宁之至意，曾奏请对于新教徒一系之嗣统，国家之福祉与乎宗教之保障等事更为详明之规定。又鉴于泯除前项法令中因觊觎皇祚者所引起之疑团与争执及确定皇位之缵承两项，为国家之安全和平计，殊属当务之急，故陛下最忠诚之臣民，贵族院议员及众议院议员等于本届召集之议会，奏请陛下，制定并宣布本法如下：

第一条 今上陛下及丹麦女君安殿下皆无嗣子时，先皇詹姆士一世之女孙，故波希米后伊利莎伯公主④之女，汉诺威太君苏菲亚公主⑤应依序继承英格兰、法兰西与爱尔兰皇国所属领土之皇位与尊号。今上陛下及安殿下弃群臣后，如皆无血胤，则该皇国及所属领土之皇位与皇政、宝座与尊号以及附属之一切荣誉、名称、皇权、特权、权力、威权等等应归于该苏菲亚公主及其血胤之为新教徒者。凡我贵族院议员及众议院议员当以全国人民之名义，自其身以至子

① 指玛丽女王1694年去世。——译者

② 原文作Prince William duke of Gloucester(死于1700年7月29日)。亲王译作王子较好。——译者

③ 有的译文改“享寿”为“享受”，全误，原文为to prolong the lives，享受与原义不符。——译者

④ 伊利莎伯（Elizabeth）公主系与德国加尔文派同盟（成立于1608年）领袖巴拉丁(Palatine)选侯国的伯爵腓特烈五世结婚。三十年战争开始后，波希米亚王国一度为新教徒控制。于是在1619年选之为国王并加冕。但次年11月，他即被逐出布拉格。此时巴拉丁亦为西班牙军所占。腓特烈到处流浪，于1632年死于海牙。因伊利莎伯之夫曾为波希米亚王，故此处称她为波希米后(波希米即波希米亚)。——译者

⑤ 苏菲亚，亦译索菲亚(Sophia)，是詹姆士一世外孙女，与汉诺威选侯恩斯特·奥古斯图(Ernest Augustus)公爵结婚。这里据electress and duchess dowager译为汉诺威太君。实际意义是选侯夫人兼太公爵夫人，因其夫已于1698年去世，由其子乔治(以后的英王乔治一世)继为公爵，故苏菲亚已居于太夫人地位。有的译文译为选侯索菲亚公主，非是，因她不是选侯。——译者

孙忠诚归顺之。并允于今上陛下及安殿下驾崩后且乏[①]嗣时，依照本法中所载关于皇位限制与继承之规定，竭其权力，举其生命财产，以拥护翼戴苏菲亚公主及其血胤之为新教徒者，凡有违异誓必反对。

第二条 唯凡依本法之限制得继承皇位之人，现在或将来与罗马教廷或教会和好或相交通、或信奉罗马教或与其教徒结婚者，皆应依照前举之法令中所规定与宣布之情形，丧失其能力。

凡藉本法而受本国皇位之国皇与女皇，皆应于加冕时，依照今上陛下与先女皇玛丽御宇第一年所制定之议会法令，称为“制定即位宣誓式之法令”者，举行宣誓式。并应依照该项法令中所定手续与方式，签署并朗诵其中所定之誓文。

第三条 今上陛下及安殿下驾崩后且各无血胤时，关于保障吾人之宗教、法律与自由之事，需有更详明之规定，故特制定之如下：

此后凡登皇位者应与法律所设定之英国教会交通。

此后本国之皇位与尊号归于非生于英格兰皇国之人时，本国国民如未经议会认可，不负防护非属于英国之领土而从事战争之义务[②]。

（不论何人，将来登此王位者，无议会之承诺，不能往英格兰、苏格兰或爱尔兰领土之外。

俟此法律所作之进一步限制生效以后[③]，枢密院以王国之法律及习惯相关系之事项，提出于枢密院，而院中所行之决议，凡枢密院议官承诺者，皆当署名。）

本法之限制发生效力后，凡生于英格兰、苏格兰或爱尔兰或所

---

① 有的译文作“令”，当是“乏”字之误，因原文为 the failure。——译者

② 这是预防汉诺威公爵系统入主英国后，因德国和欧洲大陆事件把英国卷入战争中去，以后并未严格执行。——译者

③ 原文作 That from and after the time that the further limitation by this act shall take effect，当如上译。但一篇译文作“俟此法律之制定益生效力以后”，颇费解，而另一篇译文作“俟此法律之制定益先效力以后”，则更费解。——译者

属领土之外者(归化人或永住民亦包括在内,唯父母为英人者除外),不得为枢密院参议或议会两院之议员,亦不得受任文武官职,其本人或所托之人且不得受有国皇所赐之土地、产案或世袭产。

(不论何人,凡担任王室职务或向王室领取抚恤金者,不得为众议院议员。

法律之制定既生效力以后,裁判官如仍能称职,其委任可不变,唯议会两院有奏请者,得黜免之。)①

凡以英格兰国玺施行之特赦,对于议会众议院议员之弹劾,不成为抗辩之理由。

第四条 伏查英国之法律为英国人民出生以后之既得权利,国皇及女皇等,既承大统,皆当依照该项法律综理政务,百官有司亦应遵循之以事其上,故贵族院议员及众议院议员谨再作左列之请求。

本国一切法律规章,凡所以保障国教与乎人民之权利与自由者,以及现行之其他法律规章,得追准并确认之并由陛下经贵族院议员及众议院议员之同意以其权力为之。

[录自民国时期立法院编译处编辑并出版的《各国宪法汇编》第三辑,1934 年(民国 23 年),第 1004—1006 页译文。参考北京政法学院法制史教研室《外国法制史参考资料汇编》(二),1981 年,第 13—16 页;法学教材编辑部外国法制史编写组《外国法制史资料选编》(上册),北京大学出版社,1982 年,第 323—325 页]

(三) 乔治一世即位时一篇关于政党的论文(1714 年)

第一代考珀伯爵威廉在 1707—1710 年和 1714—1718 年两度任大法官。他向 1714 年到英即位的乔治一世上呈《一篇公正的政党史》之文,向

① 上述括号内之数项,已经废止,故原译文缺,现根据《世界现行宪法》(商务印书馆版)中的条文补充之。——译者

乔治介绍英国政党的情况。

希能仰体圣意。

…………

您的组成天主教徒和拒绝宣誓者①的那部分人民，用拒作那些法律要求的保证，表达对陛下政府的不满。在英格兰，他们与陛下的其余臣民相较，仅是很小的部分。但我选择首先提到这些人，因为所有认为涉及他们的、必须提出的建议，只是在一个很狭窄的范围以内……

陛下的宣誓的、作出那些法律要求的保证的余下臣民，在有关政府的问题上，却仍分为两个党派。

大约在查理二世朝的《排斥法案》②着手之际，这些党派开始组织他们自己，并给对方取名字。虽然有人爱把两派的开始追溯到内战，但这无非是一方对另一方的中伤，而没有任何真实的根据。因此，如果对他们作一公正评论，那么，二者都是真诚地拥护大不列颠君主制和英国国教教会的。(除开对教会而言，那些站在称作辉格党人一边的新教非国教教徒，正如那些站在称作托利党人一边的罗马天主教徒一样，几乎在所有情况都是矛盾的。)

托利党人非难另一方，意图建立一个共和国；而辉格党人则谴责托利党人有一个引进天主教的计划，或者至少要把英国国教教会拉来更靠近罗马些。其实，一方在整个王国里，很难说有 10 个人可恰当地被怀疑为要建立一个共和国的；而另一方则每当在危险临近和迫近时，都表现出坚定地反对天主教教皇制度的态度。在后一批

① 拒绝宣誓者(nonjurors)，指 1688 年光荣革命后拒绝宣誓服从威廉三世和玛丽的国教教徒。——译者

②《排斥法案》(Bill of Exclusion)有三(1679、1680、1681 等三年)，均未成为正式法律，只第一个曾在下院二读通过，但查理二世立即中止议会，遂告失败。——译者

人当中，那些正计划与高卢教会①联合的，不是拒绝宣誓者，便是如另一方的共和国人一样，其数目和势力都是微不足道的人。

可能有人告诉陛下，并且常常这样讲：二者仅有的区别只是地位的不同。但这或是一种表面的判断，或是希望阻止辨别真伪的原因。因为如果真是这样，那么斗争便只会在个人之间、而不会在两个特殊的党派之间进行，只有党派的斗争，才能使根本意见的分歧，至少是重要论点的分歧继续下去。经验证明，许多没有为自己或朋友谋升迁、隐退在其地产上的人，与任何这类谋升迁、未隐退的人，同样激烈，或更为激烈。因此，我把上述这些人看成有真正原因把他们分开来的人。而且，请原谅，我要重复几句：在辉格党人为通过对新教非国教教徒的容忍和排斥信天主教系统的王位的立法而不懈斗争的时候，托利党人却一心一意公开反对，直至二者都变成法律为止。前者为他们在这些重要点上取得成功而欢欣鼓舞，而后者则看到他们的原则遭到拒绝，他们的对手的那些原则取得成功而颇表不满。因此，双方都尽量保持和增强他们的实力——这一方保卫他们的所得，那一方则要夺回这些所得，而且，只要能安全做到的话，便废除这两个法律。我并不是要您相信，有许多托利党人至少是不完全反对运用武力恢复僭位者②的，也不是要您相信，他们之中的某些少数人，没有从去年他们的举动中表现出对于通过某种议会办法使之登位，也不会取得一致意见的；真正的原因在于，他们认为如果那样办，他们的宗教信仰和种种自由就难保全；而他们既未曾作出导致新教徒嗣位的任何事情而受到自己良心的谴责，便也就相当满足于享受那种由别人的行动而产生的安全。实则，这种安全尽管十分有益，却是有点欠公平。

① 高卢教会(Gallican Church)一度受到法国国王的支持。主张教皇必须服从宗教会议；必须尊重法国教会的旧俗，如世俗统治者有权任命主教，有权使用空缺教区的收入；教皇只有经过全教会确认，才能永无谬误。——译者

② 指老僭位者(Old Pretender)詹姆斯·爱德华·斯图亚特，——译者

我已连续不断地在两院待了大约24年,而且力求客观地观察两党的倾向和举动。我愿冒昧使陛下相信:我十分肯定,辉格党人会尽一切力量支持陛下家庭以新教徒资格嗣位;另一方面,许多托利党人看到僭位者恢复王位(他们称为恢复)会欢欣鼓舞,甚至借法国力量之助也在所不惜。而如果有更安全的办法,则更好;他们中最好的人不会冒险拒绝他,不让他进来,虽然他们自己多半不会冒险弄他进来;但是一旦形势合适,使他可能改变他的信仰(如在法国国王和僭位者的母亲死后,他不是不可能做的),认为自己应宣布为新教徒时,托利党人会乐于受骗的。他们会用一切手段,恢复在他们看来权利应归于该人的做法,从而努力实现他们旧日的神圣、世袭和不得取消王位的观念……

…………

就这样向陛下陈述了两个党派的策略和战略……只有这一或那一党将表现为他们得到比另一党高的信赖才行①……

…………

(译自《英国历史文献》第10卷,第194—197页)

二、首相制与内阁制的萌芽

(一) 罗伯特·沃波尔的演说(1741年2月13日)

下面节译的是该演说的结论。它表明沃波尔虽否认是为首的大臣,但表示应对政府负全责的看法。

……但当我明白无误地否认我是唯一的和为首的大臣之时,必

① 威廉是辉格党人,自然要求乔治一世信赖该党。——译者

须承认我对政府所有措施的影响和指导，而我决不推卸从属于我担任的职位的责任。而且，在我当政的长时间里，如果政府采取的任何步骤对国家而言是不光彩的或有害的，我愿意承担责任。

…………

（译自《英国历史文献》第10卷，第129页）

（二）纽卡斯尔公爵建议加强“核心”的作用（1745年1月19日）

1745年亨利·佩勒姆重组政府时，其兄纽卡斯尔公爵任财政大臣①。这届政府是“广阔基础”的政府，有几个托利党人参加。纽卡斯尔建议其弟遇事先与之商量，用两人的名义行事，甚至把1737年起已任大法官的哈德威克也排斥在外。这不仅是要由兄弟二人擅权，且要加强“核心”，也是以核心组成内阁的滥觞。

亲爱的弟弟：

…………

……我肯定你不会认为我现在的建议不合理：尽可能在每一件事提到议事室之前，或者通知我们的任一同僚之前，将首先在我们之间商议。我常常把大法官②排除在外，而他是第三位的同僚。我知道在我们之间不管是公是私将没有什么保留的；而在我们同别的大臣办事中，或者在与其他人的商谈中，我们都要让这样的做法为人了解，即我们要不便是用我们二人的名义讲话，要不便不是用任何一人的名义讲话的。这一行为一旦确立，便将变得越来越容易和自然；而且可以一方面有效地防止嫉妒，另一方面，防止他们引起的难以对付的热情。

---

① 据《英国传记词典》，纽卡斯尔从1724年至此时都任南部大臣，但据哈德威克给纽卡斯尔的信则是财政大臣，今依后者。——译者

② 指哈德威克。——译者

为了能这样做，就像我一度到罗伯特爵士①家一样，我每天早晨都到你家去。在那里，一天的计划将得到安排，而后将视必要交与别人……

纽卡斯尔宅 1744/1745 年② 1 月 19 日

（译自《英国历史文献》第 10 卷，第 129—130 页）

三、选举开支及大贵族插手下院议员选举

（一）罗伯特·肯普关于其子在奥尔福德竞选的开支(1730 年)

萨福克郡乌贝斯顿的罗伯特·肯普爵士 1727—1735 年为萨福克议员。1730 年 2 月由于达德利·诺思去世，肯普之子在奥尔福德的一次补选中当选。由账单可知开支不小。

(a) 关于在奥尔福德选举费用的备忘录

	磅	先令	便士
科尔曼先生从伊普斯威奇派来的一位信差向我报告诺思先生去世，付给这位信差	0	7	6

① 指罗伯特·沃波尔。——译者

② 1752 年以前，英国的正式用历仍为旧历儒略历。它在 18 世纪比新历格雷高里历晚 11 天。再者，旧历以 3 月 25 日（报喜节）为岁首，新历则以 1 月 1 日为岁首。本书引用的《英国历史文献》第 8 卷和第 10 卷在 1752 年以前都是用的旧历，但又以 1 月 1 日而非 3 月 25 日为岁首，因为当时虽仍用旧历，许多人已用 1 月 1 日而不用 3 月 25 日作岁首了。

这样，在当时英国人的许多非正式文件，有时，甚至正式文件中，为清楚起见，往往用两个年份来表示。以本文件为例，1 月 19 日，按旧历的正式算法在 3 月 25 日以前，还是 1744 年，但习惯上多已用 1 月 1 日为岁首，那么，1 月 19 日便在 1745 年了。（尽管是儒略历的 1 月 19 日，而非格雷高里历的 1 月 19 日，比后者要晚 11 天。）以下文件同。——译者

续表

	磅	先令	便士
1729/1730 年 2 月 23 日为选举日，为儿子在奥尔福德选举支付的账单的总数	〔40	10	0〕①
2 月 24 日付伊普斯威奇乐队		0	5
同日			
付给德弗罗的仆人	1	5	0
给一个穷人			2
付给在奥尔福德的克拉格斯和斯库尔丁	109	5	8
在奥尔福德选举支付的其他开支	1	13	0
休厄尔送封信给在贝克尔斯的特威斯先生，付给休厄尔	0	2	6
〔背书〕关于在奥尔福德选举的总支出	**152**	**6**	**6**
	〔153	**13**	**3〕**

(b)

	磅	先令	便士
1729 年 2 月 14 日斯科尔丁斯②账单	21	0	4
2 月 23 日选举日的账单	36	0	1
共付给斯库尔丁	**57**	**0**	**5**
1729/1730 年 2 月 15 日克拉格斯的账单	9	12	0
2 月 23 日选举日克拉格斯的账单	42	13	3
共付给克拉格斯	**52**	**5**	**3**
两项总计	**109**	**5**	**8**

(c)

1729/1730 年 3 月 4 日　当日收到由威廉·克劳森先生亲手交

① 原件缺，但见其子另一账单(d)。
② 当即斯库尔丁。——译者

来的罗伯特·肯普爵士付款**52镑5先令**，作为肯普[1]先生在奥尔福德选举之饭食和饮料之全部付款。

由我收

塞缪尔·克拉格[2]

1729/30年3月4日　当日收到罗伯特·肯普爵士**57镑2先令5便士**，作为选举日及其前酒类和饭食之全部需要。

由我收

威廉·斯科尔丁[3]

(d) 由我[4]付出的钱款

	磅	先令	便士
付镇书记官	3	3	0
付运椅人	10	10	0
付敲钟人	4	4	0
诺顿先生来信付给他	5	5	0
付斯普纳先生、德弗罗先生情报消息费	2	2	0
给女管家	1	1	0
给取文书的仆人两个葡萄牙旧币(moidores)	2	14	0
给一个穿制服的仆人	0	10	6
给三个女仆人	1	11	6
付斯蒂芬斯先生	5	5	0
付伊普斯威奇乐队	1	17	6
付布拉姆福德乐队	1	1	6
付进入议会前的宣誓费	1	12	6
付在议会内的宣誓费	0	2	0
总计	**40**	**19**	**0**

（译自《英国历史文献》第10卷，第182—183页）

① 其子亦名罗伯特·肯普。
② 即克拉格斯。——译者
③ 即斯库尔丁。——译者
④ 系爵士之子自称。——译者

(二) 争夺新温莎选区议员事(1738 年 3 月 14 日)

本文件表明在竞选期间用了威胁和恐吓等手段;在选举后,又向下院请愿,互相攻讦。

〔1737/1738 年 3 月 14 日〕

尊敬的维尔·博克拉克先生,即都称之为维尔·博克拉克勋爵的一份请愿书被呈交下院,并加以宣读。内称:请愿人与理查·奥德菲尔德先生最近于伯克郡新温莎市选举议员出席本次议会一事上,均为候选人。该理查·奥德菲尔德和他的代理人用威胁和恐吓及其他不合法和不正当的行为,弄到了几个人投他的票,而其中有些人是无权投票的。但该市市长巴勒先生作为呈报官员,已将该理查·奥德菲尔德连同本请愿人一起呈报,尽管本请愿人已有合法选票的多数,并当然当选。特恳请下院考虑上述各点。倘蒙下院俯允,则请愿人幸甚。

又

理查·奥德菲尔德先生的一份请愿书被呈交下院,并加以宣读。内称:一份新的要求伯克郡新温莎市选举议员出席本次议会的令状已行发出,颁布的地点在尊敬的维尔·博克拉克先生,即大多数人称之为维尔·博克拉克勋爵[①]的居所。这次选举在 1737 年 3 月 7 日举行,该维尔·博克拉克勋爵和本请愿人均为候选人。投本请愿人和维尔·博克拉克勋爵的均为 133 票,选票相等,于是市长呈报该维尔·博克拉克勋爵及请愿人。该市长承认投该维尔·博克拉克勋爵的票的几个人在该次选举时无权投票,而且拒绝有投票权并表示要投本请愿人的许多人投票;还为了使该维尔·博克拉克

① 他最近被任命为海军部委员,因此须谋求重新当选。

勋爵当选及报作该市出席议会的一名议员，在选举前及选举时都做了许多见不得人和不正当的手脚。特请下院考虑上述各点，倘蒙下院俯允，则请愿人幸甚。

命令：这一重复选举案及上述请愿事于下周星期四晚在本院惩罚法庭(Bar of this House)听取。

(译自《英国历史文献》第10卷，第186页)

(三) 马尔伯勒公爵夫人萨拉估计关于新温莎选举的听取会(1738年3月19日)

贵族经常插手下院议员选举。马尔伯勒公爵是托利党重要人物，支持同党候选人，国王则是站在辉格党方面的。结果是维尔·博克拉克当选，对此萨拉已估计到。

1737—1738年3月19日　在温莎有争议的选举一事上，星期四将在下院惩罚法庭举行听取会。在这次选举中，马尔伯勒公爵帮助一位富有的乡绅。他们告诉我，那是曾经进到下院的最激烈的选举。对立面是我的维尔勋爵……我敢说他将当选……在马尔伯勒公爵方面并未做什么不合法和不正当的事；因为失势的人既不能使任何人进入议会，也不能让任何人出去。但在另一方，一切不名誉的做法都用上了。尽管如此，市长仍被迫把两个候选人都呈报上去，说得票相等。当陛下得到计数时，在休息室公开高兴地讲："但我们有当选的官吏"①……

…………

(译自《英国历史文献》第10卷，第187页)

① 因维尔·博克拉克为海军部委员。——译者

四、关于成立联合王国的联合法令(1707年)

据联合条约成立的联合王国,保留长老会为苏格兰国教教会,同时苏格兰在司法、经济方面仍保有若干特权,但联合毕竟使市场得到扩大,有助于经济的发展。

本法规定英格兰王国和苏格兰王国的联合

最仁慈的君主:

鉴于联合条款已于陛下御宇第5年①之7月22日,经由注明于其前一年之4月10日遵照英格兰议会于陛下御宇第3年作出之一项法令,在威斯敏斯特启用陛下英格兰国玺委派代表英格兰王国之各专员,会同注明于陛下御宇第4年之2月27日遵照苏格兰现届议会第3次会议第4项法令,启用陛下苏格兰国玺委派代表苏格兰王国处理和会商该两国联合事宜之各专员共商达成;并鉴于苏格兰议会已于陛下御宇第5年之1月16日在爱丁堡通过一项法令,其中提到,该会各等级曾对该两王国联合条款进行审议,附加若干规定与说明表示同意和认可,并提到陛下经议会各等级建议和赞同,许可在苏格兰王国建立新教与长老制教会管理机构,已在议会该次会议中通过一项法令,定名为《确立新教及长老制教会管理机构法令》,该法令经指定应按其正确文本写进任何批准条约之法令,并应明确宣布其为该条约或联合在此后所有时期之基本的和必需的条件。兹呈上按苏格兰议会该项法令附加若干规定与说明予以批准和认可之联合条款正确文本如下:

① 1706年。——译者

第一条

英格兰与苏格兰两王国应于1707年5月1日，并在其后永远用大不列颠的名称联合为一个王国；该联合王国之纹章国徽应由国王陛下钦定，圣乔治和圣安德鲁[①]两个十字架应按国王陛下认为适宜的方式相结合，凡在海上和陆上的一切大小旗帜、军旗和舰旗均使用之。

第二条

大不列颠联合王国及其所属各领地君主权之继承在最神圣的女王陛下身后无嗣时，应归于、属于，并延续于汉诺威选侯夫人兼太公爵夫人（Duchess Dowager）、最卓越的索菲娅公主及其新教徒后嗣，一如英格兰议会于先王威廉三世陛下在位第12年作出、称为《为进一步限制王权而更好地保障臣民权利与自由的法令》的一项法令曾将英格兰王位传诸其人；所有天主教徒以及与天主教徒结婚之人均应除外，并永远不得继承、保有或享受大不列颠王位及其所属之各领地或任何部分；每遇此类情况，则王位与政府均应及时传之于身为新教徒之人，由其享有，一如按照英格兰议会于先王威廉与先女王玛丽在位第一年作出、称为《宣布臣民的权利与自由及王位继承决定之法令》的另一项法令对英格兰王位传承的规定，若遇有此类天主教徒或与天主教徒结婚者一旦自然死亡，即应由新教徒继承和享有之。

第三条

大不列颠王国应由定名为“大不列颠议会”之同一议会代表之。

第四条

大不列颠王国之所有臣民自联合之日起及其以后，均享有对该王国及其所属各领地和殖民地境域内之任何口岸或地方进行贸易交往和海上往来航行之充分自由……

---

① 前者为英格兰王国宫廷守护神，后者为苏格兰王国宫廷守护神。——译者

第十六条

自联合之日起及其以后，在联合王国全境所有各地，钱币应一如现时在英格兰具有同一的成色[①]与价值……

第十七条

自联合之日起及其以后，在联合王国全境均应使用现已在英格兰确立的同样的重量和长度，而苏格兰保存特殊权利的自治市，则应保持现于该等处所使用之量度标准。所有此等标准应由设在威斯敏斯特的财政部颁给此等各别自治市，唯仍须服从大不列颠议会认为合适之条规。

第十八条

依据本约，自联合之日起及其以后，有关贸易、关税和各种消费税条规之苏格兰法律，仍维持不变……

第十九条[②]

即使联合，以后之高等民事法庭或高等法院，仍永远留在苏格兰，一如根据该王国法律之现在构成状况，且具有联合以前之权威和特权，唯仍须服从大不列颠议会为改善管理订出之条规……

第二十二条

依据本约，在联合时，16 名苏格兰贵族应充当大不列颠议会上议院议员，并作为该院议员投票，大不列颠议会下议院苏格兰代表数为 45 名……

〔**共二十四条**〕[③]

（译自《雄狮在国内》第 1 卷，第 36—46 页。
以《联合条约》参校补充，二者文字不同处依前者）

① 指金、银与合金的法定比例。——译者
② 据 G. 普赖德《联合条约》第 96 页补入。——译者
③ 译者加。

资本原始积累与经济发展

一、国债的出现(1693 年)

1693 年的国债法令是议会首次承担国债责任的法令。此后国债成为英国资本原始积累的重要手段。

鉴于由本届议会通过之称为《一项为允诺国王陛下[①]某些捐税及国内消费税,以担保给予将自愿贷款100万镑供继续对法作战之此等人士的在该法令内提及的某些补偿和收益之法令》的法令,兹特颁令:其有本国人或外国人,以按该法特别提及并表明之此等时间,及各自根据此等条件缴给陛下财政部税务局之此等数目之款项,以赞助为此法提及的诸目的之 100 万镑之数的预付款,应属合法;及鉴于根据该法,诸赞助人赞助之多笔款项前后之总数仅为 881 493镑 14 先令 2 便士。我等,陛下之集会于议会内之忠顺臣民,即众议员,由于感到陛下继续从事现在的对法国国王的战争的巨大的和必需的费用,以及由于切望陛下之臣民以可能感受最小痛苦之方式提供此费用,特恳请陛下颁令:

2. 由国王及女王陛下,经本届集会之议会的灵俗两界贵族和众

① 原文为复数,指威廉三世和玛丽女王,下同。——译者

议员之建议和赞同，并由同一权威颁令：其有本国人或外国人根据下述条件，在 1694 年 5 月 1 日以前之任何时间，缴付陛下财政部税务局之任何不超过 118 506 镑 5 先令 10 便士之预付款以补足由该引述之法令预定达到预付之总数为 100 万镑之款者，均应属合法；（即是说，）凡预付及支付 100 镑之每位此类人士，则应从该引述法令所许可的捐税和国内消费税中各自取得或接受合法之英国钱币 14 镑的年金、租金或酬报，其赞助数目更大者，按比例增加……此等年金、租金或酬报将从下一年之 6 月 24 日开始，而且须于一年中最常见的四个节日，即报喜节①、圣徒约翰生日②、天使长圣米迦勒节③和圣诞节按等分付给之……

3. 兹再颁令：根据及因本法付给任何人或人等之任何钱币不得课以无论何种之捐税、税或税款，而且在该前一法令所许可之 99 年期间之任何年终，在根据本法或该前一法令于付出所有款项之后，上述之捐税及国内消费税尚有任何剩余或余额者……须归陛下，其后嗣及继承人使用。

…………

6. 再规定，并再颁令：本法规定归陛下、其后嗣及继承人使用之来自该捐税和国内消费税尚有的剩余或余额，不应或不得作为任何赠予、赐予或年金之用，而且所有及每笔赐予及任何此等年金之赐予均于兹宣布全部无效……

（译自《雄狮在国内》第 1 卷，第 109—113 页）

① 3 月 25 日。——译者
② 6 月 24 日。——译者
③ 9 月 29 日。——译者

二、奴隶贸易和奴隶劳动

(一) 托马斯·菲利普斯船长驾汉尼拔号驶往非洲和巴巴多斯(1693—1694年)

此件表明远在乌特勒支条约(1713年)之前的17世纪末,黑奴贸易已成为英国的重要对外贸易,特许公司已在非洲建立供贩奴之用的坚固据点。

…………

在签约为他们①作一次去几内亚购买象牙、黄金和黑奴的贸易航行,并装好用以购买它们的必要的船货和供公司的堡垒和商馆用的货物和必需品等之后,我处理完在伦敦的私事,在9月5日(1693年)傍晚,乘小船去格雷夫森德,并在当晚11时登上船……

直到10月5日晨……我们及停泊在多佛尔海峡部分海域的出航船只出海,其中……托马斯·菲利普斯36门炮的汉尼拔号去黄金海岸……

2月27日(1694年)海岸角②的堡垒是在这个海岸的所有我们非洲公司的那些堡垒的主要堡垒。公司的主要代理人或主要代理商常驻此地,所有其他商馆均受它管辖。从海上望去,这个堡垒外观雄伟,是一个非常正规和设计得很好的要塞,并且考虑到它的状况而尽量使之坚固。它的周围建有一道砖砌的坚固高墙,通过它你从一道对着城镇防备得很好的大门进到一个漂亮的广场。在那里四五百人可以很容易地排队操练。这个堡垒有四个侧翼,相互间有一条掩蔽的地道相连,而且架有性能良好的大炮。在蓄水池的上

---

① 指英格兰皇家非洲公司。——译者
② 在今加纳。——译者

方，有由 15 门大小炮构成的、规模宏大的炮台；这些炮躺放着并对准来路。它们会不折不扣地执行命令，对妄图来犯的船只开火，如果它们是由足够的人手奋力向堡垒划来的话。

炮台的下方是一个奇怪的蓄水池或水槽，可蓄水 400 吨。它是用了大量劳力把一块岩石开凿为长方形并整修成平台的，有两道梯级以便进入取水。这个蓄水池从每次下雨得到补充，不仅终年供应堡垒用水（这里没有敌人能截断或施放毒药），而且公司代理人经常允许他们的船只在那里取上大部分用水……这个海岸的每个堡垒都有这么一个蓄水池，不过都很小，而且与它们被允许配置的士兵成比例……

我们给公司送来的 30 名士兵在此登岸。他们与在英格兰接收他们上船时一样健康。但当我们在这里做完买卖的两个月时间里，他们几乎死去一半，弄得缺少足够的幸存者能把他们的同伴送到坟墓去……

…………

（译自《英国历史文献》第 8 卷，第 575—576 页）

（二）一本论非洲贸易和奴隶劳动的小册子(1745 年)

18 世纪中，英国已成为最大的黑奴贸易贩子，且黑奴已成为其美洲殖民地的最重要劳动力，本文对此有很好说明。作者还对使用白人劳动力的政治危险性十分警惕。

…………

但是，在我们英国的殖民地，与法国的一样，种植的事业靠从非洲那边输入的黑人劳动力继续下去，难道这不是全世界都知道的吗？我们的蔗糖、烟草、米和甜酒及所有其他的殖民地产物的生产，都得益于这个重要民族，即非洲人，难道不是这样的吗？而且，为数越来越多的黑人从非洲输入到我们的殖民地，便会成比例地输出英国的制成品，因为购买他们只需付此等商品，难道不是这样的吗？同样，我们殖民地的黑人越多，便有越多的土地得到开垦，而更好的和种类更多的殖民地商品便得以生产出来，难道不是这样的吗？因为这些事业是互利共荣的，所以这一方的盛衰，便必定影响到另一方，而它们母国的全部贸易和航运则将成比例地受益或受损。因此，我们难道不可用同等的真理说，像法国人一样……大不列颠的全部航运得自美洲和非洲殖民地的增加和繁荣吗？难道不可以说，因为那些部门的利益乃是共同的和不可分的，如果没有它们的持久繁荣，商业便不可能维持和扩大吗？

…………

像黑人劳动力迄今所具有的情况，只要能支持我们英国的殖民地，就像在别的国家已做的那样即可。同样，须保持其对母国利益的应有的从属地位。因为当我们的殖民地只有依赖黑人种植，其产品只与我们的对手有冲突，而与其母国的无冲突的时候，从来不可能证明我们的殖民地对英国的制成品造成伤害。它们也不会离开这些王国①而独立，而且给予我们保持贸易和海军的优势，以不断支持我们的欧洲利益。

可是如果把全部黑人贸易抛给我们的对手，而我们的殖民地得依赖于白人的劳动力来填补他们的空缺，那么，这些白人将很快取消或摆脱对英格兰国王的依赖。因为无法就近如此廉价地得到白人或者有足够的钱来支付充足数目的白人劳动力，就像我们有非洲人的那样。难道经验不已证明，在我们的岛屿殖民地②的气候里，白人的体质不像黑人的那样，能胜任种植的劳作吗？

无论怎么说，如果白人能达到黑人达到的目的，难道我们不得

① 这些王国当指英格兰王国和苏格兰王国。二者虽已于1707年合并，但习惯上仍有分别称之者。——译者

② 指西印度群岛。——译者

不输出我们国家的农夫、工匠和制造者吗？难道后者不构成我们的殖民地的制成品与这些王国的制成品发生冲突的原因……吗？确实，在此等情况下，我们可以有正当的理由惧怕我们的殖民地繁荣；但是如果我们做好供应黑人，我们就不会有这样的恐惧了。他们的劳动力将限于使殖民地得到种植；这将使我们的殖民地对这些王国较之秘鲁和墨西哥的矿藏对西班牙人更为有利。

戴维南特博士[①]告诉我们，在查理二世时期，我们的商人对美洲贸易发生兴趣，向国王呈交了一份请愿书。内称：那时100个黑人劳动力给国家创造的平均利润，即使扣除我们在殖民地产物上消费的总值，每年也达1 600镑。据估计，当时美洲的黑人数目不超过10万人；但最有经验的评论家估计现在这个数目也不下30万人了。所以，如果我们估计他们现在对大不列颠并不比当时更有价值，且按最高比率估计我们王国内消费的殖民地商品值，国家每年得自黑人劳动的也近300万镑……

…………

（译自《英国历史文献》第10卷，第824—826页）

（三）贩运奴隶及交割手续（1766年）

奴隶在起运时即如牲口一样被打上烙印和编好号；运抵目的地时，则按商品买卖手续交割。

敬启者：蒙上帝保佑，詹姆斯〔姓氏难以辨认〕将24名精壮男奴和6名青年女奴秩序井然地和状态良好地装载于这条叫“玛丽·巴勒”号的好船上。在上帝恩庇下，执掌这条行船的是戴维·莫顿船

① 查理·戴维南特（Charles Davenant，1656 - 1714）1683—1689年任国产税务局委员，1705—1714年任海关监察长，著有《非洲贸易的结构与管理回顾》（1709年）。——译者

长。船正停泊在塞内加尔的沙洲处。感谢上帝，准备开往南卡罗来纳的佐治伊。这些男女奴隶均在体侧上打上烙印和号码①，并将同样秩序井然地和状态良好地（除非海上发生风险和大规模死亡）在上述南卡罗来纳的佐治亚港交付给布劳顿先生和史密斯先生或他们的代理人。他或他们则在上述奴隶交付时缴纳每名5镑的运费以及通常的补贴和海损费。上述这条船的船长即事务长已验证了3张运货单。关于这次行程和日期的一切，3张运货单中的1张已经填好，另两张空白未填。愿上帝保佑这条好船平安驶达它要去的港口，阿门。

戴维·莫顿

1766年2月1日于塞内加尔

（译自《英国经济史史料》，第310页）

(四) 奴隶贸易和掠夺资源(1767年)

18世纪60年代，已连人力资源和其他资源一起掠夺。本文件具有普遍性意义。

阿玛伯尔先生：

去年促使我与您合作从事加兰②贸易的那个动机依然存在，而自您从非洲回来以后，对您操持这项于我们均为有利的事业时表露的诚实和才干，我们素所抱有的好感更为加深了；因此我们更乐于购办您亲自挑选的适当的商船和货物，以便将这项贸易计划圆满地付诸实施。

按照去年与您订的合同，您可得到在此冒险事业中可能获得的利润的六分之一，但由于您这次出洋是一身兼掌经营和管理，我们

---

① 烙印打在右臀上。
② 在西非塞内加尔河一带。——译者

欣然同意您可以分到所有从中获得的利益的五分之一，期限 4 年；在期满以后，您可以自由选择，既可以与我们重新合作，也可以回到英国，或者去您想去的任何地方。

乔治·希克斯先生业已允诺与您一起出洋，并留在加兰为我们服务 4 年，其间，一切听从您的合法指挥。这位青年显得性情温和，我们希望他不只是一个有用的听差，也是一个愉快的伙伴。我们祈祷上帝保佑你们俩身体健康和事业成功，我们将付给他第一年 20 镑的酬金，第二年 25 镑，第三年 30 镑，第四年 40 镑。这些款项用价值相等的商品支付或用黄金支付。对于那些商品，他有权按最有利于自己的方式自由处置。除此之外，我们还答应在第二年期满后，如果他需要，可按原价给他价值 50 镑的商品。他同样有权用这些商品进行贸易以作为自己的特别酬报。

您不是不知道我们讨厌奴隶贸易，在所有贸易中它是我们最不愿从事的贸易。我们抱定的主要目标是黄金、棉纱、棉花和象牙；此外，还有龟甲、豹皮、狮皮和其他皮革，如果能以低廉的价格购得，将是有利可图的。

植物的丝（土著人称为 Faveton），恐怕在这里不能卖得好价钱，因此我们希望您只送少量来作为样品；但是如果它的质地相当结实，而且土著人可以纺成一种可制作长筒袜或其他东西那样的纱，那我们建议您尽量将当地纺出的丝纱送给我们。

您定能记得我们关于金矿的泥土和含金石头的谈话。您最好一到加兰，就派几个人到矿井去，以便取回一些那种泥土和石头给您。这两样东西我们希望您能装在小桶里交由您出洋乘坐的那条船送回；想来您也不会忘记尽您所能给我们送来大量红色和黄色木材。纺过的棉花或棉纱，您送来越多越好。蜜蜡如果能获得大数量的话可以有大赚头，而竹茎我们认为也是一项好买卖。除这些以外，您最好送些不同品种的矿石和这个国家的其他物产的样品给我们。总之，我们乐意得到每一种可以采购的东西，以便能指导您第二年送些什么东西来。

您所乘之船，我们推测要留在加兰两个月左右，如果真是这样，我们恳求您通过信鹳送来关于您的健康和各种情况的报告。如果伯维尔先生同您一起去加兰，我们相信，当他回来时您会托他转告我们任何关于我们必须了解的信息。

您随身带去的某些商品，如白兰地酒和糖，以及其他一小批杂货，还有您可能在圣克鲁斯-特内里费买到的一定数量的葡萄酒，兴许在塞内加尔脱手可以获大利。因此我们允许您在塞内加尔自由处置上述部分商品，只要符合我们的利益就行。同时，为我们的利益考虑，您也可以留下一些您认为适当的货物给威廉森船长，让他在那里卖出。在这样做时要他出具收据，并复制一份收据副本送给我们。

您不要忘记，尽可能多地将有关我们事务的一切写信来，也请记住您的信总要一式两份或三份。

…………

虽然我们无意于从事奴隶贸易，但是由于我们不能指望今年任何其他商品会有较大的利润，也由于货船从加兰返回以前非常有可能会有机遇，以有利的价钱买到 50—100 名奴隶，所以我们不反对您将我们的部分钱财投入这项买卖。只要您能在塞内加尔与负责人士订约，在货船返回时，以每个奴隶 15—16 镑的价格收买到他们，付款办法是以每枚 5 先令比价的银币，或以每盎司 4 镑比价的黄金支付。您所能做成的这一买卖或任何买卖都将是非常令人满意的，并且将鼓励我们振奋精神和充满活力地去推行计划。

…………

我们从您的谈话中发现加兰的河流出产大量的贝，我们猜想里面会有珍珠，所以您要雇几个当地人去取一些贝来。如果剥开贝壳发现有珍珠，它们将是很值钱的；但如果没有，那损失也不大，这种想法就算落空。

由于您完全了解这个国家及其贸易，您自己的明智判断和周密考虑将会指引您找到为增进我们共同利益的捷径，所以我们才把自己的钱财委托给您进行良好的经营，并且充分信任您的诚实，此处别无他嘱。顺祝您身体健康和一切顺遂。

爱德华·格雷斯谨启

（译自《英国经济史史料》，第 310—313 页）

三、英格兰银行的建立(1694 年)

1694 年颁布英格兰银行法令，设立英格兰银行。在国债政策上，在鼓励资本积累和工业发展上，均为重要步骤。

一项为允诺国王陛下①按吨位征收几种船税及对啤酒、淡啤酒和其他酒类征收酒税，以担保给予将自愿贷款 150 万镑供继续对法作战之此等人士的在该法令内提及的某些补偿和收益之法令。

XIX. 上述权威再颁令：通过盖有英国国玺的委托书，授权和指派任何数目之人员取得及接受 1694 年 8 月 1 日或其前的所有本国人或外国人、法人或公司之一切自愿认捐的做法，陛下认为应属合法。

XX. 兹再颁令：凡通过盖有英国国玺的特许状去限制、指导和处理以怎样和以何种方式和比例、根据何种条规征收上述总额 150 万镑的一部分 120 万镑，及上述年度总额 14 万镑的一部分 10 万镑，和其中的每个部分或任何部分，或部分之得转让或可被转让给纯属自由或自愿接受上述款项之人或人等而非通过其他方式者；凡用英格兰银行和公司名义把所有承购人和捐助人、其继承人或代理人组

① 威廉三世和玛丽女王。——译者

成一个法人团体，同样以英格兰银行总裁和公司名义，享有永久的继承权和共同的印章者，陛下均认为应属合法。

XXVⅢ. 规定：以上规定决不能解释为阻止上述团体买卖汇票，或者买卖金条、银条，或出卖任何其他货物或商品。这些东西确属为取得贷款和预付款而存放在英格兰银行的一种抵押品。上述款项不能如期或其后三个月内尚不能偿还，则不能阻止英格兰银行出售此等抵押品，正如不能阻止该团体出售土地上的收益然。

（译自《英国经济史史料选》第676—677页）

四、交通运输的改善

(一) 丹尼尔·笛福论收税路(1724—1726年)

1663年有了第一条收税路。18世纪上半叶对之毁誉不一，实则确有利于商业。本文深入讨论了它对以伦敦为中心的市场的影响。

……使我注意到通过密德兰诸郡道路恶劣的理由是：这些郡与伦敦城进行的和它们相互间进行的贸易数量之大，也许是英格兰任何郡之首。其结果是车辆非常之多，而且北部诸郡所有的陆上运输都必须通过这些郡，所以道路被碾出的槽子非常深，而且有些地方用来整修道路的材料已很难找，致使所有的养路税做不了什么，不，借全国之力也不能整修它们。这就是说，对贫穷的农夫来说，负担是太重了，因为在英格兰，向检查公路的人员交税的是佃农而不是地主。

这就有必要使国家把这些事提到议会，结果是在英格兰的几条大路上建立起通行税征税所或税卡，从伦敦开始，并推进到几乎所有那些肮脏、深陷的道路上，尤其是在密德兰诸郡。在这些收税路上,所有车辆、畜群、骑马人都要付一点税,也就是说,一匹马 1 便士、四轮大车 3 便士、二轮运货马车 4 便士(有些路 6 到 8 便士)、四轮运货马车 6 便士(有的 1 先令),如此等等。牲畜则按 20 头或每头计算,有的地方多收些,有的地方少收些。但我没有在什么地方遇到过:认为由旅行者出点钱给收税路征税所,用以经常整修出一条好路的益处是一种负担的。

最近几年已建起一些收税路征税所和税卡,而在整修最难走的路方面已大有进步了……

现在看来收税路的好处如此之大,以致所有地区的人民都开始觉察到它的好处了。在那些完成得较好的地区,对贸易已产生效果。甚至在一些地方,货运价每英担已减少 6 便士,有些地方则减少 12 便士。其对商业的好处,远高于交纳之税款数。但与此同时,运货人也支付使运费降低的税款,其结果削减运价的利润完全和绝对地归于商人。

然而对运货人显然也有另一种情况的好处,因为正像前面注意到的,他们能用相同匹数的马运得更重,而且他们的马匹也不像从前那样吃力地拉运和弄得那样疲劳了。有一点是运货人承认的,即他们完成工作更容易,而他们的主人的开支则较少。

…………

我已提到过这方面的一个特殊例子,即在冬季向伦敦运送肥牲畜,尤其是运送羊。它们是从饲养它们的莱斯特和林肯两个较远的郡运来的。那里的农村畜牧业者不得不在夏末,即 9 月和 10 月贱卖他们的牲畜,而靠近伦敦的屠宰人和农场主则囤购它们,喂养到 12 月和 1 月再卖,届时虽未增加体重一盎司,也向伦敦市民卖高价。反过来,如果道路很好和可用,伦敦城会在冬天买到几乎同夏天一样贱的羊肉,或者莱斯特和林肯郡原来的饲养人会得到涨价的好处。

这在埃塞克斯和萨福克两郡的一个实际表现上得到证实。从那里他们赶着他们的肥牲畜,特别是带膘的羊群,走 60、70 或 80 英里到达伦敦,甚至在严冬季节,这些牲畜也不致弄得疲乏,受到折磨或掉膘。

我也可以举出内陆商业的其他部门的例子,它会因恢复好路而变得更好,尤其在运送一种如此大量的食品即干酪时为然,因为除了活牲畜外,没有比它的量更大的了。

干酪主要在英格兰西北部三郡,即在柴郡、格洛斯特和沃里克郡及附近地区制造。从那里全国得到数量很少的供应,因为那些消费干酪的各主要郡距它的产地太远了。

的确,柴郡人运送大量干酪经由他们称之为远海的路途而达伦敦。这是一条非常漫长有时是很危险的路途。通过爱尔兰海峡,绕过整个威尔士,横过布里斯托尔海峡,绕过康沃尔的兰兹角,再上行英吉利海峡,到泰晤士河口,再上溯到伦敦。或者走陆路到特伦特河畔的博尔顿,而后顺流而下到盖因斯波罗和赫尔,由海路运抵伦敦。

再者,格洛斯特人陆运所有干酪到泰晤士河畔的里奇莱德和克里克莱德,再顺流而下到伦敦。

但是沃里克郡人根本没有水路,或者至少要长途陆运到牛津后才能水运。而且由于其量非常之大,并且不仅供应伦敦城,还供应埃塞克斯、萨福克、诺福克、剑桥、亨廷顿①、赫特福德、贝德福德和北安普顿。其货运总量达到满载的程度。他们或者从陆路运到伦敦,这足有 100 英里。这样,伦敦的干酪商人除海运、河运供应肯特及萨塞克斯和萨里外,还供应埃塞克斯、萨福克和诺福克。或者沃里克郡人把干酪一年一次运到斯图尔布里奇市集,在那里上述的内陆地区商人都来采购。在上述所有的情况下,都是路途遥远,道路恶劣,使得这些商品对那些穷人消费者来说是太贵了。

---

① 原作 Hungington,误,应为 Huntington。——译者

但是如从沃里克郡来的道路修好了，就如我指出的像埃塞克斯和一些其他地方一样，陆路的运价便会只及现时的一半多一点，贫穷人便会有廉价得多的食品了。

在这里，我能详述由修复道路而引起的便利。因为从海岸向王国的内陆运鱼时，由于道路太坏，他们现在不能运鲜鱼去。道路一经修复，便会增加这个打鱼季节鱼类的消费，而现在，则因道路恶劣消费甚少，并且因鱼类消费要使用无数马匹和雇用无数人员，还要增加船运。

（译自《英国历史文献》第 10 卷，第 541—544 页）

（二）L. 朗兹致《圣詹姆斯记事》印刷商的一封信（1763 年）

这封信是当时人记载布里奇沃特公爵开凿运河的重要文献。1759 年开凿的从沃尔斯利到曼彻斯特的运河虽非英格兰的第一条运河①，但却是第一条重要的运河。它于 1761 年建成，使曼彻斯特的煤价下降一半。

先生：

我看了伦敦的人造奇观后不久②，现又已欣赏过山峰③的自然风光，但它们都没有使我有像此刻接受在这个地区考察布里奇沃特公爵航道时的那样高的兴致。公爵航道的设计师布林德利先生构思精巧，确实使得改进航道的事达到真正惊人的程度。在巴尔顿桥上，他在空中建造了一条能航行的运河，因为它与树梢一般高。当我正怀着惊异和愉快的心情对它进行考察的时候，3 分钟里便有 4

① 第一条是 1757 年建成的桑基运河（Sankey Canal）。它把圣海伦斯与默西河联结起来。——译者

② 原文为 It is not long since I viewed the artificial curiosities of London，但理查·L. 塔姆斯《产业革命史料》作“最近我看到伦敦人造奇迹”（I have lately been viewing the artificial wonders of London）。——译者

③ 指德比峰，在德比郡西北部。——译者

条驳船经过我的身边，其中有2条用铁链连在一起，并由2匹马牵引，它们正走在运河的台地上。我必须承认，当我几乎颤抖地俯视伊尔维尔大河时，我鼓足勇气冒险去台地上走走。横过台地后，有一道桥向前延伸，它本身便是一条运河。当时正有马牵引着驳船在上面行驶，而马正走在这座离奇的桥的护壁上。这一航道始于某些山脚之下，公爵的煤矿正是在那里开采的。从那里穿过岩石开凿出一条不见天日的运河。用这种方法，大型船只被拉进那些山的深处装满煤，为一条缓流带出来。……①

从巴尔顿出发，我开船驶向这个地方②。在途中我看到这条航道有时越过大路，有时则越过沼泽地，但一般说来是沿着山边的。可以这样说，在运河的一边有坚固的天然河岸，而在另一边，则由泥土和沙砾混合垒成，约有8码宽。靠近运河顶端，隔着一定距离，建有排水沟，以防止大雨使河水溢出河道。

在某些地方，布林德利先生不得不使他的航道横穿一条大路，由于要保持流水在某一种水平上，他不得不使路面逐渐倾斜，因而能在运河的下面通过，这就在路的上面形成一道桥。车辆就着一个缓下坡从一边往下走，同样，借着这个缓上坡，再往上到另一边去。在靠近曼彻斯特处有柯尔涅溪横穿公爵的航道。于是把小溪的水流加以拦阻，让它流入一个大凹地；又从那里缓慢下流到凹地中一个更小的凹地，而这个凹地的底部开着口，使水进入一条排水渠，由地下输送到运河的另一方。在那里，这一水流又上升到原来的水道。

在距离曼彻斯特约1英里处，公爵的代理人造了一座码头，在

① 以下《产业革命史料》另起一段。——译者

② 指发信处曼彻斯特。——译者

此处按每篮 3½便士的价格出售煤,重约 140 磅①。而在明年夏天,他们打算把煤运到城里。

…………

T. L. 于曼彻斯特谨上

1763 年② 9 月 30 日

(译自《雄狮在国内》第 1 卷,第 332—333 页,以《产业革命文献》参校)

五、农业和土地革命

(一) 对地产总管的劝告(1731 年)

本文劝地产管家替主人谋求圈地及论述圈地之利。

一个庄园总管要时刻牢记:对他主人庄园内,或其附近的自由持有农出售土地的意向进行周密的调查和了解。特别是在由于圈围公地而进行改良的庄园里,为了主人的利益和便利,他可以尽最大努力以合算的价格购买土地。每一个懂得最近农业改良的人都会知道,一般说来这对国家有利,同样对承办人也极有利。如果不是所有自由持有农都被说服出售土地,总管至少应促使其同意圈围,并拟订一个计划,规定每个所有者可被分配给一份丝毫不差的和相称的土地。如有可能,首先劝告他们签订一份协议,然后双方再择定从事圈地事宜的委员。

如果总管是个有见地的人,他不是有必要利用这一切来根除对

① 原文为 seven score weight,每 score weight 重 20 磅。——译者
② 《产业革命史料》第 36 页无 1763 年字样。——译者

所有宏伟改良说来，乃是如此巨大障碍的保守观念吗？在土地圈围之前，土地所有者签署一个内容如下的文件是得当的。

“鉴于从长期经验得知，公地或敞地，无论是遭到损害或保存完好，对公益和正当改良都是很大的障碍，依靠勤奋和及时把握季节，每个人都可以进行这种改良。鉴于迄今掀起的反圈地舆论是基于一种误解，好像圈地伤害或毁灭了贫民。显然，很清楚(当圈地一旦进行)，贫民将被雇用许多年，进行种植和维护树篱，以后还将在耕地和牧场做工，在那里他们可获得安定生活。反之，人们对于伴随着敞荒地和公地而来的全部或大部分麻烦和不幸已有深切的感受。自由持有农在勤勉和善理家务上都受到巨大的挫折。也就是说，贫民乘机去偷窃和侵犯他们；谷物遭到在公地和大路附近游荡的牲口的糟蹋。如果佃户和土地所有人要保卫自己的劳动果实，则必须遵循适时的播种和收获季节，必须避免不合时令的播种，以使谷物免遭初冬寒潮的袭击，从而使谷物免遭损坏，并因此防止了整个教区公地上的供大量牲畜食用的牧草遭受严冬的损坏”，等等。

…………

(译自《英国经济史史料选》，第 526—527 页)

(二) 杰思罗·塔尔论新马耕法(1731 年)

改进耕作法是农业革命的重要内容。塔尔是个农场主，约在 1701 年发明条播机，以后从事改良耕作法的试验。1731 年自印《新马耕作法》(又名《耕作和植物生长原理》)的小册子。下文引自其第三部分，申述了新马耕作法的优点。

一季收成的可靠性

一年收成的可靠性很受重视，因为宁愿保证有一季中等的收成,而不愿仅靠冒险取得一季好收成……

防止一季小麦无收的最有效办法是及早犁播种用的碎土,而且是当它干燥的时候。早的季节也多半比晚的季节干燥①。按照维吉尔方法②耕作的人通常播种晚,因为不能使他的土地过早休闲,为的是怕毁掉草根和其他草类而无法支持他的羊群,而对他的耕作来说,羊是如此的重要。可是晚了就必然不在干燥的情况下播种,那么冬天便可能毁掉嫩麦。在那时,他既办不到犁干土,也做不到犁湿土,而得在湿土上播种,因为通常他在沟下面播种,亦即先播种,而后尽快地犁它。如果他及早在松土上播种(如他愿意可以这样做),那么他便必须干播,因为怕罂粟和其他草类争长以致毁掉他的庄稼。如果他的土地有耐力,而不管湿与干都要早播(尽管湿播最糟糕),要不然,到了春天土地就容易变得又干又硬,以致庄稼处于饥饿状态,除非土地非常肥沃或者大量施肥才行;而且当时如果一冬一春气候适宜,庄稼就会疯长,又有倒伏和被毁的危险。另一件事是尽管犁干播湿都没有别的障碍,他也很难按时做到,因为他必须犁所有的土地,那是在 6 英尺宽的土地上的 8 条沟,而当土地是湿的时候,他只好停犁。当他在犁沟下播种子的时候,他怕犁深了,唯恐种子被埋得太多,而如果犁浅了,他的作物便失去深耕的巨大好处。当他在犁沟上播种的时候(即在犁过沟了以后),他必须把田地耙平。小麦越多地暴露在冷风中,且上面覆盖的雪被吹走,就会有越多的水留在田地里。这对小麦是有害的。

我们的马耕作与上述种种完全不同:

(1) 我们能在下一茬谷物生长处犁出两条沟,无论在现有庄稼成熟之前,或直接在收获后均可以。

---

① 英国下雨多在冬季。——译者

② Virgilian 源出 Virgil。罗马诗人普布里乌斯·弗吉里乌斯·马洛·维吉尔(公元前 70—前 19 年)在公元前 36—前 29 年间写了一首《农事诗》(*Georgica*),共 2188 行,分为四篇,第一篇写农作物的耕种。这一长诗提出的耕作法,成为以后欧洲农业的典范。这里的按照维吉尔方法耕作的人有按传统耕作法的人之意。——译者

(2) 我们不需要羊群,因为我们的土地每年都生长一种谷物;如果要饲养羊,则必须休耕一年,那便失去该种谷物了。而羊群对土地来说,最好也就是为另一种农作物踩碎土块,其益处不能延续到第二年。所以,我们可以确定的是因饲养羊群而取得的下一年的无法确定的希望,却使得一种谷物没有了。很明显,在相邻土地上种植的谷物可表明,每年无需羊群和其他肥料,便能得到好得多的收成。

(3) 我们能犁干土,条播湿土,而无任何不便。

(4) 他怕杂草丛生毁灭其庄稼,我们则希望杂草生长,而到最后可消灭它们。

(5) 我们不怕早种小麦(因此我们犁干土),因为我们可用马耕治理土地的板结或腐臭。

(6) 每一条地垄有两条沟,我们要成行地条播,条播前我们要犁干土。如果在完成这些前,天气变得潮湿,我们可先犁与之相邻的两条沟,直到原来准备犁的两条沟的土已干到足以回转去犁它们的时候,再去犁它们。而在犁完它们后,不管天气是潮湿还是干燥,最后的两条沟我们都能犁。在一定的时间里,他们能犁他们的 8 条沟,而我们能在这个时间的四分之一犁我们的两条沟。在这部分时间里,他们必须每一条都干犁且有 6 英尺之宽,因为当土地是潮湿的时候,他们不能犁干的,便只得停犁,而我们则湿的也能犁。

(7) 我们从不把种子深播在沟下面,而是播在我们认为最适当的深度上。那是相当浅的,只有约 2 英寸,这就不会有埋住它的危险了。

(8) 我们不仅犁一条深沟,而且还犁达到两条沟深度的沟,即只要土地条件许可,我们便用开沟犁来做。我们这样做有可以想到的最大便利,因为我们的四条沟中经常有两条是敞着的,而两条犁过的沟(即在一条沟下被犁出另一条沟)对于一种谷物吸取营养大有好处,犹如用两蒲式耳的燕麦喂一匹马比用一蒲式耳好一样①。或

① 这段讲深耕的好处。——译者

者，如认为土地的主要作物种得太浅太薄，我们便可用把准备排列成行的地垄升得更高的办法来加以补救。

(9) 在冬天到来之前，我们还在麦地每个间隔的中间作一条高土垄，使小麦不致受寒风侵袭及防止雪为寒风吹走。从之取土作垄的沟渠则起着引走水的作用，这样便使小麦能干燥些。这样播种的小麦必然比耙种的小麦更保暖些，后者既无沟使小麦能保持干燥，也没有地垄来保护它，而我们每行播种的小麦两边都有地垄。

(译自《雄狮在国内》第 1 卷，第 190—192 页)

(三) 阿瑟·扬追述数十年前诺福克郡的农业革命(1771 年)

改进轮耕制是农业革命的另一重要内容。文中追忆的情况在传统上认为是汤森子爵实行的四田轮耕制，但据二战后的研究，认为英国内战后即有之。至于文中提到的大农场则是阿瑟·扬的一贯主张。

因我即将离开诺福克，行前对这个郡的农业给点评论，不是不适当的。诺福克的农业已使得该郡的名字在农业世界中声名远播。指出在这里取得如此辉煌成功的实践，对具有同样优势但不知使用此实践技术的其他地区，也许可以有些用处。

回溯 40—60 年以前，这个郡的整个北部、西部及东部的部分地区都是牧羊场，一英亩仅以 6 便士到 1 先令 6 便士以及 2 先令的低价出租。即使在 30 年以前，这个郡的大部分地区还是这种状态。但已采用了下列项目，得到巨大的改变。

第一，没有议会的帮助进行了圈地。

第二，积极使用泥灰和黏土。

第三，引入一种极好的作物种植次序。

第四，很好地进行手锄来种植芜菁。

第五，栽培三叶草和黑麦草。

第六，地主接受长期租约。

第七，大部分地区正被划分成数个大农场。

在上述概括的要点中，我没有插入包含在其他条目里的项目。七个项目中缺少任何一个，诺福克的改进便不会存在……

作物种植次序

在管理得最好的圈地及最积极地施用泥灰之后，整个事业的成功仍然有赖于这一点：在诺福克如果没有实行得宜的作物种植次序，从事农业也交不了好运。诺福克的农场主已主要接受以下作物种植次序：

(1) 芜菁

(2) 大麦

(3) 三叶草，或三叶草和黑麦草

(4) 小麦

其中有些人凭借他们的土壤较邻居的富饶（如从霍尔特经艾尔夏姆一路下来到夫莱格这三个百户区），会在小麦播种之后，再播种豌豆类或大麦作物；但这是坏的耕作法，那些发了财的人通常不这样干。在上述次序里，（如有可能）要给芜菁施肥，大部分小麦亦然。这是一种很好的方法。它使土壤保持富饶，只有一种消耗性的作物被用来净化和改良土壤。在这样管理下的土地不可能变得贫瘠或腐臭……

大农场

如果对上述项目作出适当的评价，就会立刻发现，小农场主是无法完成像诺福克农场主做的那样的大事情的。圈地、施泥灰及饲养一大片足以关进羊栏的羊群，绝对只有大农场主才行。没有任何一项能由小农场主，或者说在其他地区称之为中等农场主的来完成。也不应忘记，在诺福克最好的农牧业都是那些最大的农场主经营的。要了解诺福克的农牧业，你必须去柯蒂斯家、马利特家、巴顿家、格洛弗家、卡尔家。你将不会在他们中间发现那些廉价的农作物，而在郡的东部，这些廉价的农作物一年里在一百个小占有者中是太常见了。大农场已是诺福克种植业的灵魂。如果把大农场被分割成很多的100镑一年的保有地，你将发现在整个郡中除乞丐和莠草外，别无其他。富人保持着他们的土地富饶和干净。

这些就是诺福克郡农牧业发展的基本准则。相较于我国其他与诺福克郡同等面积的地区，它已把本郡的大部分的农业的发展水平提高到一个超出它们许多的高度。

（译自《英国历史文献》第10卷，第442—443页）

六、工业与国内外市场的发展

（一）毛织业及其经营

1. 笛福描述约克郡西区毛织业(1724年)

从本文可以看出工业革命前农村毛织业的繁荣。

布莱克斯通缘和哈利法克斯相距8英里。沿途除了从索韦尔比到哈利法克斯一段外，尽是丘陵起伏和崎岖不平的。因此我猜想，我们在那小小的旅行中，大约有8次一会儿爬上云端，一会儿又下降到水平面。

但是现在我必须告诉你们，在我们越过第二座小山，又往下走入谷地以后，这样上上下下，我们越是接近哈利法克斯，我们看到所有的谷底的房屋就越是密集，村庄也越来越大；不仅如此，而且在那些无论怎样看都是极为陡峭的山坡上也都散布有房屋；由于土地被分割为小块的圈占地，每块从 2 英亩到 6、7 英亩不等，很少有更大的，每三四块地有一所房屋。

简单地说，我们登上第三座小山后，看到这个地方是一个屋宇连绵的村庄；尽管满眼都是山，但两所房屋的间隔很少有超出说话之声听不到的距离；随着天气晴朗，我们可以看见所有的房屋都有一台织机，每台织机上几乎都有呢绒、克瑟粗呢或夏龙绒。这是这个地方织造的三种产品。

我们途经各座房屋之间的道路时，发现每所房屋边上都有流动的小溪或水槽；如果房屋位于道路的上方，小溪由上往下流，穿过道路流向另一小溪；如果房屋位于我们的下方，那么小溪是从一定距离的上方的房屋处流下来经过我们面前的；而且，每一座大房屋就是一所作坊，它没有水就不能开工，这些小溪就由水槽或水管这样地分别引导到各处，使得没有一座房屋缺乏它必不可少的水流。

而且，染坊、洗涤房和它们利用这些水流的场所，使水流沾染上染桶的染剂，以及油、肥皂、脂肪和织呢绒匠人上浆和洗涤时所使用的其他成分，等等，因而水流经过的土地都被这种水流浸润得想象不到的肥沃，而如果没有这种水流，这些土地就会是非常贫瘠的。

还有，正像每个织呢绒匠人都必定至少备有一匹马，以便把羊毛和生活日用品从市场运回家，把他的纱线运送给纺纱人，把他的织品运到漂洗工场，一经漂洗完毕，再运到市场销售，等等一样，每个人一般也都要为家庭饲养 1—2 头牛。这些牲畜就是在每户人家周围的几小块圈占地上放牧。同时，由于这种饲养方式，土地因畜肥而得到进一步的改良。至于谷物，他们播种不多，连喂养家禽也不够。

看来大自然恩赐给这个郡的是让它拥有两种东西，这两种东西都是生活所必需的，尤其是对在这里从事的营生更为重要，而且周围的情况，如果不说全世界，也是英格兰的其他任何地方都见不到的，我指的是煤和最高山丘顶上的流水。我毫不怀疑在这些山丘的较低处既有水源又有煤；但是如果他们从那里获取水和煤，那么很可能低洼处就要浸水过多了。无论如何，他们从山丘的较高处取水和煤是容易的，马匹空装上山，然后驮载下来。还有，这个地方似乎早已由上苍设计好用于现在所确定的目的，用于进行一种任何地方都不易提供其所必需的便利条件的制造业。也不缺乏人民的勤劳来辅助这些有利条件。虽然我们在户外见不到什么人，但是我们看见屋里挤满了体格健壮的人，有的在染缸旁干活，有的在织机上干活，其他人在整理织物；妇女和儿童在梳理或纺纱，大大小小都在忙着，4 岁以上的儿童鲜有不能自食其力的。既看不到有乞丐，也看不到有游手好闲的人，除非在为老人和不再能工作的人所建的济贫院里还有这样的人。居民一般都长寿，他们呼吸着新鲜空气；在这样的环境中，艰苦劳动即使不会带来富有，那也自然会带来健康。

综上所述，你将不难想象到，在北部这些遥远的地方，是除伦敦及其附近以外的大不列颠人口最稠密的地区。

（译自《英国经济史史料选》，第 482—483 页）

2. 笛福描述乔治二世初的羊毛贸易和毛纺织工业(1727 年)

羊毛成为商品。首先，由剪毛工、农民把羊毛从羊身上剪下来，或者由煺毛工匠从皮张上取下，出售给羊毛商。再由羊毛商转手卖给制造商；有时也由农民和煺毛工匠直接带到特殊的郡予以销售。

这些羊毛商分布在整个王国，他们率先把羊毛弄到手是为了销售，因而属于商人中地位重要、令人尊敬的一类人。在英格兰，这些商人主要聚集在伦敦，具体一点说是索斯沃克，特别是在巴纳拜街，还有在多塞特郡的布兰福德镇，也有些在诺里奇和林肯郡，还有很多在莱斯特郡。

斯图尔布里奇市集是以出售大量羊毛而著名的，它超过了英格兰整个北部或东部的任何市场。

但是，羊毛无论运到何处，无论由谁出售，都必须首先得运到制造业最初级的两个部门：梳洗、梳理。

洗毛工是一帮专门做这项工作的人，梳洗自成一个行业，然而梳理则主要是由呢绒商本人雇用工人来进行。洗毛工按一只羊一次剪的全部毛或成袋[①]购买羊毛进行梳洗，然后自行送到下一道工序。如上所述，梳理一般由雇工完成。这两道工序以后，羊毛制作便进入下一个步骤，即纺纱了。

由于出产羊毛和购得羊毛的一些地区没有人把羊毛纺成纱，于是在进行纺纱之前，需要有大量的人力，以及马匹、货车等运输工具，把羊毛从此处运到彼处进行加工。

相反，有的是全郡、有的是郡的部分地区专门从事纺纱，它们没有任何其他制造业。

诺里奇及其毗邻地区的织匠、伦敦的斯皮塔菲尔德的织匠，把大量羊毛送到遥远的郡去纺成纱。除了在诺福克和萨福克两个人口稠密的郡进行纺纱之外，特别是剑桥、贝德福德和赫特福德三郡，几乎全郡都从事这种职业。此外，好像整个英格兰这些地区所纺的纱还不能满足他们的需要似的，于是，他们还用货车行驶 150 英里把大量羊毛送往北部，远至威斯特摩兰去纺成纱，再用同样方式把纱运回伦敦和诺里奇。

诺福克郡和萨福克郡所消耗的大量羊毛主要由林肯郡供应，该郡饲养的大羊以供应伦敦市场闻名于世，正如西部制造商是由莱斯特郡供应一样。这一点见于本书有关部分。

但是所有这些仍然不能满足需要，就好像整个英格兰都不能供给制造业足够的纱似的，因此他们从爱尔兰购进大量的纱，在布里斯托尔上岸，由此循陆路用货车运到伦敦，也有的运到诺里奇。

广大和人口稠密的埃塞克斯郡主要从事于台面呢、斜纹呢的制

① 每袋 240 磅。——译者

造。他们所需的羊毛主要是向伦敦羊毛商购买。拣选、润滑、洗毛和其他的准备工作是由制造业主或台面呢制作人来完成的。一般在本郡内纺成纱，其范围至少在 50—60 英里方圆之内。这个郡拥有广大和人口稠密的城镇，如科尔切斯特、布伦特里、科盖谢尔、切姆斯福德、比勒赖凯、比晓普斯图特福德、萨弗伦·沃尔登、沃尔瑟姆、罗姆福德和大量较小的但人口稠密的乡村。总之，整个郡人满为患。

在英格兰西部，制造业发展水平较高，人口较多，但不论羊毛还是纱线，都不能由当地自己供应，尽管这两种东西都远非英格兰其他地区所能及的。也就是说：

(1) 尽管在多塞特、威尔特、格洛斯特、萨默塞特和汉普郡诸郡的无边无际的丘陵和平原上饲养了大批的羊，但不仅是羊，甚至羊群的数量都无法估计，以至于多尔切斯特的人们说，一个城镇方圆 6 英里内饲养了 60 万头羊。

(2) 尽管威尔特、萨默塞特、格洛斯特和德文等是面积广大、人口众多的郡，但这些地区的制造业规模也是如此的庞大，所有的女性居民应该都可以被雇佣从事于纺纱。而且在这些郡还有人口稠密的城市，如埃克塞特、索尔兹伯里、韦尔斯、巴思、布里斯托尔和格洛斯特。除此之外，我可以说它们中的最大的城镇相比整个大不列颠任何其他地区都具有炫耀的资格，其中有些甚至超过北部的利兹、威克菲尔德、设菲尔德等大城市。还有汤顿、德维泽斯、蒂弗顿、克雷德顿、布雷德福德、特罗布里奇、韦斯特贝里、弗罗姆、斯特劳、比德福德、布兰斯塔普尔、达特默思、布里奇沃特、迈因赫德、普尔、韦默思、多尔切斯特、布兰福德、温伯恩、舍伯恩、赛伦斯特、霍尼顿、沃明斯特、杜克斯贝里、特德贝里、马姆斯贝里和其他富裕地区，因为实在太多而不能一一列举。我提到的这些城镇自行估算这四个郡所雇佣的人数，使我确信至少有一百万人经常被雇佣来从事纺织业。除了上述这些大城市、城镇和港口外，还有不下于 120 个定期集市的小镇、6个大城市和1 200个教区，这些地方的某些地区也挤满了从事纺织业的人。

即使如此，这种制造业是如此发达，以至于据说它们每年要从爱尔兰运来3万袋羊毛和2.5万袋纱线。

以下简略考察英格兰中部的情况。莱斯特、北安普敦和沃里克诸郡都拥有数目巨大的大羊，正如已讲到的，林肯郡的情况一样，这些羊是为供应伦敦市场而饲养的。因此，这种羊的羊毛具有特长纤维，细度也非常好。

每周的星期四和星期五，羊毛被运到格洛斯特和威尔特两郡边界的赛伦斯特的市场，估计每周至少有500袋上市。

这里的羊毛是由特德贝里、马姆斯贝里，以及威尔特与格洛斯特的所有城镇的洗毛工和梳理工购买的，此外，呢绒商本人也来购买。这些羊毛送到邻近地区周围的贫民中去纺线；而在纺成纱之后，远销到弗罗姆、沃明斯特和汤顿。这样，西部地区就得到了供应。

对北部的情况要另作考查。莱斯特郡的其余地方的羊毛商人不向南边运输羊毛，而是运到更北的威克菲尔德、利兹和哈利法克斯等地方去。在这些地方，他们把羊毛和北边较次的羊毛进行混纺。

然而不要忘记，在北部约克郡东区的山地丘陵，达勒姆主教管区，特别是蒂斯河沿岸，也产大量的优质羊毛，因为这些地区，土质十分肥沃，其饲养的羊被认为是英格兰最大的。

那些地区所有最优质的羊毛都运到这里，而较次的羊毛和苏格兰羊毛则运到哈利法克斯、罗奇代尔、贝里，以及兰开郡、威斯特摩兰和坎伯兰三郡的制造业城镇中，生产较次的产品，如克瑟粗呢、半粗织品、粗毛袜、粗厚呢、毛毯、土耳其织品（Turkey work）、椅套制品和那些地区盛产的许多有用东西。

（译自《英国经济史史料选》，第483—487页）

3. J. 史密斯关于毛织业中经纪人的描述(1739 年)

布莱克韦尔大厅代理商的暴行

那些从事加工西班牙羊毛的穷人们遭受的痛苦，不是源于呢绒商的残酷压榨，而是布莱克韦尔大厅代理商的暴行所致。尽管这些代理商起初只不过是那些毛呢制造者的仆人，而现在则已变成为他们的主人；他们还不仅是制造者的主人，而且成了羊毛商人和零售商的主人。

先生，可能你要问为什么会这样？这怎么可能！这些人只是自称代理商或代理人，他们怎么会有办法像暴君似地控制他们的雇主呢？那是因为他们做到使商人不能把羊毛出售给呢绒商，而呢绒商也不敢购买商人的羊毛。由于这个重要的因素，他们攫取了全部权力。先生，为了弄清这点，你必须明白，在 1695 年呢绒商处于与目前相同的状况。一方面，由于他们让零售商赊欠；另一方面，他们又被迫购买代理商的羊毛，于是呢绒商全体向议会求援。据此，议会通过了一项法令，允许他们重开布莱克韦尔大厅市场，对呢绒商货物的赊欠，限期为 6 个月。这样促使代理商依据呢绒商的收益权，要求零售商出具字据，以保证在那个期限付款，违者处以没收双倍欠款。如果零售商拒绝要求，不交字据，则课以 20 先令的罚金。

…………

代理商像地道的政客那样把最重要的一点争取到了。他们决心继续去冲击，在他们以前所得到的基础上又加上新的收益。于是他们再次允许零售商不合理的赊欠。当回收是如此缓慢和不可靠时，弄得最富裕的呢绒商也无法继续此行业。由此普遍地出现抱怨。代理商便施恩，保证订约后 12 个月偿付欠款，但坚持要求付给 2.5%厚利作为回报酬金。若是十分坚决地反对这个新的负担，那么呢绒商就不得不屈辱地为他们的款项等待 6 个月，那就是说，总共一年半。呢绒商需要花 3 个月的时间织出呢绒，在出售前又需在商行里存放 3 个月，这样，在售出以前，一共得耗去两年的时间。现在，任何人都能判断，在如此不利的条件下，特别应当考虑这两件事，即无论货物售出与否，呢绒商必须给他的工人支付现金；另外，即使不甚诛求的代理商也坚持要呢绒商在得到第一笔织物款时，就要支付给他们购羊毛款，这样呢绒商要继续这一行业需要何等大量的原料和资金啊！

而且不限于此，按他们的计算，如果呢绒商难于应付如此巨大且连续的费用，而大都被迫在到期前向代理商要求动用款项，那么祸不单行，呢绒商必须为要求提前支款而付出高额酬金，或许，要用自己的钱。先生，你不必惊奇，这些尊敬的绅士们是如此渴望垄断整个西班牙羊毛贸易，因为平均在每袋羊毛上他们可获利 4 镑。现在假定一个大呢绒商一年加工 80 袋羊毛，那么仅此一项，他们就要每年付给代理商 320 镑佣金，因为羊毛是要呢绒商用现金购买的。一旦代理商逐渐富裕而不需冒任何风险时，呢绒商便要遭受双倍损失，一是为了他接受的东西，一是不仅为了他所拒绝的，而且还采取了明显对他有害的手段。

还应着重指出，呢绒商库存的最大部分必须交给代理商。假如呢绒商破了产或无偿付能力即死去（虽然他们中许多人一生辛苦和勤劳），代理商马上全部占有他的财产。（代理商说）这是贷款和已售羊毛的抵押，而其他的债权人很少能够分得一点儿。可怜人的灾难主要是起因于代理商，而他却席卷一切而去。

…………

（译自《英国经济史史料选》，第 492—495 页）

4. 约翰·凯发明飞梭（1733 年）

织的第一个重要发明——飞梭，使织匠一个人能干两个人的工作，影响甚为深远。

飞梭发明人约翰·凯 1704 年出生于兰开郡贝里附近的沃尔默斯莱。他在大陆受教育，当成年时，受命管理其父在科尔切斯特的一家呢绒工场。1733年他取得著名发明的专利。这一发明使一个织匠做两个人的工作。它导致在纺织业的组织和分配上一个革命性变化世纪的来临。凯的器械的主要特点是新的投掷梭子的方式。筘(batten)的每一侧与一条跑梭板联结,沿着它,梭子与转轮接触。跑梭板借了一条绳子与一根杠杆或"拔栓"(picking peg)相连,而这个"拔栓"则由织匠拿在右手上。"拔栓"的急投给了梭子必要的动力。梭子则机械地来回穿过经线,而织匠不必用手投掷了。这样便让他的一只手完全自由地作用于筘而把纬线拍打在一起。梭子现在的快速投掷使这个新发明物得名为"飞梭"。约翰·凯的一个儿子罗伯特·凯后来发明一个"落箱"(drop box),使得织匠使用各种梭子,而每一梭子包含一种不同颜色的纬线。飞梭或"跳跃织机"(spring loom)的发明使一个织匠在织宽幅呢时省去助手的帮助,使之不再依赖一个匠师……在这个意义上,我们可以说织匠现在能做两个人的工作……

(译自《呢绒与毛线工业史》第4章《过程与发明》,第142—143页)

(二) 炼铁业

这封信是埃比娅·达比夫人描写老亚伯拉罕·达比用焦炭代替木炭炼铁成功的过程。信可能写于1775年。

尊敬的朋友:

……我现在冒昧函告从我丈夫那里听到过的和来自自己的见闻,以及一位健在的人士告诉的情况。他的父亲是刚有这几座煤矿井时便来这里当工人的。

那就从起源开始吧!我的丈夫用了与他父亲同样的名字,我的公公(亚伯拉罕·德比①,他是在布里斯托尔或靠近该地最早开办黄

① 1677—1717年。

铜制品工厂的人)企图在代替垆坶(Loam)的模砂里翻砂和铸造铁锅,等等(正如他们常做的,用垆坶制作乃是个令人讨厌和昂贵的工作法)。他成功了。最早是在布里斯托尔的一座反射炉做试验的。约在1709年,他进入什罗普郡,到煤溪谷,并同其他合伙人一起租了工厂。它们仅包括一座旧式鼓风炉和几座熔铁炉。在这里他在模砂里铸铁器,用木炭烧的鼓风炉吹风,因为那时还没有想到用矿煤燃烧去吹风。过了一段时期,他提出可能行得通的想法:即在用矿煤的鼓风炉里熔化铁矿石以炼铁。最初用刚从矿里采出的原煤,但没有成功。他并不泄气,便把煤炼成焦炭渣,正如使麦芽干燥的做法一样。这样做得到满意的结果。但他发现,只有某一种矿煤对制造好铁最为适合。——这些是有益的发明。因为无论在费用上还是便捷上,用模砂代替垆坶作翻砂和铸造都是大贡献。如果我们能用小比大——正如手写与印刷术的发明相比,在垆坶里翻砂、铸造比在模砂里做真是小巫见大巫了。而后他建造了另一座鼓风炉和扩大了那些工厂。这个发明很快传到国外,并变得颇为实用。

…………

于桑尼赛德

[可能为1775年]

(译自《英国历史文献》第10卷,第468—469页)

(三) 采煤(煮盐附)及运输、经营

1. 记泰因赛德①采煤、运煤和煮盐情况(1725年)

第二代牛津伯爵爱德华·哈利旅行英格兰北部和苏格兰。本文为其私人牧师托马斯的记载,可代表18世纪二三十年代东北部采煤、运煤和煮盐情况。

① 意为泰因河畔。——译者

5 月 6 日〔1725 年〕

…………

……越过左右两旁都有煤矿的几块沼泽地，我们下了一个极糟糕的、崎岖不平的、破碎的和多岩石的陡坡，通过跨越泰因河的盖兹赫德①进入纽卡斯尔……

……从市政府送来一张请柬……约我主人乘坐城市游船游览泰因河及参观西兹和泰因茅斯。

5 月 7 日

上午 10 点一刻，我们在市长府第乘上城市游船……市乐队乘坐另一艘游船。从岸上 5 个不同地方鸣礼炮致敬。在河两岸有几个装卸转运码头，那些地方存放着从矿井采出来要用船装运走的煤。那些上面放有木制作的物件，称为运煤干槽。从这些码头的干槽处，装货人把煤装上驳船(这里叫平底船)，再顺流而下，运到主要停泊在西兹周围的大船上。有许多平底船分散在河上，但此刻没有多少大船在。每只平底船装 8 焦尔伦，正好等于 16 伦敦焦尔伦(chaldron)②。现在正好有 800 只平底船在河面上，而每只船则雇佣 4 个人。这些人有一种特殊方法来保证他们在任何时候都会互相支持，即向一块石头啐唾沫。就像他们最近对付一个在泰因河北岸开酒馆的老板一样，那个人侮辱了一个划平底船的人。于是名誉受到损害的人前去，在酒馆附近的一块石头上啐唾沫，并宣布断绝与该店的任何交往；其余的人同心同德地履行了同样的仪式。他们如此虔诚地忠于他们的暂约，以致不得不因没有了工作而迁出他们的住

① 意为门口。——译者

② 意为锅，旧时煤的重量单位，纽卡斯尔焦尔伦于 1700 年定为 53 英担(每英担等于 112 磅，合 50.802 千克)。伦敦焦尔伦于 1700 年定为 26.5 英担，正好是前者的二分之一(据 M. W. 弗林：《英国煤矿工业史 · 第 2 卷 · 1700—1830 年》，第 461 页)。——译者

房。这些划平底船的人住在纽卡斯尔的称为桑德盖特的部分，类似伦敦的瓦平，其人数据推测在 1 万以上。

在我们到泰因茅斯之前的右手一侧，河流在一片大低地上流过，它约有 1 000 英亩……

在河流同一边的稍远处是南西兹。这是制盐的主要所在地。那里的房子都是简陋、低矮的茅屋，而且总是为脏得可怕的浓烟所笼罩。该处共有 200 口盐锅(salt pans)，每口雇用 3 个人，此外还有为数甚多的妇女和儿童……

当午餐结束后，我们转回上溯，并在河北岸的威灵顿趸船登岸参观盐锅，我想那是称为“豪当盐锅”的地方。

每口盐锅在煮沸 8 次之后得到 1¼吨盐，时间是 3 天半。每口锅在 7 天里耗煤 14 焦尔伦，这样得到 2½吨盐。

在西兹等地所有盐锅每年度产值约为 15 万磅。

操纵抽水机的人，亦即那些把含盐的水从河里抽入盐锅的人，每日工资 5 便士。

看守人，即那些不停地注意盐锅和火炉的人每天工资 6 便士。在这里卖 25 先令的盐给政府创收 6 先令 6 便士。

我们从那里直接回城……

…………

这是除伦敦外我看到的居民最多、最繁忙的城镇……

在 8 月和圣诞节之间，每周约屠宰 3 000 只羊，还有成比例的其他(牲畜)肉类。

它的主要产业是采煤业，年产值约 25 万镑。他们现在对桑德兰似乎有些嫉妒，因为在这类产业上，近来桑德兰也占有相当大的份额，正如他们告诉我的，看来与日俱增地要占纽卡斯尔的上风了。

就我记忆所及，采煤工业的整个过程及在采煤过程中用的名词如下：从破土到达煤层之前，他们称作掘井(sinking of a pit)；当他们掘井到达煤层，那时他们便说到达煤床(bed of coals)。提升煤的矿井，且有时深达30、40、50、60呜[①]等，称为竖井(shaft)。用木头作内衬以防坍塌则是支撑它的。从矿井下盛装煤提升到井口的篮子是[ ][②]。站在矿井口监视地面其他工人的主要工作人员是井上工头，在井下的监工是井下工头。

在矿井口的煤(它放在井周围)是为了便于装上运煤车的。运煤车循矿主租借的、有权通过的道路以达到码头，从那里买煤的装货人把煤运走，他们把煤装上平底船而后再装上大船。

(译自《英国历史文献》第10卷，第476—479页)

2. 笛福描述乔治二世初的煤炭贸易和运输(1727年)

从海路运到伦敦的纽卡斯尔煤炭，是在那里的煤矿或码头上购买的，每焦尔伦最多不超过5先令。但当这些煤运到伦敦、卖给消费者时，每焦尔伦则不会少于25—30先令；而当再次把煤转载于泰晤士河上的驳船，通过大桥，然后把煤装入西部地区的大货船，沿河上溯到牛津或阿宾登，再用货车转载，行程10、15或20英里，到最后消费者手中，那么这时每焦尔伦煤的售价就是45或50先令了。所以第一次售价5先令，再加上5先令的税，这时比原价高出了5倍。由于我经常要提到煤炭的装卸，因此必须在这里作一次性解释，因为这有助于说明不仅在与煤有关方面，而且在许多其他方面泰晤士河和沿海贸易的性质。这些煤炭装运过程如下：

(1) 在矿窑里向地下深挖，有时挖50、60甚至挖到100呜深处。把挖出来的煤装入(矿工们这样叫的)筐内或桶里，用一匹或几匹马带动滑轮，把筐或桶提升到矿井顶上或矿坑口，然后把煤堆积起来，等待船只进港装运。

---

① 6英尺为1呜。——译者

② 原缺。

(2) 把煤再次装入一台称为矿车的大机器，每次用一匹马拉着2焦尔伦或更多的煤，沿着一条人工矿车通道向前行走，有时行程三四英里，便到达最近的河流码头，把煤投入货栈等待外运。货栈造得如此巧妙，有一部分靠近水或悬浮在水上，以致驳船能靠近它或就在它的下面。煤炭立即抛向驳船，再由驳船把煤运到大船上。这就是第一次起运。

（译自《英国经济史史料选》，第491—492页）

(四) 谷物贸易和伦敦商业

1. 笛福描述乔治二世初的谷物贸易(1727年)

此文谈到谷物贸易的发达和分工的细致。至于作者批评的看样订货等，以后成为一种重要的买卖形式。

谷物贸易对我们很重要，因为需要运出剩余的谷物，所以本身就成为非常重要的商业。作为一项贸易，涉及的人虽然很多，但主要是四种人：谷物商、磨粉经营者、麦芽制造者或贩卖者、运输经营者。

(1) 谷物商　因为现在谷物在国内外均成为重要的商品，因此谷物商人数众多。虽然最早只在伦敦有这种人，但现在他们已遍布所有各大谷物市场和港口了。不列颠全岛的谷物是通过这些港口输出的。在所有这些港口，他们通常与英国内地谷物商配合行动。

那些人窜到农村，在农民中活动，不仅在打谷之前，在谷仓里购买谷物，而且有时还在田野里购买谷物，不仅在收割前，而且还买青。这种诡谲的买卖对谷物商非常有利，因为他们可以用这种手法狡猾地欺诈农民，使那些可怜的人能够提前得到他们急需的钱，当谷物看涨时，谷物商会廉价购进。有时他们也会判断错误，落入自己设下的圈套里。但这是极少出现的。假如他们的诚实像他们精于经商那样闻名，他们就会以光明磊落而自豪。

(2) 磨粉经营者　这些人一般住在伦敦或其周边30英里以内，这个行业主要与伦敦市场有关。以前他们是谷物——小麦和裸麦——的购买者。在伦敦周围或伦敦三四十英里以内的所有大市场上购买谷物，再把这些谷物运到离市场最近的磨坊，磨成面粉后出售给店主。后来这些店主在伦敦被称为磨粉经营者。

但是几年前，这个行业有了新的变化。因为目前在伦敦及其附近部分地区的面包师傅自己进入市场，排挤了经营商店的磨粉经营者，从而面包师傅成为磨粉经营者。他们也像磨粉经营者通常做的那样，出售优质面粉给各个家庭。正如面包师傅排挤了伦敦的面粉铺，磨坊主也取代了农村的磨粉经营者；他们以前只是为磨粉经营者磨面，而现在他们扔掉了这种业务，开始自己购买谷物，然后磨成面粉出售。于是面包师傅到磨坊主那里购买面粉，而磨坊主从市场上购买谷物。

诚然，这是贸易上的新情况，是违反一种已知的健全的商业规律，即贸易应吸收尽可能多的人手去做，以便使其畅通无阻的。它的运行犹如血液的流通，是商业的生命。但我此刻并不是要指出应该怎样，而是告诉人们现在是怎样的。磨粉经营者无疑在一定程度上是被排除在这个行业之外了，无论是在伦敦还是在农村。但那些用船从泰晤士河沿岸所有地区，或者从任何可通航的河流的沿岸进入泰晤士河西部把面粉运往伦敦的磨粉经营者除外，还有一些在奇切斯特、阿伦德尔附近及萨塞克斯、汉普郡沿岸的通过海路运送面粉的磨粉经营者也得除外。后者是这样一种面粉商人，他们在伦敦有代理人。这些人在英国最大的面粉市场昆希或其他较小市场，为他们出售面粉。

由于贸易的这种变化，磨坊主，特别是靠近泰晤士河地区的磨坊主，以前他们被认为是从事一种极其低贱职业的人，而现在成了大企业主。在一些大河上游拥有磨坊是一件极普通的事，出租它们每年可收入 300 或 400 镑。

(3) 麦芽制造者或贩卖者　以前啤酒的消费不是太多，啤酒店的数目也较少，大多数农民一般用自己的大麦制作麦芽，特别是在城镇和各郡是这样，从那里他们供应伦敦和几乎每一户大农场主。现时，这些人已不再是农民或像以前所说的那样是劳动人民了。

随着麦芽需要量的增长，农民们发现必须制造更多的麦芽才能满足城镇所需，其数量比他们自己栽种的大麦还多，于是他们就在附近较小的农庄购买大麦。这样麦芽市场就出现了增长势头。由于受到利润的刺激，他们到处寻找大麦。此时，瓦尔、赫特福德、罗伊斯顿、希钦和赫特福德郡那边的其他城镇的麦芽制作业从 20、30、40 英里范围内获得大麦。他们能在埃塞克斯、剑桥、贝德福德、亨廷顿①以外地区，甚至远至萨福克获得大麦，但仍不够供应他们的用量。泰晤士河上所有制作麦芽的城镇也是如此。那些地方进行麦芽贸易是为了供应伦敦，诸如金斯顿、彻特西、温莎、高威康姆、雷丁、沃林福德、阿宾登、泰姆、牛津及所有附近的城镇。特别是在阿宾登，他们有一个大市场。在那儿你们可以看到，每个集市日有四五百辆售卖大麦的货车排列在市场内；还有大量的大麦，直接送到麦芽作坊。

麦芽贸易就这样增长着，不久便摆脱农民的控制。因为要么是农民发现了麦芽贸易上有这么多买卖，而且有这么多好处，于是便停止耕作，出售农庄，全部身心贴在麦芽上；要么是其他人因受麦芽贸易明显好处的刺激，像上面讲到的，当麦芽贸易开始增长之际，便投身该项贸易，购买农民的大麦。或者最可能，两种情况兼而有之。这样一来，麦芽制造便成了一种独立的行业了。

再者，尽管那时的农民一般说来像上面的情况离开了麦芽制

① 原作 Huntingdon，误，应作 Huntington。——译者

造，但他们并非完全置身于该项贸易的利润之外，而是用租的办法制造自己的麦芽；即为自己的方便而把他们的大麦交给麦芽作坊制造，于是引起许多人开设这种作坊。他们主要是按照交接双方同意的每夸特各分多少的条件，替人制造麦芽。而且在两笔生意间的空闲时间里，如要充分利用设备，便自己制造麦芽。这些我不久还要讲到。

在谈到谷物商时，我本应注意到有许多代理商只出售麦芽，可以说，他们是居住在农村、向外发货的麦芽制作者的代理人和亲自送货的麦芽制作者的助手。

在此重提这些代理商，自然使我看到一种由这些代理商引进的一种买卖谷物和麦芽的新方法。虽然这是一种不合法的交易，而且许多方面有损于市场，但实际上却与日俱增。这就是凭样品可促成谷物买卖。情况经过大致如下：

一个农民可能有 20 担小麦存放在他的谷仓里，他用手抓了几把放在钱袋里，于是就带上这些所谓的样品来到市场上。

当他到了市场，就拿着小口袋样品站在进行交易的特殊地方。代理商或买主也来到那里。代理商看了样品，询问价钱，讨价还价，然后成交。这不是一袋或一担，而是大宗的交易，因此他们必须一起到附近客栈去再次商讨交易、交货及付款等方式。这样整个谷仓或谷堆就立刻全部出售。不仅如此，这种新的买卖方法还是一个契机，以后代理商说不定会直接到这个农民家里和他交易，所以农民不再为市场而发愁。

这种交易主要是在伦敦附近的或至少也在泰晤士河一带的城镇市场进行，如罗姆福德、达特福德、格雷斯、罗彻斯特、梅德斯通、切姆斯福德、莫尔登、科尔切斯特、伊普斯威奇和河下游的两岸到北福雷兰德，特别在河一边的马加特和惠兹特布尔等的市场都是；还及于萨福克海岸，并沿海岸两侧延伸。同样，河的上游也进行这种贸易……

（译自《英国经济史史料选》，第 487—491 页）

2. R.坎贝尔记伦敦商业(1747 年)

本文总结了 18 世纪上半叶伦敦商业的状况,在一定程度上也反映了英国的商业。作者指出英国与爱尔兰商业上的不平等关系,为爱尔兰鸣不平。

…………

不列颠的贸易可分为国内和国外两部分。国内贸易是将王国一处的商品运往另一处,特别是运往大的贸易市场伦敦城。从岛屿其他地方输入伦敦的主要商品为谷物、煤、啤酒花、羊毛和亚麻织物。谷物和啤酒花由代理商在熊钥出售,他们被称为谷物代理商或啤酒花代理商。煤在伦敦桥下(Pool)出售。毛织物由呢绒商运来,并由在布莱克韦尔大厅的代理店的代理商出售。而来自爱尔兰和苏格兰的亚麻织物则运到为该商品而设的代理商处。

这些代理商是商人的一种。他们接受委托,且为了一笔惯常的佣金而出售其他人托付给他们的货物。佣金有时为 2%,有时多一点,视其涉及的贸易性质而异。农村中的一位农场主有两三百夸特的小麦,或者一位麦芽制造者有同等数量的麦芽在伦敦市场出售。麦芽制造者与农场主都不能方便地去伦敦,因此,他们用船运来他们的货物,并把这些货物托给一家谷物代理商。代理商按照最有利的价钱出售它们,得到现金,再把现金连同出售账单寄给农场主,从他们那里扣除因麻烦和额外开支而要求的 2.5%或通行的佣金。有根据同样方式办理外国商品的代理商,即由外国商人把货物委托给他们,按照他们的估价出售。这些代理商要么是按照他们与之交往的国家,要么是按照最经常托付给他们的货物来分类。绝大部分商人乃是按此形式互为代理商的,并且视此形式为他们买卖中最可靠的、尽管不是最有利可图的部分。

外国商人输出其所在王国生长或制造的货物给他国市场,而以输入他国的商品作交换。这些商品按他们运入的货物或与他们有最大交易的国家来分类。于是，一个做烟草买卖的商人称为烟草商或弗吉尼亚商[1]；经营酒的人称为法国或葡萄牙商人[2]，或酒商；其余类推。有些商人与地球上所有的王国做生意，而从距离最远的国家输入商品并输出商品到那里；其他商人则将自己限定于交易某些特殊商品。有的商人输入酒，还有的商人输入烟草，还有的输入糖，还有的输入木材、铁、铜、亚麻、苎麻，等等；而输出货物到那些适合这些货物的国家的市场去，以使他们能有特殊赚头。——那么，区别这些不同商人可采用的最好途径是通过考察他们的输入和输出商品的情况来加以划分。

我们出口到牙买加及其他产糖殖民地的商品，包括各种的衣料、各类的室内家具、餐具和服饰用杂货、表、宝石和玩具，各种各类的东印度货物，某些法国酒、英国的麦酒，苏格兰、爱尔兰和德国生产的亚麻布；而且我们的船只经常停靠爱尔兰装载如牛肉、猪肉和奶油之类的食品。从牙买加和其他产糖殖民地运来的回程货为甜酒、糖、棉花、靛蓝，以及某些贵重木材如桃花心木、愈疮木，等等，还有某些染料木，特别是苏木。

我们向新英格兰、纽约、宾夕法尼亚和我们的北部殖民地的其他各处，出口上面一段里提到的同样的商品。总之，包括除食物以外的每一项生活用品。作为交换，我们有用以造船的木材，给南部殖民地的谷物和其他食物；从佐治亚和宾夕法尼亚两处来的一些毛和皮，亚麻、米和亚麻种子，而从新英格兰来的鱼则供应东方[3]市场。

我们出口上述各种商品到弗吉尼亚和马里兰。作为交换，我们得到烟草和生铁。除了向所有殖民地输入货物外，我们还得到现

① 弗吉尼亚以产烟草驰名，称弗吉尼亚烟草。——译者。

② 在重商主义思想指导下，英国认为法国酒输英对英国不利，于是在 1703 年与葡萄牙订约，葡萄牙红葡萄酒(port)输英的入口税仅为法国红葡萄酒(claret)的 2/3，此后葡萄牙酒也大量输英。——译者

③ 东方(Levant)，指地中海东岸诸国。——译者

款,这是诸殖民地从我们岛屿与拉丁美洲大陆(Spanish Main)进行违法贸易之中取得的。

我们向爱尔兰输出我们殖民地的出产物,糖和烟草,各种东印度的货物,英格兰制造的丝织物和生丝,以及意大利产品,包括宽幅呢绒、帽子和长袜,金银丝花边及许多这个国家生产的商品。作为这些物品的交换,除了一些亚麻布及给我们南部殖民地的食物,我们不再要什么,而只要现款。在商品交换上爱尔兰所付的差额,及其在英格兰的绅士和贵族上所花的金钱,每年至少 100 万英镑,这比我们从所有我们的其他的商业部门的收获都大。然而,我们竟吝不给予这些人民以臣民的共有特权,看不起他们,谴责他们的国家,犹如是在那个王国里生下的一个罪犯一样,而我们则从那个王国得到我们财富的最大部分。

我们向荷兰和佛兰德斯输出一些毛织品,伯明翰和设菲尔德的货物,煤、铅、锡和铅浆(Lead-Oar);有时为谷物、奶油、干酪和来自爱尔兰的兽皮;以及一些皮革、烟草和糖。从那里我们获得荷兰麻布、亚麻布、纸、鲸须和鲸油、代尔夫特出产的陶器和瓦器、麻纱和麻纱花边以及由走私者向我们海岸输入的非常大量的东印度货物。荷兰人几乎没有特别属于他们自己的商品供输出。他们的商业基础是东印度货物及在不列颠沿海捕到的鱼。用这两种商品他们购买全球的产品,而且比支配美洲财富的骄傲的君主①更是美洲财富的主人。

我们运送些毛织品到德国去,但最近一些年比以前少了。还有些铅、皮革和锡。作为交换,我们获得供我们国内消费及我们殖民地使用的亚麻布,而且付出现款弥补大的贸易差额。

我们出口到法国的,除了铅和锡,输入到敦克尔克的一些烟草,以及来自苏格兰的一些鲑鱼外,便几乎没有什么了。但我们进口

① 指西班牙国王。——译者

酒、白兰地、各种丝织品，亚麻布、麻纱花边和金银丝花边、纸、纸牌及数量巨大的小宝石和小玩具，为这一切我们每年付150万镑弥补贸易差额。在评价从法国进口上，我们应当提到骄傲、虚荣、奢侈和腐败。但因为我无法根据海关账册估算这些进口货物的数量，姑且不加考虑。

我们出口一些毛织品、烟草与少量东印度货物至瑞典和丹麦，唯有最后一类货物日益减少。我们运送肥皂、盐及一些鱼到它们那里，但荷兰人垄断了这个部门。作为交换，我们得到松料(Deal)、铁、铜和橡木板，而且用现款付给他们一大笔贸易差额。

我们把上面提到的绝大多数同样货物运到东方[①]国家，作为交换，接受各种各样的海军军需品，一些亚麻布，以及由陆路经俄国运来的波斯的某些产品。

我们经常向西班牙输出各种毛织品，并且向他们的殖民地供给我们殖民地的同类商品；我们从几内亚海岸向他们提供黑人。作为交换这一切，我们得到西班牙产的某些酒、水果、油和橄榄，还有一大笔金银汇款，但这些贸易现在已减少到没有了，因为法国人已把它完全占为已有了。

我们运送铅、锡、毛织品到葡萄牙，也给他们在巴西的殖民地运去商品，而我们换得酒、油和现金。

我们向意大利运送新英格兰和纽芬兰的鱼、铅、锡、一些毛织物、皮革、烟草、糖及东印度的货物。作为交换我们得到某些芳烈的酒、无核小粒葡萄干、丝织品及生丝、油、橄榄和酸菜。

对东印度我们运去某些毛织物、铅、手表、钟、火器、帽子，但我们主要的出口为银块。为交换这些东西，我们接受黄金、钻石、香料、药材、茶、瓷器或中国器皿、丝织品或生丝、不同种类的棉织品、硝石，等等。这些货物的大部分供国内及我们的殖民地消费，剩下

① 从文字看，当为波斯湾一带。——译者

的则出口到欧洲其他国家。这些出口的回报弥补了输出银块的损失。

对几内亚我们运去一些羊毛和亚麻织物、餐具、火器、剑、弯刀、玻璃和金属玩具,等等;而作为交换,我们得到供应我们殖民地的黑人以及砂金、象牙。

对土耳其我们运送各类毛织物、铅、锡、东印度货物、糖,等等,而作为交换,我们得到咖啡、丝织品、马海毛织物、地毯,等等。这是个有利的贸易线路,进口和出口近乎持平。

(译自《英国历史文献》第 10 卷,第 494—498 页)

工人的状况和斗争

一、工资状况和工人结社

(一) 沃里克郡四季法庭[①]的工资估算(1738 年)

下表主要为对农业工人和手工业工人的工资估算,可代表 18 世纪中叶农村工资状况。

各种工匠、劳动者和仆役分类工资等级系根据日作是否供给食和饮,也是根据全年大致情况或根据他们的工种情况而制订出来的。对于此时的粮价以及其他应予重视的情况,给予特别关注。

1738 年 4 月

	镑	先令	便士
每个农业仆役的年工资	5	10	0
仆役助手	4	0	0
14 岁到 18 岁的少仆	2	10	0
11 岁到 14 岁的童仆	1	0	0

① 亦译季审法庭。——译者

续表

	镑	先令	便士
每个领班女仆的年工资	3	0	0
女仆助手	2	10	0
从圣马丁节①到3月25日②日工的工资	0	0	8
从3月25日到收获和收获到圣马丁节日工的工资	0	0	9
每个享用饮料的割草者的日工资	0	1	0
每个不享用饮料的割草者的日工资	0	1	2
每个享用饮料的翻晒干草的妇女	0	0	5
每个不享用饮料的翻晒干草的妇女	0	0	6
每个享用饮料的收获谷物的妇女	0	0	6
每个不享用饮料的收获谷物的妇女	0	0	7
每个享用饮料的木匠的日工资,从3月25日到圣米迦勒节③	0	1	0
每个不享用饮料的木匠的日工资,从3月25日到圣米迦勒节	0	1	2
从米迦勒节到报喜节,享用饮料的	0	0	10
从米迦勒节到报喜节,不享用饮料的	0	1	0
每个享用饮料的砖石工夏季的日工资	0	0	10
每个不享用饮料的砖石工夏季的日工资	0	1	0
每个享用饮料的砖石工冬季的日工资	0	0	10
每个不享用饮料的砖石工冬季的日工资	0	1	0
盖屋顶者夏季和冬季的日工资	0	1	0
谷物除草者日工资	0	0	4

〔上述工资价至1773年仍属有效。〕

(译自《英国经济史史料选》,第546—547页)

① 11月11日。——译者
② 报喜节1738年时为岁首。——译者
③ 9月29日。——译者

(二) 下院一委员会关于西部地区毛织工结社报告(1726年)

英格兰西部地区是工业革命前三大毛织业中心之一。从报告可知手工业工人结社已具雏形。议会据报告通过禁止毛织工结社法令。

［**1726年3月31日**］ 威廉·扬爵士代表委员会提出报告:德文郡蒂弗顿镇的市长、重要市民和助理,即当地毛织业的主要商人;埃克森城毛织业的漂洗者、制造斜纹哔叽者和其他人;布里斯托尔城及附近一些地区毛织业几个部门的主要商人;萨默塞特郡汤顿镇市长、市参议员和市民及主要商人;以及尚有汤顿的贫穷受压迫织工均向本委员会递交请愿书。委员会已检查前四件请愿书的材料,并授权扬向本院报告检查情况及因此而提出之委员们的处理意见,至于最后一件请愿书则无当委员会之面提供的证词。扬在其议席上宣读本报告,其后置于书记官[①]台上。在那里,复述了同样内容。委员会的报告及决议如下,即:

委员会已遵照本院3月3日的命令,检查了所述请愿书材料,并根据取证结果,与上述同。其情况如下:

约翰·沃勒先生称:在英格兰西部好几个地方,尤其是埃克塞特,织工有很多俱乐部。他们在那里制定规章。有些他见过。其中规定有开会地点、确定负责人,付给流动工人补助,并查明他们的工资等。

有几个织工把他们的活计带回家,而不敢到业主那里去做,因为怕俱乐部的其他织工阻止他们去业主那里。而且他[②]相信,在最近发生的暴乱事件中,有一起是业主们拒绝增加工人们想要增加的工资引起的。

---

① 下院书记官(clerk),本身非议员,是议长关于下院特权和程序以及关于议长执行下院和其各委员会职务的主要顾问。——译者

② 沃勒。——译者

在德文郡克雷迪顿镇，一次包括织工和毛织业其他工人在内的众多暴民集会时，他在现场。他们由一个头领领导，业主如拒绝给他们增加工资，便对业主进行威胁；而且他们带着从一架织机截下的一段斜纹哔叽，宣称如果其他业主拒绝答应他们的要求，他们就会对一匹匹的斜纹哔叽做同样的事。而当警吏逮捕一些为首者，并送交两名治安法官时，暴民们便包围他们的办公处，侮辱法官，向他们扔石头，迫使治安法官逃走，并营救出拘留犯。另一次暴行发生在卡林顿，他亲眼看到一个业主被置于一根杠棒①上，被抬着四处游转，因为他拒绝答应他们的要求，而别的人也受到要用同样办法对付的威胁。

大多数业主的确用现金付给工人工资，但有些人则付给实物，令人不满。然而他相信，业主们都宁愿全付现金。

威廉·派克先生称，他在织工的俱乐部看见他们，那里是不准织工以外的人进入的。开会时则在门外悬挂他们的徽章和旗帜。

他们结伴去织机(停放的地方)，要求 12 便士或其他数目的现金，用以援助现在关在监狱内的他们自己的帮伙；而且在最近 8 个月内已看到几架织机被砍坏。织物则因未付现金及因有些织工的工价要比其他人贱而被拿走，一匹匹的斜纹哔叽常常在织机上遭到割断。

织工们抱怨付给他们实物，但据信那不是他们暴乱的原因，因为暴乱一般开始于春季，其时正是大量需要织物和工作最多的时候。

他②自己的织工倒是愿意按他给的工资做工，但俱乐部威胁说，如果他们这样做便把他们从房子里拖出来，并被置于杠棒之上。因为这样，他被迫付给所要求的价格，以使他的织物不致被割断，而且已知有几个人被置于杠棒上了。

他愿意付给工人现金，而且相信，所有其他业主也宁愿这样做。

---

① 被置于杠棒(coolstaff)上的做法，是嘲弄一个男子惧内。这里意为用此办法羞辱业主。对其他人也可以用同样办法羞辱之。——译者

② 派克。——译者

威廉·布莱克称，上次汤顿大暴乱时，发出过几张拘票逮捕暴乱者。他和另外约 30 人送拘票给他们，但约有 1 000 人聚集在一起，又吼又叫，并进入市政厅，攻击警吏威廉·加韦，把他打成重伤。同样，约翰·科金也为碎砖击伤，3 个月尚未痊愈。法官卡特比捉到一个暴民，于是众暴民向法官走去，殴打他，并抢走人，而且有几个已被捕的人又被抢走。

市书记官宣读解散暴民的公告，但他们扯下他的帽子和假发，并把脏物泼在他的头上。

他[①]看见一个人被放在一根杠棒上带走，因为他违反了俱乐部的命令，接了迈纳先生的活。他还看过几封扔进毛织业主家进行恐吓的信，威胁如不答应工人的要求，他们便烧了业主们的房子，杀死他们的马匹，砍倒他们的果树和毁坏他们的果园。

根据全部材料，委员会在考虑呈递给他们的、涉及上述非法俱乐部和联合体的各请愿书之后，特作如下决议：

决议：本委员会意见为，请愿者已使他们的几件请愿书的陈述证明有效。

威廉·扬爵士也通知本院，他奉委员会之命向本院提出动议，请给予许可证，提出一项禁止受雇于毛织业的工人非法结社及要求更高工资的法案。

据此向本院提出了动议。

命令：给予许可证提出一项禁止受雇于毛织业的工人非法结社及要求更高工资的法案。令威廉·扬爵士、莫利纽克斯先生、迪恩先生、惠特沃思先生和埃尔顿先生准备并提出此法案。

（译自《英国历史文献》第 10 卷，第 484—486 页）

---

① 布莱克。——译者

二、禁止结社和工人的反抗

(一) 禁止毛织工结社法令(1726 年)

根据前件而通过的法令,不仅禁止毛织工结社,且处罚极重;但对业主仅规定不得发实物工资和处罚款,而此规定亦仅具文。

一项禁止受雇毛织工非法结社及要求更高工资的法令

鉴于本王国一些镇及教区毛织业中之大量织工及其他有关人等最近组成非法的俱乐部和会社,并已违法擅自组成联合体,还制订规章和章程;他们据之竟敢规定其织物的交易及价格,并无理要求增加其工资和许多类似目的之其他情事;又鉴于这样违法集合和联合起来的该人等,已对陛下的许多善良臣民犯下大量暴行和造成伤害,而且用暴力强行保护他们自己及他们的邪恶同犯以反对法律和正义,因此绝对需要制订更为有效的条款,以对付此等非法联合体,并为了日后防止此等暴行和伤害,以及为了使上述各点之所有罪犯得到从快从重的处分,特请国王陛下经本届集会之议会的灵俗两界贵族及众议员之建议和赞同,制订本法并颁布之。凡任何人或任何人之间在非法俱乐部或会社内于以前或已开始提出或以后或将开始提出之一切契约、盟约或协约及一切规章、条规及规则等;或凡一个梳洗羊毛人或一个织工,或一个梳洗羊毛匠师或一个织匠师于本王国之任何教区或地方佯称使用或演练技术和手艺,而实以控制此等工艺或手艺,或控制或决定货物价格,或增加工资或减少惯常的工时为目的者,均据本法宣布为违法和无效。再者,如本王国之任何毛织业中之任何梳洗羊毛人或织工,或梳洗羊毛匠师或织匠师,或其他有关人在 1726 年 6 月 24 日以后之任何时间或期间保持、继续、参加活动、建立、缔结、签字、盖章或有意参与任何俱乐部、会社或联合体之任何契约、盟约或协约、规章、条规、规则或规定者，由此法令宣布为违法和无效。其有敢于将任何此等违法之协约、规章、条规、规则或规定付诸实施者，须据此依法根据一个或更多的可信证人之宣誓证明有罪；此等宣誓须当着犯罪处所之郡、城、镇，或地方之任何两位或更多的治安法官之面进行，须在任何得知犯罪或提起诉讼之3个月内（特授权和要求上述法官管理此等誓言）根据此等法官之命令，由其处理，或则收禁于感化院，服不逾3个月之苦役，或则视案情状况，收禁于犯罪之郡、城、镇或地方之普通监狱，不得保释，其监禁期不得逾3个月。

（2）上述权威再颁令：凡任何一个梳洗羊毛人或毛织工或仆人以一个梳洗羊毛人或毛织工之技术和手艺受雇者，在1726年6月24日以后，于受雇期满前离开职务，或不做完协约规定之工作即行离开或返回，除非具有某种正当理由或充足原因，得到他们辖区内的两个或两个以上治安法官之许可，则每一触犯者据此法须当上述两个或更多法官之面定罪，应收禁于感化院，并在那里服不逾3个月之苦役。又为任何梳洗羊毛人、毛织工、仆人或其他人以其技术或手艺受雇，而（未得所有人之同意）故意损坏、糟蹋或破坏任何货物、器具或嘱其留意或照料之制造物，或委托其保管之制造物，则每个此等触犯者，均据此法按上述程序定罪，须没收其财产并付给此等受到损失、糟蹋或破坏之货物、器具之所有人以双倍的价值。此款则根据任何两个或更多的治安法官在其各别辖区内发出的、有其签字盖章的令状，从扣押或出卖之罪犯的货物和动产中征收之。其有扣押额不足偿付者，则此等治安法官应将其收禁于感化院，服不逾3个月之苦役，或直到受害方感到满意为止。

（3）上述权威并再颁令：每个呢绒商、斜纹哔叽制造人或呢绒或绒线制造人或有关人在制造任何毛织品、斜纹哔叽或呢绒或无论何种有关织物，而在毛织工业中雇用梳洗羊毛人、毛织工或其他劳动者必须，而且他们因之被要求为他们在毛织工业中雇用之所有人等支付全部工资，或其他双方同意之本王国可靠和合法的钱币的价格，不得以货物或任何实物，或上述钱币之外的任何样式的钱币支付上述工资，或双方同意的价格或它的任何部分；或不得因任何人或无论何人在此等协约以前售与或交与任何货物而致此等工资或价格打任何之折扣……

(4)〔呢绒商等用实物支付工资者罚款10镑。〕……

(6)上述权威再颁令：如任何人或人等于1726年6月24日以后，在本王国之任何毛织工业内，因梳洗羊毛业主或毛织业主或其他有关人不应允、不依从或不屈服于任何此等上述的违法的规章、条规、规则，而袭击或凌辱他们，致使此等业主或其他人身体受到任何伤害者；或任何人或人等因在毛织工业内的梳洗羊毛业主、毛织业主或有关人不应允他或他们的工人或其他由他们雇用的人等的任何强求、要求或借口，或不依从或不屈服于任何此等违法的规章、条规、规则，而书写或令人书写，或有意识地投书或令人投书或投其他文件或音信给毛织工业内之任何此等梳洗羊毛业主，毛织业主或其他有关人，威胁伤害他们，或威胁纵火或毁坏他们任何的房屋或外屋，或砍伐或毁坏他们任何的树木或杀伤他们的牲畜者，凡此等有意识地和故意地触犯上述各点之个人，在犯罪后12个月内发现，须因此受到起诉，并处以重罪，流放至陛下之美洲某些或一个殖民地和新开地7年，与以此等方法、方式及在此等做法和此等刑罚下的其他案件之被流放的重罪犯同。

(7)上述权威再颁令：如任何人或人等，在白昼或夜间闯入或强行进入任何房屋或工场，意图割断或毁坏织机上之任何斜纹哔叽或其他织物，或用以制造此等物品之任何工具，或故意地或存心不良地割断或毁坏在织机或网架上之任何此等斜纹哔叽或毛织物，或焚烧、砍断或毁坏晾晒任何此等斜纹哔叽或其他毛织物之任何网架，或故意地或存心不良地破坏任何用以制造任何此等斜纹哔叽或其他毛织物之任何工具，而未得所有人之同意者，其每一触犯之人须因此合法地被判重罪，处以死刑，并像重罪处死刑情况一样，不得享受牧师之恩泽[1]。

〔第(8)条略。〕

（译自《英国历史文献》第 10 卷，第 486—488 页）

（二）韦尔特郡毛织工反抗呢绒商压迫的骚乱原因分析(1739 年)

1738 年 12 月，韦尔特郡发生一次毛织工的骚乱，有些呢绒商的货物被毁，一个毛织工、一个剪绒工和一个砖匠被处死。对这次骚乱的反映，出现不同观点的小册子。下面引用的一本所主张的调查内容，大致便是毛织工受到的经济压迫，由之引发毛织工的反抗。

论骚乱等等，1739 年

(1) 韦尔特郡穷织工和其他毛织工的骚乱，据说是由某些呢绒商对他们实行的各种形式的压迫引起的。所有的人都承认毛织业景况不佳，或毋宁说是衰落，而且是由法兰西和其他邻国的竞争引起的。它带给业主和工人的悲惨结果，必须得到关心。

(2) 在该业中，我们的邻人的进展据说是因我们走私羊毛以及在外国市场他们的商人比我们商人的卖价低所致。果真是这样，他们[2]最近的骚乱便没有正当理由；而我则愿意从全国能挑出的最有德行的绅士和呢绒商组成一个混合委员会，以公正地调查最近骚乱的原因。如——a. 是否有任何已组成的联合体[3]以降低织和纺的价格等等，以及是谁干的？——b. 是否有任何业主曾强迫贫穷的制

---

① 指牧师的祝福。——译者
② 指毛织工。——译者
③ 指业主的联合体。——译者

造者接受实物工资,以及在何种价格上接受?——c. 是否有任何业主曾强迫其工人在特别的商店购买面包,等等,而他们受到怎样的对待?——d. 是否有某些特别的制造者拒绝为他们的租房付过高的房租,等等,而且在这一项目上,如他们不在其业主强迫之下,又将怎样?……

(译自《英国历史文献》第 10 卷,第 489 页)

(三) 附济贫法令(1722 年)

贫民仍是社会严重问题,本法为 1601 年和 1834 年的两个济贫法之间的一部较重要的济贫法。自内战以来,已不再采用家内救济办法,许多市镇单独、一些农村教区联合开办习艺所,以安置受救济的贫民,使之在监督下做工。本法加以推广,规定普遍建立习艺所。至 18 世纪末,仅英格兰即有 4 000 所。

本法令授权续办习艺所以救济贫民。

鉴于议会于已故威廉王和玛丽女王的朝代之第三和第四年制定和通过的一项法令规定,每个教区须备一本或数本册子,所有确接受或可接受捐款之人,当其首次得到允许接受此等救济时,即应登记在册,并载明其需要救济之原因;而且除居住于此等教区之一名治安法官的许可或签字外,这样的人不应得到允许或接受教区管理之下的捐款,如无治安法官居住于该教区,则由相邻的或与邻接教区相连的教区之一名治安法官许可或签字,或由四季法庭之法官的命令应允之,唯时疫、传染病或天花流行的情况例外。而且鉴于以该法令但书为口实,许多人在教区任何官吏不知情的情况下,已向某些治安法官提出申请,从而凭借不当的建议,而且有时凭借欺诈或不重要的理由,取得救济费,遂使教区济贫税大量增加。为了纠正此弊，国王陛下，经集会之现届议会的灵俗两界贵族和众议员之建议及赞同，并由同一权威颁令：自1723年3月25日[①]及其以后，在没有得到任何贫民当治安法官之面提出该法官应判断为取得此等救济之合理原因和根据之前；在他、她或某个另外的申请人向本教区居民之教会或该等教区居民之其他公众集会提出申请，或向贫民所在教区之济贫委员二人提出申请而遭拒绝救济之前；以及直到该治安法官已召唤两位济贫委员陈述何以不给此等救济之理由，而且被召者业经法官询问或他们避不出庭之时，治安法官不得命令给予任何教区之任何贫民以救济。该但书内之任何内容或任何法律与此抵触者无效。

2. 上述权威再颁令：任何此等治安法官认为符合命令接受救济之人，应载入该或该等登记册，以资教区保存；作为一名接受捐款者，只要接受此等救济的原因继续存在，都应如此。而一旦救济的原因不复存在，该人不复接受捐款，则应停止登记入册；任何教区之官吏不得（除突然及紧急情况外）向教区提出他将给予同教区之任何具备接受捐款资格，却未由该教区登记入册以资保存的贫民以任何金额的请求，违者没收5镑。此款由同郡之两名或两名以上之治安法官用搜查证扣押财产及拍卖以征收之。此等治安法官应检查及发现该官吏之此等犯罪；至该数目的款项则应在该治安法官等的指导下，用之于该教区的贫民。

…………

4. 为了在救济贫民上，教区有更大的便利，上述权威再颁令：任何教区、市镇、镇区或村庄之教区委员和济贫委员按常用办法，事先贴出有关通告后，经同一教区、市镇、镇区或村庄为此目的而召集之教区会，或其他的教区的或公众的集会之教区民或居民大部分人的同意，或为该目的而应聚集的他们中多数人的同意，在作下列诸事上应属合法。在同一教区、镇区或村庄购买或租用任何房舍或房舍等，并以安置、收容和雇用任何或所有此等意欲从各自的教区接受

① 1752年以前用旧历，以3月25日为岁首。——译者

救济或捐款之贫民于其各自的教区、镇区或村庄为目的而与任何人或任何人等订立契约者;及在此房舍或房舍等安置。收容及雇用此等贫民并为了使将得到收容的任何如此贫民或贫民等有较好的生活和救济而获取其作工、劳动或服务之收益,应属合法。其有在这样购买或租用之房舍或房舍等之任何教区、市镇、镇区或村庄发生任何贫民或此等贫民拒绝接受安置或收容于此房舍或此等房舍的情况时,则如此拒入的贫民或贫民等应从他们接受捐款之该教区、市镇、镇区或村庄之登记册上除名,而不复具备从贫民之同一教区、市镇、镇区之教区委员和济贫委员申请或接受捐款的资格。其有任何教区、市镇或镇区由于太小而无力购买或租用仅供自己教区贫民之用的房舍或房舍等,而由两个或更多的此等教区、市镇、镇区或村庄按常用办法,事先贴出有关通告后,经为此目的召集的教会或其他的教区的或公众的集会之教区民或居民之大部分人之同意,或为该目的而应聚集的他们中的多数人的同意,并经居住在或靠近于此等教区、市镇或镇区或村庄之任何治安法官以签字盖章表示许可而联合购买或租用或取得此等房舍,以安置及收容几个这样联合起来的教区、市镇、村庄的贫民,而且那里确收容和雇用有这样联合起来的各别教区的贫民,以及为了使之得到较好的生活和救济,而获得享有其作工、劳动或服务之收益应属合法。而且如有这样联合起来的各别教区的、镇区的或村庄的任何贫民或贫民等拒绝接受安置、收容于此等联合的教区、镇区或村庄所租用或取得之房舍者,则如此拒绝的他、她或他们将从登记册上除名,而不得享有从他们的各别的教区、镇区或村庄之教区委员和济贫委员那里申请或要求救济或谋求捐款的资格。而且按常用的办法,事先贴出有关通告之后,任何教区、镇区或村庄之教区委员和济贫委员,经为上述目的而购买或租用的、或行将购买或租用的此房舍或此等房舍的教区、镇区或村庄之教区民或居民的大部分在召集的教区会或其他的教区的或公众的集会上同意,或为该目的而应聚集的他们中的多数人之同意，与任何其他教区、镇区或村庄之教区委员和济贫委员为了安置、收容或雇用此等其他教区、镇区或村庄之任何贫民或贫民等而订立契约，如他们[①]认为适当，应属合法。而有在此等另外的教区、镇区或村庄之任何贫民或贫民等拒绝接受安置，收容和雇用于此等房舍或房舍等之情况发生时，则如此拒绝的他、她或他们须从此等另外的教区、镇区或村庄之登记册上加以除名，而不得享受从他的、她的或他们的各别教区、镇区或村庄之教区委员和济贫委员那里申请、要求或接受任何救济和捐款。兹特规定：贫民或贫民等，或他们的学徒、孩子或孩子们，不得在他、她或他们据此法而被迁出去的教区、市镇或村庄获得住处，而他的、她的或他们的住处须是并须留在移居前之教区、市镇或村庄。本法中任何与此相反的规定均属无效。

5. 上述权威再颁令：自 1723 年 3 月 25 日及其以后，无论何人或人等均不得因为或凭借购买任何教区或村庄之任何地产或财产而被视为，或被判给，或被当作取得或得到此等教区或村庄之任何住处的资格。此乃对真正付出此购买之款未达 30 镑，却得到得以有任何更长或更多的时间居住于该地产之内的此人或此等人而言者。他们须即服从迁出此等教区或村庄之规定。凡如此购买及迁居该处所的人或人等，均应使之居住于购买及迁居以前所合法居住的教区或村庄。

6. 上述权威再颁令：无论何人或人等，自 1723 年 3 月 25 日及其以后，不得因被征收付给清道夫或修补大道之税，且及时照付，便因或为了他的、她的或他们的付予上述之此等清道夫或修补大道之税而被视为或当作在任何城市、教区、市镇或小村庄享有任何合法居住之权利。任何法律与此相抵触者，概属无效。

…………

（译自《雄狮在国内》第 1 卷，第 292—296 页）

① 指前面的而非后面的教区委员和济贫委员。——译者

征服和掠夺殖民地

——第一殖民帝国的发展

一、爱尔兰和北美殖民地

(一)［爱尔兰］公告令(1719年)

本法令系因爱尔兰上议院撤销“税务法院”一起判决引起的。此举遭到英国议会反对，予以撤销。公告令明确指出爱尔兰为不列颠国王属国，其上议院无终审权，表明爱尔兰实质上是英国的殖民地。

一项为了更好地保证爱尔兰王国为大不列颠国王的属国法令。

1. 鉴于爱尔兰上议院最近违反法律，僭取一种检查、改正和修改爱尔兰王国法院的判决和命令之权力与管辖权①，因此为了更好地保证爱尔兰为大不列颠国王之属国起见，特不揣冒昧，窃呈陛下，可由陛下经集会之本届议会灵俗两界贵族和众议员之建议和赞同宣布，并予公告：该爱尔兰王国已是、现是及当然隶属及依附于大不列颠国王，处于与大不列颠王室联合和附属关系；而且，国王陛下经

① 英国议会认为终审权只有英国上议院才有，爱尔兰议会无此权，因而取消其判决。——译者

大不列颠集会之议会的灵俗两界贵族和众议员的建议和赞同，曾有、现有及应有充分之权力和权威制定充足力量及效力之法律和法令，以约束爱尔兰王国和人民。

2. 上述权威再颁令：爱尔兰上议院没有、也不应有审判之管辖权，无确认或撤销该王国内任何法院给予或作出之任何判决、处刑或敕令之权；凡该上议院关于任何此等判决、处刑或敕令之一切诉讼程序，均由此宣布绝对无效。

（译自《英国历史文献》第 10 卷，第 683 页）

(二) 呢绒法令(1699 年 5 月 4 日)

英国为了防止殖民地与本国工业竞争，颁布各种法令限制殖民地工业的发展，本法令系有关这方面的早期法令。

鉴于羊毛及呢绒、斜纹哔叽、贝斯呢①、克瑟粗呢和其他纯毛或与羊毛混纺织的织物乃本王国最大和最获利的商品，土地的价值和国家的贸易确实主要仰赖它们；并鉴于同样的织物最近已大量在爱尔兰王国及在英属北美殖民地制造且日益增加，并从该等处所输送到前此由英格兰供应的外国市场，这就必然降低土地的价值，并趋向于毁灭本王国的贸易及毛织业，为防止该情况发生及为了在本王国内鼓励毛织工业……

19. 并为了更有效地鼓励本王国的毛织工业，上述权威再颁令：自 1699 年 12 月 1 日及其以后，一切羊毛、羊之皮毛、刚剪下之羊毛、死羊皮板毛、细绒、绒线、台面呢或毛纱、呢绒、斜纹哔叽、贝斯呢、克瑟粗呢、细哔叽、起绒粗呢、粗毯、呢绒——斜纹哔叽、夏龙绒或者任何其他呢布料或者不论何种毛织物、无论是纯毛或细绒纺织或与羊

① bays 虽为 bay(台面呢)的复数形式，但非一种织物，或译贝斯单面起绒呢。——译者

毛或细绒混纺织物之凡在任何英属美洲殖民地制造者，均不得以任何借口装载或装船运往上述英属殖民地之任何部分。又凡此等羊毛、羊之皮毛、刚剪下之羊毛、死羊皮板毛、细绒、绒线、台面呢或毛纱、呢绒、斜纹哔叽、贝斯呢、克瑟粗呢、细哔叽、起绒粗呢、粗毯、呢绒——斜纹哔叽、夏龙绒或者任何其他呢布料或者不论何种毛织物，无论是纯毛或细绒纺织或与羊毛或细绒混纺织物之由上述任何英属北美殖民地生长或制造者，均不得装载于任何马、车或其他车辆，企图出口运输、载运或转运或为此目的，从上述英属殖民地运至任何其他上述殖民地或无论其他任何地方……

（译自《英国历史文献》第 9 卷，第 414—415 页）

(三) 制帽法令(1732 年 6 月 1 日)

当时英属北美殖民地将自己的毛皮制成流行的宽边海狸皮帽，以代替英国进口货。本法严格限制殖民地发展制帽业，以免与母国竞争。法令并绝对禁止收黑人为学徒。

鉴于在大不列颠制帽技艺已臻非常完善之境，以及在本王国内制造的帽子前此已大量输出到美洲的陛下的新开地和殖民地，那里人民的帽子曾全由大不列颠供应；并鉴于晚近一些年来，在英属美洲殖民地已大量制造帽子，而且该种产品与日俱增，并从那里出口到前此由大不列颠供应的外国市场，而且该等殖民地之制帽人招收为数众多的学徒，仅施以短期训练，致使该业难以精进，并正降低该项产品质量。因之，为了防止将来该项有害行为，以及为了奖励和鼓励大不列颠的制帽业，国王陛下经本届集会议会之灵俗两界贵族和众议员之建议和赞同，并由同一权威颁令：自 1732 年 9 月 29 日①

① 米迦勒节，英国四大结账日之一。——译者

及其以后，无论何种已染、未染之成品或非成品之帽子或毛毡将不得以任何借口，在任何英属殖民地内之任何地方或地方等运载或装上任何船只，由任何人或人等外运。同样，无论已染、未染之成品或非成品的帽子或毛毡将不得装载于任何马、车或其他车辆，由无论何人或人等从任何上述英属殖民地企图出口、运输、运出、载运或转运或为此目的运至任何其他英属殖民地或无论其他任何地方。

…………

7. 该权威于兹再颁令：现居住于美洲之陛下的任何殖民地之人不得在 1732 年 9 月 29 日及其以后制作或使人制作任何毛毡或帽子，或用任何羊毛或无论何种呢绒制作或使人制作之，除非他预先充当学徒在该业或制毡技艺上至少学艺 7 年；任何制毛毡或任何制帽人，在上述殖民地之任何地区，于该工艺或职业内不得雇用、留有或安排任何人作为匠师或佣仆而工作，除非此等人已合法地在该业学徒 7 年；在任何该等殖民地之任何毛毡制作人或制帽人亦不得同时接收或保持两个以上学徒，或者以不满 7 年的条件接受任何学徒，违者按月没收及罚纳 5 镑，凡继续触犯本法含义之各点者皆然……

8. 该权威再颁令：现住于该等殖民地之人或人等，自上述 1732 年 9 月 29 日及其以后，不得在制帽或制毛毡技艺中保有或安排任何黑人，违者按月没收及罚纳 5 镑，凡触犯该法之含义之人或人等皆然……

…………

（译自《英国历史文献》第 9 卷，第 415—416 页）

(四) 冶铁法令(1750 年 4 月 12 日)

本法鼓励美洲(实为北美)殖民地向母国输出生铁和棒铁，但禁止那里新建切割铁工厂，目的在为母国冶铁工业服务，有利者鼓励，不利者限制。

鉴于从陛下的美洲殖民地输入棒铁至伦敦港，以及从该等殖民地输入生铁至大不列颠任何港口，及在大不列颠的此等棒铁和生铁工业将不仅对该等殖民地，且亦对本王国将大有好处，为向铁工厂厂主供应有用和必需的商品，以及将因此为本王国节约现在为了铁每年须付给外国人的大量款项，且更多的大不列颠的毛织品和其他工业品将输出到美洲以交换这样输入的此等铁。为此，国王陛下，经本届集会之议会的灵俗两界贵族和众议员之建议及赞同，并由该权威颁令：从 1750 年 6 月 24 日及其以后，在陛下的美洲殖民地生产并输入大不列颠的任何港口的生铁，现须付多种或各别的补助金、关税、税款、捐税、税者，须停止、终止及不再支付；而在上述 6 月 24 日及其以后，在该等殖民地制造并输入伦敦港的棒铁将无须支付无论何种之补助金、关税、税款、捐税、税。任何律令、惯例与之相抵触者均属无效。

…………

9. 在陛下的美洲殖民地生产的生铁和棒铁，可在本王国内加工。上述权威再颁令：自 1750 年 6 月 24 日及其以后，不得在陛下的任何美洲殖民地内建立切割或碾压铁的工场或其他机器，或者任何使用轮锤的制金属板锻炉，或任何炼钢熔炉，或者如此建立后继续使用；而且，如有任何人或人等敢在任何上述殖民地建造或令人建造、或者在如此建造起来后继续使用或令人使用任何此等工场、机器、锻炉、熔炉者，则如此触犯之每个人或人等，须为每一此等工场、机器、锻炉或熔炉而被没收合法的大不列颠钱币 200 镑。

（译自《英国历史文献》第 9 卷，第 416—417 页）

二、西印度群岛与印度

(一) 一本论西印度群岛价值的小册子(1731 年)

作者费尔·霍尔在美洲生活多年,到过几乎所有文中提及的地方。从文中可以看出西印度群岛殖民地的重要性,但某些岛屿衰象已现。

…………

按照我的计划,我将考虑从我们得自生产蔗糖岛屿的好处,而首先从巴巴多斯开始。

巴巴多斯岛对本王国有怎样的重要性,大可从其蔗糖产量即占4.5%总额估计出来。正如我听说过的,其总值多年来每年都过万镑。当我们考虑到不断雇佣的、向那里提供几乎我们所有种类的工业品的(劳动者的)人数时,它对本王国的巨大好处,便进一步显示出来。而且如果再进一步考虑和计及仅仅为了该岛,我们便经常雇佣不下千名之多的海员,何况是当 200 吨的小船和船只都不需要 20 人以上的时候呢!所以,经常使用的船只不下万吨;而这些船只或至少其总数的四分之三,即使不是英格兰建造,也经常在英格兰修理、装修、贮备食物,以及经常在这里支出钱款;而迄今为止,尚未有过从英格兰运去 1 便士钱币或金银块的建议。

在这点上,我们也可以承认(几乎是实际情况),这条航线的每一艘开始出海的船只便带给货主每吨 10 镑之款,那么,使用于这一贸易的船运价值将达 10 万镑。现在,假如在所有保险费用、外国港口费用及扣除船只折旧之后,仅得 10%的赚项,而且假定(几乎是实际情况),根据我们的估计,我们运去自己的制成品和东印度的货物,达到每年价值 20 万镑,就算我们只得到 10%的赚项,这两项相加,每年也得到 3 万镑。

但这些并不是我们从该岛赚钱的仅有途径。在那里，一位总督会找到办法按每年 5 000 镑的比率汇款回英格兰，而且如果那里的代理商们仅汇回上述 20 万镑的代理费之半数，也将是每年 1 万镑。那些在该岛担任公职的绅士及其他希望回来的人，我们只需说每年汇回 5 000 镑，而且我们假定，在英格兰至少经常有 100 位绅士在那个岛上，有的是为了玩乐，有的为了接受教育，而每人每年至少花费 200 镑，那我们每年便净得 2 万镑。再如果容许他们欠我们 10 万镑的债而付年息 8%的话，又净得 8 000 镑。如果计算我们可以合理地算进去的收入，即再出口只有该岛才出产的蔗糖的运费，又可得 7 000镑。这样，总计全部每年达 9.5 万镑。以一个仅比怀特岛①略大的岛屿，我们每年竟能获得如此巨大的数目。但这些还不是仅有的好处，而这些好处将在我们处理北方殖民地(Northern colonies)②的贸易中表现出来。如果我们考虑到非洲贸易的话，就更得重视这个岛屿了。但因我决定把计算限制在我能合理测算的范围之内，我只需像上面所说的算为每年 9.5 万镑便可以了……

如果多巴哥岛属于本王国，正如我所得到的可靠消息那样，它将表现得像我们前此负有罪责的任何糟糕的治理一样令人惊讶，因为我们尚未殖民该处。但就良好的道路、方便的河流及肥沃的土地方面而言，这都比巴巴多斯好。而且一旦建为殖民地，无疑在未来许多年从这个岛屿产生的好处，即使不完全现在像巴巴多斯岛那样大，至少也是接近它的。因为当它是初垦的和优良的土地时，一英亩会出产比现在久耕、耗损而致贫瘠的，像巴巴多斯现有的一部分(而且的确不是一个小的部分)的两英亩还多的东西；而且所有的人都承认，对于好的初垦土地，50 个奴隶的劳动将能生产出在巴巴多斯 100 个奴隶产出的蔗糖，尽管它的质量或许不如巴巴多斯的。

---

① Isle of Wight，在英格兰南部。——译者

② 指北美殖民地。——译者

此岛在北纬 11°5′，位于巴巴多斯之南，西微西，相距近 40 里格[①]，亦不因其距西班牙属岛屿特立尼达不到 12 里格而被看作处于不利位置……

背风群岛（这样称呼是相对于巴巴多斯岛而言，该岛是所有西印度群岛中之最东和最向风的一个岛）的岛屿很多，住有英国人、法国人、荷兰人和丹麦人。其中最值得重视的是安提瓜、圣克里斯多弗、尼维斯和蒙特塞拉特。它们全由英国人殖民。虽然这四个岛屿就其大小而言，相当于三个巴巴多斯岛，而且都知道这些土地一般生产比巴巴多斯更好的谷物。但由于我不想夸大，我将把它们连同也由英国人殖民的巴布达、安圭拉、托托拉诸岛和西班牙镇一起考虑，所有这些岛屿加在一起，现刻对本王国的重要性仅与巴巴多斯岛同等，虽然它们具有巨大的改良的可能性……

在这个可爱的岛屿（伊斯帕尼奥拉[②]）之西约 30 里格处，横卧着牙买加岛，长 150 英里，宽约 50 英里。我们将能从其每年运给我们的出产物总量来对这个岛屿的重要性作出一些判断：即糖有 1 万吨，还有棉花、靛蓝、生姜、多香果、甜酒、莱姆果汁、可可、桃花心木等 2 000 吨。由于这一点，它表现为除使用于该岛与北方的殖民地的船只之外，还有不下于 1.2 万吨的我们的船只专门用于那种运送业务。所有的船只，除了不适合在这里和不能在这里修理的之外，在其他方面都对本王国有同样的益处和好处。但当我们论及北方的殖民地时，这一切的好处尤为明显。我的计划是要展示我们自己的种植园给本王国带来的巨大利益和好处，因为我不想让人怀疑我是偏袒和吹捧自己，所以，我只把本岛作为一个蔗糖殖民地加以考虑，其对我们的好处，将与巴巴多斯相同，虽然其价值很可能增加的即使不是 20 倍，也是 10 倍之多……

---

① 1 里格等于 3 海里。——译者
② 可能为引者所加。——译者

巴哈马群岛岛屿甚多，能生产一切生活必需品；且整个群岛均为英国人保有。现只有少数几个岛屿，即普罗维登斯、埃留特拉、港口岛和青蠵龟礁有人居住。最大且最富有的是阿巴柯岛，但还未被殖民。我也不作这样的理解：即所有这些岛屿都有人住便会对本王国增添多么大的好处；但我认为，即使仅阻止它们成为海盗的巢穴，而在那里保持已有的政府也没有什么不好的。

那些岛屿出产苏木、愈疮木、药用树皮、樟木、盐，而在海岸，经常发现抹香鲸和龙涎香。这最后一样东西，我曾由可靠方面得知，是鲸鱼的排泄物……这里也发现了世界上任何（其他）地方（都未曾见到的）出产的最美和最大的各种各类的贝壳……

百慕大是个小岛，或者毋宁说是为数众多的小岛屿，位于北纬32°30'，西经64°，距美洲大陆约200里格。在安妮女王之战①时，属于这个岛的有多达100艘的双桅和单桅帆船，但现在我得到的是还不及当时半数的保证。这个一度最富饶的岛屿，现已消耗殆尽；而这是或将是一切小岛的命运。在那里，人口增加得这样快，以致经常必须保持土地的耕种状态。这已是巴巴多斯岛部分地区的状况。但那里的种植园主不愿迁徙到用同样劳动力可以获得两倍产量的糖的地方去。百慕大的人也很难被说服迁徙到更好的地区去。因为在那里，这些人以同样程度的特有的勤劳和节俭，很快便会使他们富裕起来的。这些人都很好客，而当他们有个好总督治理时——正如得到普遍承认，他们有过由总督贝内特治理时的那样，再没有人民比他们快乐的了。他们几乎没有牧师，没有医生，律师也很少。他们从这里②采办他们需要的一切，例如衣服和家用物品；他们给我们送来钱购买这些以及购买好的辫绳以制造女帽，等等；还以其能节省的一切来承受这里任何价格的商品。一般说来，百慕大人在单

① 1702—1713年欧洲进行的西班牙王位继承战争，在美洲殖民地称为安妮女王之战。这里是英国对西班牙和法国的同盟。战争以1713年的乌特勒支条约结束。——译者

② 指英格兰。——译者

桅帆船方面是卓越的船员，而且是我们知道的最好的渔民。他们驾驶其船舶航行，比其他人少花钱，其结果是能用较少的运费得到所需的货物。

最后，我的意见是本王国除我们从贩运黑人的贸易及由西班牙人的杂粮贸易之所得外，从我们美洲的殖民地每年得净利 100 万镑，而且仅仅在我们的殖民地上及从我们的殖民地那里，我们每年便能支持及雇佣最少 1.8 万名海员和渔民。

（译自《英国历史文献》第 10 卷，第 764—768 页）

（二）普拉赛战役（1757 年 6 月 23 日）

罗伯特·奥姆（1728—1801）于 1743 年进入东印度公司，后为公司史官。1753—1758 年任马德拉斯参事会参事。罗伯特·克莱夫正是经奥姆推荐，始被任命为对抗孟加拉纳瓦布①萨拉杰·乌德·道拉军队的指挥官的。普拉赛战役的胜利，奠定英国统治印度的基础。本文转引自奥姆著《英国在印度斯坦的军事记事史》（1803）一书第 172—178 页。

1757 年 6 月

普拉赛小树林②南北长约 800 码，宽约 300 码，并种有成排的芒果树。它为一低堤和莠草、荆棘丛生的沟渠所环绕。其西南角距河 200 码，但东北角则距河不超过 50 码。小树林以北不远，且在河岸上有纳瓦布的一所猎屋，为一道庭院墙围着。该河在到达此屋 1 英里之前折向西南，几乎成为一个马蹄形，包含一个周长约 3 英里的半岛在内，其颈部，即从水流处到水流处，横跨不超过四分之一英里。在距半岛南面约 300 码处，开始了罗埃阁鲁布赶挖的一条保卫其宿营地的壕沟。宿营地的南侧，正对着普拉赛小树林，几乎成一

① Nabob 或 Nawab，意为总督。——译者

② 克莱夫军队扎营处。——《英国历史文献》第 10 卷，第 861 页注一。

条直线，与河的陆上距离约 200 码；而后成一钝角折向东北，继续这一走向约 3 英里。在这条壕沟之内，驻扎了全部军队[1]，其一部分还占据半岛。在角内建起一座棱堡，其上架有大炮。这一棱堡的东面，却在营地之外，是一座长满树木的小丘。在小丘和棱堡之南 800 码处，是一个小水库或池塘；再南 100 码，有一座大得多的水库。它们像孟加拉所有的公共蓄水库一样，为一大土堤围绕，而土堤只比水面高出几码。

拂晓，从宿营地许多不同通道出发的敌军开始向小树林推进，计有步兵 5 万，骑兵 1.8 万，大炮 50 门。绝大部分步兵装备有火绳枪，余则拥有长矛、剑、箭和投射器等不同武器。骑兵的人和马，都招自北部地区，比服役于科罗曼德尔的任何军队健壮得多。大多数炮都是发射 24 及 32 磅重炮弹的大口径炮。它们被安放于平地筑起的 6 英尺高的大台中部。除开大炮之外，还携有附属于大炮的所有弹药，而操纵大炮的炮手则在大台上。这些机械由产于布尔尼亚地区的 40 或 50 对身躯最大的白牛牵引，而且每门大炮后面都走着一头受过训练的大象，它们在难于牵引的情况下，用前额顶推炮车后部以进行帮助。步兵和骑兵呈许多互相分开而又每队密集的队形前进。在一个名叫赛夫吕的指挥下，有 40 个法国浪人（vagabond Frenchmen）在最靠近小树林的大水库处出现，带了 4 门轻型炮。其中较大的两门则推进到与水库成一直线处停下，靠近河岸。在这些前哨的后面，则有莫尔丁头领[2]和蒙洛尔之子率领的 5 000 名骑兵和 7 000 名步兵进入警备区域。其余的军队，以大的骑兵和步兵纵队的阵势从靠近他们宿营处的小丘的左面，折向普拉赛小树林突出的南角约 800 码处，构成为一道弧形；而在这个部分，则是贾法尔头

① 萨拉杰·道拉的。——《英国历史文献》第 10 卷，第 861 页注二。

② 原文为 Meer Murdeen。Meer 一词，我国一向译为米尔，是作为名字音译的。这样的译法是完全错误的，在印度的穆斯林称头领、酋长、首领等为 Meer 或 Mir，故不应音译。本文译为头领。——译者

领、罗埃阁鲁布和莱蒂的军队。在各纵队之间的空隙地带，有聚在一起的 2 门、3 门及 4 门大炮点缀其间。

克莱夫上校从猎屋顶上观察敌军，为敌军的人数及阵容的显赫和自信所震惊，但他判断，如果把自己的军队留在小树林里，则敌人会把自己的谨慎视为胆怯，而变得更为放肆。于是整理队伍，与猎屋排在一条线上，并面对着最近的水库。他们包括 900 名欧洲人，其中 100 人是炮手，50 人为海员；还有 100 名托帕斯人[①]和 2 100 名土兵；此外，有 8 门发射 6 磅炮弹的野战炮和两门榴弹炮。托帕斯人与欧洲人混编为营，而海员则帮助炮手。带有 3 门野战炮的营在右边，并有同等数目的士兵在其左，构成中路；在它们的右边和左边延伸出由同等数目组成的两个支队的土兵。另外的两门野战炮和榴弹炮则被推进到左边土兵支队前面 200 码处，并安置在两所砖窑后面。这条战线伸展到小树林之外 600 码处；但是在这个区域的敌人所处的距离，防止了在任何军队得到命令能撤退之前遭到敌人攻击这一侧的任何危险。军队沿小树林东面展开。敌人在 8 点从水库处开火。敌人打死布置在营右面的掷弹兵连的一个士兵和打伤另一个士兵。这是一个信号。接着这一炮的是平原上纳瓦布的炮队的其余部分不停地开火。但大部分炮弹飞得太高了。两门最前面的野战炮还击从水库处打来的炮火，而与营在一起的那些人则正面抵御平原上重炮的不同支队的炮火。但平射的火力达不到敌人的大炮处，不过每一发炮弹都射入敌人步兵或骑兵的这支队伍或那支队伍里。然而在人数如此悬殊的情况下，打死的数目即使是十比一，也占不了便宜。半小时内，英方死 10 个欧洲人和 20 个土兵。于是克莱夫上校命令全军退入小树林内。敌人为这一撤退所鼓舞，遂把他们的重炮推前，并更有劲地发炮，但他们的炮弹只打在树上。本方军队都得到命令坐下，同时唯有藏在岸后的野战炮回击敌人的

① Topass，为黑人和葡萄牙人混血种人后裔。信仰基督教。——译者

大炮。经常看见火药在他们的大炮中间爆炸。11点,克莱夫上校在战地[①]与军官们商议,决定在白天只保持炮轰,而在午夜进攻纳瓦布的营地。中午时分,一场暴雨覆盖了平原,很快使敌人的弹药受到严重损失,以致他们的轰击越来越少,但英国人的弹药则仍发挥着作用。纳瓦布则早已待在危险距离之外的帐篷里,继续不断地受到他的随从和官员们的保证胜利的阿谀奉承,而这些人有一半都是叛徒。但约在中午,他得到消息,说他的最好的和最忠心的将领莫尔丁头领为一颗炮弹重伤。这一不幸使他极端烦恼。他立即召见贾法尔头领。当贾法尔一进入帐篷,纳瓦布便掷他的头巾于地,说:"贾法尔,你必须捍卫那条头巾。"[②]贾法尔鞠躬敬礼,并置双手于胸前,许诺竭尽忠心。而后回到他的军队和伙伴中。他立即送一封信给克莱夫上校,告诉他发生了什么事[③],劝告他或者立即推进,或者无论如何要在次晨3点攻击纳瓦布的营地。但当炮轰不断时,信使不敢前进。同时,纳瓦布越来越恐惧。罗埃阇鲁布利用这种恐惧,劝告他返回其都城。他的劝告奏效,纳瓦布命令军队退入战壕。

因为这些情况,约在2点,敌人停止炮击,并把他们的牛队上轭到他们的大炮上。而且一旦这样行动,他们的全部军队向后转,并慢慢向营地前进了。但赛夫吕带着他的部队和野战炮仍在水库附近保持其哨位。这里在他们撤退时却正是炮轰敌人的好位置。基尔帕特里克少校迫不及待地抓住这个机会,从小树林带了一营中的两连人及两门野战炮,很快向水库前进,并向他的指挥官[④]报告了他的意图和理由。这时指挥官碰巧在猎屋内躺下。有人说他睡着了。考虑到其前这样多小时他休息得多么少,这不是不可能的。但这无

① 原文为 at the drum head,直译应为"在鼓面"。——译者
② turban 系穆斯林头巾,掷头巾表示要臣下尽忠。——译者
③ 贾法尔早已与东印度公司勾结,准备取乌德·道拉而代之。——译者
④ 指克莱夫。——译者

损于他的勇敢和行为。他惊跳起来，立即冲到该支队，严厉申斥基尔帕特里克没有他的命令而作的行动，命令他返回小树林，带上其余部队，克莱夫自己并和部队一起向水库前进。赛夫吕看到他的部队没有得到支持，被丢下了，便放弃哨位，撤退到战壕的棱堡。在那里安放了他的野战炮准备再战。

当英国军队的主体正向水库推进时，纳瓦布的、在军事行动开始时已组成的、位于普拉赛小树林东南角对面的那部分军队，比其余部分撤退得晚，而且当他们通过小树林前的平行堑壕时，停下来，再向着东北角前进。这些都是贾法尔头领的军队，但因没有弄懂他们的信号，认为当英国军队在水库那边作战时，他们意图袭击在小树林的辎重和小船。于是，克莱夫分出前进中横队的 3 个排和 1 门野战炮，由格兰特上尉和朗博尔德中尉率领去拦阻敌军，至于炮，则由一位志愿人员约翰·约翰·斯通先生操纵。野战炮的轰击，立即阻止了这支被视为真正的敌军的接近。同时，英国军队已到达水库处，得到了所有在堤上的野战炮，而且从那里开始轰击纳瓦布的营地。在那里，许多军队又从战壕走出来，还有几门大炮也同样在准备折回。根据这样的情况，克莱夫向前突进，距纳瓦布的营地更近了，并且布置他的一半军队和大炮于较小的水库边，而另一半则布置在水库左边约 200 码的一座小丘处。从这些位置，比以前更有效的炮击重新开始，打死许多正牵引大炮的牛，使正在逼近的敌军队伍陷于混乱。另一方面，与赛夫吕在一起的法国人把他们的野战炮从棱堡拉出，同时也把火绳枪从战壕、壕沟、凹地及每个洞穴和隐蔽处取出，正像从棱堡东小丘的灌木丛中取出一样。他们用这些(武器)进行连续不断的、尽管不是整齐划一的射击；同时，骑兵则屡次前进，威胁用剑冲锋，但常为英国野战炮的速射所阻止和击退。然而英国人在这一行动中的伤亡，与白天的之前的军事行动一样大。最后，贾法尔头领的军队似乎离开了战场，没有加入纳瓦布军队的其余部分，这使得克莱夫上校确信他们是谁了。于是他决定以立刻攻击赛夫吕的棱堡及其东处的高地[①]来作一次争取胜利的有力尝试。在这处高地的树丛内被怀疑设有伏兵。于是(克莱夫)派两个支队去攻击这两个地方,而主力则在中部前进以支持二者,而且视情况需要,自身也采取行动。在右边的支队既没有放一枪也没有挨一枪便夺得该高地。同时,左边的一支队向棱堡攻击。在那里,赛夫吕发现再度为他的同盟所抛弃,没有作进一步抵抗便撤退,而且没有带走他们的野战炮。这样,英国军队便在 5 点全部进入敌军营地。除了遇到散在他们周围的帐篷、大炮、辎重及军需品外,再没有遇到其他障碍,而这些东西则是一支人数比他们多 10 倍的军队抛弃的。现在这支军队在各方面都极度混乱地在他们面前溃逃。

这场突如其来的溃逃的原因是纳瓦布的逃走。他在听到贾法尔头领在平原上按兵不动,英军正前进猛扑他的营地时,骑上一只骆驼,以其最快速度,带两千骑兵逃走了。胜利遂成定局,并从贾法尔头领中午派来的信差的到达而得到证实;不久,另一信差来到,克莱夫立即交给他一封短简,要求贾法尔头领于次晨在道德波尔与之会晤。

(译自《英国历史文献》第 10 卷,第 861—864 页)

(三) 罗伯特·克莱夫给老庇特的信(1759 年 1 月 7 日)

1756 年欧洲开始七年战争,老庇特在 1758 年当上政府首脑。1759 年英国在印度和北美都取得重要胜利。克莱夫此信谈到普拉赛战役一年半以后,东印度公司在印度势力的迅速膨胀。

先生:

…………

总的说来,您对英国国家事务的密切关注,引起我在有关印度

① 即上文棱堡东小丘。——译者

的一些细节上打扰您……

在我看来，由于英国军事的胜利在这里产生的巨大革命，以及因此借订立条约使公司得到巨大好处一事，已在某种程度上引起公众的注意；但是如果公司按自己发挥其现有占有地功能及前景应具有的重要性的态度行事，则还可不失时机地做许多事。我已用最强的措辞告知他们，派出并经常保持能有利于掌握进一步扩大自己的最早机会的这样一支武装力量的方便处；而且就我对这个国家的政府及其人民的特性的全面知识而言，我敢断言，这样的机会即将到来，而这种知识是得自两年的实践和经验的。当今的萨巴①是由普拉赛战役的胜利而被授予这些省份的统治权的。的确，他仍然保持对我们的依附，而且当他没有别的支持的时候，很可能继续这样做。但穆斯林是不会有多少感恩戴德之念的。如果他认为与我们决裂于他有利时，他对我们所负的义务会证明毫无约束力。这从最近他撤换他的首相和两三个主要官吏的事上是再清楚不过了；而所有这些人都是依附于我们的利益，其升迁都有我们的一份力量的。再者，他已年老，其子则是一个如此残酷和不足取的年轻家伙，而且对英国人来说是如此明显的一个敌人，以致将几乎不值得让他继位。只要有两千欧洲人这样的一支小部队，便能保证我们应付这样那样的方面来的危难，如果他们敢于制造麻烦，便给了公司自己拿过统治权的口实了。

做成这样一件事还要容易些。因为本地人自己无论怎么样也不会依附特定的王公，且因在现在的政府下，他们的生命财产没有保障，他们会因用一个温和的政府交换一个专制的政府而感到欢欣鼓舞；而且几乎不用怀疑，我们能得到莫卧儿皇帝的批准敕书（sannud），只要我们同意在岁入中付给他约定的份额即可。他会欣然同意此举，因为这些区域在一个诚信昭孚的国家的统治下，而不是根据长期经验使他确信，不会交岁入份额给他的那些人手中，这对他

① Subah，意为省长。——译者

有利得多，除非他惧怕帝国军队进入使其受到威胁。

但是，如此巨大的统治权对一个商业公司来说，可能是个太大的对象了；而且令人担忧的是，如果没有国家的援助，他们无力保有如此巨大的领地。先生，我因此冒昧地呈报这件事给您，请您考虑，是否可执行一个值得政府亲自掌握的，且日后还可在更大程度上执行的计划①。

我认为已对您讲得很清楚，即在取得这些富饶的王国的绝对占有上将只有很少的困难或没有困难；而且所按照的条件是付与莫卧儿皇帝的不及我们岁入的五分之一，这得到他亲自同意的。现在，我让您作出判断，一个年收入在200万英镑以上，并保有充满自然和技巧的最有价值的产品的三个省是不是一个值得公众注意的对象，以及它们是否值得一个国家采取恰当的措施确保这样的取得——在如此有能力和无私心的一位大臣管理之下，这一取得会证明对本王国说来乃是一桩巨大财富的来源，而且正好可以部分地充作一种减轻沉重债务负担的基金②。至于这种债务，则是我们此刻正努力加以削减的。

添加在这些好处之上的，是我们将因此获得对在这里从事商业的几个欧洲国家的影响；它们除了得到我们的恩准外，不再能进行贸易，而且要遵守我们认为适当的规定的某些限制。它值得很好考虑，即可以实现这一计划而不增加母国负担，非常像我们在美洲保有地已有的情况。从国内只需派少量军队来便够了，正如我们经常有把握讲的，我们保证经常有数目不计的黑人军队③。他们因为我们比这里的势力能付多得多的薪饷，并待他们好得多而毫不犹豫地参加我们的队伍。

…………

这个公司下属军队的最大部分现在被用来进行一次远征，以反对在德干④的法国人。而从那里最近接到的报告，我抱有巨大期望，

① 公司和克莱夫以后改变想法，不再主张英政府出面统治印度。——译者

② 当时英国政府预算中每年设有减债基金专款。——译者

③ 可能实际指印度土兵。英国在殖民时期，“黑人”一词用法比日后广泛，例如对澳大利亚原住民，有时也称黑人。——译者

④ 地名，印度有德干高原，——译者

我们将成功地从哥尔康达省拔掉他们。在那里他们已主宰多年，并且在滨海地区纷扰之际，从那里取得他们的主要物资支援。

尽管法国人作出特别努力，于去年派勒利先生率领一支相当大的部队来到。我深信，年底以前，除非有预见不到的、有利于他们的事插进来，在卡尔纳蒂克他们将束手待毙。当敌人物资匮乏，而且没有任何可见的手段来加以补救的时候，我们有舰队的优势和充裕的资金，以及从这个省我们将给滨海地区的朋友各种各类的供应。我们具有的这些优势，如果加以适当注意，便定然能实现在该地区及印度的每一部分消灭他们。

…………

你的最忠实恭顺的仆人

罗伯特·克莱夫

1759 年 1 月 7 日于

加尔各答

（译自《英国历史文献》第 10 卷，第 801—803 页）

三、英国与殖民地贸易统计

表 1　进口、出口及每个地区的余额

本表略去北美殖民地（见表 2）。在下列年代组的几大地区，只有对非洲出口一直有余额，其余多为进口大于出口（只有西印度群岛较复杂），但情况又不完全相同。在 1714—1715、1738—1739 和 1759—1760 年的三个年代组内，由西印度进口的均比从印度进口的多，出口至西印度的也较出口至印度的多；但前两组年代从西印度进口的余额，都比印度的多。而在最后一个年代组内出口余额明显增多，对西印度，尤其对印度是如此。这反映英国对殖民地出口的巨大增长、东印度公司在印度势力的膨胀和西印度群岛的逐渐衰落。

地　区	从1714年圣诞节到1715年圣诞节、乔治一世第2年①											
	进口			出口			进口余额			出口余额		
	镑	先令	便士	镑	先令	便士	镑	先令	便士	镑	先令	便士
非洲	30 096	12	6	51 912	6	2				21 815	13	8
东印度	579 944	4	2									
安提瓜	162 503	17	9	27 032	5	9	135 471	12	0			
巴巴多斯	386 787	7	3	144 649	3	10	242 138	3	5			
百慕大	523	7	10	1 809	17	10				1 288	10	1
布雷顿角岛												
瓜德罗普												
哈德孙湾				1 402	18	8				1 402	18	8
牙买加	273 743	3	6	110 870	7	4	162 876	16	2			
蒙特塞拉特	30 675	8	9	4 476	11	6	26 198	17	3			
尼维斯	88 161	17	1	9 498	14	0	78 663	3	1			
纽芬兰	11 288	2	2	8 120	1	10	3 168	0	4			
新普罗维登斯												
新斯科舍												
魁北克												
圣克罗伊岛												
圣克里斯托弗岛	57 536	3	0	4 077	3	9	53 458	19	3			
托托拉												

① 注意：这三个年代都比正式用的法律年代早一年。——译者

地　区	从1738年圣诞节到1739年圣诞节、乔治二世第13年①											
	进口			出口			进口余额			出口余额		
	镑	先令	便士	镑	先令	便士	镑	先令	便士	镑	先令	便士
非洲	43 035	19	2	219 813	15	0				176 837	15	10
东印度	1 278 859	11	1	217 395	6	0	1 061 464	5	1			
安提瓜	291 988	4	0	45 757	4	7	246 230	19	11			
巴巴多斯	197 838	1	3	56 354	17	0	141 483	4	3			
百慕大	215	5	2	197	18	0	17	7	2			
布雷顿角岛												
瓜德罗普												
哈德孙湾	13 659	10	5	3 984	4	4	9 675	6	1			
牙买加	705 575	13	6	126 745	17	3	578 929	16	3			
蒙特塞拉特	39 382	12	4	1 509	19	5	37 872	12	1			
尼维斯	68 431	4	3	1 156	6	4	67 274	17	11			
纽芬兰	46 753	18	8	31 746	19	1	15 006	19	7			
新普罗维登斯												
新斯科舍												
魁北克												
圣克罗伊岛												
圣克里斯托弗岛	263 324	19	8	14 000	4	8	249 324	15	0			
托托拉												

① 注意:这三个年代都比正式用的法律年代早一年。——译者

地区	从1759年圣诞节到1760年圣诞节、乔治三世第1年①											
	进口			出口			进口余额			出口余额		
	镑	先令	便士	镑	先令	便士	镑	先令	便士	镑	先令	便士
非洲	39 410	14	0	345 546	0	1				306 135	6	1
东印度	1 785 679	11	1	1 161 670	6	0	624 009	5	1			
安提瓜	159 162	19	0	191 117	13	2				31 954	14	2
巴巴多斯	223 716	12	11	269 449	6	2				45 732	13	3
百慕大	70	12	7	16 115	14	8				16 045	2	1
布雷顿角岛	5	8	3	11 048	14	5				11 043	6	2
瓜德罗普	424 366	18	4	118 569	5	10	305 797	12	6			
哈德孙湾	9 142	12	5	4 959	12	0	4 182	16	7			
牙买加	1 034 283	3	8	585 771	13	2	448 511	10	6			
蒙特塞拉特	75 936	12	4	23 143	13	4	52 792	19	0			
尼维斯	45 750	11	0	20 390	9	8	25 360	1	4			
纽芬兰	26 360	2	4	56 643	1	6				30 282	19	2
新普罗维登斯	1 730	0	7				1 730	0	7			
新斯科舍	701	7	4	52 767	2	2				52 065	14	10
魁北克②	2 154	18	5	51 629	18	5				49 475	0	0
圣克罗伊岛	1 657	3	7							1 657	3	7
圣克里斯托弗岛	92 470	19	2	149 142	4	10	143 328	14	4			
托托拉		19	0	397	18	7	29 954	0	5			

（译自《英国历史文献》第10卷，第737—738页）

① 注意：这三个年代都比正式用的法律年代早一年。——译者
② 英军于1759年9月15日占领该城。——译者

表 2　英国与外国货物出口至英属美洲殖民地统计(1715—1726 年)

从表中可知:(1) 相当多年代对英属西印度的贸易达北美殖民地的总和;(2) 在北美殖民地则只有对北部的几个州的出口贸易呈稳步增长趋势;(3) 年别的出口额悬殊甚大,如 1725 年对各区的总和在 114 万镑以上,而 1720 年则只略高于 62 万镑。

单位:镑

年代	新英格兰、纽约及宾夕法尼亚			马里兰、弗吉尼亚 北、南卡罗来纳			英属西印度群岛		
	英国的	外国的	总计	英国的	外国的	总计	英国的	外国的	总计
1715	166 196	69 203	235 459	150 119	65 787	215 906	259 692	147 541	407 233
1716	130 615	64 554	195 169	144 793	62 079	206 872	288 905	216 762	505 667
1717	125 666	72 979	198 645	167 264	73 756	24 020	267 605	155 407	423 012
1718	149 050	68 516	217 566	151 609	56 157	207 766	442 428	129 902	572 330
1719	151 617	57 122	208 739	132 329	51 932	184 261	217 382	121 558	338 940
1720	122 484	68 210	190 694	95 892	33 115	129 007	187 814	112 942	300 756
1721	130 166	56 657	186 823	100 826	44 254	145 080	192 073	148 728	340 801
1722	135 000	82 695	217 595	137 884	69 244	207 128	216 363	191 609	407 972
1723	147 536	97 954	245 490	112 820	53 279	166 099	282 632	164 805	447 437
1724	181 264	80 586	261 850	127 947	71 786	199 733	313 414	222 560	535 974
1725	208 249	106 376	314 625	154 387	80 679	235 066	360 297	235 851	596 148
1726	208 763	116 616	325 379	144 199	85 717	229 916	234 785	153 041	387 826

(译自《英国历史文献》第 9 卷,第 391 页)

辑译说明

本编译自以及参考以下各书，这些书主要为资料汇编。

1. *English Historical Documents Vol. VIII 1660–1714*, edited by Andrew Browning, London, Eyre and Spottiswoode, 1953.

简称《英国历史文献》第 8 卷

2. *English Historical Documents Vol. IX American Colonial Documents to 1776*, edited by Merrill Jensen, Oxford, University Press, 1955 repr. 1969.

简称《英国历史文献》第 9 卷

3. *English Historical Documents Vol. X 1714–1783*, edited by D. B. Horn and Mary Ransome, London, Eyre and Spottiswoode, 1957, 2nd imp. 1969.

简称《英国历史文献》第 10 卷

4. *Great Britain, The Lion at Home, A Documentary History of Domestic Policy 1689–1973 Vol. I*, edited by Joel H. Wiener, New York, Chelsea House Publishers, 1974.

简称《雄狮在国内》第 1 卷

5. *Documents in English Economic History, England since 1760*, edited by B. W. Clapp, London G. Bell and Sons, 1976.

简称《英国经济史史料》

6. *English Economic History: Selected Documents*, edited by A. E. Bland, P. A. Brown and R. H. Tawney, London, G. Bell and Sons, 1915.

简称《英国经济史史料选》

7. *Documents of the Industrial Revolution 1750–1850*, edited by Richard

L. Tames，London，Huntchinson Educational，1971.

简称《产业革命史料》

8. *The Treaty of Union of Scotland and England 1707*，edited by George S. Pryde，London，Thomas Nelson and Sons，1950.

简称《联合条约》

9. *The History of the Woollen and Worsted Industries*，written by F. Lipson，London，A. and C. Black，1921.

简称《呢绒和绒线工业史》

10. *The History of the British Coal Industry Vol. 2 1700－1830*，written by M. W. Flinn，Oxford，Clarendon Press 1984 repr. 1985.

简称《英国煤炭工业史》第 2 卷

人名译名对照表

B

Barton　巴顿

Beauclerk, Vere　博克拉克，维尔

Blake, William　布莱克，威廉

Bridgewater (Duke)　布里奇沃特（公爵）

Brindley　布林德利

Buller　巴勒

C

Campell, R.　坎贝尔，R.

Clive, Robert　克莱夫，罗伯特

Clouthing, William　克劳森，威廉

Coggin, John　科金，约翰

Colman　科尔曼

Cowper　考珀

Craggs　克拉格斯

Curtis　柯蒂斯

D

Darby, Abiah　达比，埃比娅

Darby, Abraham　达比，亚伯拉罕

Davenant　德维南特

Dean　迪恩

Defoe, Daniel　笛福，丹尼尔

Devereux　德弗罗

E

Elton　埃尔顿

G

Garway, William　加韦，威廉

Glover　格洛弗

Grant　格兰特

H

Hall, Fayer　霍尔，费尔

Hardwicke　哈德威克

J

Jaffier　贾法尔

Johnstone, John　约翰斯通，约翰

K

Kemp, Robert　肯普,罗伯特
Key,John　凯,约翰
Key,Robert　凯,罗伯特
Kilpatrick　基尔帕特里克

L

Lally　莱利
Latty　勒蒂
Lowndes,L.　朗兹 L.

M

Mallet　马利特
Marlborough,(Duke)　马尔伯勒(公爵)
Molyneux　莫利纽克斯
Moonlol　蒙洛尔
Murdeen　莫尔丁

N

North,Dudley　诺思,达德利
Norton　诺顿

O

Oldfield,Richard　奥德菲尔德,理查
Orme,Robert　奥姆,罗伯特

P

Pelham,Henry　佩勒姆,亨利
Phillips,Thomas　菲利普斯,托玛斯
Pike,William　派克,威廉
Pitt,William　皮特,威廉

R

Roydoolub　罗埃阇鲁布
Rumbold　朗博尔德

S

Sewell　休厄尔
Sinfray　辛夫吕
Skoulding　斯库尔丁
Smith　史密斯
Sophia　索菲娅
Spooner　斯普纳
Stephens　斯蒂芬斯
Stuart,James Edward　斯图亚特,詹姆斯·爱德华
Surah　萨拉

T

Twiss　特威斯
Tull,Jethro　塔尔,杰思罗

U

Ud-Dowlah,Surajah　乌德-道拉,萨拉杰

V

Virgil,Publius Vergilius Maro　弗吉尔,普布里乌斯·弗吉罗乌斯·马洛

Vouller. Joha　沃勒，约翰

W

Walpole，Robert　沃波尔，罗伯特

Whitworth　惠特沃思

Y

Yonge，William　扬，威廉

Young，Anthur　扬，阿瑟

地名译名对照表

A

Abaco　阿巴科

Anguilla　安圭拉

Antigua　安提瓜

Arundel　阿伦德尔

Aylsham　艾尔夏姆

B

Bahama　巴哈马

Barbados　巴巴多斯

Bear-Key　熊钥

Beccles　贝克尔斯

Bedford　贝德福德

Berkshire　伯克郡

Bermudas　百慕大

Biddeford　比德福德

Billericay　比勒里基

Bisho'p Stortford　比晓普斯图特福德

Blackstone Edge　布莱克斯通缘

Blandford　布兰福德

Bradford　布雷德福德

Braintnee　布伦特里

Bramford　布拉姆福德

Branstaple　布兰斯塔普尔

Bridgewater　布里奇沃特

Bristol Channel　布里斯托尔海峡

Burbuda　巴布达

Burton upon Trent　特伦特河畔的伯顿

Bury　贝里

C

Callington　卡林顿

Cambridge　剑桥

Carnatic　卡纳蒂克

Cape Breton　布雷顿角岛

Cape Coast　海岸角

Chelmsford　切姆斯福德

Chertsey　彻特西

Chichester　奇切斯特

Cirencester　赛伦斯特

Coalbrookdale　煤溪谷

Coggeshall　科盖谢尔
Colchester　科尔切斯特
Cornwall　康沃尔
Coromandel　科罗曼德尔
Crediton　克雷迪顿
Cricklade　克里克莱德
Cumberland　坎伯兰

D

Dartmouth　达特默思
Daudpole　道德波尔
Deccan　德干
Delft　代尔夫特
Devizes　德维泽斯
Devon　德文
Dorsetshire　多塞特郡
Durham　达勒姆

E

English Channel　英吉利海峡
Essex　埃塞克斯
Exeter　埃克塞特

F

Flegg　弗莱格
Frome　弗罗姆

G

Gainsborough　盖因斯波罗
Gloucester　格洛斯特
Golconda　哥尔康达
Gold Coast　黄金海岸
Gravesend　格雷夫森德
Grayes　格雷斯
Green Turtle Key　青蠵龟礁
Guadaloupe　瓜德罗普
Guinea　几内亚

H

Halifax　哈利法克斯
Hampshire　汉普郡
Harbour-Island　港口岛
Hertford　赫特福德
High Wycombe　高威康姆
Hispaniola　伊斯帕尼奥拉
Hitchin　希钦
Holt　霍尔特
Honiton　霍尼顿
Hudson's Bay　哈德孙湾
Hull　赫尔
Huntington　亨廷顿

I

Illethera　埃留特拉
Ipswich　伊普斯威奇
Irish Channel　爱尔兰海峡
Irwell R.　伊尔维尔河
Isle of Wight　怀特岛

J

Jamaica　牙买加

K

Kingston　金斯顿

L

Land's End　兰兹角
Lechlade　里奇莱德
Leeds　利兹
Leeward Islands　背风群岛
Leicester　莱斯特
Lincoln　林肯

M

Maidstone　梅德斯通
Malmsbury　马姆斯贝里
Margate　马加特
Maryland　马里兰
Mersey R.　默西河
Midland　密德兰
Montsarat　蒙特塞拉特
Mynhead　迈因赫德

N

Nevis　尼维斯
Neweastle　纽卡斯尔
New England　新英格兰
Newfoundland　纽芬兰
New Providenee　新普罗维登斯
New Windsor　新温莎
New York　纽约
Northampton　北安普顿
North Carolina　北卡罗来纳
North Foreland　北福雷兰德
Norwich　诺里奇
Nova Scotia　新斯科舍

O

Orford　奥尔福德

P

Pennsylvania　宾夕法尼亚
Plassey　普拉赛
Providenee　普罗维登斯

Q

Quebec　魁北克
Queenhithe　昆希

R

Reading　雷丁
Rochdale　罗奇代尔
Rochester　罗彻斯特
Romford　罗姆福德
Royston　罗伊斯顿

S

Saffnon Walden　萨弗伦·沃尔登
St. Christophers　圣克里斯多弗
St. Croix　圣克罗伊岛
St,Helens　圣海伦斯

Sandgate 桑德盖特

Sheffield 设菲尔德

Sherbourne 舍伯恩

Shields 西兹

Shropshire 什罗普郡

Somerset 萨默塞特

South Carolina 南卡罗来纳

Southwark 索斯沃克

Sowerby 索韦尔比

Spanish Town 西班牙镇

Spitalfields 斯皮塔菲尔兹

Stourbridge 斯图尔布里奇

Stroud 斯特劳

Suffork 萨福克

Sunderland 桑德兰

Sussex 萨塞克斯

T

Taunton 汤顿

Tedbury 特德贝里

Tees 蒂斯(河)

Tewksbury 杜克斯贝里

Thame 泰姆

Tiverton 蒂弗顿

Tobago 多巴哥

Tortola 托托拉

Trinidad 特立尼达

Trowbridge 特罗布里奇

Tynemouth 泰因茅斯

Tyne R. 泰因河

Tyneside 泰因赛德

U

Ubbeston 乌贝斯顿

V

Virginia 弗吉尼亚

W

Wakefield 威克菲尔德

Wallingford 沃林福德

Walmersley 沃尔默斯莱

Waltham 沃尔瑟姆

Wapping 瓦平

Ware 瓦尔

Warminster 沃明斯特

Westbury 韦斯特贝里

West Indies 西印度群岛

Westmoreland 威斯特摩兰

Weymouth 韦默思

Whitstable 惠兹特布尔

Wilt 威尔特

Winbourn 温伯恩

Windsor 温莎

第三编

1689—1815年的英国

（下）

辜燮高、林鲁卿、吴世民、陈玮　辑译

本编是辜燮高教授与其学生选择部分英国文献资料辑译的资料汇编，主要反映了英国在18世纪中叶工业革命至1815年这一时期的政治、经济和社会状况。本编选用的资料具有原始文献价值，虽然翻译工作完成于20世纪末，相应的人名、地名等专有名词，以及文字表达方式具有明显的时代特征和个人色彩，但对提高今天的世界史研究与教学仍然具有重要的参考价值。为尊重译者，编辑仅做规范性处理，特此说明。

经济发展和社会面貌变化

一、阿瑟·扬估计产业革命初期的农工商业(1770年)

下列材料是扬根据在英格兰北部所得材料而作出的对全英格兰的推断,虽不可能很准确,但给已开始产业革命的英格兰经济一个总的概念。从中可以看出当时农业仍占主导地位。

土地的状况、租金总额及估价(限于英格兰,威尔士除外):

英亩总数(英亩)	32 000 000
可耕地	16 000 000
草地	16 000 000
农场数	111 498
租金总额①(镑)	16 000 000
土地按 33.5 年价购买的估价(镑)	536 000 000

土地的收入

上述计算给我们提供下列各阶层人民——地主、佃户、教区教士、

① 准确的租金是每英亩 9 先令 11 便士,但我这里按 10 先令计算。

从事土地耕作的勤勉的贫民、不勤勉的贫民——的收入(单位:镑):

地主的租金被判断为	16 000 000
佃户利润	18 237 691
教士	5 500 000
勤勉的贫民(为劳动总值)	14 596 937
不勤勉的贫民(为济贫税总额)	866 666
钱币的利息	4 400 000
得自土地的这几种收入的总数	59 601 294

然而要注意的是,这些收入不包括那些工匠(manufacturers)从以上所有这些阶级中所获的非常可观的收益,也许达到上述总数之半。

…………

人口

成年男仆数	222 996
青年女仆数	167 247
青年男仆数	111 498
劳工	334 494
成年男仆与劳工	557 490①
农场主	111 498
临时工除外之平均 15 岁、收入每年 100 镑之劳动者的人数	2 400 000
按我前面计算三分之一劳动力为临时工所得出的临时工的人数	557 490

① 成年男仆与劳工之和。——译者

总人数	2 957 490
在青年女仆和青年男仆中扣除劳工子女的那部分人数	157 490
这样使**总人数**减为	2 800 000

这便是大约每人 11.5 英亩，租金 51.15 先令。

这一数目把为数众多的同等依赖于农业及为农业所支持的人排除在外，就像自耕农，还有如整个地主群体；各色相关分支人群；所有那些只为农场主做工的以及只为地主在他的农事范围内做工的工匠，诸如车轮匠、铁匠、制轭匠、木匠、砖匠、石匠、泥瓦匠、装玻璃匠，等等。而在另一方面，也排除所有那些为这一大群人做衣服的人、装饰他们房屋的人和管理他们的奢侈品的人。此外，还排除许多教士和教区贫民。所有这些人加在一起，无疑构成本王国居民总数的一个巨大比例。

摘　要

	单位：镑
租金总数	16 000 000
估价	536 000 000
假定房租包括在内	21 000 000
估价总额	636 000 000
农业资本	110 000 000
除森林、园囿、沟渠等之外的农耕地产出	83 237 691
农业费用	65 000 000
农业利润	18 237 691
工匠以外的人得自土地的收入	59 601 294

除地主、教士、教区贫民和工匠之外的农业人口数	2 800 000 人

这张小列表可以称之为依赖于农业经济的国家状况的那个部分……

但是,让我们暂且扩大我们探讨的范围,并对整个王国略加一瞥。

农 业

单位:镑

得自我们已开列的生产收入总计	60 000 000
推测的森林、木材、内河渔业、园圃、各种矿物之产出	6 000 000
合计	66 000 000

工 业

单位:镑

据我现有的 5 种核算表的平均值,算出加于我们的羊毛之上的劳动价值总计	7 000 000
推测除制作包括鞋、马裤、马车、椅子、马具等在内之农业上磨损物品的皮革的劳动之外的相关皮革制造的劳动价值为	4 000 000
冶炼铅、锡、铁、铜等如果不是本王国最大的,也是首位之一,推测劳动价值为	6 000 000
亚麻与苎麻、玻璃、纸和瓷器(的价值)推测为	2 000 000
丝与棉必定大大超过	1 500 000
	20 500 000

除了这些物品，还有分散的技工群体（除在铁器业以外）的所有收入。这些技工有木匠、石匠、家具匠、室内装饰商、玻璃工等等，以及数量巨大的鞋匠；除开上述工匠之外，劳工的总数必定非常大	6 500 000
不过，我们无须夸大，让我们假定包括前面未特别提到的职业，定为	27 000 000

商　业

得自商业的收入总数只能推测：但当我们考虑到它不仅包括商人的收入，而且包括所有为他们雇用的种类繁多的人群，诸如海员、船舶建造人、船夫、文书、看门人、仆人，以及其他一大批人。它的数目必然很大，假定为	10 000 000
除去付给外国人的利息的国库收入	9 000 000
除包括在最后一项的公共基金，及由农场主借的款项，诸如抵押、债券—债务（bond-debts）等之外的农业、工业和商业储蓄的利息，假定为	5 000 000
法律、医学、艺术、文学等创造的收入不能低于	5 000 000

摘　要

单位：镑

土地	66 000 000
工业	27 000 000

商业	10 000 000
国库收入	9 000 000
利息总计	5 000 000
法律、医学等的(收入)	5 000 000
英格兰的总收入	122 000 000

现在,即使最不在意的眼光,只需稍微一瞥,必定能看出本表内略去的各种各样的大量收入。但是我的目的绝不是在一件不需要准确的事情上求得准确,我想尽力表明的是:整个国民收入和公众需要相比较,是一笔非常大的数目!而且很可能总数比一亿镑多得多……

…………

(译自《英国历史文献》第10卷,第425—429页)

二、T. L. 鲁普论初期发明与工匠关系(1798年)

当时的人已注意到,产业革命早期的发明,多出自有实践经验的工匠之手。

供应奢侈品、便利物和生活必需品的技艺(制造)几乎没有从科学家那里得益……例如,我们发现在机械学上作出的最重要的发明和改进,并不是通过科学家的论证,而是通过能工巧匠(技工),甚至常常由普通工匠的发明才能获得的。尤其是化学家的技艺,都不是从药物实验室得到的。相反,他须感激能工巧匠和普通工匠的杰出的发明和大量的实践。这些发明和事实材料构成他研究的科学基础。在制作面包的技术、葡萄酒和醋的发酵、硝皮、采矿和冶金、制造玻璃和肥皂、肥料的作用和应用,以及无数其他非常重要的发明上,虽然无一不是化学的作用,但是化学家与之都没有关系……没有化学家的帮助，染色的技术已达到高度完善。而化学家甚至对它的许多制作程序的基本原理一无所知。他对这个学科的了解，也只是晚近的事了。

（译自《产业革命史料》，第 60 页）

三、蒸汽机的发明

（一）马修·博尔顿致瓦特函（1769 年 2 月 7 日）①

詹姆斯·瓦特得到马修·博尔顿的合作与帮助，是能制成蒸汽机的关键。此函说明博尔顿提供合作的原因及做法。

我为两个动机所刺激而向你提供我的帮助。那就是对你的敬慕和对一个能赚钱的独出心裁的设计的爱好。我推想你的机器需要钱，要求很精确的制品以及广泛的通讯联系，以使之变得最为有利。而最好的保持名声和公正对待发明的办法，在于不让囿于经验的机匠去参与具体的执行环节。由于他们的无知、缺乏相关经历和没有必需的设备，大概只会做出坏的和不精密的制品。所有这些缺点会影响发明的名声。为了弥补这些缺点及生产最能赢利的产品，我的想法是在我们的运河旁、我的工厂②附近建造一所工厂，在那里我会为了完成机器而安装一切必要的设备。从那个工厂，我们会提供各种型号的机器为全世界服务。通过这些办法和你的帮助，我们可以招雇和训练一些优

① Paul Mantoux, *La Révolution Industrielle au XVIII siècle* (Paris, 1959)之英译本 *The Industrial Revolution in the Eighteenth Century*(1961)第 332 页注 1 引有此函主要部分，但文字与标点均略有不同。（译文见杨人楩等译《十八世纪产业革命》，第 474 页注 57）。翻译时参照杨等译文。——译者

② 指苏霍（Soho）工厂，见下一文件。——译者

秀的工人（在制造一架唯一的机器时，我们就把比任何人尽心地找到的更好工具供他们使用）。此举在执行上能节省20%的费用。这样造出的机器的精密程度与机匠造出的大不相同，二者的差别就如同铁匠和科学仪器制造者之间造出的机器的差别一样大。我不值得为了三个郡①造这架机器，但我发现很值得为全世界制造它。

（译自《产业革命史料》，第63页）

（二）博尔顿致达特茅斯勋爵要求帮助延长制造蒸汽机专利的信（1775年2月22日）

瓦特在1769年取得制造蒸汽机的专利将到期，而机器未全部完成。合伙人博尔顿于是写信给商务部大臣达特茅斯勋爵求助，要求给予延长。先是，博尔顿已求得议员在下院提出申请书，现又得政府高级官吏之助，遂于同年达到目的。

我不揣冒昧写信给阁下，为的是支持我的朋友詹姆斯·瓦特先生。他是一位工程师，意欲请求议会延长陛下颁给的、允许一定期限之排他性权利的许可证。这是因他在蒸汽机或火机上开创某些重大改进而取得的。立法机构之俯允恳求人取得专利证，将不仅是对一个巧思者的公正待遇，因为他是为一件有用的发明耗费大量精力和财富的人；而且除非得到需要的恩准延长，他便不能从我陈述的某些情况中获得专利证的任何好处。我确信，一旦阁下得知这一切，将原谅我这次冒昧，而且甚至将使您对这件事发生兴趣。这也将确属一种公共利益，因为没有这一延长，他的发明很可能完不成。我无须指出供阁下考虑的情况，即蒸汽

① 指沃里克、斯塔福德和德比三个郡。——译者

机或火机在煤矿，在铅、锡和铜矿及其他需要大动力的工厂的巨大实效……将使火机经常开支降到四分之一，并将适用于现有机器动力达不到的许多用途，以及供不能使用现有机器的许多工厂使用。瓦特先生已耗费其大部分生计和资财作蒸汽及蒸汽机的实验，他是发现真正原理的第一个人和唯一的人。而运用这些原理，可以把蒸汽机造得极为有用，比通常使用的那些机器要优越得多。

1769 年，瓦特因其发明的独特用途而取得专利证。但在完成其新发现的原理中发生了许多机械上的困难，其身体又不好，加上他被苏格兰警察署和其他官署先后雇用于调查、监督完成一条能航行的运河[①]和其他公共工程，以及由于从事必要的机器试验、实验和模型工作，直到去年晚些时候才得以完成大发动机。当他在我的工厂(在苏霍)制成两台机器(一台为旋转式，另一台为往复式)的时候，我们俩都很满意。

由于瓦特先生在实现这一发明时遇到了困难，以及那些他已意识到的在他前面的困难，他感到沮丧；如果我不帮助他，他已经放弃这一计划了。因为他的专利证规定的时间大部分已过，以及他自已很不安定的生活，而且在从其得到任何好处之前，尚须耗费大量钱财。我认为，除非蒙议会允诺延长其排他性特权的期限，便不能更好地发挥他的才能和使用我的金钱了。我已经得到根西勋爵[②]的厚爱，把申请书提交给下议院；而且如果它有幸得到阁下的鼓励和赞助，我不怀疑只需把您抱有好感的情怀写一封信给诺思勋爵[③]，便会使事情变得容易得多，并保证其成功。因为该信会有效地使诺思勋爵阁下确信这一措施乃是正当和有益于公众的。对我来说，这似乎

① 指从珀斯(Perth)到福尔法尔(Forfar)的运河。——译者

② 凡爱尔兰贵族及只具礼节上尊称(Courtesy Title)的贵族如非上院议员，可当选为下议院议员。根西岛属海峡群岛，根西勋爵当仅是礼节上的贵族。——译者

③ 其时首相。——译者

是他指导公务的准绳……

1775 年 2 月 22 日于苏霍

（译自《英国历史文献》第 10 卷，第 474—475 页）

（三）延长瓦特蒸汽机特许证的法令（1775 年）

一项授予工程师詹姆斯·瓦特及其执行人、管理人、代理人，为其发明的通称为火机的蒸汽机在国王陛下整个王国领地内，在一定期限为唯一使用者和产权者之法令。

鉴于詹姆斯·瓦特的发明在大不列颠王国的英格兰、威尔士领地（Dominion of Wales）和特威德河畔贝里克镇以及海外的殖民地内，大大减少了发动机的能源和燃料的消耗，所以在最尊敬的乔治三世陛下御宇之第 9 年[①]的 1 月 5 日，颁发了盖有大不列颠国玺的特许证，准许格拉斯哥城的商人詹姆斯·瓦特及其执行人、管理人和代理人是唯一制造和销售新蒸汽机的专利人，期限为 14 年。附带条件为：责成该詹姆斯·瓦特在颁发特许证 4 个月内，拟订一个由他亲笔签名和盖章的附文，详细说明该发明的性能，把该文件存档于大法官法庭（High Court of Chancery）。

鉴于瓦特遵照上述条件对该发动机详细说明的附文在 1769 年 4 月 29 日存入高等大法官法庭。该说明书由文字及图表组成，大意如下，即：

…………

鉴于詹姆斯·瓦特费时多年，耗去大量资财，用来试验蒸汽及通常称为火机的蒸汽机，其目的在于改进那些关键性的机械，使其

---

① 1769 年。——译者

比普通发动机的性能优越得多。但是制作这些庞大和复杂的机器并非易事,常常会遇到许多困难,长时期进行反复的试验,以致在1774年年底以前还未完成他的发明。当时,他完成了几个大发动机用作他创造的样品,足以展示出该发明的巨大实用性。

又鉴于:为了制造这些精密的机器,以便以公道的价格出售,必须事前花费相当数额的资金来开办工厂和购置其他设备,还须经过几年时间反复检验,才会获得社会上大多数公众对他的发明价值的完全承认,而到这时他们才相信有利可图。但在该詹姆斯·瓦特能接受到相当于其劳动和发明的好处之前,上述特许证准许的期限可能已经超过了。

又鉴于:通过装备较前此便宜得多的和更为适用的机械动力,他的蒸汽机在王国的许多大工厂和制造业中使用,可获得极大的成功。但是该詹姆斯·瓦特没有力量达到他所希望的使他的发明普遍推广,以便对社会提供最高的效用,除非在大不列颠的英格兰、威尔士领地、特威德河畔贝里克镇以及海外殖民地,甚至包括苏格兰延长特许证所准许的期限和保证该发明的所有权,这样才可使他的劳动、时间和费用获得充分补偿。

因此,为了鼓励该詹姆斯·瓦特能够从事并完成他的发明,使全社会有可能在广泛的范围内享受其全部利益。因而,请最尊敬的国王陛下(在该詹姆斯·瓦特恭顺的请求下)制定这样一项法令。

兹特由国王陛下,经本届集会之议会的灵俗两界贵族和众议员之建议和赞同,并由同一权威颁令:自本法通过之日及其以后,在大不列颠王国和海外殖民地内制造和销售该机器的唯一特权持有者为詹姆斯·瓦特及其执行人、管理人和代理人,期限为25年;詹姆斯·瓦特及其执行人、管理人、代理人,通过他们本人或通过他们的代表,在上述期限内,在大不列颠王国和海外殖民地内,随时签约合法制造、使用、实施和销售该机器;詹姆斯·瓦特及其执行人、管理人、代理人在25年期限内可以合法享有由他的发明而得到、增殖和产生的全部利润和利益、商品和好处。在上述期限内，大不列颠王国和海外殖民地内之任何其他人均不可直接或间接去制造、使用或实施该发明之任何部分，也不得改头换面加以模仿和伪造。凡没有詹姆斯·瓦特及其执行人、管理人、代理人亲笔签名和盖章的许可，假冒为发明人、设计人签订协议而牟取暴利者，则应视为侵权行为，定予严惩。

（译自《英国经济史史料》，第145—149页）

(四) 博尔顿在凡尔赛给热内的备忘录抄件(存詹姆斯·瓦特处)(1786年11月27日)

此件简述瓦特发明蒸汽机及与博尔顿合伙、申请延长专利等的经过。

蒸汽机赖以完善的总的理论和原理系1763年詹姆斯·瓦特在苏格兰的格拉斯哥首先发现的，而且是他为此目的所作的辛勤实验的结果。

尽管当时建立的理论和原理一直没有变动，也没有受到什么影响，但在将其付诸实行时，仍遇到许多机械上的困难。这便妨碍了他在1769年以前为其发明取得一份专利证。

由于不同情况，这些机械的公开制造便不得已推迟到1774年。其时，瓦特移居伯明翰，在博尔顿的工厂制造了一部机器。而当时看出必须制造新的、不同种类的工具和机械；必须训练工人；还必须在发明可以获利之前，要借助对整个机器进行漫长而昂贵的试验过程来消除公众的偏见。又认为必须申请英国议会批准和延长专利。议会在1775年给予这种特权25年。如果没有办成这件事，该发明必然完全失败，而世界至今都不会得到它。

在议会通过这个法案之后,博尔顿与瓦特之间开始了合伙[①]。

伴随建立公司而来的开支耗费了很大数目的款项,而请愿人[②]多年来一直在追求这项事业,付出了大量辛苦,却没有给自己带来任何利润,而且只是在不久以前才偿还了这些费用。

M. 博尔顿

(译自《博尔顿和瓦特文件选》,第 87—90 页)

四、纺织业

(一) 棉纺的重要机具发明

由于未找到原始材料,而利普森的《呢绒和绒线工业史》第 4 章《过程和发明》讲得颇详尽,故用以代替。文中除提到人们熟悉的阿克赖特、哈格里夫斯和克隆普顿外,也提到几个较不为人知的发明人物。

1. 自动纺纱的来源

是谁首先构想自动纺纱的主意? 以下 4 个人的创新权利受到广泛的讨论。他们是刘易斯・保罗、约翰・怀亚特、理查德・阿克赖特和托马斯・海伊斯。尽管某些事实不容争辩,但问题从未得到满意的解决。首先,用罗拉(roller)[③]纺纱的方法,无疑是阿克赖特在普雷斯顿一位校长家安装其第一部机器之前的一代人[④]的时候就

① 事实上合伙早已存在,从 1775 年博尔顿致函达特茅斯勋爵请求帮助延长专利可知。——译者

② 这个备忘录写于法国,从本文件以下内容来看,是在法国申请专利。1786 年两人都在法国,但申请专利未成。——译者

③ 有意译为辊、辊子的。——译者

④ 通常为 30 年。——译者

已知道了，而他的名字一般都认为是与该发明联系在一起的。发明这种机器是在1738年，因为那一年以刘易斯·保罗的名字取得一份专利证，其阐明机器的性质和范围的说明书预见到水力纺纱机的重要原理。它提到梳条(sliver)“被置于一对罗拉之间”，而且，“借罗拉的转动，喂入大量的羊毛或棉花，使之按照这对罗拉转动的速度加以纺绩。一系列其他的罗拉按比例地转动得快一些，把绳、纤维或梳条牵伸成为符合要求的任何细度。”此外，“线被放在纺绩的木管、卷筒或小卷片上面，按照比第一对罗拉快一些的速度，而且是按照将梳条呈同一比例牵伸的原理设计的”。关于这一带有保罗名字的机器的描述，证明理查德·阿克赖特尽管有功劳，但不是用罗拉进行纺绩的方法的最早发明人。

2. 刘易斯·保罗

在英国不用借助人的手指便能纺线的第一部机器的著名发明人刘易斯·保罗的生平并不清楚……唯一值得一提的个人的其他细节乃是他是约翰逊博士①的朋友和通信人。在他的企业里，他同一位熟练的机器匠约翰·怀亚特交往，而后者据说是真正制造这一发明的人。这一点是怀亚特的后人明白无误的意见，而且，一位最早和最公正的纺织业发明史的研究人也持同样的看法。根据贝恩斯②的说法：“构想出用罗拉纺纱原理的优点是怀亚特的光荣。”相反的意见则把“唯一的发明人的功劳和荣誉”归于保罗，而怀亚特除垫付款项给他的领导人和受雇于保罗外，与发明无关。

保罗和怀亚特的信札和文件已为世人所知，它们表明保罗是罗拉纺纱的发明人，而怀亚特则是实现他的想法的机器匠。

---

① 塞缪尔·约翰逊(Samuel Johnson，1709—1784)，英国辞书家和作家，第一部《英语词典》(1755年)的编纂人。——译者

② 爱德华·贝恩斯(Edward Baines，1774—1848)，1835年出版《棉制造业史》(*History of the Cotton Manufacture*)。——译者

3. 保罗发明的命运

保罗发明的日后命运曾引起大量争论。问题是这一发明完全消失了呢？或是在下一代得到恢复了呢？有两个发明人的要求权得到确认，一个是理查德·阿克赖特，另一个是利①的双簧管制造人托马斯·海伊斯。在缺乏可靠资料的情况下，我们必须满足于用两者择一的办法加以叙述，而其中的一个必定含有问题的解决内容。有可能关于保罗发明的消息为海伊斯或阿克赖特所闻，而他们中的这个或那个按照保罗的原理造了一部机器；再者，也有可能他们中的一个人独立地想出罗拉纺绩的主意，重新发现一个忘却了的秘密。人们偏爱的说法是阿克赖特在这一点或那一点上受惠于海伊斯。他可能完全剽窃了那个主意，或者可能从凯那里得到某些暗示，而凯则是海伊斯信任的一位制钟匠。后一假设是这样叙述的："阿克赖特根据他所听到的海伊斯的经验，开始构想罗拉纺绩，并且毫无顾忌地从凯那里借取某些暗示。同时，他的罗拉可能与海伊斯的完全不同了——能够运转，海伊斯的不能运转——而阿克赖特在相当程度上可称为一个虽非真正的、但实际上是罗拉纺绩的发明者。"……唯一可以确定的是自动纺纱运用的成功乃是阿克赖特的成就。

4. 理查德·阿克赖特

纺织工业中最杰出的人物理查德·阿克赖特是这个国家最大的"工业大亨"之一，1732 年生于普雷斯顿……他跟一个理发师当学徒，并定居于博尔顿。在那里，他作为假发制造人，因有一手好技术而获得一定声誉。他不具备机械的知识，也没有工业过程的实际体验，却具有一个敏捷、机警的头脑，一种永不满足的好奇心，以及一种吸收和发展他人见解的天才能力。他的天赋远远弥补了任何在技术训练上的不足，而且表现出竭尽全力追求其机会的坚定决心。

① 利(Leigh)，小镇名，在兰开郡距曼彻斯特不远处。——译者

阿克赖特生活在经常谈论棉纱短缺的那些生产者当中，处于等待着创造新方法而发财的幸运发明者出现的时期，这些都激发了这位贫穷的假发制造人的想象力。他被禁不住的欲望吸引到机械试验上去。约在1767年，机会来临了。那时，他正雇用一个名叫凯①的制钟人来制造他的机器。可能凯向他透露了海伊斯机器的特征——正如我们讲过的，这点从来没有得到满意的澄清——或者可能阿克赖特听到过在北安普顿工场的谣传，并出于偶然，发现了保罗发明的秘密。不管怎么说，无论他的发明是自己机智巧思的成果，抑或是一个不诚实的奸计的酬报，阿克赖特掌握了注定使纺纱工业发生革命及创立工厂制的秘密。

5. 发明者的困难

……约翰·斯莫利先生是一个酒商和房屋油漆匠。他对阿克赖特的机器抱有信心，于是打开钱袋，并提供必要的手段。机器被安装在普雷斯顿自由文法学校校长的起居室里。在这种求索的气氛中，这位前理发师投入了他的机械的通盘研究。不久，传来布莱克本附近骚乱的消息。那是由哈格里夫斯的珍妮机激起的。阿克赖特和斯莫利怕引起破坏机器者的注意，遂迁居诺丁汉。在那里，他们与两个制造商塞缪尔·尼德先生和杰迪代亚·斯特拉特先生合伙。于是得到有经验的商人的宝贵的帮助。他们获得的充裕的资本彻底解决了短缺钱的问题。1769年，阿克赖特为其机器取得专利证。这一事件标志其经历的第二个里程碑……1779年，在一次群众愤怒的爆发中，他在乔尔莱的工厂被摧毁了……然而，他的主要困难是他的专利权遭到侵犯……他被迫在一所法庭保卫自己(1785年)……(初胜后败)……结果，专利证被吊销，水力纺纱机连同梳理机成为工业世界的共同财富……

① 勿与飞梭发明者混为一人。

6. 阿克赖特的成功

尽管阿克赖特在他的企业开创的领域里排除其他同类的工厂主失败了，但无论在声名上还是财富上他都取得成功。1786年，他被乔治三世授予爵士，次年被任命为德比郡郡守……他不是第一流的发明家……但他知道怎样把其他人的发明转变到具备实用价值……最重要的乃是他是工厂制的奠基人。的确，他不是第一个在英格兰建立工厂的人，但他所建立的这一伟大的企业机构，为全国各地的类似的事业树立了榜样……

7. 水力纺纱机描述

水力纺纱机的主要特征是利用罗拉。粗纱(roving)被夹入一对平放的罗拉之间，而一根罗拉在另一根罗拉之上。这两根罗拉互相接触旋转；而当它们旋转的时候，紧压粗纱，并从木管引出粗纱。另一对罗拉转速为前一对罗拉转速的5倍，从那对罗拉接到粗纱，而它们的快速旋转，使粗纱变成细纱线。当粗纱从第二对罗拉引出来后与纺锭联结，一根纱借了旋转的纺锭被加捻成细纱线。在诺丁汉，阿克赖特安装好第一台机器，用马带动。这证明是花钱的做法。为了利用水力资源，他在德比郡的克罗福德建立了一座棉纺厂，用一部水轮驱动，故称为“水力纺纱机”①……

…………

8. 詹姆斯·哈格里夫斯

棉纺和毛纺的第二个大发明是詹姆斯·哈格里夫斯的成果。他是布莱克本附近斯坦德希尔的一个织匠。有个故事是这样描述的，“他的机器发明最早的想法来自，他看到一个纺一根线的轮子翻倒在地上，轮子和纺锭都在继续转动，纺锭因此被从一个水平的位置上掷到一个直立的位置上。他似乎突然想到如果几个纺锭被并排直立起来，便可能同时纺几根线”。这个宝贵的灵感使得1767年

① 在应用蒸汽驱动后，得名为“翼锭精纺机”(throstle)。

出现了珍妮机[①]。

9. 珍妮

珍妮是一部机架，其中一部分安放一排 8 根粗纱，另一部分则安放一排 8 个纱锭。粗纱被插入两片平木板之间。这一组合的平木板被称为一棵“丁香树”。它一开一合，像平行的尺子，而且紧紧握住粗纱。那时，每根粗纱的一端便与纺锭相连，而“丁香树”则从纺锭沿着机架的水平的横木移开，把线拉出来，并牵伸到特有的细度。同时，纺纱人旋转一个轮子，而它使纺锭转动并卷线。那时，“丁香树”转回纺锭，以便“握住纱线”——即把纺出的纱缠绕在纺锭上。

10. 引入呢绒制造业

之所以称为“珍妮”据说是因它做的是女性从事的工作。在棉织业，看来它仅纺纬线，但在呢绒工业，在珍妮上则不仅纺纬线，也纺经线。将珍妮引入呢绒工业是紧随其发明之后；而且看来“重大的纺织发明直到相当晚才扩展到羊毛纺织上”，以及“哈格里夫斯的发明应用到纺羊毛时多年已过去了”的说法不正确。用在珍妮上的纺锭数目不是一成不变的。一个纺匠可发现同时能照管 60 个或 70 个甚至 120 个纺锭，结果工资上涨了 3 倍。

11. 水力纺纱机和珍妮的对比

水力纺纱机和珍妮在许多方面不同。第一，尽管水力纺纱机原系用以使粗纱变为纱线，而并不是使梳条变为粗纱的，但以后却适应了这个目的；珍妮看来仅作为纱的最后工序使用。第二，水力纺纱机所纺的纱较坚韧，即更牢固地加以缠绕，适于作经线；反之，珍妮纺的纱柔软，因此适于作纬线。第三，珍妮是工匠能够在他的小房子里用自己的手做工的工具，水力纺纱机则是需要比人力为强的力量给予驱动的机器。珍妮与水力纺纱机之不同，因此成为新的经

---

① 亦按其工作方式译为手摇纺纱机，或按其结构译为多轴纺纱机。——译者

济组织的起点。前者的发明适合于在工业中保留家内工作制，接受后者则为建立工厂制作准备。

12. 哈格里夫斯的经历

……就像早日的凯一样，这位发明家被从他的家乡城镇赶走，并在诺丁汉找到避难处。在那里，他与一个细木匠合伙。这个木匠能凑集足够的款项开办一家小工场。直到1778年哈格里夫斯逝世时，这家小工场取得了“可观的成功”。1770年他为珍妮取得专利证……

13. 塞缪尔·克隆普顿

1753年，骡机的发明人塞缪尔·克隆普顿出生于博尔顿附近的菲尔伍德。当他学习用哈格里夫斯的珍妮纺纱时，年仅16岁，而且好不容易在21岁时开始改进它，这占据了他以后5年的业余时间……他太穷，或者不够大胆去努力取得一张专利证，而且在保护他的发明使之不为窥探者窃取上太胆怯，因此他决定把他的发明公之于众……

14. 克隆普顿的性格

克隆普顿就像在其他地方提到埃德蒙·卡特赖特①的经历一样，他从来也没能利用他的发明天才作为一根杠杆，以建立伟大的商业企业……

…………

15. 骡机描述

克隆普顿死于1827年，但早在他逝世前，骡机就已取代水力纺纱机和珍妮。他的发明把阿克赖特和哈格里夫斯的机器原理结合在一起：

> 造物主的力量无法再前进；
>
> 为制造第三种，她把二者结合在一起进行。

---

① 见下一文件。——译者

一方面，它有牵伸粗纱的罗拉系统；另一方面，它有加捻的纺锭。当粗纱从木管引出，它们便通过罗拉到达放在一辆纺锭车子上的纺锭处。骡机的最主要特征——如肯尼迪称的“克隆普顿的巨大和重要发明”——乃是这辆纺锭车。代替如珍妮或水力纺纱机的静止不动的纺锭，这些纺锭被设立在一个由轮子移动的车子或箱子上。当罗拉给出从木管来的粗纱，移动的车子——连同其中的纺锭顺次转动以使卷绕纱线——便从罗拉退开，牵伸纱线。当罗拉已输出一段足够量的粗纱时，它们便停止旋转并紧握粗纱。这时，载纺锭的车子继续后退 4 至 5 尺。这一运行把线牵伸到需要的细度。为了把线卷到纺锭上，要使车子回到原来的位置。

16. 改良机械

……水力应用到骡机是在 1790 年。

17. 当今使用的骡机和纺机

骡机可生产比珍妮或水力纺纱机更好的线。……而骡机则纺纬线和经线。约克郡一位工厂主赫斯特宣称首先把骡机引入呢绒制造业……

18. 机纺纱的好处

机器引入纺纱业，去除了手纺的缺点。首先，机纺纱在质量上更为均等，也更坚韧，纱不致经常折断。织匠仅用手纺纱一半的胶水量即可，后者比较“柔软”，需要更多的胶水使之结合在一起。机器纺纱的另一个结果是使织匠获得自由，不再依赖于手纺者了。现在他能为他的制造物取得无限制的材料供应。纱荒结束了，匮乏让位于供应充足。据估计，一架珍妮可维持两架织布机的工作，一架骡机也许可维持 10 架织布机的工作，一架翼锭精纺机亦然……引起了一个新问题，现在缺的不是纺匠，而是织匠了。而在织的工序上，看来发明机器是十分必要了。这便是埃德蒙·卡特赖特的成就。

（译自《呢绒和绒线工业史》，第 145—164 页）

(二) 理查德·格斯特记埃德蒙·卡特赖特自述发明动力织布机的经过及此机的推广使用状况(1823年)

格斯特是第一批棉织业史家。卡特赖特向他提供他发明的织宽幅布的实用的动力织机的情况。在推广使用时遇到织匠的反抗,而织机也作了许多改进。

1. 卡特赖特记述发明动力织布机

1784年夏,我凑巧在马特洛克与曼彻斯特的一些上流人士交上朋友,正是在那个场合,谈话转到阿克赖特的纺机上。一位朋友谈到,一旦阿克赖特的专利证期满,会有如此多的纺纱厂建起来,并会纺出如此多的棉纱,以致不可能找到人手来织布。对于这种意见,我回答,那时阿克赖特必定会倾注其智慧于发明一种织布机。于是关于这个问题引起一场争论,曼彻斯特的先生们一致认为这件事办不到。在他们的辩护意见中所举出的论点,我肯定无力回答,甚至也不了解,这是由于我对这个问题完全外行,其时,我还没有看过人织布的实际情形。然而,我以最近在伦敦曾展出一个下棋的自动玩偶,来反驳认为办不到的意见。我说,先生们,你们现在不要断言,制造一个将用于织的机械,比一个将在那个错综复杂的比赛中需要实现各种不同的运动的机械①更为困难。

不久之后,一个特殊的环境,使我回想起这场争论。按照我具有的事务概念,在我看来,关于单纯的织,只能有三个动作,而且是一个接着一个的,因之在引起和重复这些动作上,困难会很少。由于满脑子充满这些观念,我立刻雇了一个木匠兼铁匠的人来实现这些想法。当机器制成,我立刻找一位织匠放入经线。这是经常制作帆布之类的需用的材料。令我非常高兴的是质量虽不怎么样,但却

① 指自动玩偶。——译者

是地道的一匹布。

因为我以前从未把思想转到任何机械的理论和实践上去，也没有看见过正在织布的织机，也不懂它的任何结构，你可想而知，我的第一架织布机必定是一架最蹩脚的机器了。

经线被垂直地安放着，筘以至少有半英担①的力量下落，而掷梭子的弹簧则强到足以投掷一个康格里夫火箭②。总之，需要两个壮汉来转动机械，而且只能慢速地干短时间即需换人。我想得非常天真，认为已完成需要的一切，于是取得我认为最有价值的财富，即在1785年4月4日得到专利证。做了这件事后，我才放下架子去参观其他人怎样织布。当我用他们的轻松自如的操作方法和我的机器的做工方式作比较时，你可猜想到我的吃惊状况。不过那时我看到的，对我大有好处，我按照织布机的一般原理制造了一架织布机，几乎像现在制造的一样。但一直要到1787年，我才完成我的发明，而在该年8月1日，取得我的最后一个织的专利证。

2. 动力织布机的采用和传播

约1790年，曼彻斯特的格里姆肖先生根据卡特赖特先生的一份许可证，建造了一座由一台蒸汽机驱动的织布工厂。当经线只能一小段、一小段地从织布机的卷轴解开时，在整理经线上损失了大量时间；还因为当时纺纱的质量问题未解决，给蒸汽织布的成功构成可怕的障碍。然而，在能充分探查实验成功与否以前，这家工厂便被焚毁，遂使多少年来在兰开郡不再有用蒸汽织布的进一步尝试。

1789年，格拉斯哥的奥斯汀先生发明了一架类似的织布机，而且在1798年作了进一步改进。1800年，波洛克肖斯的蒙蒂斯先生建造了一座能容纳200架此等织布机的大厦。

---

① 1英担等于112磅。——译者

② 康格里夫火箭(Congreve rocket)是一种武器，1808年由威廉·康格里夫发明，故名，能发射32磅的炮弹。——译者

1803 年柴郡布拉德伯里的托马斯·约翰逊先生发明了梳棉架。在这一发明前，经线只能一小段、一小段地从织布机的卷轴上解开，而且进行这项工作时，织布机只好停工。约翰逊的机器同时梳理整个经线；梳理是放在织布机上进行，而且用不着停机。1806 年，一家使用蒸汽织布机的工厂在曼彻斯特建立。接着，另外两家在斯托克波特建立；而约在 1809 年，第 4 家在韦斯特霍顿建成。在这些用蒸汽织布的重新努力中，举凡织布机的结构、排列经线的方式以及为梭子准备的纬线等，都作了很大的改进。借助这些改进，再加上纺纱技术改革后，有人纺出比 1790 年优良得多的纱。正因得到这种协助，以及约翰逊的特别适合于蒸汽织布机整理经线的机器的帮助，这一实验成功了。在梳棉架发明以前，每一台蒸汽织布机需要一个织工，而现在一个 14 岁或 15 岁的男孩或女孩，便能照管两台蒸汽织布机；而且有他们的帮助，便能织出相当于技术最好的手织匠所能织出的 3 倍半的布匹。这些手织匠很少能生产一匹始终平滑的布，确实，对他们来说，这样做几乎不可能。因为走梭板的一次弱或强的敲打，直接改变布匹的厚度；而且在隔了几小时后，最有经验的织匠发现重新开始用他离开时的完全同样的力量作撞击也是困难的。在蒸汽织布机上，走梭板给了一个稳定的、确定的敲打；而且一旦机械师调节好速度，则自始至终织一匹布都是以最大限度的准确性移动的。用这样的织机织的布，当被那些雇用手织匠的制造商看到时，他们立即赞不绝口，而且激起了想到自己的工匠不能织同等质量的布的意识。蒸汽织布机数目的增加，说明了比手工织布机优越。1818 年，曼彻斯特、斯托克波特、米德尔顿、海德、斯特利桥及它们的附近有 14 家工厂，拥有 2 000 台织布机。1821 年，在同一地区附近，有 32 家工厂，拥有 5 732 台织布机。1821 年以来，其数目还在进一步增加。而现在[①]在大不列颠，有不下于 10 000 台蒸汽织布

① 1823 年。——译者

机在工作。

这是一个奇怪的状况，即当棉布制造业在其摇篮时代，所有的操作，从梳整原材料到最后织成布的情况是在织匠房舍的屋顶下完成的。继之而来的制造业改进的进程则是在工厂内纺纱，而在织匠的房舍里织布。现在，当制造业已发展并达到成熟时，所有的操作，连同大量增加的工具和更为复杂的机械装置，又重新在一个单一的建筑物内完成。织匠的房舍，连同木整经、手起毛、手轮纺车和不完善的织布机等粗陋装置是蒸汽织布机工厂的具体而微。那些高耸70或80英尺，引起旅行者注意和激起他们好奇心的、在兰开郡南部的所有大工业城镇近郊巨大的砖建筑物内现在从事的工作，是过去要雇用整个村庄做的。在蒸汽织布机工厂里，完成梳棉花、穿过罗拉牵伸、纺及织布的全过程；而且，在这些房屋中，现在每所房屋所做的劳动量，过去是要占用一整个地区工业的。

一个年龄为25岁或30岁的好技术手织匠，每星期将织2匹9—8股线的衬衣料子、每匹24码长，而且是每英寸含105纬线投，布匹的筘为一个44的博尔顿纱支数，其经线和纬线是40束[①]为1磅的。一个15岁的蒸汽织布机织工在同样时间内将织7匹相似的布。一家拥有200台织布机的蒸汽织布机工厂，辅之以100个20岁以下和25个成年的男子，每星期将织上述长度和质量相同的布700匹，而用手织造100匹相似的布，则至少需要使用125台织布机。因为许多织匠是妇女，有烹调、洗涤、清洁及不同的其他任务要做；还有许多织匠是孩子，因此不能像成年男子织得那样多。一个成年的男子而且是一个技术很好的织匠，织2匹布需要一个星期，还扣除因病或别的偶然事件造成的损失。这样，每周生产700匹布需要875台手织机。计算到织匠，连同他们的孩子，老弱病残，按2.5人摊给每台织布机计，可以有把握地说：一个拥有200台织布机的工

① 在棉纱1束(hank)为840码。——译者

厂，如果用手织匠来作工，会发现须雇佣及维持2 000多人才行。

蒸汽织布机主要用来织造花布及衬衣料子，但它们也可以织厚实棉布、灯芯绒织品、粗斜纹布、仿葛布织成的棉布、被单材料、还织丝、毛纱、上等毛织品或大幅面厚黑呢。发明即改进，每一项做出的改进是另一项改进的基础，而且因为成百的能工巧匠和制造商的注意现已转到改进蒸汽织布机上面。很可能在织方面其应用将如珍妮、水力纺纱机和骡机在纺方面那样广泛和有效。至少在这个国家，它将全部替代手织机。

（译自《英国历史文献》第11卷，第513—516页）

（三）威廉·拉德克利夫的经历（1785—1807年）

拉德克利夫出身农民家庭。文中详述他如何在掌握原有纺织技术的基础上改造织布机，增加机械装置，改变生产组织。还对18世纪70年代以后农村中发生的变化、棉纺织工业的迅速兴起和带来的经济繁荣，有生动的描述。

家道中落，我的父亲依靠普通的、但在当时却不会断绝的经济收入来维持生计，即由男人织布，女人和男孩梳棉和手轮纺纱。父亲娶了一位纺纱女（用我的话说）。她教我（那时要做织布活还太小）学做梳棉和纺纱的活计，缠绕亚麻纬线和棉纬线以供父亲和兄长们织布之用，直到我长大有力气后才被父亲安排去织布。经过几年的实际体验后，每一个勤劳和有心的年轻人，在当时都可能从一个织布工的收入中攒下足够的钱，使他发展成为一个制造商，尽管大量织布工中只有少数人有志进行这样的尝试，而我就是这少数中的一个。当我还是十几岁时，就利用了那时出现的改良成果，到结婚之时（1785年，我24岁），有了一点积蓄，也拥有了从棉花拆包到制成棉布的每一道工序的实践知识，如用手工和用机器梳棉，用手轮纺车或用珍妮来纺纱，缠绕、整经、上浆、织布以及用手织或飞梭织。我决心自己开业，到 1789 年，我发迹了，在纺和织上雇用了许多人手，成为一个制造业主。

从 1789 年到 1794 年，我主要经营上过浆的、为织布机准备的细棉布经线(我是第一个出售那种棉捻合线的人，主要卖给奥尔德诺先生，他是我国的细棉布业之父)。一部分细棉布经线销往格拉斯哥和佩斯利。我自己的产业也生产少量细棉布，而且在曼彻斯特有个货栈供我的一般商务之用。

* * *

1801 年仲夏，我们[①]极其准确地清点盘存时，发现我们公司已拥有 11 000 镑以上的资产；我在梅勒还有一片包括我父亲出生地波德莫尔在内的地产并已分租出去。佃户都很好，他们每年交纳的租金总数达 350 镑以上，此外还付了约 1 800 镑的押金。罗斯先生的父亲是蒙特罗斯的一位商人兼地方长官，非常富有，而且我的合伙人是他的独子，因此，他随时都可以借给我们两三千镑。事实上，后来他总共借给了我们 6 000 镑，包括我们的合营公司组建时付出的 2 500镑。就因为有这笔实际资本——一种无限制的信贷(其中与我们来往的银行家可供给 5 000 镑)，一项极好的买卖以及其兴隆将持续一段时间的种种前景，使我们得出结论，须向奥尔德诺先生和阿克赖特先生购买在希尔盖特的当时空着的房屋。我原本一刻也没有想过这些房屋，但根据在因堡的经历，我同意购买这些房屋。其唯一目的就是要按照某种新的设计来置放织布机于其间，还要置放足以供应织布机以纬线的那样的纺纱机。但除通常的整经、上浆和织布等之外，在我面前的一切都是杂乱无章。然而我深信，只要得到我能找到的帮助，就会成功。因此，在我开始之前，我与我的合伙人打了一个小小的赌，即在我着手的两年里，我生产 500 匹 7—8 股

① 指拉德克利夫和他的合伙人罗斯。

线和9—8股线的印花棉布，这些全都要在一个星期内在厂房里采用新工序织成。我轻易赢了这次赌约。由于我们开始时单单织布的价钱就是每匹17先令，而以前的任何时候也未低于16先令，我们认为我们正在做的事情是对的，即使不能找到什么改动也无妨。而且只要那些依靠我国棉线出口逐年增长而制成的外国产品的增加，以及因之而来的它们对我们产品设置的障碍，没有使织者的织布价钱从17先令(雇主可得10%—20%之利)降到4先令[①](雇主无利可得!)，我们就会从我们的生意中获得优厚的酬报。到此还是言归正题吧！我们同奥尔德诺和阿克赖特两位先生在米迦勒节[②]前后订立了关于上述房屋的合同；而且在1801年12月底，我把我的家搬到了斯托克波特。这里必须说，我们那时在梅勒有一个大公司，连同分配外包工的各个分支，雇用了1 000多名织工，广泛散布于三郡边界，有着形形色色的一般产品和时新织物。所有这些都是原先我亲自从单个纺锭或单架织机那里聚集来的(就像滚雪球一样)。而这时已被置于显然无需我亲自关心也能继续发展的体制之下。

* * *

1802年1月2日，我仿佛把自己关在工厂里，同细木工匠、镟工、锉工以及其他人等一起着手工作。我的第一步是制造一些在各方面都很普通的织布机。我知道这些织布机会织出多么需要的布，多少能抵补我们每周的开销。

在月底以前，我开始将织工的劳动进行分工，要一间房间的人按小框架整理织物，以便可供另一房间的织机之用，这样就可以使青年织工除织布外什么也不学。我们发现这是一大改进，因为除了在几天内即可教会一个青年织工这一好处之外，还发现在织物重新送回来织时，纬线被筘顺当地推上去，因为刷子已用糨糊刷平纤维，这样我们就

① 原文如此。从前后文看当作14先令。——译者

② 9月29日。——译者

能够在楼上房间用经过整理的、非常干燥的纱线织出好布。旧的整理法就不成，因为纬线往上推时要受到纤维末梢的阻碍。这就告诉我们为什么所有的织工不得不在潮湿的地窖干活，而且必须在纱线变干之前，把他们整理过的织物织出一码长的成品，否则纱线就要损坏。

这一点做到之后，我对我的人说，我一定要在分纱箱或走梭板上附加一点机械动作，使得布一织好就翻卷过去，以便梭道总是保持同样的容积，当然还有走梭板的敲打也总是等距离地进行，这样就能使布较为平滑。而老式的织法，除非是十分熟练和仔细的织工操作，是不能使布如此平滑的。

这一附加在织布机上的机械动作终于令我满意地添上。而在同时，我指定约翰逊负责设计织布机上的整经和上浆工序，我自己也提出了一些建议。他有非凡的天才，向我提出许多建议，但我指出他所有的建议中的缺点，并要他重新设计。重重困难使他大伤脑筋，为了放松，他开始好几天不停地喝酒(他过于嗜酒)，但我从未因此责备他，或扣减他的这段时间的工资，我知道我们正接近我们的目标；最后我们订出现有的设计，只有没有整理好的纱线全都在一边，而拂拭先是用手，接着是用滚筒，最后才使用曲柄装置进行。

* * *

合伙关系这样解除之后，我怀着加倍成功的希望开始自己的生意。首先，由于实际生意我每周生产 600—700 匹印花薄棉布，其中大部分在工厂织成，小部分由附近的家庭织工织成。我向他们提供小织布机，还给他们用在卷轴上的整理过的经线和用作纬纱的木栓线团。这种生产体制现已切实可行，而且得到织工们极大的赞许。只要我过得风平浪静——这一点后来凭我的信誉很快就做到了——我就可以在短期内将所有我放在织工家里的织布机，按我一开始就从机器整纱的巨大优点得到启发而制订的计划改造过来。这种准备方式所产生的平滑性，以及我的织布机的作用，不仅提供了这些畅销的织品，而且使我获得每周 90 镑到 100 镑的利润。这个数目连同组成双重希望之一的第二种收入，即从这个行业第一批商号那里开始源源不断而来的专利权特许证的酬金，在 1806 年 7 月 1 日到 1807 年的 3 月的 8 个月达到 1 500 镑之多，在此期间，我是一帆风顺的。

* * *

在 1770 年，我们镇的土地由 50—60 家农场主使用。就我记忆所及，每一法定英亩土地的租金没有超过 10 先令的。而在这 50—60 家农场主中，只有六七个人是直接从土地的产物筹措租金的；其他的人则部分地从某些职业部门，如纺织羊毛、亚麻和棉花中取得他们交纳租金的款项。茅舍农除了几个星期用于收获外，全是被按照这种方式雇用的。由于我是那些茅舍农的一员，而且与他们和每个农场主都相熟，因此我最有资格，特别是把如何从手工劳动到新的机械的变化联结起来，而这些机械乃是造成我讲的这一部分中土地价格上涨的原因。那时，带有便利的织机房，并有一个小菜园的农舍年租金为 1 个半到 2 个畿尼[①]。家长在他的织布机上每周会得到 8 个先令到半畿尼，而如果有 1 个、2 个、3 个男孩与他一起，每周便得到 6 或 8 先令。但所有农舍和小农场的首要依靠是与手轮纺车相连的劳动，而当想到上面三种原料如要供给一个织匠的消耗则需要 6—8 个人准备和纺纱便明白了——这清楚地表明有供 7—80 岁(只要他们能看得见，而且手还能动)劳动者的无尽源泉，即是说，每周得 1 到 3 先令维持生计，而不必靠教区救济。

* * *

从 1770 年到 1788 年，在纺纱方面逐渐发生了一个彻底的变化。毛纺已完全消失了，而亚麻纺也差不多完全消失了；棉花、棉花，还是棉花几乎成了普遍使用的原料。手轮纺车，除一家公司外，都被丢进了杂物房，纱线全由普通的珍妮纺，各种型号的纱线，直至每磅 40 束的，其整梳都由梳理机完成；但每磅 60—80 束的细纱线，还是

① 1813 年以前流通的金币，值 21 先令。以后只作计算单位使用。——译者

由手工整梳。因为那时存在着一种普遍的看法：梳理机绝不适用于细纱线。在织布方面，除飞梭的应用外——这是由于羊毛织机改织粗斜纹布和白棉布所致的变化——没有多大的变化；亚麻布织品几乎消失了，只有少数一些棉麻混纺织品除外。我竭力回忆，这个时期的织布机没有增加，反而减少了。

* * *

我将限于只涉及邻居家庭。直到我谈及之时，这些家庭不管是茅舍农还是小农场主，都靠我提到的纺和织的不同职业支撑，就像他们的祖先从最早的社会制度以来便在做的一样。在水力纺纱机和常见的珍妮之外，不论在经线和纬线方面，骡机都变得时髦起来。这一切，连同织机能生产的每种织物的需要量都在增加，从而需要各种年龄和各种各样的人。羊毛和亚麻织物的制造消失了，老的织机场所不够用了，每间杂物房，甚至旧仓库、车房、任何用途的外间都加以修理，在无窗的旧墙上打洞安窗，所有这些都是为了织机工房而装备起来的。最近连这种房屋的来源也枯竭了，于是到处建造带有织机场所的新的织工农舍，而且立即安装好一切设备。在开满工的情况下，仅劳动的价格便比这一部分有过的流通额多了 5 倍，每个家庭的每周所得为 40、60、80、100，甚至 120 先令！！！

（译自《英国经济史史料》，第 150—154 页）

（四）阿瑟·扬记曼彻斯特的棉织业[①]（1770 年）

这时就全国而言，棉纺织业还不占重要地位，但就曼彻斯特及其周围而言，已成为最重要工业，分工已很细，且已主要出口到美洲殖民地。

---

① A. P. 沃兹沃思和 J. de L. 曼认为扬对细棉布和被单收入低的记载，可能缮写有误，见《棉花贸易与工业兰开郡》(*The Cotton Trade and Industrial Lancashire*)第 402 页——引原文说明。

曼彻斯特制造业分为4个部门：

1. 粗斜纹布

2. 方格花布

3. 帽

4. 粗纺的小商品

一、所有这些部门再分为不同的和独立制造的许多部门。在粗斜纹布中有13个部门。

(1) 棱条细棉布

(2) 棉天鹅绒

(3) 粗天鹅绒

(4) 结实的粗斜纹布

(5) 凸纹棉布

(6) 被褥

(7) 衬裙

(8) 手工提花织物

(9) 彩色格子斜纹棉布

(10) 人字形纹织物

(11) 粗斜纹棉布裤

(12) 斜纹呢①

(13) 被单

这些货物系单用棉、麻棉及汉堡绣花毛线做成。各种各样的棉花都用，但主要用西印度群岛的。这些部门雇用成年男子、妇女和儿童作工。

在第(1)部门男工每周得3—8先令；

女工同；

本部门不雇用童工。

在第(2)部门男工每周得5—10先令；

① 棉经毛纬织成。——译者

既无女工，也无童工。

在第(3)部门和第(4)部门男工每周得5—10先令；

平均5先令6便士；

女工相近；

童工3先令。

在第(5)部门男工每周得4—5先令；

女工同；

童工2先令6便士。

在第(6)部门和第(7)部门男工每周得6—12先令；

既无女工，也无童工。

在第(8)部门男工每周平均得6先令，但一个男孩的钱须从此数内付；

无女工。

在第(9)部门男工每周得4—6先令；

女工相近；

无童工。

在第(10)部门全为童工，每周得1先令6便士。

在第(11)部门男工每周得4—10先令；

无妇女或童工。

在第(12)部门女工每周得1先令6便士—3先令6便士；

童工同。

在第(13)部门男工每周得3—7先令；

既无妇女，也无童工。

这些制造业部门既为出口，也为国内消费生产。它们为北美制造许多廉价货物，而许多上等品则是为西印度群岛制作的。在战争①中，全业都非常兴旺，而在和平以后则非常之坏；但现在又非常

① 指1756—1763年的七年战争，在英属北美殖民地称"(与)法国人和印第安人之战"。——译者

好了，尽管还未能与战争时期相等。这些部门对不久前在北美事务中所有的革命感受最深。在这些部门里从没有穷人申请工作而得不到工作的，只有这次因印花税法引起的萧条时期除外。

我考查了食物价格的影响，发现在价格高时生产者是勤勉的，其家庭则是舒适和快乐的；但在价格低时，其家庭却要挨饿，因为家中父亲有一半时间在酒馆里消磨。无论为业主还是为工人计，食物价格高比价格低有益，而且所知的最高价格时情况都比最低价格时要好得多。

一般说来，所有的人都可以经常按照他们的愿望得到工作。雇佣非常正规。制造业主并不在人们着手工作前等待订货，而是相反，保持雇用大量人手，以期待春天的订货。

二、方格花布部门主要的再区分如下：

(1) 手巾

(2) 条子褥单布

(3) 窗帘棉布

(4) 长上衣

(5) 家具单布

(6) 丝棉混纺织条格平布

(7) 苏西绸①

(8) 织花台布

(9) 仿照东印度制的，行销非洲的货物。

这些部门雇用男工、女工和童工作工，其收入如下：

第(1)部门男工 7 先令；

女工 7 先令；

童工 2—5 先令。

第(2)部门男工 6—10 先令；

① 染色棉经、黄色丝纬织成。——译者

既无女工，也无童工。

第(3)部门男工 7 先令；

女工 7 先令；

少数童工，2—5 先令。

第(4)部门男工 8 先令；

既无女工，也无童工。

第(5)部门男工 7 先令；

女工 7 先令；

无童工。

第(6)部门男工 7 先令 6 便士；

既无女工，也无童工。

第(7)部门男工 7 先令 6 便士；

既无女工，也无童工。

第(8)部门男工 7 先令 6 便士；

既无女工，也无童工。

第(9)部门男工 6—9 先令；

女工同；

无童工。

此外，在这些商品的绝大部分里，还有许多后勤人员：

染匠为 7 先令 6 便士；

漂布匠 7 先令 6 便士；

整理工 7 先令 6 便士。

正像粗斜纹布部门一样，花格子布部门也为出口和国内消费而生产，但为前者比为后者多得多。在战争时期，需求极为兴旺，但在和平时很呆滞，近来已大为复苏，尽管还不能与战争时期相等。由在美洲激荡所引起的中断，在这个部门的每个工人都严重地感受到了。以上种种情况都一直不利于工人找工作，唯独根据殖民地条规切断与西班牙人的贸易，以及遵守印花税法的规定，工人能立刻得到工作。从美洲接受的最近的劝告具有类似的效果,许多人因这些劝告被解雇了。

三、在制帽部门,主要再区分为:

(1) 后勤工

(2) 制作工

(3) 整理工

(4) 制衬里工

(5) 装饰工

他们雇用男工、女工和童工作工,其所得多少有所不同。

第(1)部门无男工;

女工 3 先令 6 便士—7 先令;

无童工。

第(2)部门男工 7 先令 6 便士;

无女工;

童工 2 先令 6 便士—6 先令。

第(3)部门男工 12 先令;

无女工;

童工 7 先令 6 便士。

第(4)部门无男工;

女工 4 先令—7 先令 6 便士;

童工 2 先令 6 便士—6 先令。

第(5)部门无男工;

女工 4 先令—7 先令 6 便士;

童工 2 先令 6 便士—6 先令。

本部门主要为出口而生产,在战争期间它惊人地获得繁荣,在和平之后却十分低落,最近则处于中间状态。

四、在小商品部门是为数众多的小物品，但一般说来，所得大致如下：

男工 5 先令—12 先令；

女工 2 先令 6 便士—7 先令；

童工 1 先令 6 便士—6 先令。

在曼彻斯特内外雇用的纺纱工数目很大，在城镇内估计有30 000名制造者，在城镇外有 50 000 名制造者。

纺棉纱工所得：

女工 2 先令—5 先令；

6—12 岁少女 1 先令—1 先令 6 便士。

一般说来，这些部门发现它们的最好朋友是食物的高价格。我在调查中对这一项目特别注意，而且发现这种情绪是普遍存在的。制造者及其家庭，在此等时期比食物价格低的期间穿得好些，吃得好些，更为快乐，及处于更舒适的环境之中。因为在价格低的时期，他们一周从不工作 6 天，许多人工作不到 5 天，甚至 4 天也没有，无聊时在酒馆或低级娱乐场所消磨；他们的其余时间也无价值。因为一个众所周知的事实是：一个人正规地固着在其织布机上，比他虚度他的一半时光而尤其是在喝酒上能好得多地完成他的工作，并且做得更多……

美洲接受曼彻斯特全部制品的 3/4。

（译自《英国历史文献》第 10 卷，第 461—465 页）

（五）曼彻斯特附近伯里镇一家大棉纺织企业情况(1795 年)

18 世纪末，棉纺织业有巨大发展。罗伯特・皮尔是第一代大棉纺织厂厂主。本文收集的资料，说明其企业已具相当规模。

伯里镇及其附近因建起非常大的制造厂和印染厂而深受其惠。这些工厂属于尊敬的罗伯特・皮尔先生为首的公司。他是塔姆沃恩的议员。这些工厂的主厂在厄维尔河畔。这条河有几个大蓄水库供工厂使用。另有一个单独的清水源头的水库供给水。后者在厄维尔河涨水变得混浊时,便用它的水来洗涤货物。这里制造和印染的织物都是棉织工厂的精品,在曼彻斯特和伦敦销路极佳。印染按最先进的方法操作,木模和铜滚轮均用,其印制和颜色均属兰开郡织物的上乘。厂区占地面积颇大;而且为了提供工人住处,还修建许多小屋,形成街道,外貌状如村落。工厂雇有心灵手巧的工艺匠,由他们画出花样,并雕刻在木和铜上;还有许多妇女和儿童则做调拌和描色等工作。在罗奇河畔,像在厄维尔河畔一样,公司在附近还有几所大工厂。这些工厂有的限于梳棉、抽捻及纺纱,有的则用水轮洗涤棉织物。水轮高速旋转,但瞬间即可使之停止,以取出及放进织物。蒸煮及漂白则在其他工厂进行。总之,整个公司的巨大规模从经常雇用伯里及其附近的大量男女老少可以看得出来;而且尽管他们的人数很多,却不需要在不适宜的时间干活。受雇的人们特有的健康状态部分归因于皮尔先生得当的和人道的管理,部分也由于空气和气候有益健康。距伯里和工厂不远处,则有一所称为会所(Chamber-hall)的建筑得很好的房子,皮尔便住在里面。附近的一片草地里,则有一座房舍或养育所,供他的年轻家庭成员使用。所有这一切都按照整齐和雅致的风格安排,并用观赏植物和逐渐长大成林的树木围绕起来。

(译自《英国历史文献》第 11 卷,第 512—513 页)

(六) 下院关于英格兰毛纺织业状况委员会的报告①(1806 年)

19 世纪初,由于在英格兰西部地区企图引进呢绒上浆机(cloth-

① 下院的委员会有两种:一种是常设的委员会,例如赋税委员会(The Commit-tee of Ways and Means);一种是调查、处理某个问题而临时设立的委员会。关于毛纺织业状况委员会属于后一种。近代英国,尤其是 18 世纪中叶以后,议会(尤其是下院)经常有临时委员会设立。它们都要提出报告,因此报告书很多。这些材料是当时社会、经济甚至政治等方面的重要文献。本书所引议会报告均属此类。——译者

dressing machine)而遭到呢绒工匠的反对。他们要求议会根据一些古老的法律予以限制。于是议会在1803年和1806年两次进行调查。本文件是后一次的调查报告。它主张取消包括1563年《学徒法》在内的大部分古老法律。报告描述了当时毛纺织业状况,认为工厂制和家内工作制可以并存和互补,但报告主张适应国外市场变化,因此实际是倾向工厂制的,而《学徒法》亦在1813年被废除。

本委员会感到非常高兴的是,在报告的开端就能通知本院,毛纺织业的繁荣并无任何使议会不得不加以注意的衰退迹象;恰恰相反,公认的事实是,几乎英格兰所有继续进行这个工业的地区,产量都在增加,有的地区还增加得非常快,终至使得在我们国家由于人口和财富的增加而消费自然增加的同时,我们出口的毛织品竟已达到官方价格600万镑,或真实价格近900万镑的巨大金额……

这个国家近年在工商业方面的飞速而巨大的增加为人熟知,对我们的岁入和国力产生影响。而当思考其增大的直接原因时,看来是在上天眷顾之下,主要归因于一个自由和文明的民族中的普遍的进取和勤勉精神,让他们的才能在运用一笔巨大资本时尽情地发挥作用,把劳动分工的原则推进到最大限度,唤起一切科学研究和机械发明的才智,而且最后利用所有得自访问外国的好处。这些对外国的访问,不仅构成新的,以及确定旧的商业联系,而且还为了取得其他文明国家的需要、爱好、习惯、发明和改进、生产及社会组织的个人知识。这样便把发现的事实和建议带回国内,完善我们现有的工业,在我们国内的后备产品上加添新的东西。与此同时,为我们的工商业产品打开新的市场,并使我们取得供应这些市场的资格。唯有用这些手段,而且本委员会必须重复地说,唯有用这些手段,靠机器改进我们输出的各种产品的质量和降低制作它们的价格,使我们的工商业提升,达到比那些最有能力的、曾推测未来时代的改进的政论作家的最乐观的估计还要高的程度,尽管由于税收负担的不断加重,以及一切生活必需品和享用品的逐渐上涨,对劳动工资的影响不可能不是非常之大,也是如此①……

从事毛纺织业有三种不同方式:英格兰西部的呢绒商制、工厂制和家内工作制。

在所有的西部和北部诸郡,有工厂……

在工厂制里,工厂主有时拥有非常大的资本,他们在自己或他们的管理人的监督下,在一座或更多的建筑物或工厂里,使用若干工人,数目之多少,视其生意的规模而异。很显然,这一制度在实践上允许地方性差异。但在西部的呢绒商和工厂制里,一般说来,作工的人是那些对他们制造的货物不享有所有权的人,因为在这点上包含前两种制度②与家内工作制的本质的不同。

…………

尽管刚才描写的制度③一般已在约克郡西区建立,但在哈利法克斯和哈德斯菲尔德附近早已有少数工厂了。而且在不太久以前,利兹附近已建立了几家工厂,其中一家后来关闭了。

…………

前已看到,靠近哈利法克斯和哈德斯菲尔德有几家工厂早已建立起来,但工厂制的重要发展和被说成引起惊恐的主要原因,却是近 14 年在利兹镇内及其附近设厂的事。本委员会努力并成功地发现这些工厂年生产的呢绒量不超过 8 000 匹。按照乔治二世第 11 年和乔治三世第 5 年及第 6 年④的通称《印花税法》的规定,上一年生产的呢绒数量应在每个复活节的庞特夫拉克特开庭期间向法官提出报告,并由受命专管该报告的官吏保存于漂洗厂。本委员会仔细检查过最近 14 年的这些报告,并发现所知的最大输出年份无疑

① 本段亦见《产业革命史料》第 12 页。——译者
② 指呢绒商制和工厂制。——译者
③ 指家内工作制。——译者
④ 分别为 1739 年、1765 年和 1766 年。——译者

是1792年。那年生产宽幅呢绒190 332匹,窄幅呢绒150 666匹。而1805年生产的宽幅呢绒为300 237匹,窄幅为165 847匹。1805年比1792年增加宽幅109 905匹,窄幅15 181匹。从此等数减去工厂生产的匹数,大约增加宽幅为10万匹,窄幅为15181匹。这些便是归入家内工作制生产的总数。当考虑到工厂更适合生产花式织物,而且最近年份已制造出极不相同的花色品种和销售巨大数量给国外市场时,相对说来,工厂生产的那点数量的呢绒当不致令人惊诧了。

…………

(译自《英国历史文献》第11卷,第505—511页)

(七) 亚麻纺织业的发展(1800—1815年)

这个工业的中心在苏格兰的邓迪。(亚麻纺织业)也散布于英格兰北部和爱尔兰,但无论产量和产值,都无法与棉毛纺织业相比。

要到18世纪快结束时,亚麻纺厂才开始在英格兰北部和苏格兰建立。在此之前,纺的工作全由妇女在自己的住处完成。直到1814年,工厂纺的麻纱都卖给织麻布者或卖给在纺纱者和织布者之间的掮客。但在上面提到的年代,有些纺者已成为亚麻布工厂主了……

苏格兰的这个工业部门在1815年和平①之前,比较说来,规模还是小的。自从1815年以来,邓迪及其附近已是亚麻布工业增长最惊人的舞台。1814年输入该城工厂用的亚麻量没有超过3 000吨,但在1831年5月31日结束的一年,除输入多达3 000吨的苧麻

① 指拿破仑战争结束和维也纳和约。——译者

之外，输入的亚麻超过 15 000 吨……

（译自《英国历史文献》第 11 卷，第 520—521 页）

五、铁工业

（一）阿瑟·扬记铁工厂（1770 年）

扬提到克劳利工厂的机械化程度，但认为还可进一步机械化。

距纽卡斯尔约 5 英里之遥是已故克劳利的工厂，据认为它是欧洲同类工厂之最大者。厂里雇了几百人，因为一年支出的工资即达 2 万镑。他们每天挣 1 先令到 2 先令 6 便士，有些工头甚至每年高达 200 镑。他们加工的铁的数量非常之大，使用 3 艘船航行去波罗的海，每艘船每年有 10 个航次之多，一次运回 70 吨，总计便达 2 100 吨；此外，还从其他地方运入 500 吨。他们使用大量的美洲铁，其质量与任何瑞典铁相同，而且对某些用途说来还要好得多……

他们制造重达 70 英担的锚、炮车、锄、铲、斧、钩、链条，等等。一般说来，其最大制成品是供应出口的，而且东印度公司要得非常多。最近有来自该公司大量的大炮订货。战时他们的生意做得极大，而平时则较差。但对锚和系泊链的订货在过去七八年间是非常有规律和兴旺的。一般说来，过去一段时期，生意没有战争中那样好。关于工厂内几种加快操作的机器，有把棒铁压成炮箍的铜滚轧机，以及剪棒铁的剪子、把锚送入火焰和取出它的转动起重机、用牙轮提升的打击锤，等等。它们都是显而易见的有效机器，结构简单，用水力驱动。但是我不能相信他们有必要用体力劳动做那么多剩下的工作。我看见 8 个健壮的小伙子不时地锤击一个铁锚，而这个铁锚显然可以被放在一个铁砧上，用水力驱动一个或几个铁锤来击打，铁锚则可用最容易和最快的办法移动，以使击到它的不同部位。

（译自《产业革命史料》，第 75—76 页）

（二）亨利·科特炼铁法及蒸汽机对冶铁业的影响(1863 年)

1784 年，科特取得搅拌法炼铁的专利。该炼铁法使在熔铁炉内搅拌、锤打、压延成为一个连续过程；而且摆脱了木炭，完全用煤作燃料。再加上蒸汽机作动力，因此铁产量大增。此后数十年，仍沿用其冶炼作法。

科特在他的两项专利证中所描写的制作法，连同根据扩充经验的结果所作的各种各样的修改，至今为铁工厂厂主沿用。78 年过去后，科特使用的语言，总体说来，仍然忠实地描述了实际的冶炼过程：从铸铁制棒铁，以及搅拌、堆积、焊接和靠开槽滚轧机制出棒铁的同样方法——所有这一切制作法几乎与 1784 年亨利·科特所改进的方法完全相同。可以提到瓦特的蒸汽动力的发展对铁的发展有非常大的影响。它很大程度上增加了用作驱动的传动轴和机器部件的需求，而同时也消除了过去难以处理的水坑。再者，由于广泛应用于吹熔铁炉和使滚轧机转动，因而进一步地刺激了金属的生产。在这个问题上作统计的计算不是我们的目的，但叙述一下铁的生产情况便够了。在 18 世纪早期，总数不过 1.2 万吨多一点，中期大约 1.8 万吨，在科特发明时大约 9 万吨，而在 1820 年已增至 40 万吨……毫无疑问，制铁业的这种非凡的发展在很大程度上应归功于科特的发明……

（译自《产业革命史料》，第 76—77 页）

（三）A. 和 F. 德拉罗舍富科-利昂库尔的《山中游记》记载英国纱厂所见的铁制机器(1786 年 5 月 9 日的信)

到 18 世纪 80 年代，纱厂中的铁制机器已相当普遍，而同时代的法国还多为木制机器。

我在这里(在佩斯利的一个纱厂里)像我在英国有机会看到的一切大的工厂里一样,赞叹他们炼铁的技巧,以及从而产生的对于机器的运转、持久和准确的极大效用。所有的齿轮,实际上一切东西,都是铸铁做的,这是一种优质而坚硬的生铁,像钢那样一经摩擦就滑亮了,而且绝不会延滞一般的运转。毫无疑问,炼铁的技艺是首要的技艺,是我们特别缺乏的技艺。唯一的办法就是大规模地增加我们的生产,使我们能同英国竞争,因为,如果我们继续以我们的纱厂同这些机器作斗争,例如以木制的机器同铁制的机器作斗争,那就不可能希图这种竞争了。

(摘自杨人楩等译《十八世纪产业革命》,
北京:商务印书馆,1983 年,注 196[①])

(四) 大不列颠生铁产量(1788 年、1806 年)

18 年间产量增加 4 倍,而且木炭鼓风炉产量已从占总产量的约 1/4,降到只占 1/33。

	1788 年				1806 年		
	木炭鼓风炉		焦炭鼓风炉		焦炭鼓风炉		
	数目	每郡总数(年吨)	数目	每郡总数(年吨)	工厂数	鼓风炉数	每郡总数(年吨)
柴郡		—	1	600	—	—	—
坎伯兰	1	300	1	700	4	4	1 491
德比郡	1	300	7	4 200	11	18	10 329

① 亦见《产业革命史料》第 78 页。

续表

	1788年				1806年		
	木炭鼓风炉		焦炭鼓风炉		焦炭鼓风炉		
	数目	每郡总数（年吨）	数目	每郡总数（年吨）	工厂数	鼓风炉数	每郡总数（年吨）
格洛斯特郡	4	2 600	—	—	2	3	1 629
兰开郡	3	2 100	—	—	3	4	2 500
莱斯特郡	—	—	—	—	1	1①	—
什罗普郡	3	1 800	21	23 100	19	42	54 966
斯塔福德郡	—	—	6	4 500	25	42	49 460
萨塞克斯	2	300	—	—	—	—	—
威斯特摩兰	1	400	—	—	—	—	—
约克郡	1	600	6	4 500	14	27	26 671
英格兰总计	16	8 400	42	37 600	79	141	147 046
南威尔士（包括蒙茅斯郡）	7	4 300	8	8 200	28	50	78 045
北威尔士	1	400	—	—	3	4	2 075
苏格兰	2	1 400	6	5 600	12	27	23 240
大不列颠总计	26	14 500	56	51 400	122	222	250 406

① 停止鼓风。

续表

	1788 年				1806 年		
	木炭鼓风炉		焦炭鼓风炉		焦炭鼓风炉		
	数目	每郡总数（年吨）	数目	每郡总数（年吨）	工厂数	鼓风炉数	每郡总数（年吨）
1806 年各郡仍在使用的旧木炭鼓风炉总数					11	11	7 800
1806 年生产总计					133	233	258 206

（译自《英国历史文献》第 11 卷，第 525 页）

六、莱尼潘杜铅矿状况（1798 年）

约翰·威尔金森是产业革命初期的重要人物。他是大铁工厂卡朗厂的厂主，最先使用瓦特的蒸汽机于抽水以外的用途。同时他还是威尔士这个大铅矿的矿主。18 世纪末，该矿业已用瓦特的蒸汽机抽水。

…………

莱尼潘杜矿是大铁器制造商约翰·威尔金森先生的财产。他以无穷的精力和坚忍不拔的意志，破除重重障碍，使矿场达到今天这种状况；要做到这一点，多数人会耗尽耐心、决断乃至资财的。虽然尽了最大努力，他还是不能使之臻于完善。现在，矿上有大量积水，以致必须在矿区安装 4 部大的蒸汽机（博尔顿先生和瓦特先生制造的）抽水。安放在较低处的蒸汽机的汽缸直径是 48 英寸，带动一个直径为 21 英寸的水泵做工，冲程为 8 英尺，扬程为 44 码；安放在山上的蒸汽机的汽缸直径是 52 英寸，带动一个直径为 21 英寸的水泵做工，冲程为 8 英尺，扬程为 60 码；佩林斯的蒸汽机的汽缸直径是27英寸(双倍的),带动一个直径为12英寸的水泵做工,冲程为6英尺,扬程为70码;安德鲁的蒸汽机的汽缸直径是38英寸,带动一个直径为12英寸的水泵做工,冲程为8英尺,扬程为60码。山上蒸汽机最近已安装完毕,这是由于莱尼潘杜矿脉分布区上方有一块1/3多英里长的、称为塞芬—基尔肯的地方由格罗夫纳伯爵租给了威尔金森先生。战争几乎终止了对铅的需求,价格一跌再跌,几乎仅及战前的一半,好几千吨的铅矿石储存着等待出售,因此机器停止了运转,生产处于停顿状态。当打算把所有机器联起来的底部主要平巷完成时,这个矿的生产会带来美好的前景。因为它的坚硬的顶端宽6英尺以上,而另一顶端宽4英尺,平均大约也有2英尺,底部长90码。铅矿石有两种,一种为蓝色的,每吨产铅16英担;一种为白色的,每吨产铅13英担。它们是同一矿脉的两种类型。白色的一般在山南,蓝色的一般在山北。当和平来临,再次打开了铅的市场时,这些矿石将由威尔金森先生在巴克利山建立的冶炼厂熔炼,此山靠近从摩尔德到切斯特的大路。

(译自《英国经济史史料》,第177—178页)

七、福雅·德·圣丰记煤的作用(1784年)

这个法国人于1784年旅行英国,足迹遍及英格兰、苏格兰和赫布里底群岛。他注意到当时煤在英国工商业活动中起的重要作用。

从工业和商业活动来看,伯明翰是英格兰最令人好奇的一个城镇。任何人要是愿意以一种全面的视角去了解数目最多和最不相同的工业的话……那是他必须去的地方……我高兴地说,而且对法国人怎样说也不过分的,正是丰富的煤完成了这种奇迹;并且在一块荒凉之地当中,出现一个有4万居民的城镇,而且他们生活在舒适环境中,还享受着一切生活的便利。

(译自《产业革命史料》,第 75 页)

八、农牧业

(一) 阿瑟·扬记贝克韦尔的牲畜改良(1771 年)

罗伯特·贝克韦尔是 18 世纪下半叶最著名的改良牲畜专家,扬在这里记述贝克韦尔改良的牛,另外关于羊,他有改良品种莱斯特羊。

迪什利的贝克韦尔先生属于这个国家最重要的农场主之列。他对改进其邻居的畜牧业做了许多示范性工作,所以本日记中值得加以介绍。

贝克韦尔的畜种在整个王国非常有名,最近他运了很多头牲畜到爱尔兰去。我相信,在他的事业的这部分,他有许多见解是全新的,或者是迄今为止全被忽略了的。他的原则是获得在最有价值的肉上称量最重的家畜(无论羊或牛都是如此)——一头带有 30 石烤的部分和 20 石下等的煮的部分的重 50 石[①]的牛,与带有 30 石下等煮的部分和 20 石烤的部分的另一头同样重的牛是大不相同的。而与此同时,他得到的牛的形状,即是最小的体型而取得最大的价值。他根据长期的经验断言:他得到一个比任何其他畜种更结实的、更易饲养的畜种。他把这些见解同等地应用到羊和牛上。

在牛的繁殖上,旧有的想法是:哪里有多的和大的骨骼的地方,哪里便有充裕的空间长肉。因此,畜牧业者都热衷于购买骨骼最大的牛。贝克韦尔先生已证明这整个体系是完全错误的。他断言:骨

① 肉类每石(stone)重 8 磅。——译者

骼小一点更应符合于家畜的形状——它将长肥得快一些——我们可以容易地想到,在重量上,它的值价的肉占的比例会大一些,只有肉而不是骨,才是屠宰人的目标。贝克韦尔先生倒也考虑到下述观点:一头骨骼大的家畜,可以喂成一头大肥畜,而且可以长得很重。但他正确地看到这种观点是无益的探求。因为在陈述这样一个简单的命题,而不同时表明那些肉覆盖在骨骼上所需付出的代价,是缺乏令人满意的论证的。唯一的真正重要的目标是草与价值的比例。我有 20 英亩草地,谁将为那些英亩土地付给我最好的报酬,是大骨骼的牛还是小骨骼的牛?养肥后者快得很多,而且肉的价值高,有利可图。这个问题从长期的审慎的经验看,可作出有利于后者的回答。

在其他品种的牛中,林肯夏(Lincohnshire)牛和霍尔德尔尼斯牛最大,但它们的体型大是在于其骨骼。养肥它们可能会给畜牧业者造成巨大损失。它们也始终不能像小骨骼、长角种的牛那样对给予一定数量的草获得那么多的回报。

贝克韦尔先生认定英格兰最好的牛种是兰开夏牛,而且他认为在使这种家畜的身躯成为更准确的模型,以及特别是使它们的背脊更宽些,他自己已做了很多工作。一头母牛、一头公牛或一头阉公牛和一只羊的标准形状应该是一只大桶①,或一只小桶②,真正成为小而圆并尽量短的腿。根据简单明了的原则,其价值在于身形筒状而非在于腿。所有牲畜品种的背脊有一点儿隆起的,便是不好的。我量过两三头母牛,从臂部到臂部横过它们的背③的平坦部分为 2 英尺 3 英寸宽——而它们的腿则异常得短。

---

① hogshead,合 52½ %加仑。——译者

② firkin,通常合 9 加仑。大桶和小桶均指身躯而言,其标准形状应是桶形。大桶状指牛,小桶状指羊。——译者

③ 从臂部横过的背当是背脊后部。——译者

贝克韦尔先生现有一头自己培育的、他称之为吐彭尼(Twopenny)①的公牛,这头公牛与每头母牛交配的价格是 5 镑 5 先令。这正使得有角牛品种臻于完美。它是一头很漂亮的公牛,是按上述原则用最正确的方法培育出来的。他靠着这头公牛得到了许多其他公牛,而这些牛他以 5 畿尼到 30 畿尼的价格按季出租,但很少出卖其中任何一头。他不会为了 300 镑出售吐彭尼。他有几头为了育种而饲养的母牛,不会以每头 30 畿尼出售。

另一特点是他在培育这些牲畜上,表现出惊人的温和的态度。他的所有的公牛都静静地站在田间接受检查。从一块田赶到另一块田或赶回家,他只用一根小小的鞭子;他或他的手下则在牛身旁走着。只要它们高兴到哪里便用棍子引导,而这些公牛还在牛犊时便习惯于这样。一个少年拿着 3 英尺长、与他手指一般粗的棍子,将一头公牛从其他公牛中引开,而且引导他的母牛从农场的这一端走到那一端。所有这些温和的态度,全是管理的结果,公牛之所以经常做出损害的行为,无疑是由于相反的训练方法引起的——不然便是完全疏忽所致。

贝克韦尔先生培育的牛群的总体状况令人满意,所有的牛都长得像熊一样肥壮。他坚持认为这一情况乃是得之于优良的品种。他的土地并不比邻人的土地好,但正如不久之后我将表明的:他养了比邻人多得多的牲畜。量少和质次的食物却能使一头牲畜长成好的形状,且躯体健壮,的确令人惊奇。同样的牧场,形状不好的大骨骼牲畜要挨饿,竟然使小骨骼的牲畜长得又肥又壮。

(译自《英国历史文献》第 10 卷,第 440—442 页)

① penny 为便士的单数形式,两便士应作 two pence;但这是贝克韦尔给牛取的名字,不必计较英文正确与否。——译者

(二) 威廉·马歇尔记诺福克郡轮耕制(1787年)

用本文与上编的《阿瑟·扬追述数十年前诺福克郡的农业革命(1771年)》①作比较,可看出本文提到的这个郡南部的耕作顺序,与扬提到的诺福克农场主要已接受的作物种植次序相同;但本文提到的六块地的轮耕法在扬的记载中未见到。马歇尔认为,该郡东北部非常适合这种轮耕法,二人都是当时著名的农学家,且都为"农业协理会"②做过大量调查工作,但对优良耕作法的看法不尽相同,例如扬不赞成土地休耕,而马歇尔认为应当视具体情况而定。

在诺福克郡,像在其他农业地区一样,农民在栽种和休耕的顺序方面也是彼此不同的。但是如果我们以该郡的东北部这个区域为限,我们就可以很有把握地大胆断言,在这个王国里,还没有其他大小相等的区域在这方面是如此的无变化的,只有敞地区域除外。

非常有可能,这个区域的主要部分土地至少在过去一个世纪中是毫无改变地按照以下顺序耕种的:

> 小麦、大麦、芜菁、大麦、三叶草、黑麦草,大约到仲夏时节就翻掉,并为准备种小麦而使土地休耕,如此循环交替下去。

因此,假设要规划一个农场,如那个农场有10块或20块面积几乎相等的适于耕作的土地,那么这些土地要纳入6批常规的轮作,每批轮作都包含3片土地,用一片或两片作为后备,随意种些燕麦、豌豆、巢菜、荞麦,或者通过一整年的休耕使土地彻底净化。

这个耕作法对这个区域的土壤非常适合,因为在这里种大麦比种小麦产量高得多;而且无论从哪方面看,这种耕作法现在是、以后看来也是非常适合于以它为基础的优良的管理制度的。

---

① 见上编第172页。——译者

② 农业协理会(Board of Agriculture)是政府的一个部门,成立于1793年,有译为农业部的,但从该机构存在期间所做的工作看,以译农业协理会较妥。——译者

该郡的南部的土壤，比上述农作物轮耕法盛行区的土壤更坚硬，它的表土层更厚，因而更适合于种小麦，于是

小麦、芜菁、大麦、三叶草。

这样的轮作是常见的，虽然不是普遍实行的。

…………

（译自《英国经济史史料》，第 62—64 页）

九、圈地及对其影响的不同看法

(一) 议会通过的圈地法案统计(1760—1815 年)

这段时期通过大量圈地法案，尤其集中于 18 世纪六七十年代和 1793—1815 年的拿破仑战争时期，两者共 3 000 余件，占 1750—1850 年 4 000余件的四分之三。

年　代	圈地法案数目
1760—1769	385
1770—1779	660
1780	45
1781	25
1782	15
1783	18
1784	15
1785	23
1786	25
1787	22

续表

年　代	圈地法案数目
1788	34
1789	24
合计	246
1790	26
1791	38
1792	
1793	46
1794	42
1795	39
1796	75
1797	86
1798	52
1799	65
合计	469
1800	63
1801	82
1802	122
1803	96
1804	104
1805	52
1806	71
1807	76
1808	91
1809	92
合计	847

续表

年　代	圈地法案数目
1810	122
1811	107
1812	133
1813	119
1814	120
1815	81
合计	682
总计	3 289

（译自《英国历史文献》第 11 卷，第 467—468 页）

(二) 私法圈地程序(1766 年 1 月)和合并土地法令(1797 年)

1. 私法圈地程序(1766 年 1 月)

本文件所述的请求议会通过圈地议案，是私法圈地议案。其通过程序具有代表性。

小斯蒂芬·克罗夫特先生是约克郡斯蒂灵吞庄园的主人，是该庄园和斯蒂灵吞教区内大片地产所有者，并掌管着那里大什一税税务。詹姆斯·沃斯利牧师是斯蒂灵吞的受俸牧师和执事，也是该教区牧师职位保护人。劳伦斯·斯特恩是上述教区的牧师和执事。还有威廉·斯坦福思先生以及另外几个在上述教区内保有公簿持有权宅第[①]、农舍、地产和其他财产的签名人。他们联合起来，向下院递交请愿书，并在那里宣读。内称：上述庄园和教区内称为斯蒂灵吞公地的未开垦地，以及其他敞地和牧地，按目前的情况是不能

① (copyhold messuages)亦可译为誊本保有权宅第。——译者

改良的;如果土地被圈围并分成特有的份地,则对上述公有地、田地和牧地内有利害关系的一些人才能得到最大的利益,人们对该教区上述土地的或任何其他共同放牧地的公有权则随之被取消。或者如果上述公有地是圈起来了,且给了几个地产所有者圈地的权利,则首先使收什一税者感到满意,而且在这些土地平整和圈围起来后,使用公有地的一切权利也就停止了。因此,请求获允按下院认为合适的方针和规章提出一个旨在达到上述目的的议案。

命令:下院按照请愿书的请求同意提出一个议案,并让乔姆利先生、乔治・萨维尔爵士和约瑟夫・莫贝爵士负责起草和提出议案。

〔1766年2月3日——议案呈递到下院并进行一读。〕

〔1766年2月10日,关于约克郡斯蒂灵吞教区圈围和分配公有未开垦地、敞地、敞草地、场地和牧地的议案进行二读。〕

决议:把议案委托给乔姆利先生、福纳罗爵士、约翰・泰恩斯爵士,等等和所有担任约克郡、诺丁汉郡、诺森伯兰郡和达勒姆郡的议员,他们将于当天下午5点在议长室开会。

2月27日,乔姆利先生代表委员会作报告,关于约克郡斯蒂灵吞教区内圈围和分配公有未开垦地的议案是委托给该委员会的。委员会已审查了对议案的陈述,认为是切实可行的。令委员会满意的是有关各方已同意此议案,除了上述土地上有60英亩左右土地和牧地的业主不同意圈围,还有27英亩土地业主在征求意见时不在家以外,所有土地和牧地共有600英亩左右。还除了拥有8项公有权利的业主,他们拒绝同意;以及拥有7项公有权利的业主,为征得他们同意而做出努力时,他们不在家。公有权拥有者共89位。没有人来到委员会反对此议案。所以委员会通过此议案,并做了几处修改,委员会责成报告人把修改部分向下院报告,并在下院他的议席上宣读了报告,然后把议案和修改部分递交到议会秘书台。在那里把修改部分再次通读一遍,而后第二次在下院又逐条地、根据各方面提出的问题讨论,得到下院的同意。下院又对议案做了几处修改。

命令:根据修改意见形成的议案正式书写成文。

〔3 月 3 日议案在下院三读,并通过。随之把议案送交上院。3 月 18 日上院未经修改即同意此议案。〕

〔国王对议案表示同意①。〕

(译自《英国经济史史料选》,第 528—530 页)

2. 合并土地法令(1797 年)

圈地的一个重要方面是圈围公有的各种各样的土地,而所持理由都是它们混杂不堪,无法进行改良,故要求合并土地,加以圈围和分配。60 年代如此,90 年代也如此,远离首都如此,靠近首都亦如此。

鉴于萨里郡克洛伊登教区内有几块开阔的和公有的土地及公有草地,共计 750 英亩左右;还有几块公有地、沼泽地、荒地、未开垦地,以及公有的森林、田地和场地,共计 2 200 英亩左右;还有圈围起来的土地和场地,总共 6 200 英亩左右。

* * *

鉴于上述的开阔的和公有的土地和公有草地分布得如此零散和混杂,以致不能方便地和有效地加以利用;再者,这些土地和草地以及所述的公有地、沼泽地、荒地、未开垦地,以及公有的森林、田地和场地,采取圈围就能获得很大的改良。同时,如将上述开阔地和公有的土地和公有草地,以及上述的公有地、沼泽地、荒地、未开垦地,以及公有的森林、田地和场地加以分开、圈围,并在有关人员中按其各自的产业,对公有地的权利和其他利益进行分配,那就会对

① 下院、上院通过,国王同意,颁布即成法令。

上述有关人员均有好处。但是这一点如无议会的帮助和授权就不可能做到……

（译自《英国经济史史料》，第 64—65 页）

(三) 划一圈地法令(1801 年)

此法简化圈地规定，将圈地的共同点加以集中统一，此后圈地得到更快发展。

一项为使常见的插入圈地法令之某些条款统一于一个法令，及为简化检验经常在通过此等法令上所需的证明种种事实的方式之法令。

…………

Ⅳ. 兹再颁令：在任何教区和庄园内，通过圈地法令，对即将分配和圈围的土地；还有所有的宅第、农舍、果园、菜园、宅基，过去已圈围的土地进行周密的、精确的、认真的调查、测量、规划和估价，由这些委员或委员们或由其指定人来进行并形成文字。其目的乃是为了贯彻这一法令，而且该法令须尽快尽可能方便地进行。

…………

Ⅵ. 兹再颁令：所有的人和所有的法人或行业团体对任何即将圈围的土地享有或要求任何公有权利或其他权利，都将必须向上述委员或委员等指定的会议(或如果这些委员或委员等为了某些特殊的原因而延期举行的会议)递交一份由上述的人或法人团体或他们各自的管家、监护人、受托人、代理人签字的说明书。该说明书包括他们各自的权利和要求，其中描述土地、场地、各自宅第、田地、住房和不动产，他们对上述这些或其中一部分所享有的权利。该说明书上须有实际占有者的姓名，特别是这些土地各自估算之数量，这种权利具有何种性质和多大范围，依据何种权利和为了什么地产和利益，他们各自要求这种土地。同样要求他们区别自由持有农、公簿持有农和有期租地农。如果没有遵循上述规定或出现差错，乃至忽略相关之任何要求而没有提出来，则如此之人均须被排除在即将圈围土地中享有任何份额、任何利益之外。

…………

Ⅶ. 进一步规定，并再颁令：以上规定并不意味授予任何圈地委员或委员等，当涉及任何土地、住房或不动产权利时，他们有听取和仲裁各种分歧的权利。但是该委员或委员等将有权指定几份土地给那些在分配和圈地之际实际占有土地、住房或不动产者，以代替实际占有权利之补偿①。

…………

Ⅻ. 兹再颁令：该委员或委员等由于圈地法令而要进行分配时，须特别关注业主等行将分配的各自房产或家宅的位置，以及行将分配给他们的土地和场地的数量与质量，以与上述业主方便使用相一致。上述委员和委员等在进行分配时，在分给用作交换的土地和场地方面，对最小业主的方便须特别予以照顾。

…………

XⅣ. 兹再颁令：各自的份额一旦分配后，就被认为是他们各自的土地、场地、公有地权利和其他权利得到满足和补偿，不得再提出其他要求。上述划分和分配后及在给予补偿后，任何通过圈地法令拟取消之权利，亦即相关的个人和法人或行业团体要求的或属于他们的任何权利，以及土地、场地要求即须停止、终止并永远取消。

…………

（译自《英国经济史史料选》，第 537—539 页）

① 这里所谓分配和圈地之际的实际占有者事实上指的是“擅自占地者”（squatters），因其长期占有，此法令承认有接受补偿之权利。——译者

(四) 奥利弗·戈德斯密斯的《荒村》诗(1770 年)

《荒村》是一首 430 行的长诗,本文件引用的 113—136 行,比较了圈地前后村庄的变化。在圈地后,青壮年都已离去,仅一老妇仍悲惨地生活在村庄里,成为其衰败的见证人。

远方山脚每当日暮黄昏,
喁喁营营传来美妙村声;
我从山上缓缓地慢步走过,
听到下面音响交杂低沉微弱;
挤奶姑娘的歌声有青年应唱,
牛群哞鸣从容走向幼崽身旁,
池塘里鼓噪的鹅群鸣声嘎嘎,
顽皮的孩子刚刚放学回家;
看家的狗向微风连声吠叫,
懒散的人高谈阔论,纵声大笑;
这一切组成悦耳混响散入夜幕,
夜莺鸣啭一停,响声越发清楚。
但是,现在村庄的声音已经安静,
再没有欢乐的音响在微风中飘动,
再没有匆忙脚步践踏长草的小径,
因为生命的青春活力全已逃遁。
只留下远处寡居的孤独的东西,
在溅水的泉旁衰弱地弯着身体;
她,可怜的主妇,暮年生活艰辛,
从小溪里摘取到处长满的水芹;
从荆棘丛里采集冬季的柴薪,
夜晚归守茅棚,一直哭泣到早晨;

当时那无害的群众只剩她一人留存，
留下来做这悲惨大地伤心的见证人。

（吕干飞译。摘自王佐良主编《英国诗选》，上海：上海译文出版社，1988 年，第 181—182 页）

(五) D. 戴维斯牧师论圈地对农民的影响(1795 年)

文件谈到因圈地而致农民丧失土地，成为日工，在找不到工作时只有靠教区救济，贫民数目于是大为增加。

正在扩大和占用农场，尤其剥夺所有有地产的农民的做法，已在增加依赖的贫民的人数上起了极大的作用。

地主为了使他的收入足敷膨胀的生活费用，便把几个小农场连成一个，最大限度地提高地租，并且逃避整修费用。富有的租地农场主也尽量垄断他能得到的、尽量多的农场，生活在不这样做就不能达到的更有声望和更为舒适的状态。而从几个农场的盈余便使一个家庭有充足的粮食。这样，以前靠那些分散的农场作基础而取得独立生计的成千上万个家庭，如今日益沦为日工阶层了。然而日工有时没有工做，有时则不能胜任工作，而在任何一种情况下，他们都得仰赖教区。确实，成千的教区，农民的数目不及以前一半，而农民家庭的数目越减少，贫民家庭的数目却越增加了。

因此，一批数目可惊的农民已从部分独立的舒适状况落到佣工的不安定境地。他们在没有工作时，必然立即依靠他们的教区。而在经常存在充裕的劳动力的情况下，当需要时，却正使得劳动价格降到应有的水平以下。这一结果从增加的依赖农民的数目上可普遍感觉到。

（译自《产业革命史料》，第 143—144 页）

(六) 一份反对圈地的请愿书(1797年)

请愿书提到对公有地权利的丧失不仅对农民生活有严重影响，且对国民生活和兵源不利。但在当时的圈地高潮下，这些理由都不起作用。

下列签名之小土地所有者和享有公有地权利者的请愿书(于北安普敦郡的朗兹)。

请允许请愿人向下院陈述，在享有公有地权利之茅舍农和其他人等之教区，于改良土地的借口下，意欲圈围公有地。请愿人将被剥夺其现享有之在上述土地上放牧若干母牛、牛犊和羊的宝贵特权。这种特权不仅在严冬能够供养他们本人及家庭，当时他们甚至有钱也无法从其他土地占有者那儿买到必需的最少量牛奶和乳清；另外，也不能以合理的价格供应牧主幼畜和瘦畜，使之养肥后上市，以较为公道的价格供应一般消费。他们认为放牧权是建立普遍富裕和廉价供应的最合理和最有效的途径。他们还进一步认为，圈地更具毁灭性的后果是将使小镇的人口近乎全部灭绝，而现在小镇上则是住满了勇敢和强壮的农民。迄今为止，从这些农民和其他开放教区[①]的居民中为海军和陆军提供了兵源，国家从中得到最强大的力量和无上的荣光。圈地的另一种后果是把他们从土地上赶走，由于迫切求业的需要，他们成群结队进入工业城镇，在那里他们被雇用到织机和熔铁炉边做工，而这种工作的本身性质很快消耗了他们强壮的体质，因而使他们的后代也衰弱了，于是渐渐难以察觉地泯灭了服从上帝律法和国家的原则，而这一伟大原则更是同样在实行敞地制度各郡的纯朴村民的品质中表现出来的。国家的良好秩序和管理在许多方面也是有赖于这个原则的。这些事对个人造成某些危害，对公众也会带来某些不良后果。请愿人认为上述这些情况

① 指未圈地的教区。——译者

将随着圈地而来,正如同许多圈地所造成的后果那样。但是这些请愿人并不认为有权向下院提出申诉(下院是宪法的主人和穷人的保护者),直到通过在审议中的法案暴露给他们的不幸成为他们自己的命运之时。

(译自《英国经济史史料选》,第 531—532 页,
译时参考中山大学《世界近代史参考资料
选集(第一辑)》,第 233 页)

(七) 阿瑟·扬对圈地的批评(1801 年)

阿瑟·扬平生是圈地的积极支持者,但在 1801 年以后,也逐渐承认圈地对农民的危害。本文件可能是他这种观点的最早记载。到了其晚年,便更进一步承认圈地的危害。

请你到一个旧日的圈地乡村啤酒房的灶间去,那么你将了解贫困和济贫税的由来。济贫税对谁苛刻?济贫税对谁有利?(这些是他们的问题。)是为教区的吗?假如我是勤劳的,我能去建造一座小屋吗?假如我是认真的,我能有地养牛吗?假如我是节俭的,我能有半英亩马铃薯吗?这些你不可能提供,你什么也没有,除了有一个教区办事员和一座习艺所,带给我们的还是贫困。

…………

异议第八条:我的房子是财产,同样荒地也是财产,哪一个农民愿意放弃他的公有权利呢?

我不去探讨他们的意图,但对一个穷人来说,总是只注意事实而不注意意图的。事实是在通过的 20 个圈地议案中,19 个都使他们受到伤害,有些还是严重的伤害。可以说那些委员们是宣誓要主持公道,可是对受害的老百姓有什么用呢?大家应该知道,在这些穷人看来,他们是遭受损害了,而圈地由圈地委员们继续进行,委员

们所到之处,把穷人的牛都赶走了,而不管其是否合法。当一个家庭的家长由于土地和牛不能配套使用而被迫出卖牛和土地,在这种情况下还说议会十分珍惜财产,这对穷人来说,又有什么意义。他们丧失了勤奋、乱花钱、养成不良习惯,被迫入伍当兵,把妻儿留给教区。如果圈地对穷人有好处的话,那么在一个圈地法令颁布后,济贫税不会像在其他教区那样有所提高。这些教区的穷人真可以这么说,议会是在珍惜财产,但我所知道的一切是,我有一头牛,却被议会法令取走了。成千上万的人也会确确实实这样说的。

(译自《英国经济史史料选》,第 536—537 页)

(八) 布朗谈圈地对人口的影响(1794 年)

布朗谈的虽是德比郡情况,认为圈地不会减少农村人口。但这也代表对圈地影响的另一种看法。

那些从圈地使人口减少的概念出发,力陈圈地失策的人们,必定是根据很表面的理由来处理这件事的。问问任何人:有树立、保持和建设树篱而不伴以许多开支,甚至在建立起来后,不管是修剪和冲洗、还是保持良好状态而不需要十分留意和增加劳动的吗?施肥和保持一块圈围的土地于适宜的耕作状态并加以改良,肯定需要和花费在公有地上的同等劳动。总之,我认为,任何人哪怕一刻也不会主张耕种和改良圈围后的土地比在公有地情况下需要的劳动少,但人们也不会在一天里从事比以前多的劳动。如果我的论点正确,随之而来的将是雇用的人手不能减少。我知道有些地方把公有的可耕地圈围起来,变为牧场,并且不加管理,这样在圈地后耕作减少,也许只需雇用较少的劳动力便行了;但极少发生这种情况,因为不管什么地方,圈地总是被转变到最受益的状态的。我宁愿主张它们需要增加资本、照管和劳动,而结果是劳动人手的数目不被减少的。就我的经验而言，圈地首先需要增加资本以用于农业。这种资本使得土地生产更为丰饶，而这种丰饶需要雇用更多的人手。由于在圈围的土地上取得丰产收益，增加的资本得到它的利润，因而需要更多的人手，而这则使更多的生产物运到市场上去。

（译自《英国历史文献》第 11 卷，第 476 页）

（九）约翰·辛克莱关于耕种和改造英国荒地的演说（1795 年）

圈地的影响如何？有些人认为对被圈地者不但无害，且甚有利。农业协理会主席辛克莱的这篇演说是对圈地有害论的全面反驳。他还谈到全面改造荒地问题，这对安置圈地后的农民也有利。

引　言

…………

……根据情况来推测，贫民由于圈地而必定受到伤害的说法是不能成立的，因为这种情况保证其劳动力有一个充足的市场（这种劳动力构成一个茅舍农真正的财富），劳动力是茅舍农经常受到雇用所提供的资本，他们可以凭借这种资本使农场主付给他们比以前更多的工资。如果通过一个改造荒地的议案，那就必须考虑对使用公有地者的权利给予充分注意，就像圈地一样，希望将来能用一种比此前更简单的办法加以实施。贫民显然得到了比以往更充分的权利。为了保证对他们的条件更为有利，有些条款必须加进议案之中。在情况允许的地方，把园地归并到他们各自的农舍，在地点上赋予他们超出更大的权利之上的明显优先权。圈地的围栅由较富有者来承担，在有些地方则分别负担。部分公有地是为他们提供燃料的，因而最小所有者在这方面也会明显受益。因为任何一份土地，尽管面积微不足道，种上荆豆或成林快的树木，唯一的目的是在一定的规章下生产烧柴，则比无章可循的地方要高出 10 倍。如果通过这种手段，茅舍农的利益得到关注，他们的权利就得到保护，或者得到充分补偿，他们在各方面的情况得到了改善，人们希望立法机构将认为采取这样的措施是合适的和方便的，为了使一大片土地进行耕种，这些措施才是适宜的，虽然它不符合某些特殊人物的偏见，他们反对圈围显然是由于不理解，而不是给他们带来什么伤害。当措施完全得到理解时，将会被认为这是对他们的最大恩惠。

再者，有些人认为公有地是饲养和繁殖幼畜的良好场所，所以应当保留。然而没有比这种想法更荒谬的了。如果有人肯不辞辛苦地把公有地上牲畜和邻接的圈地内的牲畜比较一下，他们就会很快得到相反的结论。那些在公有地上放牧畜群的人，普遍地体验到公有地会妨碍牲畜生长，或者更确切地说会饿坏牲畜。正像塔克尔教长①正确观察到的那样，在公有地权利未受限制的地方，土地的载畜量过大，以至于大畜或肥壮的牲畜无法喂养；即使在公有地权利被限制的地方，也可能受到欺诈。公有地的局限是如此之大，以致在不利的季节几无用处。关于饲养的羊羔、小马或牛犊，在无病害的土地上，以及有适宜的饮水或遮蔽的圈地上，可得到良好的和充足的青草。在这些地方饲养牲畜比在那些荒凉贫瘠，长满石南、荆豆或蕨类、灌木丛的公有地上饲养要有利得多了。这是完全可以理解的。

* * *

…………

关于这些荒地的气候，由于缺乏耕种就显然更差。——同时，由于大不列颠是个岛国，气候要比处于同一纬度的大陆其他地方温暖些。据一个权威性报告的阐述，在海拔 700 英尺的福法尔郡的山

① 乔赛亚·塔克尔(Josiah Tucker，1712—1799)，卡马森郡人，1758 年任格洛斯特郡教长，是亚当·斯密之前就主张自由贸易之人物。——译者

顶上，优质的大麦和燕麦适时成熟，而海拔 900 英尺的因弗内斯郡则已生长优质的小麦。——因此可以断定，谷物和其他的类似作物可以在岛上这样高度的山顶和山坡上生长。至于青草，众所周知，可在海拔 1 500 英尺的拉纳克郡的利德山上长得颇为茂盛，从而可获得大量干草。因此，这个国家的气候，很难作为反对对大部分荒地进行改造的理由，无论对谷物和青草都是如此。至于树木，也不成问题，在意大利高山上生长的落叶松，在这个岛上则随处可见。

至于土壤，虽然大部分荒地尚未得到人工的开垦，目前价值不大。但应算作贫瘠荒芜和无利可图、或尚不能生产某些有用或有利可图的产品的这部分数目的土地并不大。它们占英国全部土地的 1/22 或为 100 万英亩，当是适宜的估计数字。

下面我要简单叙述一下利用这些剩余荒地所要达到的各种目的：

(1) 地势较高的最贫瘠荒地，无疑应该用来植树造林，几乎没有一个地方或一片土壤不能生长有价值的木材，尽管这些地方岩石遍布，这片土壤寸草不生。——这种木材目前只能用高价从国外进口。乍一看也许令人惊奇，这些连一片谷物叶子都不长的地方，却能生长出高大的松树，或者是茂盛的橡树。但因这些树木取得所需的水分和养分比蔬菜生长所需的来得深，而且它们可以通过叶子从周围空气中吸收养分和吸入水分。通过这种种植，能够都使最贫瘠的土地得到改善而逐渐变得肥沃，因为最贫瘠的土地如遍植树木，被落叶覆盖，日久天长就可使土质变得肥沃起来，而这时随着时间的流逝，树木已长大成材可以砍伐，土地就变得适宜耕种了。

(2) 在许多地势较高的荒地上气候容易变得十分干燥，我们可以把它们改造成为良好的高地牧场。在那里，有价值的产品——优质羊毛便可得到良好的生长条件。地势愈高，牧草愈矮，所产的羊毛愈有价值。优质羊毛再加上肉类带来的利润就可完全补偿由于改良土壤所用的全部耗费了。

(3) 这个国家是有比一般想象的更多的荒地可用于进行耕作的。土地表层虽显得贫瘠和寸草不长,但是如果能把下面的土层翻上来与上面的土壤混合,就可使其改造成为沃土。这是耕作上的一种实践,目前尚未实施到它可能达到的任何程度。这一技术几乎尚处于初期阶段,当其日臻完善,必定会产生出最重大的经济效益。这样自然会引起农业协理会的特别重视,确定其得以顺利实施的某些原则。

(4) 大不列颠有相当数量的荒地是由潮湿的沼泽地带组成的,对这样的荒地进行改造和开垦困难重重。然而令人欣慰的是沃里克郡的一个农场主约瑟夫·埃尔金顿先生发明了一种排干沼泽的技术,使沼泽地的改造比以前容易和耗费少了。只是必须由埃尔金顿先生把他的排水系统传授给协理会派去与他合作的官员们,并指导他们进行此项工作。因此,我们有理由相信,这种先进技术一旦在下一个夏季在全岛实施,按埃尔金顿先生的原则排干的许多沼泽,会立刻变成大有价值的草场,而在许多情况下,可转变为耕地。

最后应该说明,在英国,通过灌溉至少给 100 万英亩的荒地带来惊人的高产。这一巨大的改造手段虽然在王国的一些地方长期得到贯彻,但在其他一些地方却难以理解地被忽视了。如果这种技术一旦在全岛推广,那么由此带来的收益是无法估算的。因为通过这些措施,土地不仅在不施任何肥料的情况下可以变得长期肥沃,而且它所生长出的茂盛作物,还可以作为肥料使其他田地变得肥沃,它们不需要另外的照料,即可获得肥料来源。这是另一项国家财富的来源,通过其他方式无法寻得的。

我们完全有理由确信,这个王国的荒地如果栽种树木——或辟为牧场——或开垦以生产谷物——或改变成草场——或用灌溉手段,都可成为无限财富的源泉,给我们国家带来无穷的好处。

…………

(译自《英国经济史史料》,第 65—71 页)

(十) F. M. 艾登论圈地与茅舍农

作者认为圈地促使茅舍农开垦荒地，对之有益。

……茅舍农和贫民得自公有地和荒地的好处，与其说是真实的，毋宁说是表面的。代替定期固着他们于任何此等劳动（而这种劳动可使他们努力取得上好的燃料）的是：他们或者像奥特韦的《孤儿》①中的老妇人一样去捡干柴，或者在荒野掘些荆豆和常青灌木而浪费他们的时间。他们有一两头挨饿的猪和一些游荡的小鹅。这些畜禽除了使他们卷入与邻居无穷无尽的争吵以及几乎驱使他们变成入侵他人土地的罪犯外，也让他们由于照看和花时间以及购买饲养畜禽的饲料而付出昂贵的代价。更有甚者，作为公有地和荒地，尽管在现在的情况下，它们的价值很低，但无疑不是茅舍农而是土地所有者的财产。而后面这些人，由于当今的十分讨厌的制度，便这样地被迫在一种对他们自己说来十分昂贵的方式以维持他们的穷人，而对穷人说来却受益甚少。在王国内有成千成万英亩的土地，现在是鹅、猪、驴、发育不良的马和半饥饿的牛的可怜的牧场。它们只有被圈起来，并得到照管，使之变成与现在任何耕种的土地一样富饶，一样值价。那么，在无论什么情况下，对立法机构都可能适宜的是使那些茅舍农得到损失或推想有的损失的某些补偿。他们借开垦荒地可以生存下去。这样对他们来说，必定比他们现在的不安定的、不确定的并且是代价高昂的好处为好。而这些好处即使得到，也是由于土地所有者的愚昧的默许或纵容，以及由于轻率牺牲财产取得的。谁也不会重视这些默许、纵容、牺牲，自然，谁也不感谢他们……

（译自《英国历史文献》第11卷，第477页）

---

①《孤儿》系托马斯·奥特韦（Thomas Otway，1652－1685）于1680年写的悲剧。——译者

（十一）农业协理会的调查报告中有关萨默塞特郡圈地部分（报告撰写人：J. 比林斯利）（1798 年）

农业协理会在 1793—1794 年和 1804—1817 年对英国全境农业做过普遍调查，后均写成报告。本文件强调圈地时对贫穷农民有特殊照顾，圈地改造了他们。文件还抨击公有地对贫穷农民的腐蚀作用。

让我们首先针对这种改进措施①的异议情况做一番考察，看一看我们是否能证明这些异议大部分是错误的或是肤浅的。

第一项　侵犯茅舍农的权利和利益

* * *

这些异议中最突出的论点，是表面上对穷人的福利表示人道主义的关注，但是稍加考察，即使不能完全驳倒这种异议，至少也会削弱它的影响。

圈围公有地有两种方式：第一种方式，通过有关权利方面的一致同意，各方授权给由他们选出的委员们，以确定这些权利的有效性，在为此目的而起草和执行的协议下相应来分配公有地。第二种方式，通过议会法令。这种法令是根据相当一部分地位重要的下院议员的请求而通过的，从而囿于一个无知、偏见或自私的少数派就不能阻碍达到个人利益和公共效用的目的。

就经济而言，第一种方式是最合适的，因为这样节省了通过一项法令的花费，同样对所有业主有相同的保证。但这种办法很难实行，除非在小块公有地上。因为难以获得每一个享有权利的人的同意，而没有全体同意是不可能完成这件事的。

很显然，无论哪种方式，茅舍农的权利都不能受到侵犯，因为就法律和公正的规章制度而言，茅舍农与比他更富有的邻居的地位是相同

① 指圈地。——译者

的。就茅舍农的利益而言，我可以肯定地宣称，在我观察所及的全部情况中，通过圈地刺激了活力和勤奋精神，改善了他们的状况，从而懒散的习惯不同程度地得到克服，勤奋和活力代替了懒散和怠惰。

* * *

此外，由于茅舍农依赖在公有地上放牧的虚幻的利益，一种有害倾向的道德上的后果在他们中间滋长了。拥有一头抑或两头母牛，或者一头猪和几只鹅，在公有地上放牧，农民自然在脑海中形成在同一社会阶层中高于他的弟兄们的观念。虽然这在某种程度上也能激发他们信赖财产，但它是难以维持生计的。他们跟在牲口后面乱转，养成了懒散的习惯。四分之一日、半天、偶尔整天都莫名其妙地浪费了。他们对每天劳动感到厌烦，由于放纵更增加了厌恶，最后干脆卖掉尚在喂养的牛犊或猪，这提供给他们懒惰又加堕落的手段。母牛经常可以出售，它那可悲的和失望的主人，不愿恢复以前每天为生计而从事的劳动，却通过各种欺诈的伎俩，从济贫税中去骗取他根本无权获得的救济。

(译自《英国经济史史料选》，第 532—533 页)

十、交通运输的发展

(一) 开凿特伦特和默西河之间的运河法令(1765 年)

这条称为“大干线运河”(Grand Trunk Canal)的运河，动工于 1766 年，完成于 1777 年。它在爱尔兰海和北海之间建立一条直接通道。

一项为开凿一条从德比郡维尔登渡口附近的特伦特河到朗科恩隘口附近的默西河之间可通航的运河之法令

鉴于为了小船及其他重载船的通航，从特伦特河到默西河之间开凿一条运河，这将为王国内地和赫尔、利物浦之间开辟一条方便的通道。该运河始自位于德比郡一个古老的称为维尔登渡口的下方的维尔登桥旁，经过该郡的斯瓦克斯通和威灵顿，斯塔福德郡的威奇诺、鲁德格莱、斯通、巴尔斯勒姆，切斯特郡的罗顿、米德尔威奇和诺思威奇而到达默西河上的朗科恩隘口。这一壮举不仅对来往于上述两地港口的贸易有利，而且对上述拟议中的运河沿岸许多城镇的大量不同制造业也有利，还有助于改善附近地带，有助于救济贫民以及维护公共道路，况且其本身便是大的公用事业。又鉴于下面签名者愿意自筹经费开凿和完成上述这一运河工程。这些人为此目的将组成一个法人团体，取名"特伦特至默西航运业主公司"。这一公司有永久继承权，有自己的公章；可以为原告和被告，也可有权为他们及其继承人、代理人购买土地，供上述航运之用，而不致蒙受丧失永久管业权的处罚……〔有权调查土地，任命委员调停公司和土地所有者之间的纠纷。〕

* * *

XXI．上述权威颁令：为了上述业主公司得以有能力完成如此有用之事业，该业主公司及其继承人、代理人可以合法地在他们内部征集和投入资金。为了开凿和完成该运河，按对他们方便的比例提供足够的资金，以总额不超过13万镑为限（唯下面提到的情况除外）；其全部资金则可分成以下所规定的若干股，每股不超过200镑，要成为公司的一个业主就必须少则1股，多则20股，以他个人的名义或任何其他的财产托管人的名义认购……

XXII．上述权威再颁令：上述诸人所征集到的全部资金或资金的一部分，将分成650等分或股，每股也不超过200镑；为使其权益可与其认购的比例相称起见，上述认购的几个人和他们各自的继承人、代理人……〔如属必要，有权去再征集2万镑。〕

…………

（译自《英国经济史史料》，第205—207页）

(二) 约翰·坎贝尔记开凿运河热(1774 年)

本文记述布里奇沃特公爵开凿运河(1761 年完成)后兴起的修造运河热,并阐明运河带来的经济效果。

(第一段记布里奇沃特开凿运河状况)

运河①的这一意想不到的延伸,使之从一个便利私人的事业,现在变成一个对兰开郡和柴郡如此巨大的公益工程。这件事自然地在邻近诸郡居民中激起竞争心,尤其他们的工商业者看到了这种新的水运的重要性。他们感到了自己也需要,并在深思熟虑后,了解到他们可以以同样的方式得到补救。在慎重考虑的基础上,向议会提出给予他们认为必须开凿一条能通航的运河的权力的申请。这条运河从德比郡威尔登桥向西进入斯塔福德郡,而后向北在普雷斯顿桥连接公爵的运河,入柴郡的朗科恩隘口默西河作为终点。于是为此目的在 1766 年通过一项法令②。而且就在同一年,由于促进这些国内航行的愿望如此之强烈,还通过了一项同样的法令,以修建另外一条由伍斯特郡的伯德利和蒂朗溪到斯塔福德郡的海伍德磨坊的运河③。通过这些运河,塞汶河及特伦特河以及二者与默西河之间实现了连接;从而打开了布里斯托尔、利物浦和赫尔诸港口间的交通。

一桩想得到的,而且或者是上一世纪会发现办不到的计划,就其一切情况进行考虑,定会令我们的子孙后代吃惊。现正执行的此等巨大工程,表明我们不应该对庞大的、有利于整个国家的事情感到失望,尽管他们可能长期留在人们心目中,或者仅仅是到处被人议论的话题而已。这证明一次有力的尝试将远远超过那些最严肃

① 指布里奇沃特的运河。——译者

② 见上一文件。——译者

③ 这是大干线运河的一条支河。——译者

的，甚至最明确的论证。因为事实向人类的意识、感觉以及他们的理智作出了证明。因此一旦实现，一条容易和便利的通道就能在曼彻斯特和利物浦之间打开，一切缺乏自信和一切困难都消失了。于是立即做出调查，而且一旦调查完成，认股便心甘情愿地跟上。贵族和乡绅在要求为公益而投入他们的私产时，表现得异常热情，但那时的热情乃是有知识作根据的。他们清楚地确信计划实用。他们不用任何担心地看到时间、劳动和代价必然给他们买来那些好处，而这则是新航道赐予的。因此，在较少工业，较少商业精神，以及让我们加上较不丰裕的日子里，会认为是不能克服的障碍的事，竟丝毫不会阻止他们购买如此庞大的和如此雄心勃勃的设计。

当这些运河完成时，究竟将从它们那得到什么样的好处，可能只有时间和经验才能决定。但根据什么合乎情理的期望，它们得到了如此坚定而热心的支持，则在我这方面，有责任加以转述，以证明在这种工程上对之花费这样大的力量是正当的。运河通过国内广大地面，不只是一两个，而是好几个郡，都因具有这一值得重视的、得其赐予的环境，分享到它们的好处；而且在这个著名岛屿的各部分，不可能再有更为有用的交通线了。它的近旁，有为数众多的城镇、其中许多还是工业城镇。各种各样的食物，但尤其是谷物，将因运河而降价，并且在各处保持在一个更为相等的价格的水平上。因为从远距离以低价提供肥料，而且甚至运到最遥远的市场也很快，运河将激起一种积极的耕作精神，而支出小且能迅速得到供应的确定性，使将来在很大范围内粮价的不合理的上涨成为不可能，而这在许多地方过去是经常和致命的经历过的。许多体积大，但同时又非常有用的商品，如燧石、游离石灰①、磨粉机、轮磨、铺路石、泥炭岩、石板、各种煤、大理石、雪花石膏、铁矿石等，将发现一条更便利和更便宜的通道。而且自然会到达比现在环境允许它们能运到的

① 原文作 Free，Lime，疑为 Free lime（游离石灰），现按此译。——译者

数目多得多的，也是好得多的市场。

在进行这一巨大工程当中，必然通过不同土质的开凿而引出各种各样的发现，很有可能给这些自然财富创造经常的附加值。这种情况的某些例子已出现。此外，这几个郡的大宗商品出产，例如来自兰开郡不同地区的木材，来自柴郡的盐和干酪，来自斯塔福德郡的瓷器，来自伯明翰的许多商品，从曼彻斯特和其他地方来的所有不同制品会被大量运到远方，而且尽管价格被降低，却将解除前此忍受的各种各样的障碍。每一种类的原料将很容易和快得多地送到几个制造它们的城镇去；而当制成成品后，将同样容易地被运到它们经常由船运出去的港口。这些船或者沿海运到本国的不同地区，或者运到别的国家去。这样一来，农业、制造业、国内贸易、国际商业及从属于这一切的每种工业显然在很大程度上得到这种国内航运的促进，更不用说靠它为生，并且舒适地生活的那些人了。不过必须承认，有些人已提出反对意见，而且有些怀疑已出现，认为会给人们带来很多的不便利。但公正地讲，比起上面已提到的好处来，这些不方便就其性质而言更为不确定，而且同时其影响也小得多；再者，即使发生不方便的情况，也不会找不到补救的办法。

…………

（译自《英国历史文献》第 10 卷，第 546—548 页）

(三) 布里斯托尔市要求开凿米德兰的运河(1775 年)

由于他们看到获准提出的、从伍斯特郡的斯托布里奇建造一条与斯塔福德郡和伍斯特郡运河①沟通的运河，在斯托顿与之相接，并建造两条并行的河道以与这条拟议中的运河相通的议案。

由于在斯托布里奇和达德利及其附近是铁钉和其他货物的产

① 斯塔福德和伍斯特运河完成于 1772 年。——译者

地，本城市[①]的商人赖此进行对外贸易。这一带还盛产煤，它对本城市的各类工厂特别有用。另外还有一种稀有黏土可供制造耐火砖，这种砖对本城市炼制黄铜和冶铁、制造玻璃及其他制品是绝对必需的，对促进王国其他地区的工业发展也有很大意义。

由于各种原材料从布里斯托尔港运往上述各地，以供给各类工厂所需要，在各地之间维持一个非常庞大的贸易交往。

由于提议开凿的运河不仅对本城市的贸易有利，而且还有利于公用事业的发展。

因此，祈求议案能通过而成为一项法律。

（译自《英国经济史史料》，第207—208页）

（四）利物浦通过运河的国内运输（1786—1788年）

利物浦不仅在国际贸易，而且在国内贸易之中也很重要，在有铁路以前，它主要通过运河进行。至于英格兰的第一条运河桑基运河船只吨位增加之快也值得注意。

在利兹运河的兰开郡终端的利物浦与威根之间使用89艘载重为35—40吨的船。

威根运到利物浦

	年份	1786	1787	1788
煤	吨	91 249	98 248	109 202
石板、石板瓦和磨石	吨	3 994	2 561	3 613
货物	吨	347	393	405
椽木	英尺	17 403	17 986	13 589

① 指布里斯托尔。——译者

从利物浦运走

	年份	1786	1787	1788
货物	吨	3 836	4 610	4 257
石灰石和砖	吨	2 245	2 064	1 429
石灰和肥料	吨	10 213	11 129	12 224
松木	英尺	160 766	193 706	153 006

在利物浦和道格拉斯河之间使用 36 艘船。

运来

	年份	1786	1787	1788
煤	吨	16 724	22 592	20 706

运走

	年份	1786	1787	1788
石灰石	吨	4 589	6 164	5 921

桑基运河的贸易在利物浦、诺思威奇和沃灵顿之间分配，该运河使用船只总吨数为，1786 年 74 289 吨，1787 年 98 356 吨，1788 年 115 828 吨。

在默西河畔的利物浦和威弗河畔的诺思威奇和温斯福德之间，使用 110 艘船，运载木材、盐及其他货物，每年达 16.4 万吨。

在利物浦和曼彻斯特的原来航道使用载重 55 吨的船 25 艘，一般在两次大潮间航行 3 次，或者按平均数扣除坏天气的延误，每年走 36 次。

与斯塔福德郡运河相通的布里奇沃特公爵的运河，使用载重 50 吨的船 42 艘。它们平均 14 天往返利物浦 3 次，夏季则要在这段航路上增加 10 艘船。

（译自《英国历史文献》第 11 卷，第 540—541 页）

(五) R.洛记诺丁汉郡的运河运输(1794 年)

由文件可知运河给诺丁汉郡带来了繁荣。

本郡有大量贸易借助特伦特河及各运河由水运进行。由特伦特河顺水而来的柴郡的铅、铜、煤和盐、奶酪,斯塔福德郡的瓷器、谷物等;逆水运送拉夫或挪威木材、兰麻、亚麻、铁、食物杂货、麦芽、谷物,来自靠近格雷夫森德的诺思弗里特的燧石是供给斯塔福德郡制造陶器用的。

从切斯特菲尔德来的运河——至沃克夏普和雷特福德及在斯托克威兹和特伦特河相会——顺水运送煤、铅、冻石、石灰和石灰石、供制造玻璃工厂之用的黑硅石,以及陶器、铸铁货物与金属块、橡木及树皮和帆布;逆水运送枞木和枞材、谷物、麦芽和面粉、食物杂货、棒铁及坎伯兰的矿物、酒、火酒、黑啤酒、兰麻和亚麻、原棉和棉纱,威斯特摩兰的石板及不同种类的小包装。顺水和逆水都运送的有砖、瓦管、忽布花、烛心,然而在顺水运送的其他物品与煤相比,占的比例小;而在逆水运送则以谷物、食物杂货、外国木材和铁为大宗。

(译自《英国历史文献》第 11 卷,第 541 页)

(六) 霍默及波特论改善道路(1767 年及 1838 年)

由于收税路公司改善道路,使得无论长短途的客、货运时间都大为缩短,并提高准时率。1784 年巴斯的威廉·帕尔默开始的邮件马车,时间安排竟能制订到几小时几分。在修筑道路上,麦克亚当改进技术,实现更为科学的筑路,使之更能承受重量及耐用。

Ⅰ. 由于适应商业的每条路线都畅通无阻,因而使得快速便捷成为商业的生命和灵魂的状况，变得日益可以达到了。商品和工业品找到迅速送到市场的运输渠道……任何国家的内部制度中，很少有像英格兰这样，在短短几年内完成一场令人惊奇的革命。拉运谷物、煤及其他商品等的马车，一般只用比以前一半多一点的马匹即可。商务旅行用不到一半的时间便可完成。农业的改进与商业并驾齐驱。每件事都有着迅速便捷的面貌，我们的每件产品都变得更有价值；而引导所有这些活动的枢纽，以及推动枢纽运行的乃是我们的公共道路所作出的改良。

Ⅱ. 近年来，英格兰收税路的主要改进，是根据比过去采用的更为科学的原则进行的改造。这主要归功于已故麦克亚当先生的努力。他（设计）的方法已经在整个王国及其他几个国家普遍地采用了……

（译自《产业革命史料》，第 34—35 页）

（七）议会批准的建筑铁路法令（1800—1815 年）

这些年的铁路是供马车行驶的，偶尔则有固定位置的蒸汽机以帮助马匹牵引上坡。此等铁路主要系运煤，但也有运货的。

法令时间	铁路名称	起讫处	长度①	建筑费用（镑）
1801	萨里	万兹沃思和克罗伊登	9	60 000
1802	卡马尔森郡	兰尼利和兰费安吉尔、阿伯尔比塞克	16	35 000
	塞尔豪威	纽波特和塞尔豪威高炉（蒙茅斯郡）	11	45 000
1803	克罗伊登、默尔斯塔姆和戈德斯顿	克罗伊登和莱盖特——一支线到戈德斯顿	15¾	90 000

① 长度单位当为英里。——译者

续表

<table>
<tr><th>法令时间</th><th>铁路名称</th><th>起讫处</th><th>长度①</th><th>建筑费用(镑)</th></tr>
<tr><td>1804</td><td>奥斯特茅思</td><td>斯旺西和奥斯特茅思——支线到摩里斯顿</td><td>6</td><td>12 000</td></tr>
<tr><td>1808</td><td>克尔马诺克</td><td>克尔马诺克和特鲁恩</td><td>9¾</td><td>40 000</td></tr>
<tr><td rowspan="2">1809</td><td>迪安森林</td><td>纽勒姆和丘其韦引擎</td><td>7½</td><td>125 000</td></tr>
<tr><td>塞汶和怀</td><td>里稳溪和纽恩及诸支线</td><td>26</td><td>110 000</td></tr>
<tr><td>1810</td><td>蒙茅斯</td><td>豪勒、斯莱德和蒙茅斯</td><td></td><td>22 000</td></tr>
<tr><td rowspan="2">1811</td><td>伯里克和克尔索海</td><td>斯皮塔尔和克尔索布雷孔和巴尔顿十字路</td><td>24</td><td>50 000</td></tr>
<tr><td>兰费安吉尔</td><td>阿伯加温尼和兰费安吉尔·克鲁柯尔尼</td><td>6½</td><td>20 000</td></tr>
<tr><td rowspan="2">1812</td><td>格洛斯特</td><td>兰费安吉尔·克鲁柯尔尼和林夸桥</td><td>7</td><td>13 000</td></tr>
<tr><td>彭伦毛尔</td><td>彭伦毛尔煤矿和兰贝德格罗基</td><td>7</td><td>10 000</td></tr>
<tr><td>1814</td><td>满米拉德</td><td>满米拉德和乌斯克桥</td><td>5</td><td>6 000</td></tr>
<tr><td>1815</td><td>格洛斯特和平克斯顿</td><td>格洛斯特和切尔登纳姆</td><td>9</td><td>50 000</td></tr>
</table>

(译自《英国历史文献》第 11 卷,第 544—545 页)

十一、对外贸易的增长

(一) 联合王国对外及对殖民地贸易统计(1801—1815 年)

对外贸易波动较大。但拿破仑战争末期上升趋势较明显。

① 长度单位当为英里。——译者

年代	法定价格			英国和爱尔兰物产和工业品输出的真正或申报价格(镑)
	外国和殖民地商品的输入(镑)	外国和殖民地商品的输出(镑)①	英国和爱尔兰物产和工业品的输出(镑)	
1801	31 786 262	10 336 966	24 927 684	39 730 659
1802	29 826 210	12 677.431	25 632 549	45 102 330
1803	26 622 696	8 032 643	20 467 531	36 127 787
1804	27 819 552	8 938 741	22 687 309	37 135 746
1805	28 561 270	7 643 120	23 376 941	38 077 144
1806	26 899 658	7 717 555	25 861.879	40 874 983
1807	26 734 425	7 624 312	23 391 214	37 245 877
1808	26 795 540	5 776 775	24 611 215	37 275.102
1809	31 750 557	12 750 358	33 542 274	47.371 393
1810	39 301 612	9 357 435	34 061 901	48 438 680
1811	26 510386	6 117 720	22 681 400	32 890 712
1812	26 163 431	9 533 065	29.508 508	41 716 964
1813	记录毁于火			
1814	33 755 264	19.365 981	34 207 253	45.494 219
1815	32 987 396	15.748 554	42 875 996	51 603 028

（译自《英国历史文献》第 11 卷，第 550 页）

① 指英国再出口外国和殖民地输入的商品。——译者

(二) 联合王国出口分区统计(申报价格　单位:镑)(1805—1815年)

本表与上表输出总计不相合,只在1814年很接近。

年代	北欧	南欧	非洲	亚洲	美国	英属北美殖民地与西印度群岛	外国属西印度群岛	中南美(包括巴西)	美国以外的美洲	总　计
1805	13 625 676		756 060	2 904 584	11 011 409	—	—	—	7 771 418	36 069 147
1806	11 363 635		1 163 744	2 937 895	12 389 488	—	—	—	10 877 968	38 732 730
1807	9 002 237		765 468	3 359 226	11 846 513	—	—	—	10 439 423	35 412 867
1808	9 016 033		633 125	3 524 823	5 241 739	—	—	—	16 591 871	35 007 591
1809	15 849 449		804 452	2 867 832	7 258 500	—	—	—	18 014 219	44 794 452
1810	15 627 806		595 031	2 977 366	10 920 752	—	—	—	15 640 166	45 761 121
1811	12 834 680		336 742	2 941 194	1 841 253	—	—	—	11 939 680	29 893 549
1814	14 113 775	12 755 816	372 212	2 340 417	8 129	11 429 452	1 791 167	2 683 151	—	45 494 119
1815	11 971 692	8 764 552	333 842	2 931 935	13 255 374	10 687 551	1 156 875	2 531 150	—	51 632 971

(译自《英国历史文献》第11卷,第551页)

(三) 输入原棉及输出棉织品和棉纱统计(1798—1815年)

18 年间原棉输入量增加 4 倍多,棉布输出值增加 5 倍多,而棉纱输出值竟增加 30 多倍,这反映棉纺织业发展及出口扩大,至于棉纱出口波动较大,则与国内需求有关。棉布与棉纱出口增大,意味资本积累非常快。

原棉重量(磅)			法定输出价格(镑)		申报输出价格(镑)	
年代	输入	留作纺纱用	布匹	棉纱	布匹	棉纱
1798	31 737 655	31 136 516	3 572 217	30 271	未留有报表	
1799	43 046 639	42 201 968	5 593 407	204 602		
1800	55 630 390	51 213 780	5 406 501	447 566		
1801	55 675 079	53 814 207	6 606 368	444 441		
1802	60 239 080	56 508 600	7 195 900	428 605		
1803	53 427 501	51 866 448	6 442. 037	639 404		
1804	61 316 962	60 813 791	7 834 564	902 208		
1805	59 649 549	58 845 306	8 619 990	914 475		
1806	57 982 263	57 330 396	9 753 824	736 225		
1807	74 786 461	72 609 518	9 708 046	601 719		
1808	43 263 400	41 618 533	12 503 918	472 078		
1809	91 701 923	87 350 818	18 425 614	1 020 352		
1810	134 805 596	126 018 487	17 892 519	1 053 475		
1811	91 008 874	89 732 007	11 529 551	483 598		
1812	66 568 673	59 827 761	15 723 225	794 465		
1813						
1814	58 887 183	52 604 646	16 535 521	1 119 850	17 393 796	2 907 277
1815	98 790 698	92 010 306	21 480 795	808 853	19 124 061	1 781 077

(译自《英国历史文献》第 11 卷,第 552 页)

(四) 外国铁进口和英国棒铁出口统计(1786—1815年)

外国铁在十八十九世纪之交进口已减少,而英国棒铁出口则大增。

年代	外国铁吨数			英国铁出口吨数
	进口	再出口	留作国内消费	
1786	48 565	—	—	
1787	46 749	—	—	
1788	51 497	—	—	
1789	51 043	—	—	
1790	49 241	4.493	44 748	
1791	57 185	6 895	50 290	
1792	57 694	9 184	48 510	332
1793	58 963	4 574	54 389	180
1794	42 480	5 411	37 069	104
1795	49 527	4 136	45 391	220
1796	53 278	7 640	45 638	408
1797	36 961	6 384	30 577	1 316
1798	51 929	4 781	47 148	1 889
1799	48 332	6 885	41 447	2 675
1800	38 363	5 099	33 264	2 845
1801	33 401	4 057	29 344	3 001
1802	52 909	6 720	46 189	5 459
1803	43 470	3 616	39 854	3 575
1804	22 528	3 619	18 909	6 065
1805	27 253	4 212	23 041	6 595
1806	32 128	4 717	27 411	8 124
1807	23 738	6 537	17 201	10 863
1808	21 000	6 622	14 378	16 196
1809	24 480	8 603	15 877	—
1810	20 184	11 368	8 816	—
1811	27 956	8 104	19 852	—
1812	17 429	9 959	7 470	—
1813	—	—	—	—
1814	21 909	10 275	11 634	22 636
1815	21 379	14 018	7 361	24 708

(译自《英国历史文献》第 11 卷,第 553 页)

(五) 纽卡斯尔和桑德兰运出煤统计(1801—1815年)

这两个地方在英格兰东北部,始终是最大煤产地。

单位:吨

年代	纽卡斯尔		桑德兰	
	沿海岸	运到国外地区	沿海岸	运到国外地区
1801	1 198 308	133 562	612 197	12 607
1802	1 310 393	116 600	808 449	82 694
1803	1 338 613	117 458	792 207	26 942
1804	1 536 812	139 360	793 812	11 029
1805	1 464 991	131 366	830 263	15 782
1806	1 558 934	123 710	811 618	7 424
1807	1 404 367	76 674	775 987	11 331
1808	1 640 681	42 402	923 850	5 455
1809	1 428 610	36 143	858 944	2 579
1810	1 643 977	45 733	982 388	5 086
1811	1 678 401	47 528	876 996	4 583
1812	1 671 177	66 210	897 964	8 343
1813	1 548 087	39 116	919 947	4 715
1814	1 720 250	84 763	989 090	29 228
1815	1 723 054	112 450	895 443	45 021

(译自《英国历史文献》第11卷,第554页)

(六)联合王国港口进出港船数和吨数统计(爱尔兰和沿海贸易除外)(1801—1815年)

表中的英国船只,除个别年份外,进出港均多于外国船只。

	入港						出港					
	英国的		外国的		总计		英国的		外国的		总计	
年代	船数	吨数	船数	吨数	船数	吨数	船数	吨数	船数	吨数	船数	吨数
1801	4 987	922 594	5 497	780 355	10 484	1 702 749	—	—	—	—	—	—
1802	7 806	1 333 005	3 728	480 251	11 534	1 813 256	7 471	1 177 224	3 332	457 580	10 803	1 634 804
1803	6 264	1 115 702	4 254	638 104	10 518	1 753 806	5 523	950 787	3 672	574 420	9 195	1 525 207
1804	4 865	904 932	4 271	607 299	9 136	1 512 231	4 983	906 007	4 093	587 849	9 076	1 493 856
1805	5 167	953 250	4 517	691 883	9 684	1 645 133	5 319	971 496	3 932	605 821	9 251	1 577 317
1806	5 211	904 367	3 793	612 904	9 004	1 517 271	5 219	899 574	3 459	568 170	8 678	1 467 744
1807	—	—	4 087	680 144	—	—	—	—	3 846	631 910	—	—
1808	—	—	1 926	283 657	—	—	—	—	1 892	282 145	—	—
1809	5 615	938 675	4 922	759 287	10 537	1 697 962	5 488	950 565	4 530	699 750	10 018	1 650 315
1810	5 154	896 001	6 876	1 176 243	12 030	2 072 244	3 969	860 632	6 641	1 138 527	10 610	1 999 159
1811	—	—	3 216	687 180	—	—	—	—	—	—	—	—
1814	8 975	1 290 248	5 286	599 287	14 261	1 889 535	8 620	1 271 952	4 622	602 941	13 242	1 874 893
1815	8 880	1 372 108	5 314	746 985	14 194	2 119 093	8 892	1 398 688	4 701	751 377	13 593	2 150 065

(译自《英国历史文献》第11卷,第555页)

(七) 联合王国及其属地船数、吨数统计(1803—1815 年)

这个时代是帆船时期,汽船在本时代末刚出现。

帆　船

年代	联合王国及在欧洲的属地		殖民地		总计	
	船数	吨数	船数	吨数	船数	吨数
1803	18 068	1 986 076	2 825	181 787	20 893	2 167 863
1804	18 870	2 077 061	2 904	191 509	21 774	2 268 570
1805	19 027	2 092 489	3 024	190 953	22 051	2 283 442
1806	19 315	2 079 914	2 867	183 800	22 182	2 263 714
1807	19 373	2 096 827	2 917	184 794	22 290	2 281 621
1808	19 580	2 130 396	3 066	194 423	22 646	2 324 819
1809	19 882	2 167 221	3 188	201 247	23 070	2 368 468
1810	20 253	2 210 661	3 450	215 383	23 703	2 426 044
1811	20 478	2 247 322	3 628	227 452	24 106	2 474 774
1814	21 550	2 414 170	2 868	202 795	24 418	2 616 965
1815	21 869	2 447 831	2 991	203 445	24 860	2 681 276

汽　船

年代	联合王国		英属殖民地		总计	
	船数	吨数	船数	吨数	船数	吨数
1814	1	69	1	387	2	456
1815	8	638	2	995	10	1 633

(译自《英国历史文献》第 11 卷,第 556 页)

十二、社会面貌的变化

(一) 新城市、新工业区和人口状况

1. 阿瑟·扬谈食物及劳动的平均价格(1770 年)

本文提到北部物价较低,而距伦敦 300 英里以内劳动价格并不比首都低的情况,可能是人口向该地区流动原因之一。

……我现在提到的问题,即食物价格问题,是一项最重要的也能引起政治家关注的问题。应当弄清楚它在每个可能的变化中和在每个关系最疏远而得以组合中的情况。乍看似乎没有什么联系,一旦深入调查,却发现密切相关。

关于上述价格问题,我首先要指出的是屠宰商店里的肉、面包、奶油及干酪的价格,以及它们的平均价格,与这些每个地方距离伦敦远近都有关系……

〔以下表格包括这些商品在 85 个地方的平均价格,以及这些地方与伦敦的距离。〕

概　述

	面包	奶油	干酪	平均肉价
距 50 英里	1½	6¾	4	3¾
50—100 英里	1½	6	¾	3¼
100—200 英里	1½	6	31¼	3
200—300 英里	1¼	6	2	2¾
300 英里以上	—	5	2½	2½①

① 重量单位不详,估计为磅。价格单位显系便士,这从分母最大为 4 可知,因为 1 便士=4 法寻(farthing)。其 50—100 英里处的干酪仅为 3/4 便士,疑其前有一整数脱落未印。——译者

……

接下来，请允许我回顾一下穷人打理家务等方面的特点。这些方面是在整个旅途中记录下来的，但有些方面我将略去。一般说来，牛奶具有一致的价格，其变化不足以大到对其原因作任何揣测。马铃薯的价格与栽种的量有关。至于蜡烛和肥皂，在整个王国具有统一的价格使人惊奇。其余项目的价格我将仅限于房租、燃料和工具磨损……

〔在说明以上三项于许多地方的价格后，他得出这三项的平均价格。〕

	镑	先令	便士
房租	1	8	2
燃料	1	3	11
工具磨损	0	7	11
总计	3	0	0

这一价格总额在王国的任何地方都不会被看成过高。

所有的人都承认劳动价格是政治经济学的一个至为重要的对象。农业、工艺、工业和商业仅是多种劳动的聚合。每一种能影响到一个国家财富的状况都是密切相连的，而且甚至是建立在劳动基础之上的。所有的国家都要靠劳动存续。在贸易被忽视的国度，劳动只是衡量生存的标准；但在商业国家，它则是包括其他每种事物在内的财富的尺度。关于劳动，最重要的是它完成的量；很显然，其价格对量有相当大的影响。用不同的方法来表达，我们将能发现伴随高、低和中等价格的特殊情况。也许，通过这次旅行，对现行平均比率的好处或坏处不仅只是推测！我将从农业劳动开始。但因为劳动的价格很难在不考虑金钱以外的其他因素下以某种单项总金额得出来，所以如住宿、苦啤酒、淡啤酒、牛奶等必须要估值。我在《六周游记》[①]中着手用这种方法，但因为总的说来，食物在北部远比

① 《穿越英格兰和威尔斯南部诸郡的六周游记》(1768 年)。

南部便宜，所以在南部我用的所有比率在北部不会同等精确。

在北部（包括约克和兰开郡），我把住宿算作每天 8 便士，在南部是 10 便士；苦啤酒 2 便士，淡啤酒 1 便士；牛奶 1/2 便士，羹汤 2 便士；在北部一顿正餐 4½便士，在南部 6 便士。

关于劳动的周期，在整个游记里被划分为收获期、晒草期和冬季。在我旅行过的绝大部分郡，冬季的价格与春季并无不同，但在少数的几个郡，在冬季和晒草期之间有一种价格，因此我们必须估计晒草期比一般想象的要长。收获期我认为有 5 周，晒草期 6 周①，冬季 41 周。

因为在许多地方，绝大部分工作量是计件的，我将在某些计件大为缩短每日工作的地方，对计件给予一个比例。同样我将加上距伦敦的远近……

〔以下表格表示 82 个地方的劳动平均价格，其中包括这些地方与伦敦的距离。〕

	先令	便士
距 50 英里	7	1
50—100 英里	6	9
100—200 英里	7	2
200—300 英里	7	0
300 英里以上	5	8

就整体而言，如上表所示，伦敦对劳动价格并不具完全决定性的影响。上述比例于距离伦敦远近而下降，在中间被打破。伦敦周围 50 英里的劳动价格并不像 100—200 英里的范围那样高；从 50 到 100 英里的范围内要便宜得多，而在 300 英里以上则还贱得更多；但从 100 到 300 英里圈内价格与伦敦周围的相同。其原因我决不能推

① 在英格兰北部许多地方其晒草期惊人地长。

测。在这些范围内，有两个布满大量工业的郡①的一部分被包含其中，但此后将有许多理由证明这是一个全然没有影响的状况……

（译自《英国历史文献》第10卷，第444—446页）

2. W.汤普森谈伯明翰的工业和城市发展（1788年）

伯明翰及其附近是工业革命的第二个中心。本文件及下面两个文件从不同角度观察新城市、新工业区，既谈及繁荣，也看到问题。此件在问题上有较深入的讨论。

5月19日。离开斯特拉特福德……傍晚到达伯明翰。但这次不巧正值市集之期，我们看不到任何正在开工的工厂。参观了克莱的制造茶盘、纽扣和其他粘贴在一起并加以晒干的商品的工厂。也参观了博尔顿的用薄板钢和铁制造的各种各样商品的工厂。这个城镇很大，而且大部分建筑造得很漂亮。它有10万居民之众，但所有的人受雇做的是久坐不动的工作，因而身材都长得矮小，且面带病容。在伯明翰有一所漂亮宽敞的教堂、3所小教堂和8所非国教教徒的礼拜堂……但由于大部分人对宗教事务极少关心，几乎从不去教堂，而且穿着平日的工作服，在低级的、纵情酒色中消磨星期天。如果在伯明翰有宗教的话，那是在非国教教徒当中出现的。众所周知，伯明翰有许多赝币制造者，从买卖性质来看，这种情况很容易解释清楚。这些人已习惯于干这种勾当了。还可以补充的是，伯明翰的工厂主中大量存在着耍弄诡计、卑鄙狡诈以及放纵不检点，固然也有些例外。其所以这样，可能部分是由于他们幼年缺乏教育，一旦孩子们适合从事任何种类的劳动，不是送他们上学，而是安

① 约克郡和兰开郡。——译者

排他们干某种活和其他工作。但更可能是由于他们经常在一起劳动及共度闲时。值得注意的是,社会既腐蚀庸众的行为也磨砺了他们的理解力。

大约50年前,伯明翰只有三条主要的街道。今天这座城镇已扩大,还如此拥挤。它突出地表明钢铁工业和贸易迅速扩大的状况。

通常被视为有钱的伯明翰工厂主是那些拥有5 000镑到15 000镑财产的人,少数人的资本还多得多。但总的来说,他们处于小康和繁荣的境地,而不是非常富足和丰裕的状态。私人拥有马车的数目在这10年里增加了一倍。该城镇的妓女数目亦然。这些不同种类的奢侈商品似乎已在成比例的增加。伯明翰的人民一再试图开设一间咖啡馆,但发现这不可能,即使用捐款的方便办法也开不起来。他们经常依靠酒馆和酒店。采取伦敦的标准,像伯明翰这样大小的城镇,是应该有几间咖啡馆的,但伯明翰的风气却不在咖啡馆上。

(译自《产业革命史料》,第158—159页)

3. 阿瑟·扬谈伯明翰的发展和变化(1791年)

本文描写伯明翰在运河通航后的发展变化,尤其与运煤的关系密切。扬"反对廉价食物对工业繁荣有利"的观点,在这里再度出现。这个文件与上一个文件的侧重点不同。

自从我上次到这里(伯明翰)以来,它发生的最重要的变化是运河通到了牛津、考文垂和伍尔弗汉普顿等地。在城镇内可称为港口或双运河头(double canal head)①的地方,挤满运煤的船只。场面实在壮观。其异常的生气勃勃的状况,只有这里的巨大贸易才能给

① 伯明翰是几条运河的交汇点,双运河头的意思是两条运河的起点,也可能为这条运河的末端可作为另一条运河的起点;反之亦然。——译者

与。我环顾四周，惊讶于12年间的变化程度之大，使得它今天大概可以算得上是世界第一流的工业城镇了。你现在可从这个港口和这些码头，经由水路去赫尔、利物浦、布里斯托尔、牛津（130英里）和伦敦。穿过煤矿到伍尔弗汉普顿的运河于1769年开通。1783年进入温斯伯里新矿，并在塔姆沃思附近的法塞利与考文垂运河连结。从伯明翰到斯塔福德郡的运河长22英里，到法塞利长15英里。从伯明翰到伍尔弗汉普顿的22英里内只有3处水闸，但下到法塞利有44处水闸；没有一条小河供给水，只有蓄水池30英亩，水则从地里流出来。在奥其尔丘陵，他们有一架用以回抛废水的大功率蒸汽机。而在整个地区内，有一架值4 000镑的、一架值3 000镑的、一架值2 500镑的，还有一架值1 200镑和一架将值3 500镑的。最先提到的那架蒸汽机，在运转中6个月收费200镑。新旧运河的开凿费用大约25万镑。开挖一英里长44英尺深要用3万磅，但只比原地平面低18英尺。在港口和德里坦之间有13处水闸，每个宽8英尺2英寸，而船则宽7英尺。它们通过13处水闸只需两小时。运河开凿前，在伯明翰一英担煤为6便士，现则为4½便士了。消费量一年大约20万吨，须耗费20或22英亩煤源，它使用40只船，在6个夏月每只每天运20吨；此外有15至20只船到牛津去，这是新运河开凿后的新供应。在温斯伯里矿，煤层厚10码，有些矿甚至达到12—14码，这是别的地方几乎没有听说过的事。他们估计一立方码为一吨。航运股票发行时的价为面值的140%，而现在则为1 040%了。我得到保证，艾尔和考德尔航路的股票还要高，甚至每年成倍上涨。

那些呈现生气勃勃的工商业面貌的建筑物比比皆是，与这个城镇惊人的扩大非常一致。我在新建的圣保罗教堂顶上对扩大的区域一览无余。现在它确是一个很大的城市。我到这里以后，人们向我指出那些添加的部分，真令我吃惊。它们构成这个城镇的绝大部分，而且其外貌无疑具有近期的特征。1768年，人口还不足3万，现在一般计算为7万，但更正确的估计达8万。我被告知，这个数目是普雷斯特利博士①确定的。过去10年间,建了4 000多栋新房,而现在正以快得多的速度增加,因为我获知,今年的数目便不少于700栋。

工厂工人的工资不同,但一般说来很高。10岁或12岁的男孩,每周2先令6便士到3先令;一个妇女周工资4先令到10先令,平均约6先令;男子从10先令到25先令不等,有的人高得多,煤矿工人所得还要多。当考虑到整个家庭肯定是经常稳定地受雇时,这些便是大数额的工资了。确实,那些工资使我倾向于认为伯明翰劳工的工资比欧洲其他地方都高。这对政治家来说是值得深思的最奇怪的状况,它表明廉价劳工对工业的影响多么小。因为在这里也许是已知的最繁荣的工厂,却正付给劳动最高价格。这样的例证应该纠正那些曾经转手一千次传播的普通观念,即工业好景必须有赖廉价食物,因为廉价食物意味着廉价的劳工。这是一种建立在无知和谬误上的结合。在伯明翰,食物价与英格兰别的任何地方的食物价相同,因为值得注意的是,现有的价格水平非常一致,只有谷物在王国东部和西部的价格不同是例外。但当伯明翰和诺里奇②吃几乎同样价格的食物(把前者是个更繁忙、更有准备和更活跃的市场的因素扣除),劳动价格在前者比后者却高出150%。

(译自《英国历史文献》第11卷,第523—524页)

4. W. 皮特记斯塔福德郡工业(1794年)

斯塔福德郡原以农业为主,但从本文件可知18世纪90年代,这里已完全成为工业区。

---

① 约瑟夫·普雷斯特利(Joseph Priestley,1733—1804),化学家,1774年发现氧气,也是著名的议会改革家和激进派。——译者

② 诺里奇在家内工作制时代是三大毛纺织业中心之一,但在18世纪80年代末已趋衰落。——译者

斯塔福德郡的制造业规模很大，包括各种各样的物品，尤其是铁器、针、玩具、漆器和陶器，还生产用棉、丝、皮革、呢绒、亚麻制的物品和许多其他商品。

铁器制造集中在本郡的第四部分①。伍尔弗汉普顿及其邻近的人口稠密的村庄生产各种类型的、质量非常好的锁，它可称为该城镇的名产。这里也制造纽扣，有大量人手从事此业。在某些钢玩具项目，特别是表链，它们久负盛名，超过其他地方，并且仍无匹敌者。但制造钢玩具的工业，以及一般说来其他的制造业，都已深受战争②之苦，因为订货日益减少，且汇款也靠不住了。这里的刃具、锉刀、钻及漆品的制造相当广泛，还制造许多其他物品。

沃尔塞尔的主要产品可说是鞋扣和扣子上的小圈。有大量人手从事此种制造业，已交了些好运。在该城镇及其附近的布洛克塞奇，也以制造马笼头、马镫、靴刺等马具工的铁器业驰名。这些东西卖给沃尔塞尔的马具商，并形成一个相当大的交易基础，获利丰厚，而且由这些马具商销到王国的每个地区……

在斯塔福德郡，制针业范围很广。一些人口稠密的乡村教区，有成千的人从事此行业，尤其在塞奇利、罗利、韦斯特布罗米奇、斯梅塞奇、沃姆伯恩、佩尔塞尔、沃尔塞尔管辖区为然，还有其他许多地方。大量妇女、儿童以及成年男子被雇来从事制造较好的和较细种类的针，后者同样做得很好。博尔顿先生有很大的一座工厂在本郡的汉兹沃思，它雇用了好几百人。我相信，它主要在制造各种玩具和蒸汽机机械。比尔斯通供给各种各样平板、喷漆、涂漆甚至加釉的货物。我相信，温斯伯里与造枪业有关。烟草和铁钢的鼻烟盒和按不同方法制的成品则安排在达尔拉斯顿、威伦霍尔及其附近制

① 指斯塔福德郡东南部。本文提到的伍尔弗汉普顿和沃尔塞尔和原在沃里克郡(Warwickshire)西北部的伯明翰等附近地区，根据1972年的《地方政府法》，新成立西密德兰(West Midlands)郡，而且是英格兰7个大都市郡(Metropolitan Counties)之一。——译者

② 1793年2月1日，法国对英国宣战。——译者

造。这些工业的绝大部分都受战争之害，尽管制钉业、马具和铁器业可能很好，纽扣业和制锁业一般，而钢玩具业则几乎灭绝了。它们在对美战争[①]中受到的损害相似，甚至还有更大的萧条。但在对美战争完结到现在开始的战争之间的和平时期都是始终非常繁荣的。这足以证明它们的繁荣状态仅与和平状态相一致。

陶器工业在本郡北部，范围很大也很重要。这种工业品的价值仿佛是工业家从无价值的原料作出的一个创造。

陶器产地包括若干分散的村庄，方圆大约 10 英里，可能含有两万居民，包括那些靠雇佣的人和依赖这些人为生的人。自战争以来已没有那样的繁荣了。

郡首府斯塔福德有一个很大规模的制鞋工业，既供国内消费也出口国外。而硝皮和制革业的其他不同部门，还有制帽业，在郡内许多其他城镇中，都得到了大规模经营。

本郡的棉纺织业不是不大。阿克赖特先生在罗斯特和在靠近达夫的两处工厂都是大规模的，它们雇用了大量人手。那些位于法泽利和埃姆沃思的、属于皮尔和威尔克斯先生的工厂，规模也非常大。此外，在伯顿和图特伯里也有大棉纺织工厂。这类制造业采用下述做法，即发现适合两性于幼年期雇用[②]，并引导他们早日养成工业习惯，而具有长期振兴我们的国民工业的倾向。国家感谢那些先生，由于他们的努力和坚持，这种工业已被引进并得以建立起来。

利克有丝和马海毛的大工业。在那里制造的货物是丝线、捻合线、纽扣、缎带、细丝带[③]、围巾及丝手帕。在这些产品工业里……大约有两千城镇居民和一千附近农村的居民受到雇用。此行业已交了些好运，而且非常繁荣。但突然停止票据信用，在极大程度上损害了顾客

---

① 指 1776—1783 年镇压美国独立的战争。——译者

② 即指童工。——译者

③ 原文作 silk-serrets。serrets 系 ferrets 之误。在旧英文字母中，s 系长写，看起来与 f 相像，故这里 f 误为 s 了。（此系爱丁堡大学英国史教授 H. T. 狄金森函告，谨此致谢。）——译者

的信心，减少了这里的商业；而且战争必然在某种程度上抑制了外国对它的需求。但现在这一行业处于繁荣状态，比数月前好得多了。

奇德尔和蒂因有大规模织带工业，其居民受雇于此业。

本郡的毛织工厂不是太大，这里出产的羊毛大部分卖给织呢绒和织袜的地区，但在大多数城镇里还是有梳羊毛的人，有些业务扩展得相当大；而且这个区域有相当多的毛织物由普通家庭织造，虽然数量上比以前少了。

没有大的知名的亚麻布工厂，但有很多的粗麻布及大麻和亚麻布在普通家庭织造；而且许多在农村的人现在久已习惯于种植一小块地的大麻和亚麻，一般都在本郡内织成布。

我推测斯塔福德郡的人口中，有 1/3 得到农业或其他专门职业的支持，或依赖受它们的雇用；而有 2/3 则得到制造业、商业和矿业的支持……

现在，各种各样的锻铁的和非锻铁的铁工厂，在无数的种类和形式下，供农业生产或其他内部用途，并供国内消费或以出口为目的。其范围已很大，以致与最主要的产品羊毛相抗衡，而且使得后者有点相形见绌了。就这个地区盛产铁矿和燃料而言，这种工业，尤其是与金属产品有关的，具有很大的扩张能力。毋庸置疑，这一地区的生产可能将全由这种产品填补……

（译自《英国历史文献》第 11 卷，第 521—523 页）

5. 大不列颠第一次人口普查（1801 年）

这次人口普查由约翰·里克曼①主持。下面提出的问题是调查的要求，但由于应回答者敷衍塞责，或者不予理睬，而且非国教教徒不在英国国教教堂受洗、结婚等，所以准确性相当差；但毕竟是第一次人口普查，能

① 约翰·里克曼（John Rickman，1771—1840），统计学家，主持英国 1801，1811，1821，1831 年人口普查。——译者

反映当时人口、职业等的大致情况。

问　题

…………

第一，在你的教区、镇区或村有多少住宅，由多少家庭占用，以及当地有多少空宅？

第二，在你作本计算之时，你的教区、镇区或村的界限以内，真正查明的人（包括无论何种年龄之儿童），除确系服役于国王陛下的正规军或民兵，以及在陛下军中或注册船只的海员之外，按男女性别分计有多少人？

第三，在你的教区、镇区或村内有多少人主要从事农业，有多少人从事贸易、工业或手工业，以及有多少人不包括在上述任何种类之中？

第四，在你的教区、镇区或村内，在1700、1710、1720、1730、1740、1750、1760、1770、1780年等及以后每年迄于12月31日男女的受洗及丧葬人数是多少？

第五，在你的教区、镇区或村内，由包括1754年在内至1800年末每年的结婚人数是多少？

第六，对上述任何问题，你认为有何事情值得在你的答复说明中加以陈述？

本撮要收集对第一、第二、第三和第六个问题的答复。（见下页插表）

（二）工厂制影响——童工问题

1. 契约劳工（1788年、1791年）

随着工厂制的建立，不仅成年人按契约受雇为契约劳工，且及于儿童。这个文件和下面两个文件都谈及工厂主取得童工的有利条件，名为契约劳工或学徒，实则近似奴隶。即以本文件中两个女童而论，每天须工作13小时，而且还可借故扣发其工资，甚至须赔偿损失，而工厂主则可自由解雇。

细目撮要

(1801 年)

	房屋			人数		职业			总人数
	有人居住的	多少家庭占用	无人居住的	男	女	主要从事农业人数	主要从事贸易、工业或手工业人数	所有不包括在上两项中的人数	
英格兰	1 467 870	1 778 420	53 965	3 987 935	4 343 499	1 524 227	1 789 531	4 606 530	8 331 434
威尔士	108 053	118 303	3 511	257 178	284 368	189 062	53 822	266 573	541 546
苏格兰	294 553	364 079	9 537	734 581	864 487	365 516	293 373	833 914	1 599 068
包括民兵在内的陆军	—	—	—	198 351	—	—	—	—	198 351
包括海军陆战队在内的海军	—	—	—	126 279	—	—	—	—	126 279
在注册船只上的海员	—	—	—	144 558	—	—	—	—	144 558
在监狱船上的囚犯	—	—	—	1 410	—	—	—	—	1 410
总计	1 870 476	2 260 802	67 013	5 450 292	5 492 354	2 135 805	2 136 726	5 707 017	10 942 646

注:① 大不列颠整个人口数必定超过上面撮要的人数,因有些教区未送呈报告书。
② 爱尔兰房屋的数目已由灶税的征收近乎确定,据之计算,联合王国该部分人口略多于 400 万。
③ 根西、泽西、奥尔德尼和萨尔克、保利群岛及骡岛未列入本细目,通常估计这些岛屿的总人数为 8 万。

(译自《雄狮在国内》第 1 卷,第 817—819 页)

(1) 一份雇用童工的契约(1788年)

立此存照:以兰开斯特郡的曼彻斯特棉纺厂厂主萨缪尔·格雷格为一方,以兰开斯特郡赫顿·诺里斯的制帽人托马斯·史密斯为另一方。今日商定如下:托马斯·史密斯同意埃斯特和安·史密斯在施蒂耶尔棉纺厂当合格和忠实的仆役做工。每周6个工作日,每日工作13小时,其他时间是她们的自由时间。上工钟点随时由塞缪尔·格雷格决定。期限为3年,每周工资为1便士和足够的肉类、饮料、衣服、居住、洗涤及一个仆役所需的其他物品。

如果埃斯特和安·斯密斯在上述期限内的劳动日里旷工,塞缪尔·格雷格不仅可以按比例扣发她们的工资,而且可以要求赔偿因旷工而引起的损失。由于做工者的不轨行为或玩忽职守,塞缪尔·格雷格在此期限可自由解雇她们。

宣誓作证

证人　　　　　　　　立约人

马修·福克勒　　　　托马斯·史密斯

1788年7月28日

(2) 一份一年期的成人雇工契约(1791年)

立此存照:以切斯特郡施蒂耶尔的塞缪尔·格雷格为一方,以施蒂耶尔的威廉·查德威克为另一方。今日商定如下:威廉·查德威克同意成为塞缪尔·格雷格在施蒂耶尔棉纺厂当一名合格的和忠实的仆役做工。每周6个劳动日,每日工作12小时,其他时间是他的自由时间。上工钟点随时由塞缪尔·格雷格确定。期限为1年,每周工资14先令。

如果威廉·查德威克在契约期内的劳动时间里,未经同意擅不做工,塞缪尔·格雷格可加倍扣发他的工资。由于其不轨行为或玩忽职守,塞缪尔·格雷格可在契约期内自由解雇他。

宣誓作证

证人	立约人
马修·福克勒	威廉·查德威克
	1791 年 2 月 5 日

（译自《英国经济史史料》，第 337—338 页）

2. 18 世纪末棉纺厂由习艺所得到儿童（1795 年）

儿童从习艺所运到远处供压榨剥削。本文所以着重讲到对女性的影响，系因棉纺厂童工绝大部分为女童之故。

机器发明和改进导致了劳动时间的缩短，对扩大我们的贸易具有惊人的影响，而且也从各个地方招进人手，尤其是给棉纺厂招进童工。在现世没有不伴随着麻烦的幸福，乃是上帝明智的安排。这些棉纺厂及类似的工厂，存在很多明显的问题，它们抵销了通常因劳工环境改善引起的人口增长。如在这些工厂里使用年纪非常小的儿童，其中许多人是从伦敦和威斯敏斯特的习艺所收集来，并成群地运到数百英里外的老板处当学徒的。他们在那里做工，不为人知，得不到保护，并被那些按理或按法律委托他们照管这些孩子的人所遗忘。

这些孩子经常被关在上了锁的屋子里，禁闭着长时间做工，常常是通宵达旦。他们从机器或其他情况所用的油污等之中呼吸到的空气是有害的，他们的清洁卫生很少被考虑到，且经常从一个温暖、稠密的环境转换到一个寒冷少人的环境，这容易引起病痛和残疾，而且使他们极易患传染性热病。这种病在这些工厂里是如此的普遍。

人们不禁要问：如果社会不接受这样的在童年时便被使用的孩子，其结果将如何呢？当他们学徒期满时，他们一般说来劳动能力不强，或者不能从事任何其他部门的工作。就女童来说，完全没有教给成为能当家、能节俭的妻子和母亲所必须会做的缝纫、针织和其他家务活。这对她们和对社会都是非常不幸的；而且比较一下农业劳动者家庭和一般工业生产者家庭就得到充分的证明。在前者我们遇到的是整洁和愉快，在后者则是肮脏、破烂和贫穷，尽管她们的收入高出农民几乎一倍。还应加上，早年缺乏宗教教育和榜样的引导，以及在那些建筑物里的任意的交往，对她们一生将来的行为都是非常不利的。

…………

（译自《亚当·斯密时代人文实录》，第 201—202 页）

3. 珀西瓦尔医生代表曼彻斯特卫生委员会提出的决议草案（1796 年 1 月 25 日）①

此件揭露工厂对工人，尤其是童工的危害。

本机构〔珀西瓦尔博士及其助手于 1795 年建立的曼彻斯特卫生委员会〕曾经指出，成立本机构的目的在于通过向病人提供帮助和慰藉来防止疾病发生，避免疾病传染扩散，缩短现存疾病的持续时间。在执行这项有意思的任务的过程中，本委员会把自己的注意力特别集中在曼彻斯特市区及其周围的大型棉纺企业，并认为，把调查结果公之于世是自己义不容辞的责任：

（1）看来，在大工厂做工的童工及其他人特别容易受热病传染，而且，一旦传染上，扩散很快，不仅挤在同一车间的人会受传染，就连他们的家属和邻人也不例外。

（2）由于规定工人不得离开工作岗位，由于容易致病的不干净

① 原译《珀西瓦尔博士的宣言》，此文件亦见《产业革命史料》第 131—132 页。——译者

的或闷热的空气的影响，也由于缺少对儿童和青年至关重要又能增益人体精力，使我们的同类适应职业和恪尽为人职责的各种积极活动，一般说来大型工厂，甚至那些没有特别的传染病的大型工厂，对于工人的健康是十分有害的。

(3) 不适时的夜间劳动和白天长时间的劳动，有损于体力，破坏了新生一代的持久活力。因而，不仅容易削弱儿童对整个生活及勤奋所寄托的希望，还经常助长父母的懒惰、浪费和挥霍。这些父母违背自然规律，靠压迫自己子女维生。

(4) 看来，工厂童工一般都被剥夺了受教育的机会，得不到道德及宗教的教诲。

…………

1796年1月25日托马斯·珀西瓦尔医学博士起草的关于考虑成立曼彻斯特卫生委员会的决议；转载于《议会文件》，1816年，第3卷第377页。

（录自蔡师雄等译《被遗忘的苦难　英国工业革命的人文实录》，福州：福建人民出版社，1983年，第71—72页）

4. 罗伯特·欧文的《论工业体系的影响》的观察(1815年)

欧文的《论工业体系的影响》一文，对18世纪80年代以来工厂对童工造成的恶劣影响有精辟论述。当时产业革命一词尚未使用①，本文对三四十年来整个英国的变化有深入的观察。

但是这种无限制地追求利润的原则，对于劳动阶级——被雇来

① 一般认为最初使用在1837年，但也有人主张19世纪20年代即有人使用的。——译者

在工业操作部门工作的人——的影响是更加可悲的，因为这些部门大部分对于成年人的健康和道德或多或少是不利的。然而做父母的人却毫不犹疑地牺牲自己的孩子的福利，把他们送去就业。这些职业使他们的身心状况远远不如在一个有普通远见和人道主义精神的体系下可能和应当具有的状况。

距今不到 30 年前，最贫穷的父母们认为他们的孩子 14 岁开始正规劳动就够早的了。他们的看法很对，因为儿童在一生的那个时期由于在空旷地方游戏和运动已经给强壮的体质打下了基础。他们虽然没有个个都启蒙读书，却也学到了远为有用的有关家庭生活的知识。到 14 岁时，这些知识当然都熟悉了，并且当他们长大成人，身为一家之主的时候，这些知识由于使他们知道怎样节省使用自己的收入，其价值超过他们在现存条件下获得的一半工资。

我们还应当记得，那时人们认为包括正常的休息和进餐的时间在内，每天 12 小时的工作就足以最大限度地利用最强壮的成年人的全部工作能力。应当指出，那时候各地方的假日比现在王国大多数地方都多。

在那个时期，他们一般还受到某些地主的榜样的熏陶，而且所养成的习惯也互相有利；这样一来，连最下层的农民一般也被认为是体面人家出来的，而且可以算得是体面人家的一员。在这种环境下，低级阶层的人不但享受到相当程度的安乐，并且也常常有机会参加健康而合理的运动和娱乐。因此，他们对自己所依靠的人怀有深厚的感情。他们的工作是自愿完成的。双方由于互助而出自天性地、最亲密地结合在一起，认为对方是境遇稍有不同的朋友。仆人所享有的实际享受和安适，的确常常比主人还大。

我们不妨拿那时的情形同现在低级阶层的情况比一比，同目前在新工业体系下培养出来的人性比一比。

在工业区中，父母们通常不分冬夏，在清早 6 点就把自己 7 岁或 8 岁的子女送进工厂，那时当然往往是摸黑，有的时候还得冒着霜雪。工厂里温度很高,空气对人的身体远不是最有利的。所有的雇工往往在这种厂房里一直工作到中午12点,这时有一小时的吃饭时间,接着又回去待在厂房里,大多数人一直要待到晚上8点。

现在儿童们发现自己必须不停地劳动才能挣得最起码的生活(费)。他们没法经常享受天真、健康和合理的娱乐。如果说他们以往一贯享受这些娱乐,现在就没有时间了。除非自己停止劳动,他们就不知道还有什么叫休息了。周围的人也处在同样的环境下;这样,他们就从童年到青年逐渐地加入小酒铺搞的那种诱人入邪的买醉寻乐的事之中。这方面男青年特别多,但女青年往往也去。他们成天进行劳累的工作,缺乏良好的习惯,加上头脑又十分空虚,这一切都使他们走上这条路。

这种培养方式所造就出来的人,只能是身心俱弱的人。他们的习惯普遍说来对自己的安乐和旁人的幸福都是有害的,并且极容易窒息一切群体感情。一个人在这种环境下,只看到周围的人像邮车一样急急忙忙地往前赶,追求个人财富;除了使人堕落的教区救济以外,谁也不管他,谁也不关心他的安乐、他的需要以至于他的痛苦,而教区救济只能使人用冷酷心肠对待别人,或者使一方面成为暴君,另一方面成为奴隶。今天他为某个主人工作,明天又为另一个主人工作,接着又为第三个和第四个主人工作,直到雇主和雇工之间的关系弄得支离破碎,只考虑个人眼前直接能从对方取得哪些利益为止。

雇主把雇工只看成获利的工具,而雇工的性格则变得非常凶暴。如果没有贤明的立法措施防止这种性格发展,并改善这一阶级的状况,这个国家迟早会陷入一种可怕的甚至是不可挽救的危险境地。

(录自柯象峰等译《欧文选集　第一卷》,
北京:商务印书馆,1979年,第137—139页。)

工业资产阶级的议会改革要求自由贸易思想

一、议会改革要求

(一) 约翰·威尔克斯在《苏格兰人》(*The North Briton*)①第45号文章(1763年4月23日)

下院议员威尔克斯这篇社评(未署名)通过抨击政府大臣来抨击乔治三世,因之被投入伦敦塔。旋获释逃往法国。1768年他之当选米德尔塞克斯议员而被剥夺资格一事引发长达6年的政治斗争,壮大了议会内外反对派声势,使人更加认识到议会改革的必要。

国王的演说总为立法机构和普通人民视为大臣②的演说。每届议会伊始,由两院正式将演说交由一个委员会考虑,而当大臣引起

① 原文作 *The North Briton*,应译为《北不列颠人》,但以译为《苏格兰人》较好。North Briton在所有英文字典里都解释为苏格兰人。威尔克斯在1762年创办的杂志所以取名为North Briton,有其特殊意义。当时布特勋爵政府办有Briton杂志,正是为了与之唱反调,才取名为North Briton的。它嘲笑和抨击布特政府,因为它被普遍认为苏格兰人阁员过多,并过分重视苏格兰的利益,所以此译North Briton为苏格兰人,更能反映威尔克斯取名的意义。——译者

②《英国历史文献》第10卷第252页为复数,但《英国原始资料选》第616页及《雄狮在国内》第1卷第387页均作单数。

国民不快时，他们通常则用最自由的态度对演说加以讨论。这个自由国家的大臣深知如此生气勃勃的人民保有不容置疑的特权，加上大臣对议会的敬畏，于是劝告君主在每届议会开幕式演说的表达上，同所论及的事情一样，都须谨慎从事。他们完全知道，一个可信任的、忠于它的职责的议会，不可能不查究任何大臣干的阴谋诡计，或者不抗议他的胆大妄为的。闭幕式的演说，总被宫廷视为在民众中传播心爱的信条的最安全的做法，因为宪法规定为人民自由的捍卫者的议会，在那种情况下没有机会抗议或弹劾任何邪恶的官吏了。

本周给了公众以行政手段企图强加于人的厚颜无耻的最堕落的例子。星期二大臣的演说是这个国家历史上最坏的演说。我怀疑是对君主的惩罚大呢？还是对国民的惩罚大？他的国家的每位友人必定悲叹，一位具有如此多的伟大业绩和可贵品质、备受英格兰尊崇的君主竟能被劝诱以他的神圣名义批准最可恨的措施；而且大臣还能从一位一向以真理、诚实和高洁德行闻名于世的君主那里，得到对最不正当的公开宣言的批准①……

…………

一个专横的大臣就经常力图用夸大君主的特权和尊严的思想来迷惑他的君主，以使其可以夸耀得到坚定的支持。我和王国内任何人一样，愿意看到君主的尊严保持在王威的情况。我为看到它之甚至堕落到出卖灵魂而感到悲哀。与王威的本意相反，当看到在军事上把这个国家的安全当作赠品奉送给人；并牺牲给一小撮人的偏见和无知，而他们则是从各种考虑均属最不宜与之商讨汉诺威的安全的人。那是多么可耻啊！……

…………

① 威尔克斯认为在谈判及签订巴黎和约（1763 年 2 月）上，布特让步太多，普鲁士所得太多；尤其认为在布特影响下，乔治三世发表声明，公开赞扬普鲁士国王腓特烈二世，实属不当之至。——译者

“英格兰的国王仅是这个国家的第一官吏①,但根据法律授予全部行政权力。然而为了正当履行其选择大臣等事宜的君主之职能,须对其人民负责,这与其最卑下的臣民在其特别责任上并无二致。”我们当今的和蔼可亲的君主之个人品德,使我们感到把如此巨大的权力托付其手之放心和恰当;但宠臣们却给他太充分的理由以逃避公众的指责。君主的特权乃是托付给行使宪法各种权力的特权,可以这样说,它不是属于恩宠和偏爱,而是属于智慧和见识的。这是我们宪法的精神。人民也有他们的特权,而我希望德赖登②的美好诗句“自由乃是英国臣民的特权”将铭记于我们的心中。

(译自《英国历史文献》第10卷,第252—256页,
以《英国史原始资料选》第616—617页和
《雄狮在国内》第1卷第386—390页参校。)

(二)“尤尼乌斯”给《公众顾问》(*Public Adviser*)的信(1769年1月21日)

尤尼乌斯是笔名,可能是菲利普·弗朗西斯③。从1769年至1772年,尤尼乌斯在好几种杂志上发表文章抨击政府领导人,实际是借此抨击乔治三世。在威尔克斯事件上,他支持威尔克斯。但在与美洲殖民地的争吵中,他站在英国利益一边。他主张三年制议会,但维护“衰败选邑”。本文不只抨击政府,还抨击司法部门。它是首次用“尤尼乌斯”笔名发表的。

① 1603年3月22日詹姆斯一世在英格兰议会的第一次演说提到:“我之当仆人是非常真诚的……我绝无不好意思承认我的最高荣誉乃是当主要仆人(GREAT SER—VANT)。”(下院公报第1卷第145页)

② 约翰·德赖登(John Dryden,1631—1700),英国诗人和剧作家。——译者

③ 菲利普·弗朗西斯(Philip Francis,1740—1818),政治家、小册子作者。——译者

先生：

……

……对我们来说，不幸的是事与愿违。在迅速不断变化之后，我们已经落到任何变化也不能挽救的困境。然而并没有发生其本身会使一个伟大的国家感到失望的极端不幸。唯独能使全体人民绝望的不是疾病，而是医生——不是各种悲惨事件的并发，而是政府的倒行逆施。

不用太多的政治机敏或特别深刻的观察，我们只需指出国家的主要部门是怎样被赏赐给人，而且只要找到各种落在我们身上的灾祸的真正原因就够了。

正陷入负债和浪费的国家财政被付托给一个已为戏剧弄得堕落了的年轻贵族。他在查塔姆勋爵的庇护下，被引入政治活动；且因勋爵的隐退而留下他领导国事，出于偶然成了大臣①。但是我们从他对公众所作的每一项高尚的保证来看，他是一个蓄意的背信者，抛弃了曾经一时为他赢得人望的原则和承诺。至于处理事务，则除了刚愎自用外，世界尚不知他的才能和果断何在；动摇不定，前后矛盾，成了天才的标志；而轻浮则是勇气的证明。也许可以说，爵爷的管辖领域，就像确是他的热情一样，与其说是节省公帑，毋宁说是散发公帑；而只要诺思勋爵是财相，首席财相②便可以高兴怎样花便怎样花，怎样浪费便怎样浪费。然而我希望他不要在财政上太多地依赖于诺思勋爵的天才的产出力。爵爷尚须让我们看到他的能力的首次证明。可以直率地假定，至今他一直在自愿藏而不露其才干，或许是想要在我们意料不到的时候，以贸易的知识、策略的选

① 年轻的贵族指格拉夫顿公爵，查塔姆勋爵指老庇特。1766 年，公爵在查塔姆政府里任财相。1767 年 9 月后已是实际的首相(那时法律上尚无首相之称)。1768 年老庇特辞职后，正式担任首相。这里“戏剧弄得堕落了的年轻贵族”，指 1767 年 4 月公爵带情妇观看歌剧，当即受到尤尼乌斯(尽管当时尚未公开此名)的抨击。而且 1770 年 1 月他的下台，也与尤尼乌斯屡次抨击有关。——译者

② 首席财相(First Lord of Treasury)例为首相，至今首相仍带此职。此处指格拉夫顿公爵。——译者

择,以及完全甚至远远超过一般期望的、能够应付他的国家迫切需要的高超才具,来惊动世界。如果要使我们忘记,那么,自他任职以来,为减少公债,没有形成什么计划,没有坚持什么做法,也没有采取任何一项重要措施,则现在是他发挥其才智的时候了。如果他今年的公务计划尚未定下来,那就让我们警告他,在他冒险增加公债前想一想后果的严重性。在像我们这样受到的迫害和压迫的情况下,这个国家不会在 6 年和平①之后,忍受不但不最后减少债务或减少利息的状况,反而看到新借成百万之款的。这个企图可能激起憎恨的浪潮,使之达到比牺牲一位大臣更严重的程度②。关于王室费用(civil list)的债务,英国人民认为在没有调查是怎样负的债以前,当然不予偿付。如果必须由议会偿付,那么,让我劝财相想出某种比彩票更好的做法。支持一场昂贵的战争或者在绝对需要的环境里,彩票的办法也许行得通,但除此之外,它都是从人民那里筹款的非常之坏的办法。我想,像修理一座乡村桥梁或一座破损医院那样给国王提供偿债款项,是太有损于国王的尊严了。在下院里处理国王事务的手法,没有像已做的那样更丢脸的了。一个身为领导的大臣一再因完全无知而受到责骂——可笑的动议可笑地被撤回——巧饰的计划被挫败,以及花了一个星期准备的优美的演说片刻工夫便失去了。这一切使我们有了对诺思勋爵的掌握和影响议会能力的某种的、虽然不是充分的概念。但是,在他不幸出任财相以前,既不是其敌人嘲笑的目标,也不是其友人感到忧虑的同情对象。

…………

纯洁和不偏不倚的司法机构或许是获得人民乐于服从及保证他们对政府抱有感情的最牢固的黏合剂。但既不是个人的是非曲直问题得到公正的判决,也不是法官不为贪污金钱的无耻行为所动

① 指 1763 年七年战争完结后的和平。——译者

② 意为可达到比迫使首相下台,更换内阁更严重的程度。——译者

便够了。当与法庭无利害关系时，杰弗里斯自己是个正直的法官。当一所法庭达到超出个人的利益且影响全社会之时，它可能服从于另一类更为重要和更为有害的偏见。一位在政府影响下的法官，可能在判决私人案件时够正直，但对于公众来说，却是个奸贼。当一个遭难者被内阁选定时，这位法官便表示自己来扮演献祭的角色[①]。每当任意一点有利于政府或满足宫廷的憎恨时，他便毫不迟疑地出卖他的尊严以及辜负他的职务的神圣性了。

这些原则和行动固然令人讨厌和卑鄙，而在实际上也不明智。聪明和豁达的人民为每一项压迫的、违宪的措施的出现所激怒，而不管这些措施是公开得到政府支持的，还是隐蔽在法庭的各种各样形式之下的。如果人们看到一个甚至为他们责难的人受到真正的法律精神认为不正当的迫害时，谨慎和自我保全将使他们不得不作出与之共同行动的最适当的安排。[②] ……

先生，这便是详细情况。总之，看到一个国家为债务所淹没；它的收入被浪费掉；它的贸易正在衰落；它的殖民地的感情受到疏远；文官的责任转移给军人；一支除了反对他们的同胞臣民之外，都是自愿勇敢作战的军队，因缺少一个具有普通能力和精神的人的指挥而正在堕落下去；而且在最后，司法机构变成讨厌的，并受到全体人民的怀疑。这种可悲的前景只允许加添一种东西——我们为各种会议所统治。由之，一个具有正常体智的人，除了毒药之外，不能期望得到别的治疗，除了死亡之外，不能期望得到别的援救。

…………

尤尼乌斯

（译自《雄狮在国内》第1卷，第393—398页）

---

① 遭难者指约翰·威尔克斯。这里指的是他在《苏格兰人》发表文章后，被投入伦敦塔一事。——译者

② 指米德尔塞克斯选举威尔克斯为议员一事。——译者

(三)三个人的议会改革计划

1. 威尔克斯在下院的“争取议会内英格兰人民的公平和平等代表权”的提案的演说(1776 年 3 月 21 日)

这个提案为下院所否决,但它是 18 世纪第一个在英国议会内提出的改革提案。威尔克斯揭露下院的英格兰过半数议员仅是不到 6 000 名选民选出的。他主张取消“衰败选邑”,并给新兴城市如伯明翰、曼彻斯特等以代表权。

议长先生①:一切贤明的政府和管理得好的国家,都特别留意并改正长时期几乎必然会产生的各种各样的弊端。其中,我国最明显和最重要的是现今英格兰人民在议会里的不公平和不充分的代表权的状况。由于时间的推移,它现在变得如此不公平和不平等,致使我相信,几乎本院的每位先生在有必要对之作我们的最严肃的考虑上,及在我们努力为这一巨大的和日益增长的不幸找到一个补救的办法上与我的意见相一致。

…………

……因为全部似乎都杂乱无章,过去各部分的统一与和谐都失去或毁灭了。先生,载于留存在财政部王室债权征收官公署令状上的爱德华一世第 23、25 和 26 年②派代表出席议会的城镇至少 22 个久已不派了。其中有些名字我们几乎不知道,例如在诺森伯兰的卡内布里格和班堡、伍斯特郡的波肖尔和布雷姆、约克郡的贾瓦尔和蒂克赫尔。先生,加唐和老塞留姆的命运多么好啊!尽管它们 ipsae periere ruinae③,但我们仍很熟悉它们的名字。秘书定期叫它们,而

① 英国议会中议员讲话,是面对议长而非面对议员,故以议长先生开始。——译者
② 即 1295 年、1297 年和 1298 年。——译者
③ 拉丁文,意为本身是废墟。——译者

四位可敬的绅士代表它们昔日的伟大，就像骑士们在一次加冕典礼上代表阿基坦和诺曼底[①]一样！小城镇班伯里就像拉伯雷[②]讲到希农那样，是一个“小城镇、大名气”的地方。我相信它只有 17 个选民，但在它的代表上，却给了我们对这里的多数说来最为重要的人，即一个首席财相和一个财相[③]。我常看见，在一次表决上，它的影响和重要性压服伦敦、布里斯托尔和几个人口众多的郡的议员合在一起的力量。东格林斯蒂德亦然，我想它只有 30 个选民，却在我们中间让出一席给那位勇敢和冒险的勋爵[④]。他成了一个大的民事部门的首脑，现在则非常好战的了。他已决心征服美利坚——但不是在日耳曼尼(Germany)[⑤]！……我将只简单谈及亨利六世[⑥]及其几位继承人在位时期所发生的事。前者在位时期，他的大法官约翰·福蒂斯丘爵士讲到下议院有被选出的 300 多人，其后直到詹姆士二世[⑦]时的继位诸王作了各种变动。从那时起没有再发生变化。必须承认，与英格兰宪法最初的意愿相反，我们的上述那些君主在给予几个无足轻重的市的代表权上滥用了权力，因为这些地方都穷，得依靠这些君主，或靠一个得宠的、势力大的贵族。选区经常改划。康沃尔郡显然得到偏爱，它一个郡派出的代表至今还是仅比整个苏

① 英王原在欧洲大陆保有领地，曾为阿基坦公爵和诺曼底公爵。待大陆上领地完全丧失后，在加冕时仍保留两地代表，以示仍统治两地。——译者

② 弗朗索瓦·拉伯雷(Francois Rabelais，1494—1553)，法国作家。——译者

③ 实为同一人。1754 年 4 月，诺思(1732—1792)被其家族控制的衰败选邑班伯里选入下院，1767 年 10 月任财相，1770 年 1 月任首席财相。——译者

④ 后有(乔治·杰曼)之文，当是登载时加上，故入注。——译者

⑤ 乔治·杰曼(George Germaine，1716—1786)之 Germaine 应作 Germain。1775 年任贸易和殖民委员，同时兼任殖民地大臣。本人出身军人，有陆军中将衔，曾在德国境内作战。英国此前与北美殖民地的冲突已很严重，1775 年 4 月即已发生列克星敦交火事件。1776 年 3 月殖民地集会的代表宣布独立。威尔克斯反对对殖民地进行战争，杰曼则主张进行战争。Germany(德国)与 Germain(杰曼)是谐音。这是一句讽刺话。“他已决心征服美利坚——但不是在日耳曼尼！”还有一层意思，七年战争中，老庇特执行“在德国征服美洲”(指英国支持德国部分诸侯拖住法国，而夺取其在美洲的殖民地)的政策，杰曼当时在德国境内作过战，现在不是在德国境内达到征服美洲的目的，而是直接镇压殖民地的反抗了。——译者

⑥ 1422—1471 年。——译者

⑦ 1660—1685 年。——译者

格兰王国少一个,这是非常突出的[①]。它起因于给君主上交比任何其他郡都多的锡和土地的世袭收入,并与在君主手中的公爵领地[②]一起产生惊人的支配权和影响力。由于我们君主的滥用权力,宪法的最必不可少的部分受到损害。亨利八世恢复了2名议员,爱德华六世20名,玛丽女王4名,伊丽莎白女王[③] 12名,詹姆士一世16名,查理一世18名,总计72名。同一时期,由新的(议席)设置引起的变动更大,亨利八世新设置33名,爱德华六世28名,玛丽女王17名,伊丽莎白女王48名,詹姆士一世11名,总计173名[④]。查理一世没有这类设置,查理二世为郡增加2名,并为达勒姆城增加2名,特伦特河畔的纽瓦克增加2名。本院此刻系由他去世时的同等数目的代表组成,尽管从那时起已发生许多和重要变化了……

我现在限制我的思想于本岛的南部,按照最为人接受的计算方法,包括大约500万人。我愿谈到本院的多数人是以什么票数当选的。我料想在我们的《公报》(Journal)上有任何记载的最大出席数目是在著名的1741年。那一年有3次人数最多的表决见于我们的公报。第1次是1月21日,数目是253∶250;第2次是同月28日,236∶235;第3次是3月9日,244∶243。在所有这几次表决中,苏格兰议员都包括在内,但我仅愿谈到英格兰的议员,因为它使论据更为有力。这样,我接受1月21日那次表决。那天出席的议员为503人。不过,让我假定254的数目是议员的多数,他们将是经常能出席的人。我按最高数目计算,而不把偶然患病、因公务出国、旅行及必要的职业活动等算在内。仅从选举议员进入本院的市的大多

① 苏格兰在下院有45名议员,康沃尔为44人。——译者

② 指兰开斯特公爵的领地。公爵的土地遍布英格兰各郡和威尔士某些郡。兰开斯特公爵领地(Duchy of Lancaster)始建于1267年。1399年,博林布鲁克的亨利(Henry of Bolingbroke)成为英王亨利四世后,公爵领地仍分开管理,未与国王领地合并。后来内阁有非阁员级的兰开斯特公爵领地大臣。——译者

③ 伊丽莎白一世,下同。——译者

④ 原文如此,五数相加只137名,可能误印为173名。——译者

数选民来看，已经证实，这 254 人是由不超过 5 723 人选出的，而且一般说来是康沃尔及其他不重要的市的居民，他们也许不是社会上最受尊敬的那部分人。那么，难道我们的君主从这些数目很少的人便能知道他的全体人民在想什么吗？难道他们就是给予这个大帝国法律，并征收这个富裕国家的赋税的那些人吗？……

…………

……在那些管理伯明翰、曼彻斯特、利兹、设菲尔德和其他富足的、人口众多的工业城镇的法律结构上，至少可具平等的份额的同时，我相信，我可以冒昧地讲，连如像老塞留姆和加顿之类现在 stant nominis umbrae[①] 的地方的议员，也为他们的为数极少的选民的权利鸣不平（如果他们确实有选民，如果他们不是自我创造、自我选举和自行存在的话），为转移给郡的他们的自命的权利鸣不平，则毋乃太不自量了[②]。先生，在这种情况，我的想法是，一般说来，关于这些微不足道的、人口几乎灭绝的镇和市，我率直地认为须予切除……

…………

……这样的一种论据之可笑是明摆着的，因为我们知道本院的多数仅是代表 5 723 人的意见的。甚至假定，按照我们祖先的值得赞美的宪法习惯，在这个重大的全国问题[③]上，选民已得到咨询，就像应该得到咨询那样，也不过是 5 723 人罢了。我们看到了在什么样的方式上在这里得到的多数的默许。本岛南部人民数目多到 500 万。那么，500 万人的意见不过为不到 6 000 人的意见所确定，就算意见已得到集中整理吧！……

…………

……先生，此刻我只提出总的概念，即我希望本王国的每个自

① 拉丁文，意为废墟已消失，仅留虚名。——译者

② 威尔克斯主张把衰败选邑取消，把那里的少得可怜的选民并入郡，后文提得更明确。——译者

③ 指对美国的战争。——译者

由主动的人应在议会有代表；占王国人口 1/9 的首都，有这么多居民的米德尔塞克斯、约克和其他郡应在他们的代表人数上增加名额；而下等的、不重要的市，即着重地标为“我们宪法的衰败部分”的市应被砍掉，其选民则应放到郡里去；而富足的、人口众多的、商业（繁荣）的伯明翰、曼彻斯特、设菲尔德、利兹和其他的城镇则应得到允许派代表到全国大会议①来。

把下等的、腐败的和依附性的市的选举权加以剥夺，便会砍掉腐败的根系，去除财政部的影响，以及有力打击贵族的专横……

…………

……先生，我因此认为我将得到本院同意现在提出的动议“允许提出争取议会内英格兰人民的公平和平等代表权的法案”。

（译自《雄狮在国内》第 1 卷，第 488—495 页）

2. 约翰·卡特赖特的小册子《作出你们的选择》（1776 年）

约翰·卡特赖特少校被尊为议会改革运动之父。这是他早期写的一本小册子，攻击当时“衰败的议会制度”（rotten parliamentary system），主张每年选举议会。虽然其所持理由，今天看来未必很充分，但在当时是有实际意义的。此文在社会上的影响远比同年威尔克斯在议会的提案为大。

作出你们的选择！

代表	欺骗
与	与
尊敬：	蔑视。

① 指议会。——译者

年度议会　　　　　　长期议会
与　　　　　　　　　与
自由：　　　　　　　奴役。

序　言

我的同胞们！既已在关于你们议会的期限和构成上提出鼓励你们改革的建议；那么，看来得先说说我所了解的当今衰败议会制度的必然结果，以及与它分不开的某种烦扰和祸害，这乃是适当的。

所有的人都得承认，议会的下院系只由少数人，而非由全体民众选出，并且主要是以贿赂和通过不正当影响的方式选出的。那些须使用此等手段的无疑是坏人，而那些用虚伪的许诺欺骗其选民的人绝非诚实者。一个由此等人组成的下院是建立在罪恶基础之上的；结果，立法的源泉便被放了毒。当一条有毒的河流流动的时候，无论混入多么大量的正义和爱国心，在其成分上仍含有毒素。

下述情况绝不令我满意：由于议会延续时间长，即使在那些选民们不是被强迫或被收买而投赞成票的地方，一旦当上了议员，便以为与他们的选民们的意见和好意无太大关系，那自然便看不起选民了。

从第一个论据可以得出以下结果：我们不得不有一个可想而知的、为各种各样的坏人充斥的下院；虽然廉正是必须具备的美德，然而纯然廉正之士，却被完全排斥，只是有些富豪和郡中望族，偶尔还能表现一些正气而已。

把第一个和第二个论据结合起来看，我们的代表本是受人民委托的仆人，却被教育采取专制的主人的傲慢态度，认为可以不为他们的行为负责，玩忽职守。

…………

……我们认为长期议会有其常见的、最重要的、人所共知的烦

扰和祸害,现在便逐一加以申述:

Ⅰ.在长期(且经常意味着腐败)的议会之下,人人都知道本王国已成了打仗无智慧、和平无政策的国家。但是有一种反对年度议会的借口,认为它们会引起政府的不稳定和全国会议[①]不确定等,致使国外既不会信任同你们订约,也不会信任同你们结盟。但就我们掌握的与这一议论有关的任何事实来看,这点完全与真相相反。年度议会将经常坚持国家的真正利益;而且,在此基础上构成的一切同盟,外国人极度信赖年度议会的心理准备,比信赖君主的诚意还要快。确实,年度议会不容许大臣们为了谄媚君主的癖好和偏爱,或满足他们自己的贪婪和野心,而谈判牺牲本王国的鲜血和财富。况且,年度议会根除党派和小组织,大臣们除了尽职尽责、为公众利益制订计划外,别无他事,这便给了政府稳定性和延续性。大臣们不再花费大部分时间来组织和指挥一个派别反对另一个派别。那时,他们的地位不像现在这样,一个无原则的人也有魅力了。只有用个人劳动、以无私的抱负服务于国家的人,才是令人满意的人。他们满足于与同胞的自由协调一致,而别无他求。这样的人,在舆论界看来,因而也在年度议会看来,是非常值得尊敬的。而他们的贤明和诚实的措施绝不应受到某个不怀好意的反对派的干扰。在现在的腐败情势下,我们发现唯一可以防御专横的反对党本身就是一种祸害;因为它是随长期议会的产生而产生,且随长期议会的消亡而消亡。一个以正当方式选出的年度议会,不会组成以推翻对立派取得权力为目的的两三个竞争的党派,它在事实上就像在理论上一样,被称为国民会议。每个人的意见(即使给雄辩留出某些余地)愈以团结为重便愈有分量,而且大多数代表极愿意以审慎的意见帮助大臣们完善其政府计划,不是以金钱或党派为依归来反对正确的和支持错误的东西。

① 指议会。——译者

Ⅱ. 正是由于为了宫廷的不相干的利益，经常牺牲国家的利益，使得在长期议会的认可下，我们的大臣们已与大陆形成如此多的联系和军事援助协定[①]了。除已发生的无节制的浪费金钱之外，对我们来说，要求我们派出军队的事已引起我们设想需要大量军队了。因之，在很大程度上，我们的军队编制是这样的庞大，并且这样地继续维持着，以致距常备军只有半步之差，而且是就这些字的最坏意义而言的。

Ⅲ. 为了适合政府的而非国家的目的，在和平时期，已在我们的殖民地里保持着一支军队[②]。就其存在是为了保护殖民地免遭野蛮人[③]的入侵而言，从没有在边界上看到这些军队；却为了使人民惧怕的专横目的，而驻扎在沿海的主要城镇之内。

Ⅳ. 虽然我们的国家本来是富饶的，又因商业增添了财富，还有一群以积极进取和勤劳为特点的人民居住着，但仍像一个浪荡子的财产一样被抵押出去了。我们在负担不少于 1.37 亿镑的沉重债务下呻吟，而大臣们仍在糟蹋和浪费金钱。不仅债务的本身是极大的祸害，且也是其他祸害的根源。其中最大的祸害则是使我们这么多人成了君主的走狗，且正在靠我们的资财作多种多样的生活享受。由此形成了反对财政上进行每一项改革的、勾结在一起的强有力党派。资财里的货币资金更把一群人变成了懒汉，使他们对公股没有作出什么贡献，而正相反，成了国家工业的重负。

在年度议会(经常假定为它们包含民众的充分代表权)之下，不会知道有这种祸害。或者如果暂时不可避免地要订立任何债务契约，它肯定会被迅速清偿。结果，国家不像现在这样，由于任何不幸事件陷入破产的危险，而且会随时作好击退敌人攻击的准备。但是，全国大多数人的情感与建筑在腐败之中的长期议会的情感不一

---

① 指七年战争(1756—1763 年)，英国卷入冲突。——译者
② 指在北美殖民地的驻军。——译者
③ 指印第安人。——译者

样；这样的表达了人民意见的议会的语言也与他们的君主的语言不一样。

（以下Ⅴ—Ⅹ都是用对长期议会提出问题的方式质疑。）[①]

…………

（译自《雄狮在国内》第1卷，第495—501页）

3. 里奇蒙公爵在上院提出的议会改革计划（1780年）

里奇蒙这一法案在上院得到一读，因此能登载于《公报》上。他虽也赞成年度议会和成年男子选举权，但后来还是撤回了提案。文中对衰败选邑的弊端有所揭露，甚至有举出用石头当选民的例子。

里奇蒙公爵向本院提出一个法案，名称为《一项要求宣布及恢复大不列颠全体民众在议会选举其代表上投票之固有的、不得转让的和平等的权利（未成年人、精神病患者、根据法律无选举资格的罪犯除外），要求规定此等选举之方式和方法，要求恢复年度议会……之法令》。他说，因为时间越来越晚，他尽可能扼要地对爵爷们阐明当日他想要提交给他们考虑的改革计划。他说，这个国家的市邑按其现在的构成，对自由是危险的；而且在大臣手中成为强迫手段的巨大机器，是最与国家的真正利益相悖的。它们本身便是腐败的渊薮；它们使自己腐败，并使内阁去腐蚀他人成为可能，以及买卖国家的尊严和荣誉。这些市邑中的某些也许过去是相当大的，但是现在已衰败，以至于在那里很难找到有一所房子的痕迹。特别是一处名叫米德赫斯特的市邑，他[②]经常能注意到在一位尊敬的贵族[③]的花

① 译者所加。
② 指里奇蒙公爵。——译者
③ 原文后面有（蒙塔古勋爵）之文，当是登载在公报上时注明的，现入注。——译者

园墙上有几个标有1、2、3、4等号码的石头；于是问及这些是什么意思，他得到的回答是那些是选票！而且还选了议员到议会里去。他马上明白这些是很有价值的石头，而那位尊敬的贵族不会为一大笔钱去卖掉它们。——选举的权利理所当然应归于全社会的男性，却被石头夺走，并的的确确被放置于少数人之手。因此，只有不超过6 000人才选出出席下院的明显多数的议员。他计算出英格兰和威尔士的男子数为162.5万人，然而有权投票的仅限于2.1万人。他坚信这肯定要大声呼吁改革。公爵以最欣喜的赞美和愉快的措辞谈及我国的宪法。他说明议会能做什么，不能做什么，最后则解释了他的改革计划。他从衣袋里掏出一份含有他的计划的法案，并且花了一个半小时来念。下面是该计划的要点："将来的议会期限限于一年，议员的数目仍如现在是558人。——每一个生为大不列颠臣民的人在21岁便具有选举资格——每一个教区须制出具有选举权人数的表格，并将它呈报给大法官。——数目被核实，并按558等分之；而后所得之商数即为每个议员当选的票数。每个郡被划分为包含与这种性质的商数相等数目的区①，而这些区则被称为市邑……"法案含有若干条规，在公爵念完整个法案后，他动议允许提出该法案。

（译自《英国历史文献》第10卷，第218—219页）

（四）宪法知识协会的议会改革活动

1. 宪法知识协会的计划书与会员表（1780年）

卡特赖特少校和其他激进派议会改革家于1780年4月创立宪法知识协会。从会员表可知有社会地位的人不少。这从每年交纳会费数目之

① 如一个郡的选票数目相当于3个商数，则划分为3个区。——译者

多也可反映出来。

宪 法
知 识
协 会

本协会的计划为在全王国尽可能普遍传播一种伟大的宪法自由原则的知识,尤其是关于代表机构的选举和任期的知识。为此目的,意在扩大该项知识并传达给各个阶层人的宪法小册子,均由本协会出资印刷且免费散发。不同作家的论文和作品选之适合于促进此项计划者,亦在协会的指导下在几家报纸上予以刊登。本协会的愿望乃是使该项知识传播到联合王国的每个角落,并使各个阶层的人确信:支持一个自由的宪法,及维护和主张那些对人性的尊严和幸福至关重要的共同权利,乃是他们的利益和他们的责任。

获得短期议会及较平等的人民代表权是本协会首先注意的两项目标。他们愿意在同胞中传播该种知识。这可以引导他们的同胞对这些目标的重要性有一个普遍的认识,并可劝导他们以热情和坚定的态度为他们作为人和公民的权利而奋斗。

把正确的政治知识传达给一般民众必定具有很大的、全国性的益处。因为当人民对权利无知,或者忽视那些权利对他们的利益和幸福的影响,才能诱使任何国家的大部分居民屈服于任何种类的暴政。公众自由乃是国家尊严和国民幸福之源。而为促进这种自由是充当德行和人类朋友的每一个人的责任。

根据宪法协会的规定,其会员数目无限制。协会的一切问题均由秘密投票决定,所有秘密投票均由主席或负责会议的会员主持进行。希望成为会员的先生们由秘密投票认可,并每年交纳 1—5 畿尼的会费,而那些愿意在其他方面捐款支持本协会者,请将他们的捐款寄给伦敦巴特尔-罗斯特尔街的爱德华·布里根先生,预先声明,订购材料之款请交宪法知识协会司库之手。

会员名单①

詹姆斯·马丁先生　　主席

布里根,爱德华先生　　司库

布罗克尔斯比,理查德博士

布罗姆利先生　牧师

卡特,约翰爵士

卡特赖特,约翰　少校

丘吉尔,约翰先生　　副主席

埃芬厄姆伯爵

菲茨帕特里克　上校

霍顿,沃茨爵士　律师

杰布,约翰博士

金奈尔德勋爵

基皮斯博士　牧师

克尔克比,约翰　海军上校

克尔克帕特里克　中校

刘易斯,沃特金爵士

莫贝,约瑟夫爵士　律师

诺克里夫,詹姆斯爵士

律师诺思科特,托马斯　牧师

波利特,查理　牧师

普赖斯博士　牧师

鲁滨逊,罗伯特　牧师

① 名单上共107人,社会地位不低。现取其负责人、著名激进人物和有较高社会地位者30人,这当可反映出协会会员特点。——译者

肖夫,阿留雷德·亨利先生　　副主席

辛克莱,约翰先生

图克,约翰·霍恩先生

托尔斯博士　牧师

特里柯塞克,詹姆斯先生　　副主席

沃克,乔治　牧师

耶茨,托马斯先生

小托马斯·耶茨　书记

约瑟夫·凯斯　　信使①

注意:致协会函件交伦敦新法学会 2 号托马斯·耶茨先生律师。

(译自《英国历史文献》第 10 卷,第 220—222 页)

2. 宪法知识协会传单(1785 年 1 月 14 日)

本文件涉及沉重的债务、国王过分的干涉、爱尔兰被压迫、司法的专横,而归结为只有议会改革才能根除这些祸害。

自从本协会首次担负起在这些王国②的人民中传播宪法知识的工作以来,于今已近 5 年。——必须承认,当我们开始为公众服务之际,正是对我们的事业特别有利之时。当时国家正开始感受一场战争的搅扰的耻辱和痛苦,而进行这场战争,是违反正义和人道这种最崇高的准绳的。在人民心中记忆犹新的我们过去与波旁家族③

① 名字后有无读(逗)号,一律按原文。——译者

② 当时爱尔兰在形式上为一独立王国,与联合王国共戴一君,故这里用这些王国。——译者

③ 法国大革命前的王朝。——译者

斗争的光辉成就，徒然起到加深一系列痛苦事件的作用，伴随着这些痛苦而来的是我们与美洲的战争。再者，尽管在那些不幸的争端开始之际，为过去胜利的光彩弄得眼花缭乱的人民，正陶醉于繁荣，不耐烦受到约束，因而藐视理性或正义的教诲；但从那时以来出现的屈辱情势，已在相当程度上起到使他们更愿倾听忠告声音的作用了。积累起来的债务，一场长期而费钱的战争的某些结果，自然使全国人民不能不思考其时进行的那场战争究竟是否正当与必要，抑或出于误导的雄心所致。

尽管在这个问题上有不同意见，而且他们各自维护的论点有所不同，但问题的每一方的真诚的拥护者都同意一点：即是说，有必要在公款的开支上作尽快的和实质性的改革——明智的考虑是实行两项同等重要的措施中的任何一项：或者有效地进行一场负担沉重的战争，并恢复我们的几乎陷于不可救药的混乱财政；或者削弱君主过分的影响。

即使在人民普遍呻吟于一场无法忍受的战争的重负之后，即使议会自己已在抱怨国王的影响之后，一场经济的改革还是遭到贪污腐化的政府的反对。这就激起了普遍的不满和要求调查的情绪。究竟怎样才能执行反对既得利益和特权的联合举动，以及如何保全国家避免再遭类似灾难的善策之最可行的办法的问题，便为普通人民关注，并增进对政治知识的渴望了。那么，起到最明显和最根本的预防药剂作用的便是一次议会改革。它揭开了一场最广泛的、虽然不是一个新领域的既是推理的，又是实际的讨论。在这些有用的政治推理上，许多爱国的作家做出如此孜孜不倦和成功的努力，而且公众对每一种类的宪法知识都如饥似渴地加以领会，以致也许公正的政府的基础和英国宪法的原则，现在比以前任何时期都被全国人民更好地了解。

在所有那些重要问题上，公众不可能忘记本协会表现的不懈努力。我们何等大声疾呼地反对有害的美洲战争，我们多么热心地鼓励经济和议会改革，都是不可能被人们忘记的。而且我们高兴地看到我们的努力并非无效。在回顾我们走过的道路上，为多少帮助点燃那把火而感到高兴。它已影响到我们岛屿的最偏僻的角落了。自由的神圣火焰，甚至已飘过海洋，遍及我们的姐妹王国①。我们的宪法将从这把火的锻炼中得到净化，既富原有的活力，又具革新色彩。在此之前，其火势是不会减弱的。

但是当我们满足于这些令人高兴的希望时，在看到由于一再对我们宪法的最有价值的两部分，即陪审制度和言论出版自由的攻击而乌云密布的前景，我们关心什么呢！如果我们坐视此等事件发生而不予批评，也不揭露其危险倾向，并指出纠正它们的唯一办法，那么，我们就对不起同胞，对不起自己，也对不起由此而向公众承担的义务。

在爱尔兰，我们看到对两项无价特权的一次公然侵犯：该王国上届议会通过了一项法律，将犯有出版诽谤文章之罪的审判权，从有陪审团的古老宪法法庭，改为由国王任命的、不经过陪审团听审权的、有即审判权的法官那里。不要让我们的爱尔兰兄弟安于该法给予的宽大处置。每一次侵犯人权的行为，都以表现为最不遭人讨厌的形式开始，而只有时间才会暴露出其固有的丑恶面目。得让爱尔兰兄弟确信，这种表面上的宽大，仅是使他们顺从该法的原则的诱饵而已。让他们认识到这一届议会是用鞭子惩罚他们，将来的议会在那时则要用蝎子惩罚他们了……

……我们知道得很清楚，在不久以前，拥有特权的法官，曾坚持陪审团无权决定一篇受到怀疑的文章是否便是一篇诽谤文章。但我们肯定，提出这种理论并不是过早的，而相反，关于英国法律最早的、最权威的作家，即已坚持陪审团具有找出一致意见的权利。不过，在这里并不意味我们进入实实在在的国内法条款的讨论，我们只是说，如果法律是像这个例子那样由法庭宣布，那么，在有关诽谤文章的案件上，陪审制度便完结了，言论出版自由便完结了，也不再

① 指爱尔兰。——译者

有英国宪法了。

或者某些亲法庭的律师会告诉你们，现在的法官并不比他们的前人说得和做得多。但你们应被告知，现在提出的理论比以前最随意的司法大臣所主张的在一切范围上都大得多，危险得多。以前的司法官员的判决，仅扩及诽谤文章案件，他们的判决只能影响臣民的财产、自由和名誉，而现在我们首次被告知，伪造文书及书写一封煽动信的罪确确实实与发表一篇诽谤文章处于同样状态。现在我们知道，不仅臣民的财产、自由和名誉，而且甚至其生命，都在国王任命的、不能撤换的官吏的处置之下。

但是好像这些措施和这些理论尚不足以唤起公众的注意似的，于是还是由最近的某些报告书更强烈地提出来了。在这些报告书里，以其难懂的恶作剧取消了陪审制度，蹂躏了人民大会的权利，而且确立了逼供囚犯的审问权。我们指的是最近在爱尔兰的逮捕造成的空前迫害……如果这种诉讼程序在英国领土的任何部分得到容忍，那便是我们自诩的刑法制度的卓越性的完结……而在英格兰和爱尔兰，没有人有自我控告的义务，以威吓或诱供之不得用以对付罪犯，乃是刑法的既定原则。难道我们容许自己去回答一个巴结奉承的总检察长，他为了达到使我们自我控告犯罪的公然违法的目的，而对誓言提出的诘询吗？……

…………

如果议会像现在的组成那样，即使希望它会一点一滴地去除掉我们诉苦的原因，也确属徒劳和空想。议会本身在意图救治不满上处于太腐败和可悲的境地。对不起，我们要说，如果我们的立法机构从事或者甚至完成这一可称赞的目的，其结果之得以满足人民的希望，无异缘木求鱼。新的不满仍将出现，正像创伤将继续发生，而治疗则不能得到满足一样。

那么，让我们把你们看成大丈夫和公民，以你们的财产、你们的自由、你们的生命、你们所珍视的一切，请求你们暂时中止对于宪法说来虽是可悲的，但比较起来还是较轻的创伤的注意吧！现在让我们把联合的力量指向那些无法容忍的奴役标记，指向我们的一切灾难之源，指向违宪延续的议会，以及指向一个不足以代表人民的选举法吧！这是一个如此破碎和如此可笑的选举法，使得我们受到所有外国的可怜和嘲笑。让我们不要再吹嘘我们在国内的自由，在国外的光荣吧！我们的光荣已被玷辱，我们的自由消失了。如果我们失去这绝好的时刻，它将不再返回了。

在我们努力于取得议会改革的进程里，从没有呈现像现在这样好的机会……

…………

（译自《雄狮在国内》第1卷，第522—526页）

3. 设菲尔德宪法知识协会在天堂广场共济会会馆举行大会的记录(1792年3月26日)

设菲尔德宪法知识协会是受伦敦激进组织的影响而成立的，时间在1791年11月或12月。这个组织属于最激进之列，因而受到政府注意。本记录可能出自参加大会的密探之手，因被送交当地驻军首脑菲茨威廉勋爵。

许多人(40—50人)聚集在一起，于是有选出主席的要求。当一位会员被选为主席后，他便开始宣读上次会议以来发生的事情记录和会务报告，即委员会曾写信给潘恩先生①，请求同意他们出版《人权》的第一部。现已接到同意他们请求的答复，但以限制该出版物只给予协会会员(约2 000人)为条件。

① 托马斯·潘恩(Thomas Paine，1737—1809)是资产阶级革命民主主义者。1791—1792年著《人权》一书，驳斥埃德蒙·伯克对法国革命的责难。此书在激进派中流行极广。——译者

同样的，他们曾致函霍恩·图克先生[1]，请他向伦敦会社(London Association)建议，他们的12个朋友希望得到允许成为在伦敦的协会[2]的会员，以便能与该协会和王国内所有类似倾向的协会建立交往渠道。现已经接到图克先生的回信，信中答应了他们的要求，还赞扬了他们的勇敢行动，并且请他们坚信只有用这些手段，普通人的眼睛才会擦亮，而且所有他们[3]的要求才会得到满足。由于这一封信，他们已致函在罗瑟拉姆附近纽纳姆农庄的佩恩先生(一位有钱的绅士，潘恩的同名人[4]及《人权》一书的鼓吹者)，要求他答应充当12名代表中的一名代表。——他们已经得到他衷心同意这一提议的答复……主席还朗读一封写于爱尔兰的信(它出现在一份报纸上)。这封信称赞此等协会的建立，鼓励平等代表权的必要性，指出政府不但不是好政府，而且是压迫人的政府，而普通人纠正此等压迫的唯一武器是掌握在他们自己手中的。

另一位会员某某先生站起来，并宣读一份传单，叙述他们从潘恩先生的著作(第一部和第二部)学习到比任何其他著作更多的关于政府问题的知识。他们为此感谢他，并因为他正以慈父般的爱心，在制定支持年轻人和体弱多病者的法律而表示感激之情。在这里，另一位会员站起来提议，认为这一传单应登到《设菲尔德纪事报》[5]和其他报纸上。这个意见得到大家的同意。另一位会员某某希望宣读上次会议宣读过的一份手稿，陈述他们首次聚在一起的原因——巨额捐税——下院的腐败和受贿以及执政的和政府的公职

① 霍恩·图克(Horne Tooke，1737—1802)，宪法知识协会和革命协会会员，1794年曾以叛逆罪被囚于伦敦塔，旋即获释，1801—1802年曾为衰败选邑老塞留姆议员，是激进派中颇有影响的人物。——译者

② 指伦敦宪法知识协会。——译者

③ 指普通人。——译者

④ Payne与Paine读音相同，故称同名人。为避免混淆起见，分别译为佩恩和潘恩。——译者

⑤《设菲尔德纪事报》(*Sheffield Register*)是由设菲尔德宪法知识协会最积极的活动家的约瑟夫·盖尔斯(Joseph Gales)创办的。他还办有双周刊《爱国者》(*Patriot*)。——译者

上的奢侈和浪费——他们的意向是经过一段时间(因现在仅是他们日益增长的影响的初期)便向陛下请愿,等等。在这里,一位与会者(一个陌生人)站起来,力陈"我们的政府温和,我们的法律平等,这些(他坚持)为我们的权利不受侵犯提供了保证"。即使我们上了税又有什么要紧?哪个国家不上税?而且,如果我们确实付了某些与其他国家比较属于额外的税,那么,难道不是我们的富裕适合上税吗?他希望大家考虑,是否仅仅依赖推测,无论提出什么都不是以亲身经历为根据,而只是道听途说的。当他们对一个党进行猛烈抨击,并且表明他们憎恨靠多年智慧建立起来的一个政府的时候,他们被变成受另一党欺骗的人,而且是用布带蒙上眼睛,去猛烈抨击他人愚昧的人。这些话引起极端的混乱,与会者激动起来。于是一再要求遵守秩序。而且一个会员竟用了毫不客气的措辞说那位先生是个"傻瓜"。不过,这位政府拥护者的朋友(本协会的一员)立即加以说明,那位先生的情绪便得到谅解。人们怜悯他,因"他没有读过《人权》一书"。另一位会员对谷物法案(Corn Bill)发表意见,认为这是一个难以忍受的和前所未闻的法案,并按照《人权》第二部,计算不同政府费用并作出比较。散会。

(译自《英国历史文献》第 11 卷,第 314—315 页)

(五) 理查德·普赖斯博士《关于爱国的演说》(1789 年)

1788 年为庆祝"光荣革命"一百周年,成立伦敦协会(London Society)。次年受法国大革命影响,改组为革命协会(Revolution Society)。会员多为非国教教徒。理查德·普赖斯牧师在协会内起着领导作用。他早在 1780 年即已是宪法知识协会会员。

这个协会①在其报告中非常恰当地提出这些原则作为引导公众

① 即革命协会。

的指南。我只注意到以下三个原则：

第一，在宗教方面信仰自由的权利。

第二，当权力遭到滥用时，有进行反抗的权利——以及

第三，有选择我们自己行政长官的权利；当他们行为不端时，有将他们撤职以及为我们自己组织一个政府的权利。

（译自《英国工人运动史料选》，第39页）

（六）人民之友协会的公开信（1794年5月31日）

此会成立于1792年4月，会员以辉格党自由派为主，多为贵族政治家，主持1832年议会改革的格雷勋爵即属之。这是议会改革运动中最保守的组织，其目的是以温和的改革来转移革命。1793年和1797年在议会两次提出改革法案，均未获通过。本文件明确反对革命。

我们已经看到古老的和强大的法国君主制在舆论的压力下突然垮台，这是由于人民长期遭受苦难而愤慨万分，又因当道者拒绝及时纠正时弊，以致最后被迫走向极端和绝望。我们业已看到，而且每天都在痛苦地看到，一场不管基于何种原则或源自何种原因的突然革命所带来的可怕后果。因此，我们试图（也许是错误的，但却是诚恳而认真的）采取一些我们看来是安全和有效的手段，以防止我们国家出现必然与此类动乱俱来的灾难。值此一种自由精神正以种种未经考验的方式试图创制宪法之际，我们请求我们的同胞回过头去看看自己的宪法，恢复和珍视这个宪法。同时我们认为，只要把建立我们真正政府的正确原则和各种保障在精神上、实质上和形式上呈献给人民，那么革命病毒就绝不可能蔓延到本岛。

（译自《英国工人运动史料选》，第54页）

（七）下院保密委员会调查煽动活动的第一个报告(1794 年 5 月 16 日)

此件表明宪法知识协会受法国大革命影响已较前激进，与伦敦通讯协会同被列为煽动组织。报告最后一段则是保密委员会夸大其词的说法。本院组成委员会，受命审查国王陛下 1794 年 5 月 12 日诏谕中的几个文件。邓达斯大臣先生①奉王命于同月 12 日和 13 日将该文件等（密封）递交本院。委员会在认为应将情况提交本院时即当报告本院。现委员等已服从本院命令，着手考查委托给他们的事情。

一经检查，他们即发现受命审查的书籍和文件中，含有两个协会的某些记录的充分而真实的记事。这两个协会自称为宪法知识协会和伦敦通讯协会。看起来他们与大不列颠和爱尔兰许多地区的其他协会均有密切联系；而且委员会看到……这些记录似乎变得日益影响这些王国内部的和平和安全，因此，议会必须以最迫切的态度予以高度重视。现委员会认为有……提交本院其综合意见的无可推卸的责任。这一意见足以使他们刻画出这些记录的内容，至于一个更详细的陈述，则留给以后的一个报告。

由宪法知识协会书记保管的、含有该协会记录的记事册受到审查，内容为自 1791 年末到今年 5 月 9 日的每次会议通过的正式记录。从这些记录看来，几乎整个时期（除 1792 年暑天部分时间和 1793 年以外②），并且没有什么大的间隔，该协会的一系列决议、印刷品和通讯，都在刻意地和系统地追求一个既定的计划。本委员会认为该计划有颠覆确立的宪法的倾向，并且最近已更公开地声言要全力予以实行。

这一计划所遵循的诸原则，早在 1792 年 5 月 18 日形成的决议

① 亨利·邓达斯（Henry Dundas，1742—1801）当时任内政大臣。——译者
② 据下文，有 1793 年年初的材料。——译者

中已强烈地和明显地得到证明。这些决议称赞印行《人权》的第一部和第二部的廉价版的意义；并决议："潘恩先生（通知他们这一意向的）信函的印本，连同这些决议，须寄给城乡一切有联系的协会；而且本协会的确祝贺他们表现于其一切记录上的坚定的和有组织的精神，以及沉着冷静的不屈不挠的态度，并鼓励他们在这点上始终如一"；而且也"须印刷信函及决议 3 000 份以供本协会之用"。根据本委员会的判断，仅此一桩事实已足证该协会坚持的计划的性质。他们在其他方面的行动已经与此相一致。

同年 5 月 11 日，他们以称赞和喝彩的词句，投票通过致巴黎雅各宾党人协会（Society of Jacobins）函。他们还在更引人注目的情况下，采取一个类似的举动，于 11 月 9 日致函法国的国民公会（National Convention）。这封信充满颂扬法国革命之词，并表达对其进展和成功的最强烈的祝愿。它确由名叫巴洛和弗罗斯特的两个人呈交于公会庭前，而其议长的答复则在 1792 年 12 月 7 日该协会的会议上加以宣读。同月 14 日，接到来自埃纳省首府莱翁城的自称为"自由和平等之友"（Friends of Liberty and Equality）的 信函（这封信由协会交给通讯委员会）。同月 21 日，某些会员被明确任命为对外通讯委员会委员……在 1793 年 1 月 25 日和 2 月 1 日（战争开始前夕①，而且在英国政府方面对法国的行动一再抱怨并提出抗议之后），公民巴列尔和罗兰（当时法国的公会领导成员）被接纳为协会的联系名誉会员，而巴列尔和圣・安德列（亦为协会的名誉会员）的登在 1 月 4 日、6 日和 7 日《公报》②上的讲话已得到指示插

① 一般史书均作 2 月 1 日法国对英国宣战。——译者

② 《公报》（*Moniteur*）是《通报》（*Moniteur Universel*）的简称，其另一正式名称为《国民公报》（*Gazette Nationale*）。这是与法国革命息息相关的一个刊物。1789 年 5 月 5 日召开三级会议，6 月 17 日第三等级改称国民议会，待其他两等级部分代表加入后，于 7 月 9 日改称制宪议会。11 月，该议会创刊《通报》（又名《国民公报》），作为发表议会辩论和重要决定的机关刊物。1791 年 10 月 1 日成立立法议会，它又成为其机关刊物。待 1792 年 9 月 21 日成立国民公会，它便又是其机关刊物了。——译者

入协会的记事册中。宣战以后，这一直接通讯方式和与法国的配合阻断了，然而直到今日，协会在不同时期仍继续显露了他们羡慕法国革命的事业；而且在其记录和其语言上，已染上模仿那个国家所接受的形式，甚至用法语成语作记录。

已引起本委员会注意的下一主要情况，是该协会通过不停地活动和努力，意图传播他们的原则，办法是不断地和广泛地散发他们的出版物和决议，而且尽力与首都、英格兰、苏格兰，以及爱尔兰各地区的其他煽动性协会建立普遍的通讯和合作。看来该协会同这类协会中的许多协会已开展直接的通讯，尤其与那些在设菲尔德的、诺里奇的和曼彻斯特的为然。这些协会在所有情况都作为最激进的和最活跃的部分参加到这些事务中去……

从对这些事务的评价，本委员会不可能不得出下述结论：上面已提到的那些做法乃是以召开一次会议为目的的；而这一个以普遍的公会(Convention)为名的会议自身可能带有一个普遍的人民代表的特征。不过，在不同时期，可能已使用上议会改革的名词了。很显然，这些协会的现有观点不是想借任何适用于议会的方式使之实现的；而相反，是用一种公开的尝试取消下院的代表资格，并使公会僭取一个全国立法机构的所有功能和权力……

除这些考虑之外，当委员会回顾他们述及的重要情况，即在早期，协会公开称赞潘恩论及人权的学说，与法国诸协会及国民公会的联系和交往，以及后来称许法国的制度；并且认为这些显系一个公会的各促进者作为一切行为基础的准则之时，他们对于现在公开宣扬和奉行的计划也感到满意。其目的正好是陛下诏谕中已确指的。而且必须视为一起谋反的阴谋，旨在颠覆现存的法律和宪法，并引入已不幸盛行于法国的那种骚乱和动乱制度。

据本委员会看来，在上述某些协会里已接受建议，而且最近已采取措施来在会员间发放武器。从本委员会迄今有机会接到的此等消息看，似乎自从那些保管文件的人被捕，且文件已被交给本委员会以后，在首都不同地区有过几次会议，他们决没有放弃以前坚持的计划；相反，某些迹象已表明，他们在安排协调一致的手段，以有力反抗那些可能采用来攻击其完成目的的，或者把他们的作者和煽动者送交法院审判的种种措施。

（译自《英国历史文献》第 11 卷，第 316—319 页）

二、自由贸易思想

(一) 亚当·斯密的自由贸易思想(1776 年)

亚当·斯密反对重商主义和以金银量代表一国财富、反对贸易必须顺差，提出自由贸易，不用政府干涉的主张。

…………

“但他们如下的议论却是强词夺理，即：要保持或增加本国的金银量，比要保持或增加本国其他有用商品的数量，需要政府更大的关心；自由贸易能确保这些商品的适量供应，无须政府给予那样的关心。”

“自由贸易无需政府注意，也总会给我们提供我们所需要的葡萄酒；我们可以同样有把握地相信，自由贸易总会按照我们所能购入或所能使用的程度，给我们提供用以流通商品或用于其他用途的全部金银。”

“所谓利益或利得，我的解释，不是金银量的增加，而是一国土地和劳动年产物交换价值的增加，或是一国居民年收入的增加。”

"这法令[①]又规定,有许多染色用的外国染料,得于输入时免纳一切税。但后来输出时,须纳一定的税,但不能算重。似乎,我国染业者,一面认为,奖励此等染料输入,于己有利,一面又认为,稍稍阻碍其输出,于己亦有利。但是,商人为了贪欲而想出的此种令人注目的巧妙手法,却似乎在这里失其所望了。因为它必然使输入者注意,不超过国内市场需要而输入。结果,国内市场上,这类商品的供给,总是不足,这类商品的价格,总是比输入自由输出亦自由的价格高些。"

(录自亚当·斯密著,郭大力 王亚南译《国民财富的性质和原因的研究》下卷,北京:商务印书馆,1974 年,第 5、7、61、223—224 页)

(二) 利物浦勋爵论自由贸易(1815 年)

1815 年的谷物法本是主张干涉原则的,可是利物浦勋爵正是在辩论该法时,作主张自由贸易的演讲的。

正是由于假定所有国家或至少最主要国家据以行事的通则,乃是在此等情况下立法机构不应干涉,而让每件事情找到它自己的水准。在这样一种世界情况里,应让每个国家不受干涉地从事按其性质和条件在各方面都适合它的特殊种类的工业是完全清楚的。那么,每个国家都按可能需要,从那些能够生产并从能以最低价格和最好质量运回的地方购买随便什么商品。如果这种制度能为世界所有主要国家接受,无疑,只有它是所有国家必须作为最合适的和最理想的制度来加以考虑的制度。

(译自《经济社会史选读》,第 186 页)

---

① 指乔治一世第 8 年(1722 年)第 15 号(按英国法律写法,应译为章)法令。——译者

反映工人阶级和小资产阶级的议会改革运动的伦敦通讯协会

(一) 伦敦通讯协会致大不列颠其他协会要求联合以取得议会改革的公开信(1792 年 11 月 19 日)

这是一篇 10 页的小册子,要求进行议会改革。这个协会主要由手工业者①构成,其书记托马斯·哈迪于 1793 年以谋叛罪被捕,旋即获释。1799 年协会被取缔。

朋友们和同胞们!

除非我们估计全错,否则,当我们为之奋斗的目标很可能已进入我们力所能及的范围之际,时日正行到来。——一个像不列颠这样的国家应当自由,只要不列颠人立志要这样做,便可做到,这应当是他们的意志。滥用我们原有的宪法及我们的贵族敌人的恫吓,便足以证明有此需要。——我们深信我们动机的纯洁和我们事业的正义性。让我们以确证对付谎言,以坦诚对付伪善;让我们预先严肃地宣布我们的原则,而虚伪的陈述将得到它应有的报应,即受到蔑视。

---

① 见钱乘旦:《工业革命与英国工人阶级》第 244 页《伦敦通讯协会 347 个会员职业统计》和第 245 页《伦敦通讯协会主要领导人职业情况统计》。如按已故 E. P. 汤普森的理论,手工业者应是工人阶级,则伦敦通讯协会便应是工人阶级的组织。——译者

基于这种认识，要求对一个最近的、于本月20日[①]组成的贵族会社的阴谋诡计讲几句话，因为他们已发表与国内其他俱乐部和协会有关的宣言。的确，这一绅士的集会（Meeting of Gentlemen）（他们以此自称）没有提到哪个俱乐部或协会的名字，没有举出事实作为例证，也没有引用权威，但竟然大胆断言他们同胞的诸多团体已与那些自诩赞成人权、自由与平等的主张联在一起，而且那些主张用不要国王、不要议会等词句的表达方式也都出来了。——好啦，对他们的断言就讲这么多吧！

如果这是有意用来包括那些我们各自隶属的协会，那么，在这里，当我们承认前半部分，我们宣称它是不列颠人的特权和德行的光荣时，我们以最庄严的态度，否认指责的后半部分。谁胆敢把我们归入（而我们仅是希望恢复我国失去的自由的人）不要国王、不要议会或计划侵犯别人财产者之列，他便犯有居心险恶、无耻及故意造谣中伤之罪。

我们知道并理解每个人的工资乃是他的权利。而力气、才能和勤勉之不同的确应该产生财产的合乎比例的差别；一旦根据法律获得和确认这种差别时，便成了神圣不可侵犯的。我们蔑视本月20日会议中出现的那个最卑鄙和最恶毒的人。他把最不相关的证明引向反面。如果没有证明，我们要求他们为狡诈的中伤提供正当理由。这种中伤看来仅是杜撰出来，以恫吓有主见的、要求归还他们国家的公正宪法的不列颠人的。

我们承认并宣布我们是公民自由的朋友，因此也是天赋平等的朋友。我们视二者为人类的权利。——假如我们能相信自由和平等"与这个国家的法律处于直接对立的地位"，那么，我们竟然是这个国家的居民，就会感到羞愧，但我们深信，宪法之滥用决不会被公认为宪法的真正原则，因为在第一个宪章里便被告知在法律面前人人平等。"这对任何自由人来说，无论怎样都不得被出卖，不得被拒

① 原文如此。——译者

绝，也不得被延误”[①]的。如果出现“权利和正义”受到贬损、拒绝或延误，那么，这一平等原则便遭到蹂躏，而我们便不再是自由人了。

以上所述就是我们对那些权利的观念。它们被无耻地看成“与社会的福祉不一致”。但让我们不要纵容下述的人：即公开否认自由的原则和得意地叫嚷财产的不平等者；离间我们的同胞，使之不帮助我们服务于社会、不帮助我们将主权的一部分恢复给国家的那些人。至于这部分主权则已经可悲地牺牲给腐败的朝臣和施展阴谋的选举市议员的贩子们了。

如果我们的法律和宪法在其本质及原则上是公正和贤明的，则背离它们的每一行动一旦确立，便必然对人民有害。那时，其人身及财产则须得到保护。如果在革命[②]的当时，这个国家是得到足够代表的，那么，现在便不是了。因此，必须高呼改革。

如果说不列颠的人民真的比其他国家的人民优越，那么，我们的赋税是否较轻？我们的粮价是否较低？是否从我们的土地上生产出不同产品就说明我们富足？是否由于我们的人多就可证明我们的强盛？肯定不是！法国在所有这些方面都占优势，而迄今为止，他们从没有在财富、力量、才能和效能上超过我们。让我们不要自己欺骗自己：我们与该国之不同，过去在于我们的君主是受限制的，而他们的是专制的；在于我们的贵族不及他们的千分之一；在于我们有陪审制度而他们没有；在于我们人人得到法律保护，而他们的人的生命则掌握在每个有爵位者之手。因此，我们为之奋斗的东西是他们所不懂的，因为我们是人而他们是奴隶。

情况的确发生了变化：像上个世纪我们勇敢的先辈一样，他们驱逐了原本会毁灭他们的王室[③]，打散了侵犯他们自由的雇佣兵；

---

① 第一个宪章指的是1215年的“自由大宪章”。这里的引文只是与其第39条略近，但并不是其原文。——译者

② 指1688—1689年的光荣革命。——译者

③ 指斯图亚特王朝。——译者

"而且已在压迫他们的人的头上砸碎了束缚他们的镣铐"。如果在这次与军队的屠夫们和国内的叛徒们的冲突之中,在首都的少数居民中出现过残暴和复仇行为,那便让我们为一个血腥的、暴虐的声明所产生的后果悲叹吧!但是让我们留给那些伪善的冒牌人道主义者去肆意渲染不幸,以及把一起被激怒了的人民的行动,归因于全体国民的所作所为吧!

因为我们还不曾被扔到专制政治的脚下那样低的位置,所以不需要我们同大陆上兄弟一样诉诸同样可怕的裁判①。愿我们的仇恨被写在沙地上,而我们的权利却能镌刻在大理石上!我们不欲取消财产所有权,但必须推翻在我们自由的废墟上建立的一切!我们尊重我们国家的土地和商业利益集团,但厌恶土地保有条件的垄断,它在欧洲的这个或任何其他国家都没有得到法律或理性的承认。

那么,让我们继续以坚韧不拔的意志走已开始走的道路;让我们等待和注视即将到来的议会②,我们对之期望甚殷而惧怕甚少。下院可能是我们的灾难之源③,它可以证明我们的陈述正确。我们确信我们将被证明无愧于先辈,他们在人类的事业上做得那样好,难道不值得我们效法吗?

(译自《雄狮在国内》第 1 卷,第 553—555 页)

(二) 伦敦通讯协会就彻底的议会改革问题致全国的公开信(1793 年)

此件明确提出年度议会和成年男子普选权。由于与法国的战争已开始,因此也涉及战争与和平问题。

① 指推翻君主制度。——译者
② 指改革获得成功后召开的议会。——译者
③ 指未改革的下院。——译者

朋友们和同胞们!

鉴于我们眼前的情景如此令人沮丧,又鉴于在白日公开进行的关于我们国家困难局势的讨论如此令人不快,我们认为有必要指导公众认清我们不幸的原因,并唤醒我们同胞沉睡的理智,以求得唯一能证明始终有效的补救办法,那就是彻底的议会改革,采纳通过一年一度的选举和普选权而获致的平等代议制。我们给你们写信时并不自信我们个人有什么重要性的想法,我们也不借高贵地位之光,只是作为同一社会的成员,作为热衷于为社会谋福利的个人,我们想,我们是有资格得到你们注意的。

* * *

在这里应该提醒你们,去年 11 月以来有人喋喋不休地加以散布的那些欺骗性和诽谤性的中伤。在那普遍恐慌的日子里,有人发出宪法面临危险的嚎叫,并广泛加以宣传;王室文告也察觉有什么骚动和叛乱的信号,并得到教区会社(Parish Associations)的随声附和。当此之时,改革被加上标新立异的恶名,而谁敢断言下院应恢复其在革命时期①已确定的那种独立地位,谁敢主张取消那些不必要的职位和津贴,都要被诬蔑为平等派及国王和国家之敌。

* * *

我们递交给议会的请愿书已被接受、宣读,并决定安排讨论。

请愿书中包含这样的原则:"任何人未经其本人或其自由选择的代表之同意,都不得课以捐税。"从未被否认,也不可能被否认的这点是我们宪法的一条原则;但是在这时有些人可能会使这一原则不发生效力,因为这些人的利益就在于不顾大众死活,而使种种弊端存在下去。

* * *

……只要得到我国民众的支持,你们将从下述决议看出,我们

① 指 1688—1689 年的光荣革命。——译者

发誓决不会后退或松劲，而是每时每刻都在加强我们为争取符合宪法自由的事业所作的努力。

一致决议：

Ⅰ．只有一个公平的、恰当的、每年改选的议会，才能确保这个国家的自由。

Ⅱ．我们完全确信，一场彻底的议会改革就能消除我们深受其害的一切苦情。

…………

Ⅳ．如果说国王可随意在任何时候对任何人宣战是其权力的一部分，那我们也认为赋予他这种权力必须附有条件，即这种权力始终应从属于全国的利益。

（Ⅴ．Ⅵ．Ⅶ均涉及与对法战争有关的及一百年间战争带来的负担和损失问题）①

Ⅷ．每个国家都有选择其治理方式的不可剥夺的权利，而任何其他国家干预或试图控制这种选择，都是暴虐和压迫的行为。

Ⅸ．和平是最大的幸福，因此每个贤明的政府都应尽最大努力去寻求和平，当有人理智地提议和平时，就应该欣然加以接受，而当战争的目标已达到，就应以最快的速度缔结和约。

Ⅹ．对于每一位对自己国家抱有良好祝愿的人，我们敦劝他们刻不容缓地增进自己的宪法知识。

Ⅺ．那些动辄惊慌失措的人，出于谨慎计，最不宜委以执掌战争的重任。

Ⅻ．大不列颠不是汉诺威②！

XⅢ．我们把团结视为确保成功的必不可少的条件，因此我们将

① 译者所加。

② 英国王室来自汉诺威。这句话的意思是不用为汉诺威而使英国卷入战争。——译者

尽最大努力同全国那些依据同样原则与我们协同行动的政治协会更紧密地联合起来。

…………

XV.上述致全国公开信和决议由协会主席和书记签署，并印行和(免费)分发 20 000 份。

主席：莫里斯·马格罗特
书记：托马斯·哈迪
1793 年 7 月 8 日星期一
于伦敦
滨海路(Strand)
国王与锚酒店

(译自《英国工人运动史料选》，第 43—47 页)

(三) 伦敦通讯协会对其出席英国国民公会代表的指示(1793 年)

英国国民公会系 1792 年 12 月由苏格兰改革派于爱丁堡召开。次年 4 月再度开会，决定扩大规模。秋，邀请英格兰代表参加。协会派莫里斯·马格罗特和约瑟夫·吉勒尔德为代表。文件中 A. A. 系假名。这一指示从某种意义上讲是协会纲领，主张年度选举、普选权、议员支薪等。

给公民 A. A. 的几条指示

伦敦通讯协会的代表出席即将在爱丁堡举行的国民公会，其目的是获致彻底的议会改革。

第一，无论如何都不得背离原来的目的和原则，即通过合理又合法的途径获致每年一选的议会和普选权。

第二，支持议会议员应由其选民支付薪金的主张。

第三，人民选举郡守的制度应予恢复。

第四，陪审团应由抽签选出。

第五，应采取积极办法让每个人都了解陪审员的责任和权利。

第六，新闻自由无论如何都必须加以支持，发表政治真理的行动绝不能构成犯罪。

第七，人民有责任反对任何背离宪法最初原则的议会法令，如试图禁止以改革为宗旨的协会之各项法令。

第八，本协会考虑到一切政党的名称和特征都有悖于公共福利，所以绝对禁止其代表采用或接受那类名号。

第九，本协会还要求其代表按时地经常与本协会通信联络。

（译自《英国工人运动史料选》，第47—48页）

工人状况和工人运动禁止结社法令

一、工人状况

(一) W.汤普森记18世纪晚期的家庭作坊(1788年)

家庭作坊作用的好坏,历来看法不同。赞扬者谓保持家庭和谐,抨击者谓在和谐的表面下,全家为了生活,不得不每日工作十四五小时,即妇女儿童亦然。本文证明了后者。

距今不超过70年,这里制造的金属货物种类不多。在那个时候以前,制造粗糙的锁和链,连同一般的金属纽扣和扣子构成伯明翰工业的总和。但现在这些粗糙的产品都在伯明翰附近的伍尔弗汉普顿、沃尔索尔、达德利和其他小城镇制造了。至于上等的和时髦的商品则在伯明翰城镇制造。其周围的乡村则是钉匠和木螺丝制造者的天下。他们在自己的小屋做工,而那些成品的价格很低,以致从他们的劳动中只能获得少得可怜的金钱。妇女和儿童以及男子汉都受雇从事这些物品的制造。有时一个家庭将在很适合他们的一个职业行当里忙碌,如在家里父亲制造大钉,而妻子和子女则力所能及做些小钉时,便是如此。这种在同一家庭内的分工,如果在英国工业的不同部门作出研究,并予以实践,可能在这个国家就像在印度一样，加快工作的进程和改进所生产的产品。

在那些地方，人们的勤劳令人惊奇。他们在那里生活得像西班牙和其他气候炎热的国家一样，早晨三四点起床，中午休息两三个小时，以后则一直工作到晚上九十点钟。

非常值得注意以及极其值得观察的是伯明翰附近的工业全部局限于该地区的荒凉部分。这个大的城镇位于非常荒凉区域的东南尽头……而在土地肥沃和耕种得好的西部，几乎没有发现任何同类的制造者。

（译自《产业革命史料》，第106页）

（二）劳工苦情（1794年）

这一匿名的小册子，是法国大革命后在英国常见的宣传品。它明确主张劳工联合进行经济斗争，同情商人，反对狩猎法等，其所涉及的范围不以劳工直接苦难为限。

早已强调人民的幸福和富裕毕竟不会因选举法的改革而得到增进，早就认为公布下面列举的多半可以引起改变的事实是适宜的。

Ⅰ．人民的要求须得到及时的照顾，而他们的权利应得到恢复。

Ⅱ．征税须与那些纳税人的能力成比例，而不要使之落到穷人身上比富人重。

Ⅲ．现行国内货物税制几乎遍及所有的生活必需品，如肥皂、蜡烛、淀粉、啤酒，等等。这种税制应予废除。

Ⅳ．济贫法和住所法须作出修改，而且一个穷人不得因离开其自己的教区去找工作而受到送入监狱的处罚。

Ⅴ．狩猎法应予以废除，农民不再被迫允许他们的富有而傲慢的邻居为追逐一只野兽而践踏他们的田地，尽管该野兽是由农民的土地产物养活的;而且农民只有在不受罚款及监禁处罚的情况下才敢杀死它。

Ⅵ. 当工人的雇主被允许可以合谋反对工人而不受惩罚时,那么工人也不再因联合起来争取增加工资而受到监禁。

…………

Ⅹ. 防止富人从垄断生活必需品,甚至垄断生产它们的农场以增加其分外收入。

Ⅺ. 某些全国性教育机构须应允给穷人的孩子们的教育,即可以使他们获得生计及形成一种他们作为社会成员的权利和义务的正确观念的那种教育。

Ⅻ. 应保证勤劳者有稳定的工作,须给老年人和残疾人准备应有的食物。

ⅩⅢ. 相对来说陷于饥饿的家庭,应免除为浪费于不应得的薪金和年金的那些巨大数额的贡献。

ⅩⅣ. 可能被有地位的骗子弄得破了产的不幸商人,不得因不幸的重压而受投入地牢的威胁。

ⅩⅤ. 一个贫穷而勤劳的人不得再被阻止于从不同的、包括各种各样的职业和公司的特许、特权和特许状在内的方法获得其生计,不得把他关在或许能发挥其能力的唯一职业部门,以及或许他能希望得到成功的唯一处所之外。

…………

(译自《产业革命史料》,第 115—116 页,以《英国工人运动史料选》第 48—52 页参校)

(三) 棉纺主与纺工(1818 年 9 月 30 日)

这篇登在伦敦很有影响的工人阶级激进派的报纸《黑侏儒》(*Black Dwarf*)上的文章,虽在 1818 年,但对其前 20 年左右情况完全适合。文中生动地描述了蒸汽机对棉纺工的影响。

那么,首先关于雇主:除少数例外,他们是一伙出自没有教养和缺少风度的棉纺场的人,就只有在曼彻斯特与小小范围的商人做买卖的那点见识;但为了弥补这种不足,他们靠漂亮的住宅、车马、仆役、花园、猎人、猎狗等的浮华夸耀来展示给你足够的外观。他们注意以最夸大的做法向外地商人卖弄。他们的住宅的确是华丽的宫殿,在体积和大小上远胜过在伦敦周围见到的那些匀称、迷人的别墅……但以自然和艺术审美观相结合的高雅的观察家们看来,这是一种可悲的审美缺陷。这些雇主在收费很高的学校教育他们的家庭成员,决心给予他们的后代那种自己如此缺乏的双份财产。于是,在他们的头脑里便几乎没有第二种想法。尤其是,他们在其特殊地区,完全是专制和独裁的小君主;而为了保住这种地位,他们的整个时间都在盘算如何以最小的代价生产出最大数量的产品……总之,我可确有把握、大胆地直言,在那里看到的雇主与纺工间的鸿沟,比伦敦的最富商人与他的地位最低下的仆人或最低的工匠之间的鸿沟还要大。确实无法比较。我知道下面事实,大部分纺纱厂主为把剩余钱财装进自己的口袋……都热衷于保持较低的工资,以达到使纺工贫困和丧失斗志的目的。

棉纺业主在王国内是与其他业主迥异的一个阶级。他们无知、骄傲和残暴。那么,什么人,或者毋宁说什么生物定要去当此等业主的工具呢?为什么他们,连同他们的妻子和家庭,已成年累月甘当他们残暴主人的奴隶和女奴隶?认为此等人是自由的、法律对富人和穷人一律保护、一个纺工如果不喜欢他的工资便离开他的雇主等论调的人,乃是违反常识、枉费心机的。的确,纺工能这样做,但他必得去什么地方呢?哎呀!为什么到别的业主那里去呢?好,去吧,他被问及上次在哪里作工。“是不是被解雇了?”不是,我们在工资上不能达成一致意见。那好,我们不雇你,任何像你这种态度离开业主的人我们也都不雇用。为什么是这样？因为雇主间存在着一个可恶的联合。它首先在1802年建立于斯托克波特，而且自那时以来，已变得如此普及，以致包括围绕曼彻斯特相当范围的所有大业主。他们把小业主排除在外。可想而知，小业主是大业主最憎恨的人……当联合第一次出现时，其最初的条款之一，便是雇主在雇用某人之前，首先要弄清是不是前一个雇主解雇了的人。那么，这个人做什么呢？如果他去到作为埋葬一切独立性的坟墓——教区——那里，他被告知，我们不得救济你，如果你与你的雇主争执，而且不维持你的家庭，我们将把你关进监狱。所以这个人由于种种情况交织在一起，他被注定要屈服于雇主；而且不能像一个鞋匠、细木匠或裁缝那样到任何城镇找到工作，他被限制在该地区内。

一般说来，工人是一群不讨厌的和不骄傲的信息灵通的人。尽管对我来说，他们怎样得到他们的信息几乎是个谜。如果不被刺激太甚，他们是温顺的和易驾驭的；但当我们考虑到他们从6岁便被训练来每天早晨5点到晚上8、9点做工的时候，便不足为怪了。让一个主张服从其雇主的辩护者在早晨不到5点的时候站在通往工厂的大道上，并且看看那些小孩和他们父母的肮脏面孔吧！而这些孩子是在任何气候下在这样早的时刻为其父母从床上硬拉起来的。让他考查粗陋的、主要由麦片和燕麦饼泡水加上一点盐构成的少量食物吧！有时则染上一点牛奶的颜色，连同少量的马铃薯和当午饭的一片咸肉和肥肉罢了。一个伦敦工匠会吃这样的饮食吗？他们在这里①（如果晚几分钟，便被扣1/4天的工资）直到晚间都被锁在一间比今年夏天最高气温还高的屋子里；而且一整天只有3/4小时吃午饭时间；每当他们要在任何其他时间进食时，必须一面做工一面吃。西印度群岛的黑奴就算在灼人的太阳下做工吧，极可能不时有微风吹拂他！他有一片空地，时间允许他耕种它。英国的纺奴享

① 指工厂。——译者

受不到野外空气和天际微风。他被锁在8层楼高的工厂里，不在笨重的机器停下时得不到松弛；回家也是为了第二天而恢复精神。他没有时间同他的家人亲密交往，家人们同样疲惫不堪。这不是夸张的描写，而是完全真实的。我再问问，英格兰南部的工匠会甘心忍受这种处境吗？

在棉纺业初期，并在那些代替体力劳动必要的、可怕的、被称为蒸汽机的机器进入使用以前，有一批当时称为小业主的人，他们以少量资本能获得几部机器，并雇用少量成年男子和孩子（例如20—30人）。他们生产的全部产品被送到曼彻斯特中心市场，并且放在经纪人那里……经纪人把它卖给商人。采用这种经营办法的纺业主便可留在家里工作并看管他的工人。那时，棉花经常以原棉状态成捆地给予留在家里的纺工的妻子，她们为工厂里的纺工加热并把它清洗干净。她们为这份工作，每周能赚到8—10或12先令的收入，而且还能给家里人做饭和照顾家庭。但是像这样的雇佣今天没有了。因为所有棉花都用机器来开拆，由一个称为魔鬼的蒸汽机去转动。于是，纺工的妻子们除到工厂整日工作外，便得不到雇用了，因为那些工作只给小孩每周4或5先令便能做。那时，如果一个人因与他的雇主意见不一而离开，在任何地方都能得到雇佣。然而不多几年，完全变样了。由于蒸汽机出现，购买它们，并且修建能容纳它们和六七百人的建筑物都需要大量资本。蒸汽机动力生产比小业主以同样代价能生产更为适销的（虽然并不是更好的）商品。结果在短期内小业主遭到毁灭，而在他们的瓦解当中，畸形发展的资本家取得了胜利，因为小业主是站在资本家与完全控制工人之间的唯一障碍。

接着，在工人和雇主之间就产品的精细程度产生了各种各样的争论。工人按照所生产的棉线的束数或码数得到工资，这是工人按给予的一定数量的棉花生产的。棉花的数量又由监工予以证明。由于利害关系，使监工不可避免地倾向于他的雇主，而声称工人以次换好，用的材料比发给的质量差。如果工人不服，便必须把他的雇主传唤至地方官吏面前；而在该地区内，所有管事的官吏，除两位可敬的牧师外，都是出自与棉纺主同源的绅士。雇主一般只派他们的监工应召，认为同他们的仆人对质有失身份。官吏的裁决一般对雇主有利，尽管只是根据监工的陈述而已。工人因为付不起诉讼费用，不敢告到巡回法庭去……

对人们来说，垄断在某些地区已酿成灾祸，那里的财富和权力都落入少数人之手。这些人从心底里便认为他们是世界的统治者。

（译自《产业革命史料》，第 155—157 页）

(四) 关于教区学徒的委员会报告(1815 年 4 月 11 日)

儿童年仅六七岁即由教区通过订立契约送到远郡遭受剥削，在首都的教区犹然；而棉纺织业吸收大量这种契约儿童，亦由此得到证明。

根据今上第 2 年和第 7 年①通过的法案，在那些教区管理教区学徒方面制定一些人道的规章较为切实可行。而且根据后一种法案，在那些教区的某些教区里，即在伦敦城墙外之 17 个教区；在死亡统计表范围内的米德尔塞克斯和萨里的 23 个教区；在伦敦塔管辖区，在威斯敏斯特管辖区及该城以内之 10 个教区里，每个教区都得到指示，需按年向教区书记团之书记递交一份根据契约被送出当学徒的穷孩子的名单，并将其合订成册，存放于该团。本委员会已接触过那些名单，委员会的书记已作出一份摘要。从那些名单看，自 1802 年初至 1811 年末，由这些教区订立契约送去当学徒的儿童总数为 5 815 人，其中 3 446 人为男孩，2 369 人为女孩。这些人当中被立约学手艺、当水手、学习海上勤务及当家仆的男孩 2 428 人，女

① 今上指乔治三世。第 2 年和第 7 年分别为 1762 和 1767 年。——译者

孩1 361人,共3 789人。他们中的15人在8岁以下便被立约,493人在8—11岁之间,483人在11—12岁之间,1 656人在12—14岁之间,以及1102人在14—18岁之间[①]。有一点虽然并不直接适用于调查的题目,但提一下也未必全不恰当的,即这些总数达3 789个孩子中,立约学习海上勤务、当水手、驳船夫和渔夫的学徒为484人,当家仆的为528人,学习不同手艺和职业的为2 772人[②]。其余2 026个孩子[③]中,男孩1 018人,女孩1 008人,都被与农村的人订约当学徒,其中58人年龄在8岁以下,1 008人在8—11岁之间,316人在11—12岁之间,435人在12—14岁之间,还有207人在14—18岁之间,此外有两个孩子的年龄在他们的教区的报告里未提到。

…………

委员会发出命令,要求接受总数为2 026人之教区学徒的农村各种各类人提出报告,就其所知,陈述学徒情况。一般说来,这些报告已遵命呈上,但缺少某些例子,大概由于接受学徒的人破产或歇业,而有些情况则是由于所需要的报告已由教区济贫委员提供,他在学徒的主人失败的情况下,负担起分配移交给他的学徒的责任。

可按下述作总的划分:据契约现正在当学徒的有644人;学徒期满、受同一人雇佣的有108人;学徒期满、在别处定居的有99人;死去的80人;招募入陆海军的86人;离开职业、主要是逃走的有166人;不在教区书记团保存的报告中提到的签约人处、而在他人处的58人;送回给他的朋友的57人;转到王国其他地方的手艺人处的246人;无能力当学徒的18人;没有计算到或提到的5人;在教区习艺所的26人;接受学徒的人未作出满意或清楚说明,或者在主人已破产的地方的教区济贫委员未作出满意或清楚说明的433人,〔总计〕2 026人。

---

① 共3749人,比前数少40人。——译者
② 3项数据相加共3784人。——译者
③ 与3784人相加为5810人,与5815之数差5人。——译者

……下面是当10年学徒的孩子们的不同职业和工作比例：搓丝118人、制丝织物26人、整理亚麻21人、纺亚麻58人、制麻织物88人、织帆布8人、织呢绒24人、纺绒线2人、制绒线146人、织毯2人、台机织9人、制陶器3人、纺棉353人、织棉布67人、制棉织物771人、搓棉7人、织白布198人、制粗天鹅绒71人、棉烛心制造24人、制造(据推测为制棉织物)28人，〔总计〕2 026人①

从来自首都的报告看，好像与农村制造业者订约送去当学徒的孩子，一般在同一天按5—6人或40—50人的数目送去。他们常被送回双亲处，有时则在与一个主人订约当学徒后又被分配给另一个主人。在伯尔蒙塞教区送给制造业者的25名学徒中，据说有16人未去，但没有说明未去的理由；而且有几个例子是孩子已送到农村后，因为外科医生宣布他们有病，已被退回教区。同样，包括在上述报告内之教区学徒有比例不低于3/4的人是订约送给与棉纺织业有关的主人当学徒的……

……在工业地区，孩子们很早便被教导从那些不同的工业部门得到他们的生计。在煤矿及其他产矿处所，他们几乎从幼年时代起便惯于在地下做工，这倾向于使他们受到训练和习惯于他们祖先的职业。但伦敦居民的下层不属于这种性质，而是由包括室内和室外仆役、小商人、手艺人、劳工、寡妇和乞丐等许多种类组成的。他们常是无力自谋生计，而依靠其教区的救济；但这些救济，在没有教区宣布它们有随意安排所有受救济者的孩子的排外权力的情况下，是难以给予的。因此，学徒制乃是出于必要，以解除支持如此多人的负担为目的的。而且因它大概在伦敦比在其他任何地方，出于这里述及的理由而在更大程度上得到实施，这就使得本委员会没有必要对王国其他部分作调查，便能在是否不夺去教区安排穷孩子的手段的情况下，继续实行救济形成意见。确实，照本委员会看来，这个目

① 只有2 024人。——译者

的可以达到。不论孩子的父母应得到救济与否，都大可不必违反人道强迫孩子与父母分离，并送他们到远处……几乎不用怀疑，就教区官吏而言，上面提到的10年年均订约送出之200名学徒，每年能被送到与他们父母不定期相会的距离之内的，以及(或者更有影响的)能由订约接受孩子们的教区的官吏进行监督的职业和家仆，乃是轻而易举的事。做到这一点没有多大困难是明显的。这由下述事实可知：许多教区从没有仿效订约把他们的孩子送到远处的做法，尽管有相当多的教区盛行这样做；而且有些在开始时这样做的教区，久已停止这种办法了。

…………

当与更为重要的不人道的做法相比较时，立契约送学徒去远方带给教区的不便和费用的考虑并不重要，但不要不看到这一点。那些约克郡西区和兰开郡的官吏在所有官吏之中与这个问题最有关系。他们可以像他们已做的那样，徒劳地通过决议，宣布按照教区学徒通常受到的订约束缚他们的方式去束缚他们是失策的，因而企图着眼于改善他们的待遇而定出规章。但如果这些健全的规章能由米德尔塞克斯和萨里两位官员的行动全部加以废除，即他们用与一个离得遥远的郡的制造业者签订送出几十名甚至几百名儿童的契约的做法，在无须任何通知或事前发出威胁的情况便击败这些人道目的，并因此增加本应尽力阻止和防止的那种坏处时，则那些规章毫无用处。的确，官吏们经常在如此懒散和漫不经心地履行其职责，而且如此不留心于他们所订契约孩子们的状况，以致常见的例子是官吏竟在关系人不履行的契约上签字。

……但他们①不能不提到这些孩子中，有些人在年龄很小时便被订约当学徒的事。这些远距离移动制的坏处在所有的时候都是严重的，并且加重了贫困的苦难。在孩子只有六七岁时感到的这些

① 委员会委员。——译者

坏处还要严重并且更大。他们在年幼时便缺少父母和亲戚的照顾；而且在许多情况下，过早地被迫从事繁重劳动，常常使他们的健康受到严重损害，而且通常地对他们的品德也非常有害。再者，这一雇佣使他们不能指望在不满 14 年或 15 年得到自由，因为除了首都有两个教区之外，他们都无例外地被订约当学徒到 21 岁。

…………

（译自《英国历史文献》第 11 卷，第 724—728 页）

（五）下院处理反对使用男孩清扫烟囱请愿的委员会报告（1817 年 6 月 23 日）

文件虽为 1817 年的，但所述及的事是其前已长期存在的。内容有使用童工清扫烟囱的详尽描写，反映虐待童工的一个方面。

首先，本委员会感到有责任查明现时管理清扫烟囱的各项法律。他们发现，1788 年议会曾通过一个法令，名为《一项为更好管理清扫烟囱者及其学徒的法令》（乔治三世第 28 年第 48 章①）……虽然该法在一些方面达到立法机构的目的，但本委员会从听取的证词得知，该法制定的主要新条款，即管理招收学徒的年龄的规定经常被规避；委员们一致的意见是，暴露在不幸的孩子们身上的各种各样的麻烦和苦难，不会因为那些新规定而得到减轻。乔治三世第 28 年规定，学徒或仆人之类，不得使用 8 岁以下的男孩，但本委员会获悉，已使用 4 岁、5 岁和 6 岁的幼童。双亲们惯于在推销（sell）他们的孩子给这个职业时少报他们的年龄；此外，这一条也不被经营清扫烟囱业老板看作禁止使用自己孩子的规定。在本委员会听证时举出的例子，已足令他们得出此等情况绝非不常见的实例的结论。

① 英国法律每年通过的次序称为章（chapters），48 章即该年通过的第 48 项法律。——译者

从一个经营烟囱业老板那里，本委员会也听到以学徒的双亲所讲的学徒的年龄为年龄乃是这一职业的习惯——而不要别的证明——这个老板从未听说老板们要执行取得一张年龄证明书的做法，而他竟然不知道该议会法令要求此种证明书。本委员会经常引用证词作为受雇于这个职业的大量不幸的孩子遭受的残酷迫害、虐待及特别困苦状况的证明。在证词中有他们从双亲处被窃走、从习艺所被骗走的情况；为了制服幼童天生有的攀登狭窄和危险的烟囱道的反抗，经常鞭打他们，而这种攀登烟道清扫是需要他们去劳动的；为了强迫他们攀登烟囱道，跟在他们下面的男孩用针刺进幼童们的脚，且经常使用燃烧的草以达到这种目的。这样，孩子们的大腿、膝盖和肘经常引起化脓和撞伤，遭受损伤和烧伤，而且需要许多个月才能使肘、膝等四肢变得有足够的强度以抵挡像他们第一次所受到的那样的伤害。当有个老板被问及在清扫烟囱道的那些男孩受伤的部位未痊愈时，是否还要求他们继续扫烟囱时，他回答道："这要看他们的老板是什么人，有的老板比谁都更早地强迫男孩工作；还说即使在有伤时，你必须保持他们做一点工作，否则，他们将学不会他们的手艺。"本委员会获悉，这些男孩的脊椎骨、腿、手臂等的畸形，即使不是全部，至少也是绝大部分来自他们的骨骼还在柔软和成长状态的年龄时便被迫攀登烟囱道所致。但同样还由于他们被迫搬运烟垢袋和擦布所引起，这些东西的重量有时超过20或30磅，还不包括烟垢在内；而且偶尔还得长距离和长时间地搬运这样重的东西。首先，由于他们在爬上烟囱道，特别是在爬下烟囱道时所不得不采取的姿势，使得他们的膝盖和踝骨关节都变形了。此时，他们完全靠下肢来支撑自己的身体，而双臂则被用来擦扫下烟垢。本委员会经常引证有关构成这个不幸阶层的矮小身材的特征、畸形身躯、悲惨外表和患病观察的报告；但在他们听取的证词中还谈及一个可怕的，尤其是经营清扫烟囱业者应负责任的疾病，为了与其他情况区别开来，特称此疾病为"扫烟囱人癌"（chimney-sweeper's cancer)。外科医生赖特先生告诉本委员会说，当他服务于盖伊和巴塞罗缪医院时，他照顾过这种病患者，有的人做了手术，但一般说来，在他们申请医治之前，疾病已经太严重了……这些孩子不仅是命中注定要过早的担负沉重的劳动，还有粗陋的饮食、肮脏的住房和残酷的待遇。一般说来，他们几乎完全受不到教育，受不到道德和宗教的教导；他们自己构成一种阶层，而且白天较早便完工，随即被赶到街头，在懒惰和堕落状况中消磨他们的时光。这样，他们就变成了那些欺骗无知者上钩、诱使疏忽者上当的坏人猎取的对象了。如果他们的体质强壮到足以抵御此职业引起的疾病和畸形，或身材长到不再为那个职业所用的程度，那他们便会被抛到世界上，而找不到谋生之道。他们没有勤勉的习惯，或者毋宁说，太常见是确实染上懒惰和堕落的习惯……本委员会已努力在死亡统计表里查明那些可被看成从事这种职业的人数：委员们得知经营清扫烟囱业的老板可估计为 200 人，他们有 500 名学徒。前者在生意还过得去的情况下，算得上守法的业主不超过 20 人，这些人一般看起来遵守该法令①的条款，平均每人有 4—5 名学徒。经营清扫烟囱业的老板中约有 90 人属于劣等，平均每人有 3 名学徒，这些老板极端忽视学徒们的健康、道德和教育。至于其余 90 个是最近刚从工匠转到清扫烟囱行业当老板的，他们之所以干这一行是没有其他的财源。——他们尽量找能找到的男孩——这些人让学徒们在市镇郊外的茅屋、棚屋和阁楼里同他们住在一起，时不时周游于周围的村庄。这一职业的不幸，在于存在两类老板的区分，其比例为 180 比 20②。在本委员会听取的证词里讲到：在哈德莱、巴尼特、乌克斯布里奇和温莎曾使用女童做清扫烟道的工作。

本委员会注意到，一般在这个职业的最正派部分的老板，学徒

---

① 指乔治三世第 28 年第 48 章法令。——译者

② 180 指劣等的 90 人，最近还是工匠的 90 人之和，20 人指算得上守法的一类。——译者

年龄是遵守法令的规定，即从8岁到14岁；但即使在这部分老板中，也常常实行互相借用年岁较小的男孩，目的是清扫狭窄的烟囱。我们无法得到其他老板的学徒年龄的准确情况，但他们有最小的孩子，这些人或是他们自己的或是按约成为他们的学徒的孩子，而在许多情况，这些人确比规定的年龄小得多。因此，年纪最小和最柔弱的孩子往往是落在最坏的老板手中干活，而且是专门用来清扫狭窄烟囱的。由于这种烟囱的特殊构造，清扫它们，要冒巨大的风险……

本委员会就这样简单扼要地陈述了他们得到的证词的主要事实，即被卖到人类不幸职业的孩子们的悲惨遭遇。委员们非常焦急地从各阶层人中去了解，借助机器来做现在清扫烟囱男童做的工作的可能性。了解的结果是：虽然对机器能应用的程度有些不同意见，但那些本身在这个职业里培养出来的老板，即那些最有实践经验者最低计算证实了这一事实，在首都3/4的烟囱用机器手段清扫可以同样干净和便宜，剩下的部分按最高计算为全数的1/4，可以容易而便宜地经过改建，也就无须使用扫烟囱男孩来清扫了。最熟悉首都建筑物的建筑师贝万斯先生不怀疑95%的烟囱可用现在使用的机器清扫；他也不怀疑，假定有个立法规定不得使用扫烟囱的男孩清扫烟囱，那么，一定不难找到清扫现在的每个烟囱的代用品。他还说，清除一个卧式的窄烟囱，由于烟垢的量，用机器清扫可能是困难的，但用男孩清扫，与用机器一样糟糕。因为清扫的男孩走下去时，在他的周围烟垢聚集起来，这便塞住了支持生命所需的空气流通了。因此，很清楚，在其现在的结构下，无法使用机器的烟囱，那些清扫它们的男孩，丧失生命的危险是最迫近的。

据说有的窄烟囱不超过7英寸。一位证人向委员会述及一个事实：他告诉他们，他的生命经常处于危险中，他时常清扫金匠厅(Goldsmith's Hall)的一个长而狭窄的烟囱，他要在那里面被关6个小时来完成工作……委员们因此建议：使用男孩扫烟囱应完全禁止，学徒开始的年龄应从8岁提高到14岁，以置此职业与其他职业

同等的地位。最后,本委员会已达成下列决议:

决议:主席得到指示,许其动议提出一个要求禁止在扫烟囱上再使用攀登的男童的法案。

(译自《英国历史文献》第 11 卷,第 742—745 页)

(六) 手工业工人周工资(1800—1815 年)

同一工匠,地区间差别很大。这些年中,虽然工资呈上升趋势,但对法战争物价上涨也很快。有的工匠如手织机匠工资波动较大。

年代	木匠			砖匠				
	格林尼治医院①	曼彻斯特	格拉斯哥	格林尼治医院		曼彻斯特		格拉斯哥
	先令	先令	先令	先令	便士	先令	便士	先令
1800	18	—	—	18	0	—		—
1805	27	—	—	29	0	—		—
1806	27	—	—	29	0	—		—
1807	30	—	—	28	0	—		—
1808	30	—	—	30	0	—		—
1809	32	—	—	30	6	—		—
1810	34	25	18	31	0	22	6	17
1811	33	25	18	32	6	22	6	17
1812	33	25	18	32	6	22	6	17
1813	33	25	18	32	6	22	6	17
1814	33	25	18	32	6	22	6	17
1815	33	25	18	30	6	22	6	17

① 即今海军学院,在格林尼治区的泰晤士河南岸。此处用以代表伦敦(除排字工外)。——译者

年代	石匠						铅管匠			
	格林尼治医院		曼彻斯特	格拉斯哥	阿尔布罗思		格林尼治医院		格拉斯哥	
	先令	便士	先令	先令	先令	便士	先令	便士	先令	便士
1800	17	0	—	—	—		19	6	—	
1805	30	0	—	—	—		77	0	—	
1806	30	0	—	—	—		27	0	—	
1807	30	0	—	—	—		27	0	—	
1808	30	0	—	—	—		31	0	—	
1809	30	6	—	—	—		34	6	—	
1810	31	6	22	17	—		34	6	22	6
1811	34	6	22	17	—		34	6	22	6
1812	34	6	22	18	12	8½	34	6	22	6
1813	34	6	22	18	12	7½	34	6	22	6
1814	34	6	22	18	11	6½	34	6	22	6
1815	34	6	22	18	10	$\frac{1}{2}$	34	6	22	6

年代	裁缝				鞋匠			纺纱工	
	曼彻斯特		格拉斯哥	阿尔布罗思	曼彻斯特	格拉斯哥	阿尔布罗思	曼彻斯特	青年妇女
	先令	便士	先令	先令	先令	先令		先令	便士
1800	—		—	—	—	—	从1812年至1833年10先令到12先令①	—	
1805	—		—	—	—	—		10	1½
1806	—		—	—	—	—		—	
1807	—		—	—	—	—		—	
1808	—		—	—	—	—		7	5½
1809	—		—	—	—	—		—	
1810	18	6	19	—	16	15		—	
1811	18	6	19	—	16	15		—	
1812	18	6	19	15	16	15		—	
1813	18	6	19	15	16	15		9	6
1814	18	6	19	15	16	15		—	
1815	21	6	19	15	16	15		—	

① 原表到1833年。——译者

年代	手织机工匠												
	曼彻斯特		格拉斯哥		阿尔布罗思	福法尔郡	博尔顿		兰开郡的巴劳福德		奥尔达姆	
	先令	便士	先令	便士	先令	先令	先令	便士	先令	便士	先令	便士
1800	—		13	1	—	—	25	0	—		—	
1805	—		15	4	—	—	25	0	—		—	
1806	—		17	8	—	—	22	0	—		—	
1807	—		15	6	—	—	18	0	—		—	
1808	—		13	2	—	—	15	0	—		—	
1809	—		11	9	—	—	16	0	—		—	
1810	16	3	11	6	—	14	19	6	—		—	
1811	12	6	7	6	—	11	14	0	—		—	
1812	13	0	9	9	16	10	14	0	—		—	
1813	12	6	12	1½	16	8	15	0	—		—	
1814	15	7	13	0	16	12	24	0	26	0	13	9
1815	13	2	11	6	14	13	24	0	17	1	11	9

年代	劳工			排字工				英格兰小麦平均价格	
	格拉斯哥	曼彻斯特	米德尔塞克斯的贝德方特	伦敦书籍类排字工	伦敦日报排字工	伦敦晚报排字工			
	先令	先令	先令	先令	先令	先令	便士	先令	便士
1800	—	—	—	33	40	37	0	110	5
1805	—	—	—	33	40	37	0	87	1
1806	—	—	—	33	40	37	0	76	9
1807	—	—	—	33	40	37	0	73	1
1808	—	—	—	33	40	37	0	78	11
1809	—	—	—	33	42	38	6	94	5
1810	11	15	—	33	48	43	6	103	3
1811	11	15	18	36	48	43	6	92	5
1812	11	15	18	36	48	43	6	122	8
1813	11	15	18	36	48	43	6	106	6
1814	11	15	15	36	48	43	6	72	1
1815	11	15	15	36	48	43	6	63	8

（译自《英国历史文献》第 11 卷，第 607—610 页）

二、工人斗争和工会

(一) 卢德运动

1. 卢德派誓词(1811 年)

卢德运动以捣毁机器为目的。加入卢德派宣誓是秘密进行的,因而流传下来的誓词有出入。

我,某某,按我的自愿,特声明并庄严地宣誓,我永远不会以言词、行动或信号向苍天之下的任何人泄露组成此委员会的诸人的姓名,他们的议事录、会议、居住的地方、服装、面貌、气色或任何可能导致发现上述各项的其他情况,否则愿受被首先遇见我的兄弟杀死,而我的名字与人格被抹掉并永远被轻蔑和痛恨的报应;我又特宣誓:假如在我们之中出现叛徒的话,在任何我能找到他或他们的时候,我要竭尽努力将叛徒或叛徒们处死,并且即使他们逃到天涯海角,我也要不停地追寻他。愿上帝帮助并祝佑我谨守此誓不渝。

(录自蒋相泽主编《世界通史资料选辑 近代部分 上册》,北京:商务印书馆,1964 年,第 41 页)

2. 台机织工宣言(1812 年 1 月 1 日)

织袜匠在 18 世纪末 19 世纪初收入减少,而物价因战争飞涨,有些地方又引进织物整理机(cloth-dressing),因而宣称有权破坏机器。

兹根据故王……查理第二颁赐的特许状，台机织工有权打碎和破坏用欺诈和作伪的方法假造各种物品的一切台机与蒸汽机〔，〕并有权破坏这样制造的任何台机编织物品〔；〕又因一些不诚实的品行败坏的奸诈多端的人竟得于今王乔治三世第 28 年[①]通过条例〔，〕加以规定〔；〕凡以暴力进入工厂建筑物或所在地打碎或破坏台机者应以重罪判处〔，〕而我们充分相信这样的条例是用最诡诈偏私和奔走营谋的方式得到手的〔，〕并且充分相信大不列颠的可敬的议会对于获得此项条例的那些人的动机与意图是受蒙骗的〔；〕因此我们台机织工特此宣言上述条例事实上是完全无效的〔，〕因为按此条例则奸恶骗卖之徒得以制造欺诈作伪的成品来使我们的行业失去信用并完全破产。又兹因我们宣言〔：〕上述特许状之仍属有效如同未有此项条例之通过一样……我们特此向所有袜商花边制造商以及台机所有主宣告〔：〕我们将要打碎和破坏制造下列赝[②]品的任何式样的台机以及不支付前此经（由）老板和工人约定的常规价格的一切台机……

一八一二年一月一日

内德·卢德办公室

舍尔伍德 山林

（录自中山大学历史系世界史教研组编译《世界近代史参考资料选集》（第一辑），广州：中山大学，1960 年，第 238—239 页）

3. 捣毁剪毛机的警告（1812 年）

这是存于“内政部文件”中的一封卢德致哈德斯菲尔德一厂主的信，由此可知剪毛机（shearing frame）也在破坏之列。

---

① 1788 年。——译者

② 原作“膺”，系“赝”的误排。——译者

先生，

刚获悉你是那些讨人嫌的剪毛机的持有人。我的部下要求我函告你，并给你明白无误的警告，要你拆除那些机械。如果你下周末还不拆除，我将派我的一位副将率领至少 300 人去捣毁它们。而且还要注意，如果你胆敢给我们制造麻烦，我们则要添加你的不幸，把你的厂房烧为灰烬；如果你轻率地向我的任何部下开火，他们已得到命令杀死你，并烧毁你的全部房屋。请通知你的邻居，如果他们不拆除他们的机械，同样的命运在等待着他们……在下院通过一项拆除对老百姓有害的一切机器的法令，并废除捣毁机器有罪的法律以前，我们决不放下武器——但我们不会再像惯常那样请愿，我们必须战斗。

匡济军总司令 内德·卢德 书记(签字)

(译自《每人都是目击者》，第 223 页)

4. 菲茨威廉伯爵呈内政大臣西德茅斯子爵的报告(1812 年 7 月 25 日)

本文件未对卢德派作夸大估计。但须注意在禁止工人结社的同时，却鼓励工厂主组成社团，对付卢德派。

……昨天有机会与不同的人谈话，我高兴地报告您，我深信国家未处于想象的、使人惊恐的状态之中。毫无疑问，有以肇事为目的的协会存在，最近的事情确证了这一看法——劫去克利夫顿的每一支枪的事实证明有一个侦察系统及一种情报手段存在。作这件事的态度也表明在行动上有很大程度的策略性，但它并不比抢劫行动走得更远。它没有表现出为军事团体反抗者弄到武器的征兆——他们想得到的最重要的工具可能就是枪，这绝不致使他们在抗击燧发枪时成为可怕的。——而且，当一个人深入这个问题，并调查事实的证据时，夜间训练和操练的报告便缩减到没有了。它们是恐惧的产物，完全是想象的，并且仅仅是虚构。

我并不是说，卢德派徒众没有四处串联，而且或集结为某种程度的队列；但无论如何没有任何人指得出他们是按照军事规模集合并操练的事实——就否定的证据而言，我认为，相反的情形才是确实的。

不过，集会结社无疑存在，对财产和人身都很可怕。很可能，原是进去捣毁那类财产，即工厂里的机器的，后来则发展到作为摧毁的一种手段，指向那类财产的所有人。办法是运用恐吓。这是一个很严重的祸害，而我们必须集中注意于一点，我相信，对付它的最好办法是对立结社（anti-combination），如果我可以这样来表达的话，即如赖德先生[①]建议的用社团来反对它。——这一办法还未得到充分的推行。在大城镇已完全有效地组织起来，但在较小的城镇，没有感到有能力建立起这样的组织，而且总没有认识其必要性——直到他们感到祸害来临时，不相信有危险。本职正是按照这样的想法，以委员会的形式走进各地，希望鼓励人民把自己组织进这种防御的布置里——更多的做法还谈不上。

…………

（译自《英国历史文献》第 11 卷，第 532—533 页）

① 菲茨威廉 1812 年是约克郡西区军事首脑。当卢德派活动时，赖德在那里组织了一些社团。这是一种准军事组织，下分若干连，由愿意参加者组成，每晚由一个连守夜，以防卢德派袭击工厂和住宅。——译者

5. 巴恩斯利一织工谈参加卢德运动(1812 年 8 月 26 日)

巴恩斯利织工托马斯·布劳顿被带到两名治安法官处审问,他谈到卢德运动。其中涉及卢德派的人数和武装之处,显系夸大,这由上一文件可证。至于提到资产阶级激进派人物会在起事后参加,也是一厢情愿的想法。

……大约在最近的 6 月 12 日或 13 日,报告人[①]到理查德·豪厄尔在巴恩斯利附近旧机器处的家,要求他还点债……豪厄尔问报告人是否愿意会晤一位卢德人物,因为他能介绍一个人给他;当时报告人说他不能够,但他会在次晚去拜访。第二天晚上,豪厄尔来访报告人,他带了一张写就誓词的纸。豪厄尔和报告人一起出去,他要求报告人宣誓,向报告人读了一遍誓词,报告人重复了一遍,但他[②]说他不会吻放在誓词上的书[③],因为他已作过一个与该誓词性质相反的宣誓。从那时起,巴恩斯利的一个织工约翰·伊登和同一地方的织工克雷文·库克森征求报告人意见,并说服报告人参加秘密委员会,而两个星期以前的星期日使得报告人宣了誓,地点在从巴恩斯利去多德沃思的一条小巷内。仪式由上述的库克森主持,伊登也在。——那是在上午,宣誓的形式是由报告人在一张标有 A 作为附件的纸上手书誓词并签上名字。在库克森和伊登结束宣誓仪式时,他们对他讲,作为秘密委员会的一名成员,他的责任是得到预先通知和指名要求时出席所有这些会议,征集由卢德人捐助的款项以支付代表和秘密委员会需要时的费用,在派出收集情报和传送信件给其他委员会时发出去。与报告人同一委员会活动的为上述伊登和库克森,以及都是巴恩斯利织工的威廉·汤普森和斯蒂芬·里

① 布劳顿自称。——译者
② 布劳顿。——译者
③ 这是表示宣誓,正常情况为圣经。——译者

钦曼，他们被任命组成巴恩斯利一个秘密委员会。报告人进一步讲，劝人成为新会员也是秘密委员会的事情。在巴恩斯利，会员约有 200 人。其中报告人列举商业旅舍的约翰·巴克斯特、酒店老板詹姆斯·布朗、亚麻布生产者乔治·沃森、帽商亨利·泰恩、理查德及花匠博顿。报告人认得出许多卢德人物，但不知道名字。在巴恩斯利的委员会不允许爱尔兰人加入，因为怕他们泄露机密。从利兹到设菲尔德和从设菲尔德到利兹的代表（如报告人被委员会告知的）每周来往都经过巴恩斯利，但直到上周以前，两地委员会中的任何一个都没有与巴恩斯利委员会有任何交往或通信；只有在那时，报告人才通过利兹制模匠惠特尔先生的介绍，代表巴恩斯利给了利兹一封信。最近的星期一早晨，他听到一个不知道的名字，但知道来自设菲尔德的人向约瑟夫·艾塞克斯宣称，在设菲尔德及其周围，有 8 000 人几乎完全武装起来，而且会在几天内完成；因此，他们不把军队放在眼里——虽然他们一度认为德文南部的人是好小伙子，但现在他们认为这些人比胡泽尔[①]还坏。自从报告人成为秘密委员会的一员，委员会的人曾告诉他，从曼彻斯特和斯托克波特来的代表已在巴恩斯利（但他没有在场），他们的任务是收集人数和其他消息。有个叫黑格的人，现正在约克城堡办理非法宣誓事宜。他告诉报告人，在霍尔姆菲尔斯，有 450 人加入卢德派。在哈德斯费尔德周围大部分地区和在哈利法克斯的一大群人，在非国教教徒外衣下聚会，而在利兹也有 7 000 人或 8 000 人。据报告人称很大一部分卢德人是地方民兵。卢德派的最后目的是以引起国家革命来推翻政治制度。阿什顿安德莱恩的某些代表在这个 8 月 4 日告诉报告人，被接受的引起革命的第一个措施会是派出卢德派人员去到两院议员的各种各样的房舍去消灭他们，而后伦敦的该协会的人便会占

① 胡泽尔（Huzzars），欧洲轻骑兵，实系德国雇佣兵，英王室来自汉诺威，因此常有德国雇佣兵。——译者

领政府。在巴恩斯利的委员会及报告人为了自己，认为并相信一旦发生革命，弗朗西斯·伯德特爵士①和卡特赖特少校②会参加到他们中来。阿什顿附近达肯菲尔德的詹姆斯·黑格告诉报告人，有些有产者与动乱有关系，他们不积极出面，而是开出汇票并把它们放在代表们的门下面。从那些参加者收集的自愿的捐献是从每人每周1便士到1先令；报告人曾从委员会接受10先令10便士作办事旅行之用。巴恩斯利的卢德派没有武器，但相信一旦闹翻，他们能在军队没有发觉的情况下，即在其有时间集中武器之前，便占有它们……

A.〔卢德派誓词〕

我，某某，按我的自愿，兹特保证并宣誓，我决不泄露本秘密委员会任何人的姓名，如有违反，愿为被首先遇到我的弟兄杀死。我特又宣誓，假如出现叛徒或叛徒们，即使他逃到天涯海角，我决心采取一贯的复仇态度对待他或他们。——我特再宣誓，我决心在与所有我的弟兄的一切交往中严肃而忠实；如果在任何时候，我供出他们，则从协会名单上除名，且除了蔑视和厌恶外，永不提及。愿上帝助我信守此誓不渝③。

托马斯·布劳顿　签字

B. 暗号

在人面前，如有另一卢德人，你必须举起你的右手高过你的右眼，他则将举起他的左手高过他的左眼——而后，你必须把你的食指举到你的嘴的右侧——另一方将把他的小指举到他的嘴的左侧，并将说："你是什么人？"回答："有决心的人"——他将说："为了什

① 伯德特于1807年由威斯敏斯特选区选为议员，此后30年都代表该选区。1809年提出议会改革法案，因此赢得声望。本人属资产阶级激进派，但1837年后成为保守党人。——译者

② 见前。本书收有其《作出你们的选择》的小册子。——译者

③ 与前引《卢德派暂词》有出入。——译者

么?”你回答:“自由”——而后,他将与你交谈,并告诉你他知道的一切……

(译自《英国历史文献》第11卷,第533—535页)

(二) 诺森伯兰和达勒姆煤矿业中的争端(1765年9月21日)

矿主非法延长契约期,并对矿工施加压力,引起矿工反抗,在新协议达成前,拒绝工作。

鉴于一些荒谬和不真实的报道接二连三不断地在国内到处散布,这些流言蜚语谎称达勒姆和诺森伯兰郡的煤矿工人在他们契约期满之前即擅不受雇,因此有必要通报公众,说明事实真相。达勒姆和诺森伯兰郡的大多数矿工是在1764年8月底立约的,其余的人是9月初立约的,他们劳动到1765年8月24日或25日契约即到期,但是煤矿业里尊敬的老爷们却让他们一直劳动到11月11日才得以自由。这就是说,要让工人们为他们劳动14个月以上,而不是契约里规定的11个月15天。工人们认为这时已不受任何契约的约束,所以他们听任好事者去评定谁是谁非。上个星期报纸上一则公告,要求人们不要雇用任何矿工,以支持他们那些人及其家属。他们有理由确认这则公告的发起人是心怀恶意地使上述各郡勤劳的贫民陷入最大的苦难的。因为,所有生活必需品的价格都在上涨,它们如此昂贵,以致对他们来说,为了维持他们的家庭而不采取其他他们愿意做而且决心去做的合法谋生手段是不可能的。又因为上述公告促使了已雇用这些矿工的人又把他们解雇了。同样的上述尊敬的老爷们又签订了一项不雇用以前在其他煤矿做工的任何矿工的条款,这就使他们遭受更大的苦难,因为矿工们被迫终生在同一煤矿做工,他们认为这就使这个王国作为一个自由之邦的古老品德荡然无存。因此,矿工们决定拒绝为任何上述老爷们的煤矿做工，直到废除该条款，另立来年的新契约，直至他们对之十分满意为止。

（译自《英国经济史史料》，第 348 页）

（三）关于工匠和机器委员会报告　证词记录(1824 年)

资料内容反映了 1812 年的罢工情况。这次罢工所表现的广泛联合，表明工人已愈益依靠自己的力量进行斗争。这个证词具有完整性和典型性的特点：表现了工人们运用法律斗争失败，于是举行罢工，因遭镇压，罢工也失败。

亚历山大·里奇蒙先生被叫进并被诘询。

问：你对苏格兰从事制造业的人们是否多少有些熟悉？

答：我对苏格兰的所有工业区有非常广泛的了解，对英格兰也知道得很多，还有对爱尔兰，时间都已超过 20 年。

问：你本人是厂主吗？

答：是的，我先是一个工人，后来才是工厂主、代理商和商人。

问：你在苏格兰什么地方从业？

答：主要在格拉斯哥。

问：你在格拉斯哥期间可曾同为了工资而联合起来的工人团体有过联系？

答：我在 4、5 年间与几次申请确定工资额的行动有过关系，这些申请都是先向议会提出，而后以在苏格兰进行诉讼宣告结束①。

问：提出申请是在哪一年？

答：1811 年。这原是只向苏格兰提出的申请，但在 1809 年也连

① 根据 1707 年联合条约第 18、19 条，苏格兰在相当大程度上保持司法独立。阅读本文件时，须注意是苏格兰还是英格兰的司法机构。还要注意，在海洋法系的国家，判例具有法律效力，与大陆法系国家根据成文法不同。——译者

带向兰开郡提出，申请导致当时下院一个委员会①进行长期的调查。已故惠特布雷德先生②和其他几位委员建议工人组成一个协会，以便通过这一媒介实现上述申请；这就促成苏格兰和英格兰全棉织业以及丝织业中与棉混织的那部分发生联系，后来爱尔兰也引进了这种协会。在协会多少完善以后，即1811年，他们还进行了另一次尝试，以获得一项学徒法案，这是该行业所做的争取立法干预的最后一次尝试。那时也委派下院的一个委员会来审议它。

问：当时协会的目的是什么？

答：主要集中于限制学徒加入行业，规定一个学徒年限，因为他们把行业中的人手充盈看作是弊病的根源。

问：你是不是格拉斯哥工人委派的代表之一？

答：是的。在向议会提出的最后一次申请终告失败后，协会就把注意力转向找到一些着眼于提高工资额而授权治安法官确定工资额的议会法令。事实上，工资的经常变动或许比低工资更有害。在那个时期以前，劳动力的价格在一个月内的波动幅度达30%。工人们试图同雇主达成一项法院外的协议。雇主们在这一点上出现了意见分歧，他们中的一些人赞成调整，另一些人则持反对态度。在几次试图同持反对意见的雇主达成一项安排都失败后，有一部分雇主为工人利益着想，终于向四季法庭提出起诉。

问：那些人采取了什么措施？

答：他们向拉纳克郡郡守请求，同时也向格拉斯哥市政官吏请求召集行业大会，以获致指派两个委员会达成一项安排，两个委员会分别代表不同利益。

---

① 该委员会"一致认为，上述请愿书中所说的有关在棉织业确定最低工资的建议，在原则上是完全不能接受的，不可能以任何想得出的办法付诸实施，而如果将其实施，就会产生极大的灾难性后果"……

② 塞缪尔·惠特布雷德(Samuel Whitbread，1758—1815)是辉格党杰出的政治家，当时进步的人道主义人的主要人物。他曾三次(1796年、1800年和1808年)力求通过一项最低工资法案，但均告失败。

问:一个雇主委员会和一个工人委员会,对吗?

答:是的,这两个委员会都是在市政官吏出席的情况下召开的。我组织了其中按设想代表工人利益的那个委员会。我们经过多次讨论仍无法达成任何协议。事实上,雇主们完全不愿承认固定工资的原则,我们因此求助于依据某些法令的诉讼程序。这些法令都是在联合王国成立之前通过的,又为乔治二世在位时期通过的一项法令所确认的。据我所知,在英格兰曾一再小范围据此行事。就诉讼程序的合法性而言,我们是对立的。他们怀疑诉讼的恰当性,认为法院完全无权进行干预。法院认为有权干预,诉讼是正当的。于是案件上诉到高等民事法庭[①],他们也维持四季法庭的判决,并将案件发回,以使治安法官判明案件的真情。一项工资数额表已拟就,它是以诉讼程序为依据的。我们希望它得到批准。于是治安法官进而深究案件之真相,这是要判明所要求的工资数是否合理的。接着,反对的一方逃避该案件,他们不能用证据反驳我们,他们已觉得我们的要求是合理的;但我们必须对一项证据进行为期两个月以上的调查。每个特定组织都有两个证人宣誓,由于有许许多多组织,因而需要很长的时间。我相信这是在帝国[②]曾发生过的唯一这类案子,因而我愿向委员会说明结果。总共有130位证人被质询。

问:那是向爱丁堡的法庭提交的吗?

答:我们的调查证据是向四季法庭提交的。我要说明,这时在坎伯兰也提出一个诉讼案件,其目的是也试图解决英格兰的问题;坎伯兰郡的四季法庭也认为自己有权处理这种由雇主依据执行书送交王座庭[③]的问题。但它又以为该问题在英格兰被审理之前,最好让苏格兰的诉讼案件先解决,而因苏格兰的诉讼案败诉,英格兰

---

① court of session,在苏格兰,是苏格兰的司法机构。——译者

② 这个"帝国"只是习惯用法,从全文可知是指联合王国。——译者

③ 王座庭(King's Bench),是英格兰高等法院中的一个庭,与大法官法庭和家事庭并列。——译者

的问题也就一起搁置下来的……

问：你谈谈诉讼程序如何进行？

答：治安法官认为所要求的工资价格是合理的，只在某些地方作了修改，而雇主则立即拒绝按这种工资价格来支付。我们的辩护人在诉讼过程中同意撤销要求中语气最强烈的部分，目的在于克服困难，排除可能要反对这种权宜之计的障碍。诉讼原是基于以下，即祈求他们也许会被迫按工资价格支付。但由于语气最强烈的部分因避免困难而撤销，这只是一个申诉性的决定。随着雇主们拒绝支付，我们于是试过各种各样的办法以获得一个法院外的裁决。现任的高等司法法院副院长①曾是1809年下院委员会的成员，他看来坚决反对干预的原则；而且，我们从法院的情绪看出，他们虽曾判定这项法律，但如果我们按诉讼的权宜之计行事，那就很可能败诉，因此，我们试图进行罢工。

问：在整个诉讼期间，雇主们是否联合起来反对你们②？

答：为了作出样板，只有主要厂商的40个雇主成为诉讼的一方，包括行业的所有分支的一个样板。这些厂家中大约1 600至1 800名工人成为这些诉讼案件的原告。

问：可能有多少雇主？

答：只有一部分雇主是这一直接与主要利益对立的诉讼的一方，但除少数雇主外，所有雇主最后都是反对这件事的原则的。工人方面关心的目的在于取得地方行政长官进行制裁的干预，而他们则一致希望有雇主挺身而出表示行业无力支持提高的工资价格。我们再三要求他们挺身而出表明是利润使他们无力负担的。

问：当他们提出这些人的工资与其他分支工人的工资之间进行比较的问题时，雇主们不反对工人？

---

① 高等司法法院是苏格兰的司法机构。副院长称Lord Justice Clerk。——译者

② 值得记取的是，在1800年到1824年间，没有一次告发雇主结社获得成功的记录，尽管在英格兰，根据结社法令，甚至习惯法，这类结社是非法的。

答:不,他们既不试图使证据无效,也不提出行业无力支付这些工资的证据来与我们对抗。

问:你们于是就决定罢工?

答:我们于是决定试一试进行道义努力的效果,这是这个国家中进行过的最广泛的努力。我们使整个王国都罢工了;我们使40 000台织机停止了生产;罢工坚持了6个星期,雇主未采取任何步骤进行调解。

问:罢工蔓延到哪些地区?

答:从阿伯丁到卡莱尔。我们与英格兰整个棉织业都有通信联系,但在初期罢工行动仅限于苏格兰。

问:你们所提到的这次诉讼的代价是什么?

答:1月提出诉讼,持续到11月结束;在1812年11月10日,我们得到了终审判决。我们需要一个星期的时间来准备罢工,因为我们设想这将是同时进行的罢工。在我们罢工的一天,近3万名工人参加了,而消息一到达其他工人那里,他们就跟着进行罢工。

问:到罢工时工人花了多少钱?

答:大约3 000镑。

问:你们的组织是怎样的?

答:我们的组织遍及三个王国的全行业;兰开郡、坎伯兰和拉纳克、伦弗鲁和埃尔诸郡、珀斯、斯特林等以及爱尔兰北部。我可以概括地说,就我对这一行业有所了解的20年间,在一切取决于工人的问题上,苏格兰人都坚决地在有关一般消息的事情方面带了头,而工人也始终比与棉织工业有关的英格兰人先带头。因此,在这种情况下,格拉斯哥是这一行业的中心。

问:这次罢工的结果怎样?

答:这次罢工发动后大约3个星期,政府方面进行了直接干预,通过对有关的所有当事人的逮捕而镇压了罢工。

问:你所说的对有关所有当事人的逮捕是什么意思?

答:我们有一个"五人委员会",在整个期间指导行动,我们5人全被逮捕,并被判入狱。

问:你是5人之一吗?

答:是的。

问:逮捕你们的法律依据是什么?

答:没有特别的法律。我可以提到一件诉讼案件,由于该案例直接应用于结社,我愿在这里介绍它。1811年,在棉纺工人中出现一个团体,并发生人身伤害而罪行严重的一个案件。案件告到格拉斯哥巡回法庭,由现任最高民事法院院长①霍普主审。他说,这是结社罪中之最严重者,在法律上是有明确的纠正之道的,因为地方行政官吏完全有权力确定工资额或解决纠纷,那就是我们1811年提出诉讼的根据。面对这种情况,在根据这一原则行事之后,单纯的罢工行为也解释为对结社法的破坏;而且依据霍普院长的话行事之后,我们被判有罪,但我不知道究竟依据什么法律。法庭准许我们保释,并对我们起诉;干预的结果是一场失败。雇主看到尽管一切事情完全是和平地、安静地进行的,但政府仍出面干预,雇主也看到工人方面必定以屈服而告终;因而尽管雇主在此期间也提出一项调解的建议,但他们一看到上面的情况便脱身了。

问:你认为政府以逮捕全体委员的干预制止了雇主同工人达成合理的协议吗?

答:我有幸通过郡守这个渠道而清楚知道这点的。我是被告中第一个获准保释的,而我的同事被监禁了两三天。应行业中几家主要商号的请求,有一项建议通过郡守向我提出,即法官发回的工资额是否可作些变动。我作了如下的回答:我毫不怀疑,任何事情只要被指明是完全合理的,工人方面就会完全接受,而且我们准备与他们会谈;但此事恰好发生在干预开始之前,而他们始终未就上述问题再提建议。结果是工人方面的屈服。他们不得不

① 最高民事法院院长称 Lord President。——译者

屈服,我们紧接着被起诉,并被判处不同时间的监禁,从 4 个月到 18 个月不等。

问:你能说明依据什么法律吗?

答:在苏格兰没有成文法①,起诉是依据习惯法进行的,法院拥有立法权和司法权。在那种法院里,此案完全是新的,不曾有过同样类型的案件,因而他们使之具有了一种追溯效力。

(译自《英国工人运动史料选》,第 93—99 页)

(四) 利物浦工会的信(1803 年 11 月 14 日)

本件表明工厂工人互相支持。文字表述颇为奇特,反映是文化很低的工人所写。

亲爱的工厂伙伴们,——我希望你们会原谅我们在现在以前没有写信给你们,回答我们衷心感谢你们,在最近我们同我们的暴君②的斗争上的及时的援助;希望你们会保持你们在上次对我们援助所表示的那种关心,而它则是在我们如此需要的时刻得到的。如果任何时候你们碰巧遇到任何同样的事,那你们就马上把你们的情况通知我们,以使我们可以表明你们的利益同我们的利益一致,并且完全像在我们权力之内那样行事,因为我们仍然,并且经常会想到从你们那里在接受供应上受过你们的恩惠那样,而没有这种供应,我们必定会非常悲惨,因为我们并没有从我们希望得到供应的城镇得到供应。但因为我们已部分地熬过我们的苦难,我希望你们不要忘记写信给我们,因为我们为你们的援助感谢

① 在 1800 年以前,苏格兰有过 3 次对结社罪的审判,而 1799—1800 年诸法案在苏格兰是完全无效的,因为它们不是以适合于苏格兰法律制度的方式草拟的。但是,随着工业的发展,工人骚乱的增多,苏格兰的法官以及英格兰的法官都倾向于根据习惯法把结社看作是一种罪行,即使并未利用结社法,政府和雇主们仍有足够的法律武器同工会斗争。

② 指工厂主。——译者

你们……一个人要是不给他的工厂伙伴提供支持，他最好滚远点。

你永远忠实的在保卫职业中的

菲尔·卡珀 托马斯·弗里亚森 书记

（译自《产业革命史料》，第117—118页）

三、禁止结社法令（1800年）

这是在1799年《结社法令》的基础上修改而成的，但无实质上改变，目的仍是禁止工人罢工。

鉴于说明和修正令上第39年[①]通过的《一项防止工人非法结社法令》乃属得策。

兹特颁令：自本法通过之日起及其以后，本王国境内任何工匠、制造工人或其他工人之间，在此之前的任何时候所缔结的或加入的一切书面合同、契约和协议，无论是为了使他们或他们中任何人，或任何工匠、制造工人或工人，或任何制造业、行业或实业的其他人等得以提高工资；或为了减轻或改变他们通常的工时、工作或降低工作量（任何雇主和他的工匠或制造工人之间，如雇主出于对此工匠或制造工人的工作或劳务的考虑而与之缔结的合同除外）；或是为了妨碍或阻止任何人或任何人等雇用他、她或他们认为适合在其工厂、行业或实业进行操作或经营管理之任何人，均应并特此宣告在任何实际意义上均属非法和无效。

兹再颁令：在本法通过后的任何时候，工匠、工人等都不得缔结、加入或涉及已被上文宣告为非法的合同、契约或协议的任何书

① 1799年。——译者

面的或非书面的那种合同、契约或协议；又在本法通过后，举凡工匠和工人犯有违背上述法律之罪行，由此依据其本人自供或一位或几位可靠的证人的誓言，而经发生此种罪行所在的郡、区、区域、市、管辖区、镇和村的任何两位治安法官（其中任何一位法官均已特此被许可或授权在此类案件中以及在一切为实施本法而需有誓言作出的其他案件中令人提出誓言）在罪行发生后 3 个月内合法地加以定罪者，将根据上述法官之命令投入他的或他们的辖区的普通监狱，予以不逾 3 个月的任何时间监禁，或依照上述法官的决定，投入他或他们的辖区的感化院从事不逾两个月的任何时间的苦役①。

兹再颁令：……举凡工匠或工人或其他人……以付钱的手段或以劝说、教唆或恫吓的手段，或以任何其他手段故意地和恶意地竭力阻止任何未被雇佣的或失业的工匠或工人……受雇于任何厂主、行业主或经营任何工厂、行业或实业的人；或者为获得提高工资的目的，或为违反本法规定的任何目的，故意地或恶意地在任何已受雇或在业的工匠、工人或其他人的工作、服务或职业方面诱惑、劝说、教唆、恫吓或影响，或劝诱或试图竭力劝诱他们……或者正被雇佣或就业，未有任何正当的或合理的缘由而拒绝同任何其他在业或已受雇的工匠或工人一起作工〔等罪行，须按上述判例处罚〕……

…………

XⅧ. 又鉴于对从事制造业的雇工和工人之间可能出现的各种有关工资和劳动的争执确定一项简单而扼要的解决办法，将对雇主和工人都有极大的便利和好处，**兹再颁令**：……在大不列颠之被称为英格兰的那个部分，如雇主和工人未能就任何制造业中实际完成的工作所应被付与的价格，或未能就工人对工作造成的或据称造成的任何损害或破坏，或未能就在良好地和熟练地或依据合同完成这类工作方面出现拖延或据称出现拖延等情况取得一致意见；又如任

① 这三段可参见《世界通史资料选辑近代部分上册》第 42—43 页。——译者

何行业或制造业中雇主和工人之间因涉及有关工作或工资的任何合同或协议发生争执或分歧，而又不能由他们自行在他们之间相互调停和解决等情况。总之，在上述一切案件发生时，彼此之间产生上述这类争执或分歧的雇主和工人，或他们中的各方都可要求和获致对这类争执的事进行仲裁和公断，乃是合法的。**特此加以宣布**：他们中的各方因而被许可和有权提出和指定一位仲裁人代表自己的一方……这两位仲裁人在下文所列的时限内作出裁定，在一切有关案件中对双方都将是最终的裁定；但是，如果上述指定的仲裁人对争议之事未能一致作出裁定……那么，双方或其中任何一方均可依法要求上述仲裁人立即毫不拖延地把争论之事移交陛下的一位治安法官审理并等待他的判决……〔他的判决将是最终的判决〕。

（译自《英国工人运动史料选》，第 91—93 页）

济贫决议(1795年)

——斯皮纳姆兰制

1793年开始对法战争。1795年粮价飞涨,社会动荡。为缓和社会矛盾,伯克郡治安法官等人在斯皮纳姆兰商定救济贫民办法。后来推行于英格兰和威尔士大部分地区,俗称"斯皮纳姆兰制"(Speenhamland System),甚至有人称之为"议会法令"(Act of Parliament)。

1795年5月6日星期三在斯皮纳姆兰的鹈鹕酒店,召开本郡的治安法官连同根据公告[①]而到会的有识之士的全会(根据上次郡四季法庭的命令),其目的是如届时得到认可,便评定农业雇工的日工资或周工资〔出席人姓名〕……

一致决议:

贫民目前的状况确实需要进一步给予他们比以往更多的救助。

决议:

根据伊丽莎白第5年及詹姆斯第1年[②]法规的有关规定,通过调整日工的工资来提供上述的救助对地方官员来说是不适宜的。但地方官员们非常认真地敦促本郡的农场主和其有关人士增加他

---

①《雷丁信使报》(*Reading Mercury*)5月4日载有"为限制、指导和商定日工的工资"而召开的治安法官大会通告。

② 此为伊丽莎白一世第5年,在法律上当为1563年,詹姆斯疑为詹姆斯一世,其在法律上的第一年当为1604年。——译者

们的日工的报酬,以便与目前的粮价成比例。据此,与会官员一致决定在他们各自的权限范围内,他们将做出如下的计算和发放津贴以救济全体贫困和勤劳的人们及其家庭,令他们教区内的治安法官感到满意的是这些人将尽其所能为他们的生计做出努力。

即是说,

由二等面粉制成的重8磅11盎司的面包,价格为1先令的时候——

每个贫穷和勤劳的人为了他自己的生计,或由他本人或其家庭的劳动提供,或者从济贫税中补助,每周必须得到3先令的生活费;供养他的妻子及家庭每个其他成员需要1先令6便士。

在面包价格为1先令4便士时——

那么每个贫穷和勤劳的人每周需4先令生活费,1先令10便士以供养他的家庭的每个成员。

以此类推,按面包价格涨落为依据来确定他们的生活费,(即是说)以1先令为基数,在1先令以上,面包每涨1便士,对每个穷人本人来说得3便士,对其家庭每个其他成员来说得1便士。

根据会议决议,

治安助理员W.巴德①

(译自《英国经济史史料选》,第655—656页)

① 同时地方官员又公布敦促书,让监工种植马铃薯,让穷人去做工,并提交他们收成的$\frac{1}{3}$或$\frac{1}{4}$,按1蒲式耳1先令出售。同时敦促在夏天购买泥炭、柴、荆豆等,在冬天以比买价低的价格出售。

统治集团不同派别势力的消长

一、"国王之友"

(一) C. J. 福克斯在下院攻击"国王之友"的演说(1783 年 12 月 7 日)

福克斯谴责乔治三世的侍从贵族服从国王旨意,在当日早些时候反对《印度法案》的行动。次日,福克斯和诺思的辉格党与托利党的联合内阁即被解散。

……议会面临的问题涉及议会在其一切影响和范围内的权利……今晚的审议必然决定我们当自由人,还是当奴隶;下院当自由的保护神,还是当专制制度的喉舌;我们今后保有我们自己的声音,还是仅当秘密影响的传声筒……

一个十分离奇的谣言已经以不同寻常的方式和由并非低级的代理人传播开来。据说一位有名望的伯爵,在当议会讨论一个有关3 000 万人的法案尚未得出结果时,已用陛下的名义,以显然和明白无误的目的企图影响立法机构的决定……这封信……称:"陛下授权坦普尔伯爵讲:凡投票赞成《印度法案》者,不仅不是他的朋友,而且他还要视之为他的敌人。再者,如这些话还不够严厉,坦普尔伯爵可用更严厉、再严厉的语言以达到目的。”……就这样，一个被束缚、受到控制、毫无生气和没有自由的议会不是去限制国王的特权，而是超越一切先例、范围和状况以扩大、具体化和建立国王的特权了……侍从诸贵族……在听到国王不高兴的谣传以前，热忱地宣布(他们的委托投票)；但当这一恐吓在同一天而且在几小时内做出时，对他们来说，事情仿佛成了十分不同的模样，而他们早上接受的意见，中午便放弃了……我们全都知道……侍从诸贵族……一贯跟在当时大臣之后，而不管是谁。他们多久才不受到近卫军(household troops)名字的诟辱呀！这些近卫军就像古罗马的近卫军一样，为迅速执行每一项秘密任务而时刻准备着……我记得已故的乔治·格伦维尔先生①在经历一次类似的背信弃义当中……说过：“我决不再当一队土耳其近卫军的头儿，他们时常根据非常小的信号，准备勒死或杀死我。”

先生②，那位议员责难我的以及那些和我一起行动的人的那种不正当的、那种违宪的影响在什么地方呢？是我们的措施得到大臣们经常使用的手段之外的任何其他手段的支持吗？那么，在哪点上，我成了这种影响的斗士呢？在健全和可靠政策的影响上，在公开、详尽和费力的讨论上，在王国内最值得尊重的辉格派利益上，在本院的可敬多数上，在公众的信任和社会的责任上，我是以斗争为荣的……但对宪法说来，前所不知的每一种影响，其自身的卑鄙犹如其结果之背信弃义一样，经常因不能反对而获致成功；也除了在暗地里起作用外，永远不会成功。这种影响就像每个虚构的怪物一样，除了在缺少公开政策的情形时，绝不从暗地走出来；除了窃窃私语外，从不采取任何其他形式；除了在圣詹姆斯宫③的后楼梯和私室

---

① 1763—1765 年任首相。——译者

② 福克斯是具有议员资格的大臣，这里的先生是议长，因英国议员发言是对议长讲的。——译者

③ 指英国宫廷。詹姆斯宫为 1698—1837 年英国君主正式住所，以后移到白金汉宫，但英国宫廷的正式称号至今仍为“圣詹姆斯宫廷”。——译者

之外，从不聚集在任何较公开热闹的场所——我乐意并准备抛弃这种秘密的、阴谋的、卑鄙的影响……让那些除官职之外没有别的目的的人得到官职，并且借了只有值得他们接受的保有条件——秘密影响——保持它。但没有本院的以及君主的信任、显职和官俸将绝不是我的，尽管对我的情况来说是必要的，以及对我的朋友来说是有吸引力的。

我一直为宪法的明智地分配给立法机构不同部门的那种影响而斗争……把国王限制在法定的范围之内，对于政府履行职务乃是必要的……一位伟大的著作家说过，如果立法机构变得比行政机构更腐败时，英国的宪法便要毁灭。如果他在政府实践上也如在政府理论上是个正确的裁判者，他会以更大的精确性加上：当议会的审议不是由合法的和一向拥有的权力作出决定，而由非法的、格外特权的运用作出决定时，我们肯定将失去我们的自由……

上院议员无疑被给予集体地劝告国王的权利，但这肯定不是给予单个贵族把国王拉到他的一边，不是给予借了可怕的谎言和恐惧的混合物、用他们自己所有的怪想去毒害国王心智的权利……问题不在于国王是否因为没有人毫不迟疑地直谏而使之从此等劝告中得益，而是谁负有此等劝告的责任……大臣负责制是英格兰人民唯一能反对权力无限滥用的担保和保证，但权力仍是如此自然地被无限滥用。一旦失掉这一大的宪法屏障。我们在每个方面便是专制制度的奴隶和财产了。难道这不是秘密影响的必然结果吗？……

大臣们……担任各自的官职不是出于君主的选择，而是由王座下掘穴的十足的爬虫决定。大臣们扮演傀儡的角色，而且对某个躲在幕后，没有发觉的骗子的一切蠢行、愚昧以及鲁莽或怯懦等负责……我们不是第一个感受到这种影响的人乃是尽人皆知和急需处理的不满。换人和改变措施来反对这种秘密影响都不能获致成功似乎屡试不爽。它曾经推翻一个比现在的大臣①更能干、更孚众望的大臣，并以一个贵族爵位来贿赂他②……场面、时间、政纲及宫廷的体制可随占优势的党派而转移，但这个在暗地里的神秘机器不仅被组成来控制每届政府，而且被用来奴役宪法。我们应该把陛下的枢密院会议等的摇摆不定、犹豫不决归因于这一可怕的阴谋魔鬼。由于这种摇摆、犹豫造成如此巨大的政府精神松懈，以及致命地打乱它的一切最微小的目标。当去年的奇怪的和可笑的政府改组期间的政权空白期③时，在我思想中从未怀疑它来自谁；而且在陈述否决《东印度法案》的理由的那一时刻，我注意到我对面的一位尊敬的绅士④。正是那时包围国王，并以愚昧无知和错误看法把国王思想弄糊涂的那个偏狭和蠕动的阴谋小集团，再一次受雇来做同样的事……

（译自《英国历史文献》第 11 卷，第 284—286 页）

（二）爱德华·利兹给哈德威克伯爵的信（1785 年 4 月 19 日）

文中提到“国王之友”的重要成员。

……关于午后 3 点半对庇特先生⑤要求允许提出一个改变议会内人民代表动议的表决的分歧意见，我以发现自己在反对动议的 74 票多数之中而感到满意……格伦维尔先生没有发表演说，但同我们一起投了反对票；詹金森和 G. 霍华德爵士以及经常仰赖于他们指导

① 指福克斯自己。——译者

② 大臣后有（查塔姆勋爵）字样，当系登载时加上的说明，故入注。老庇特于 1766 年受封为查塔姆伯爵。——译者

③ 指 1782 年 7 月 1 日，罗金厄姆侯爵死于首席财政大臣（首相）任上，3 日，由谢尔本伯爵继任，直至 14 日始正式组成内阁事。——译者

④ 绅士后有（詹金森先生）字样。当是登载时加上的说明，故入注。查理·詹金森系“国王之友”重要人物，下一文件也提到。——译者

⑤ 指小庇特。——译者

的团队[①]也一样。

（译自《英国历史文献》第11卷，第287页）

（三）斯潘塞勋爵给其母的信（1792年5月22日）

这里指出要求表决的法案是福克斯的《诽谤文法案》。[②]

……昨天我们院内有一次很奇怪的表决，在那里，他〔大法官[③]〕和所有宫内（贵族）[④]的核心部分，都投票反对一个在我们院内为庇特先生和格伦维尔勋爵极力支持的法案，而且法案同样也得到在野党的支持，结果以57票对32票获得通过。但如果这次分裂真的继续下去，而且万一分裂扩大到其他点上使得在野党与宫内贵族联合起来的话，则格伦维尔勋爵将很可能比庇特先生更难进行指挥了……

（译自《英国历史文献》第11卷，第287页）

（四）爱德华·库克给卡斯尔雷子爵的信[⑤]（1801年2月27日）

此件表明"国王之友"虽已瓦解，宫廷仍在反对政府。

……当我在英格兰时，据我看，有个不光明正大的、玩弄反对内阁的把戏存在。似乎有个小小的温莎宫廷党在刺激〔国王〕[⑥]，经常

---

① 贬称"国王之友"。——译者

② 《诽谤文法案》(Libel Bill)于1792年5月20日提出，于次年成为法律。此法规定凡属这类案件，须由陪审团审讯，因此能防止法庭任意按诽谤罪定罪。——译者

③ 大法官系一名阁员，兼上院议长。——译者

④ 括号内译者所加。

⑤ 库克系当时爱尔兰次官（民政部门），卡斯尔雷在合并前于爱尔兰任显职，这时是都柏林一个选区的议员。——译者

⑥ 温莎堡系英国的一所王宫，乔治三世常居此（正式住所是詹姆斯宫）。——译者

尽力使他形成自己的意见，在没有他的内阁的劝告的情况下，作出安排和任命。而且这些人为了达到目的，使用了阴险的手段和卑鄙的谄媚。这一批人现在必定非常夸耀他们自己在这次危机中腐蚀了他的思想，使之采取反对他的大臣的决定①。

（译自《英国历史文献》第 11 卷，第 116 页）

二、几派在下院的力量

（一）下院议席分配状况（1788 年 5 月 1 日）

这是一篇当时的分析。君主党约占 1/3，其他为执政党和在野党。而不与任何集团联系的约占 1/5，他们往往能起到平衡，甚至决定的作用，而且有些已联合起来。

Ⅰ. 君主党 185②

该党包括在任何不是很不得人心的大臣③执政的情况下，所有可能支持陛下政府的人。

Ⅱ. 与庇特先生④联系的党 52

关于该党，如有新的一届议会，而且庇特先生不再是大臣，则不会有 20 人以上当选。

① 全文讲到国王受到宵小包围，实则是不便直接讲出国王支持宫廷党羽反对政府的。——译者

② 本文件其他部分作 186。“本文件其他部分”并未包括在这里选用的范围之内。按当时下院总人数为 558 人，186 则正好使总数为 558。——译者

③ 大臣（minister）是单数，实指政府首脑（首相，下同）。意思是当时政府首脑只要不是很不得人心时，这些人便支持这个政府。因为当时国王在选择政府首脑上，具有极大的甚至决定的影响，所以政府首脑一般是国王支持的人，君主党自然要尽力支持了。——译者

④ 小庇特。——译者

Ⅲ. 支持现政府的独立(庇特党之外的)①党派,即

A. 邓达斯先生(的) 10

B. 兰斯多恩侯爵(的) 9

C. 朗斯戴尔伯爵(的) 9

D. 东印度集团(的) 15

Ⅳ. 下院的独立的或无隶属关系的议员 〔108〕②

这一群中为数约40的人已团结一致,并与贵族院的一些议员联合以形成第三党。其目的在阻止国王对国家的正在争夺执政的其他两党之任何一党具有太大的力量;而且他们(如果真的需要)可以借了国王的帮助,承担组织一个排除庇特先生和福克斯先生及其追随者的政府。

Ⅴ. 现政府的反对党

A. 与福克斯先生联系的党 138

B. 诺思勋爵党的残余 17

Ⅵ. 缺席者和中立者 14

〔557〕③

“第三党”通函(1788年)

两院之保持他们自己独立于现有党派之外,并且不与之联系的,以及切望贡献他们的最大努力以图促进国家整体利益之议员特提议:为了他们考虑任何一院可能热烈辩论之此等重要问题,经常聚在一起确有必要。其目的不是使这样的集会处于任何限制之下,或束缚他们去听从多数的意见。它的全部要求是:他们应尽可能在一切重要的场合一致行动,努力掌握出现的问题,反对无论何人可能提出的坏的措施,而支持无论从哪个角落可能建议的好的措施。

① 括号内为译者所加。

② 原文便有括号。——译者

③ 原文便有括号。见前应为558。

兹进一步提议，两院的此等可能赞同这一提议的议员，不应只考虑为了获得公开的影响而作政治上的联合或联系。如果没有联系及确定的支持，即使最能干和最不依赖人的人物也无力取得这种公开的影响。不但如此，它还意味着在那些赞成这种想法的人当中，应是建立团体和进行交流，以及增进个人友谊和联系的乐事的手段。下面按字母顺序排列已同意此提议者的名单[①]。

（译自《英国历史文献》第 11 卷，第 253—254 页）

（二）福克斯给劳德戴尔勋爵的信(1805 年 7 月 12 日)

此时是小庇特第二届托利党内阁时期，信中分析了当时下院党派情况。

……现在我认为……庇特不会向反对党提出任何建议……我知道，除了他会考虑到现内阁完全毁灭，而商议组成一个全新的内阁之外，是不应得到同意的，我认为，他不会把心思放在这上面，但因为博士[②]的背叛是致命的，他的软弱地位会迫使他考虑这点……下院显然分为四党。根据一种不严密的计算，大致如下：支持财政大臣的暂时是 180 席，反对党 150 席，支持庇特的 60 席，支持阿丁顿的 60 席，〔共计〕450 席。此外，有几个议员的投票是古里古怪的；或者如梅尔维尔的情况，惧怕他们的选民等原因，而且自然许多人是从不或很少出席的。第一类，如果不是因为国王的危险状况[③]，我想恐怕会大得多。而第二类，因为同样原因，以及由于卡尔顿厅的缓慢的且仍然在增长的势力，将更像取得而不是失去任何地盘的。第三类现在可能增加不了人数。而第四类则是或得或失，第一，取决

---

① 共 26 人，略，其中有后在 1793 年任农业协理会主席的约翰·辛克莱。——译者
② 从下文可知为阿丁顿，其时已不再与小庇特合作，但称博士未知何据。——译者
③ 指乔治三世患疯病问题，1805 年正是他第三次患疯病的第二年。——译者

于博士多少在温莎堡[①]受到重视，其思想将被接受；第二，取决于树立（他们当尽力为之）他们之作为腐败的反对者和公众钱袋的护卫者等方面的形象。

（译自《英国历史文献》第 11 卷，第 255 页）

① 指乔治三世，因其常住温莎堡。——译者

辑译说明

本编译自以及参考以下各书(已见上编者不列入),这些书主要为资料汇编。

1. *English Historical Documents, Vol XI: 1783 - 1832*, edited by A. Aspinal and E. Anthony Smith, London, Eyre and Spottiswoode, 1959, 3rd imp, 1971.

简称《英国历史文献》第 11 卷

2. *Readings in Economic and Social History*, edited by M. W. Flinn, London, MacMillan, 1964.

简称《经济社会史选读》

3. *British Working Class Movements. Selected Documents, 1785 - 1875*, edited by G. D. H. Cole and A. W. Filson, London, MacMillan, 1951.

简称《英国工人运动史料选》

4. *The Selected Papers of Boulton and Watt, Vol. I: The Engine Partnership*, edited by Jennifer Tann, London, Diploma Press, 1981.

简称《博尔顿和瓦特文件选》第 1 卷

5. *Readings in English History drawn from the Original Sources*, New Edition, edited by P. Cheyney, Boston, Ginn and Company, 1922.

简称《英国史原始资料选》

6. *Human Documents of Adam Smith's Time*, edited by Royston Pike, London, George Allen and Unwin, 1974.

简称《亚当·斯密时代人文实录》

7. *Everyone a Witness. The George Age*, edited by A. T. Scott, London, Martin, 1970.

简称《每人都是目击者》

8. *The Eighteenth Century Constitution, Documents and Commentary*, edited by E. M. Williams, Cambridge University Press, 1960.

简称《十八世纪宪法》

9. *Capital Accumulation in the Industrial Revolution*, edited by B. C. Anderson, London, J. M. Dent and Sons, 1974.

简称《产业革命中的资本积累》

人名译名对照表

A

Addington 阿丁顿

Andrew 安德鲁

Arkwright, Richard 阿克赖特，理查德

Austin 奥斯汀

B

Baines 贝恩斯

Bakewell, John 贝克韦尔，约翰

Barlow 巴洛

Barrere 巴列尔

Baxter, John 巴克斯特，约翰

Bevans 贝文斯

Billingsley, J. 比林斯利，J.

Boulton, Matthew 博尔顿，马修

Brodbury 布拉德伯里

Bridgen, Edward 布里根，爱德华

Brocklesby Richard 布罗克尔斯比，理查德

Broughton, James 布劳顿，詹姆斯

Brown, James 布朗，詹姆斯

Brown, J. 布朗，J.

Budd, W. 巴德，W.

Burdett, Francis 伯德，弗朗西斯

Burke, Edmund 伯克，爱德蒙

Button 博顿

C

Campbell, John 坎贝尔，约翰

Carter, John 卡特，约翰

Cartwright, Edmund 卡特赖特，埃德蒙

Cartwright, John 卡特赖特，约翰

Chadwick, William 查德威克，威廉

Charles Ⅰ 查理一世

Chorley 乔尔莱

Churchill, John 丘吉尔，约翰

Clay 克莱

Congreve, William 康格里夫，威廉

Cookson, Craven 库克森，克雷文

Cort, Henry 科特，亨利

Crawley 克劳利

Croft, Stephen　克罗夫特，斯蒂芬
Crompton, Samuel　克隆普顿，塞缪尔

D

de St. Fond, B. Faujus　德·圣丰，B. 福雅
de La Rochefoucauld-Liancourt, A. and F.　德拉罗舍富科-利昂库尔，A. 和 F.
Dryden, John　德赖登，约翰
Dundas, Henry　邓达斯，亨利

E

Eadon, John　伊登，约翰
Edward Ⅵ　爱德华六世
Effingham,(Earl)　埃芬厄姆(伯爵)
Elizabeth(Queen)　伊丽莎白(女王)
Elkington, Joseph　埃尔金顿，约瑟夫

F

Fawkner, Matthew　福克纳，马修
Fitzpatrick　菲茨帕特里克
Fitzwilliam, Earl of　菲茨威廉伯爵
Fonereau　福纳罗
Fox, C. J.　福克斯 C. J.
Francis, Philip　弗朗西斯，菲利普
Frost　弗罗斯特

G

Germaine, George　杰曼，乔治
Gerrald, Joseph　吉勒尔德，约瑟夫
Goldsmith, Oliver　弋德斯密斯，奥利弗
Grafton(Duke)　格拉夫顿(公爵)
Greenville, George　格伦维尔，乔治
Greg, Samuel　格雷格，塞缪尔
Grimshaw　格里姆肖
Grosvenor　格罗夫纳

H

Haigh, James　黑格，詹姆斯
Hardwicke(Earl)　哈德威克伯爵
Hardy, Thomas　哈迪，托马斯
Hargreaves, James　哈格里夫斯，詹姆斯
Henry Ⅷ　亨利八世
Highs, Thomas　海伊斯，托马斯
Horton, Watts　霍顿，沃茨
Howard, G.　霍华德，G.
Howell, Richard　豪厄尔，理查德
Hyde　海德

I

Isaacs, Joseph　艾萨克斯，约瑟夫

J

James 1　詹姆士一世

Jebb, John　杰布,约翰
Jenkinson, Charles　詹金森,查理
Johnson, Samuel　约翰逊,塞缪尔
Johnson, Thomas　约翰逊,托马斯

K

Kay　凯
Keppis　基皮斯
Keys, Joseph　凯斯,约瑟夫
Kinnaird(Lord)　金奈尔德(勋爵)
Kirkby, John　克尔克比,约翰
Kirkpatrick　克尔克帕特里克

L

Lansdowne(Marquis)　兰斯多恩(侯爵)
Lauderdale(Lord)　劳德戴尔(勋爵)
Leeds, Edward　利兹,爱德华
Lewis, Watkin　刘易斯,沃特金
Liverpool(Lord)　利物浦(勋爵)
Lonsdale(Earl) 朗斯戴尔(伯爵)

M

Mambey, Joseph　莫贝,约瑟夫
Margarot, Maurice　马格罗特,莫里斯
Martin, James　马丁,詹姆斯
Mary(Queen)　玛丽(女王)
Melville　梅尔维尔
Montague(Lord)　蒙塔古(勋爵)
Monteith　蒙蒂斯

N

Nead, Samuel　尼德,塞缪尔
Noreliffe, James　诺克里夫,詹姆斯
North(Lord)　诺思(勋爵)
Northcote, Thomas　诺思科特,托马斯

O

Oldknow　奥尔德诺

P

Paine, Thomas　潘恩,托马斯
Paul, Lewis　保罗,刘易斯
Payne　佩恩
Peel, Robert　皮尔,罗伯特
Peele　皮尔
Percival　珀西瓦尔
Perrins　佩林斯
Pitt, W.　庇特,W.
Pollockshaws　波洛克肖斯
Powlett, Charles　波利特,查理
Price, Richard　普赖斯,理查德
Priestley, Joseph　普里斯特利,约瑟夫

R

Rabelais, Francois　拉伯雷,弗朗索瓦

地名译名对照表

A

Aberbythick　阿伯尔比塞克

Aberdeen　阿伯丁

Abergavenny　阿伯加文尼

Aire　艾尔

Alderney　奥尔德尼

Aquitaine　阿基坦

Arbroath　阿尔布罗斯

Ashton under Lyne　阿什顿安德莱恩

B

Bamburg　班堡

Bambury　班伯里

Barnet　巴尼特

Barnsley　巴恩斯利

Barrowford　巴罗福德

Barslem　巴尔斯勒姆

Bedfont　贝德方特

Berkshire　伯克郡

Bermondsey　伯蒙德西

Bewdley　伯德利

Bloxwich　布洛克斯威奇

Bolton　布尔顿

Brecon　布雷孔

Brem　布雷姆

Burton　伯顿

Bury　伯里

C

Calder　科尔德

Canebrig　卡内布里格

Carlysle　卡莱尔

Carmarthenshire　卡马尔森郡

Castle Inn　因堡

Cheadle　奇德尔

Cheltenham　切尔滕纳姆

Chester　切斯特

Chesterfield　切斯特菲尔德

Chinon　希农

Churchway　彻奇韦

Clifton　克利夫顿

Cornwall　康沃尔

D

Darlaston 达尔拉斯顿
Dartmouth 达特茅斯
Deritan 德里坦
Dishley 迪什利
Dodworth 多德沃思
Dove 达夫
Dukinfield 达肯菲尔德
Dundee 邓迪

E

East Grinstead 东格林斯蒂德

F

Faseley 法塞利
Firewood 菲尔伍德
Forfarshire 福弗尔郡
Forest of Dean 迪安森林

G

Gatton 加顿
Glasgow 格拉斯哥
Godstone 戈德斯通
Gravesend 格雷夫森德
Greenwich Hospital 格林维尔医院
Guernsey 根西

H

Hadleigh 哈德莱
Halifax 哈利法克斯
Handsworth 汉兹沃思
Hay 海伊
Haywood Mill 海伍德磨坊
Heaton Norris 赫顿·诺里斯
Hillgate 希尔盖特
Holmsfirth 霍尔姆菲尔斯
Howler 豪勒
Huddersfield 哈德斯菲尔德

I

Invernesshire 因弗内斯郡
Irwell 厄维尔
Isle of Man 曼恩岛

J

Jarvall 贾瓦尔
Jersey 泽西

K

Kelso 克尔索
Kilmarnock 克尔马诺克

L

L'Aisne 埃纳
Lanarkshire 拉纳克郡
Laon 莱翁
Lawton 罗顿
Lead Hill 利德山
Leek 利克

Leigh　利
Lidbrook　利德溪
Llanbedgroth　兰贝德格罗思
Llanelly　兰尼利
Llanfihangel　兰费安吉尔
Llanfihangel Crucorney　兰费安吉尔・克鲁柯尔尼
Llangua Bridge　林夸桥

M

Mamhilad　马姆希拉德
Matlock　马特洛克
Mersey　默西(河)
Merstham　默尔斯塔姆
Middleton　米德尔顿
Middlewich　米德尔威奇
Midhurst　密德赫斯特
Mold　摩尔德
Monmouthshire　蒙茅斯郡
Montrose　蒙特罗斯

N

Newark on Trent　特伦特河畔的纽瓦克
Newern　纽恩
Newnham　纽纳姆
Newport　纽波特
Normandy　诺曼底
Northfleet　诺思弗里特
Northwich　诺思威奇

O

Ocher　奥其尔
Oldham　奥尔达姆
Old Sarum　老塞鲁姆
Oystermouth　奥斯塔茅思

P

Paisley　佩斯利
Parton Cross　巴尔顿十字路
Pelsall　佩尔塞尔
Penrhynmaur　彭林毛尔
Pershore　珀肖尔
Perth　珀斯
Pinxton　平克斯顿
Pontefract　庞特夫拉克特
Preston Bridge　普雷斯顿桥

R

Raff　拉夫
Reigate　赖盖特
Renfrew　伦弗鲁
Retford　雷特福德
Rocester　罗斯特
Roch　罗奇
Rotherham　罗瑟勒姆
Rounds　朗兹
Rowley　罗利
Runcorn Gap　朗科恩隘口
Rudyley　鲁德格莱

S

Sark 萨尔克
Scilly Islands 锡利群岛
Sedgeley 塞奇利
Sheweth 希威斯
Shropshire 什罗普郡
Sirhowey 锡尔豪威
Slade 斯莱德
Smethwich 斯梅西克
Speenhamland 斯皮纳姆兰
Spittal 斯皮塔尔
Standhill 斯坦德希尔
Stayley Bridge 斯特利桥
Stillington 斯蒂灵顿
Stirling 斯特林
Stockwith 斯托克威兹
Stone 斯通
Stourton 斯托顿
Stratford 斯特拉特福德
Styall(Styal) 斯蒂耶尔
Swansea 斯旺西
Swarkstone 斯瓦克斯通

T

Tamworth 塔姆沃思
Teyn 蒂因
Tillon Brook 蒂朗溪
Trent 特伦特(河)
Troon 特伦
Tutbury 塔特伯里
Tykhull 蒂克赫尔

U

Usk Bridge 阿斯克桥
Uxbridge 阿克斯布里奇

W

Walsall 沃尔塞尔
Wandswanth 旺兹沃思
Warrington 沃灵顿
Wednesbury 温斯伯里
West Bromwich 西布罗米奇
Westmorland 威斯特摩兰
West Riding 西区
Wichnor 威奇诺
Wildon Bridge 维尔登桥
Wilden Ferry 维尔登渡口
Willenhall 威伦霍尔
Willington 威灵顿
Windsor 温莎
Wolverhampton 伍尔弗汉普顿
Wombourne 沃姆伯恩
Workshop 沃克索普
Wye 瓦伊